다시,
삶의 이름으로

다시, 삶의 이름으로

저자 | 이홍주, 황준협, 조영관, 임애리, 이형준 변호사
집필 총괄 | 이홍주 변호사
펴낸이 | 원종한
발행일 | 2025년 9월 30일
출판사 | 충주문화사
주소 | 서울시 중구 초동 42 아시아미디어타워 302호
전화 | 02-2277-7119
홈페이지 | www.cjpod.co.kr
이메일 | cj7114@hanmail.net

ISBN 979-11-86714-64-5 03810
가격 28,000원

수용자를 위한
실전 Q&A 완전판

다시,
삶의 이름으로

저자 **이홍주, 황준협, 조영관, 임애리, 이형준** 변호사

| 서문 |

다시, 삶의 이름으로

사람은 누구나 삶의 어느 지점에서 길을 잃습니다. 때로는 한순간의 판단이, 때로는 피할 수 없었던 사정들이 우리를 원하지 않았던 방향으로 이끌기도 합니다. 수용기관의 담장 너머, 세상과 단절된 채 지난날을 되짚으며 자문하는 그 시간 속에서 누군가는 묻습니다.

"나는 다시 살아갈 수 있을까?"

이 책, 『다시 삶의 이름으로』는 바로 그 질문에 대한 작지만 단단한 대답입니다. 체포의 순간부터 수용, 그리고 사회 복귀에 이르기까지 한 사람의 삶을 휘감는 그 전 과정을 담담히, 그리고 따뜻하게 안내하고자 여러 후배 법률가들이 오랜 시간 정성을 다해 집필에 참여해 주었습니다.

저는 이 책의 전반적인 구성을 기획하고, 방향을 조율하며, 원고를 최종 감수하는 역할을 맡았습니다. 그러나 이 책이 세상에 나올 수 있었던 진정한 힘은 후배 법률가들의 헌신에서 비롯되었습니다. 저는 이 귀한 작업의 마지막을 맡아 원고를 감수하며, 그 속에 담긴 따뜻한 시선과 치열한 고민에 깊이 감동하였습니다. 이 책은 전적으로 후배들의 작품이며, 누구보다 수용자의 목소리에 귀 기울이고자 했던 진심의 결과물임을 자신 있게 말씀드립니다.

그간 수많은 교정시설 관련 도서들이 출간되어 왔지만, '살아가는 법'을 알려주는 책은 드물었습니다. 이 책은 단지 법률정보를 나열하는 데 그치지 않고, 수용자 각자가 처한 시점에서 지금 꼭 필요한 정보는 무엇인지, 어떤 마음가짐으로 일상을 견디고 미래를 준비할 것인지에 대한 실질적인 나침반이 되어줄 것입니다.

단절의 시간 속에서 성찰하고, 그 안에서 삶의 방향을 다시 찾을 수 있도록 이끌어주는 '따뜻한 동행자'이기도 합니다.

저는 이 책이 수용자 여러분에게 삶을 반추하고, 자신을 성찰하며, 새로운 인생을 설계하는 데 실질적인 도움이 되리라 믿습니다. 아울러 이 책이 교정 공무원과 보호자, 그리고 법률가 모두가 수용자의 고통과 재출발의 의미를 더 깊이 이해하는 데 유용한 길잡이가 되기를 바랍니다.

작은 책 한 권이 누군가의 인생을 다시 꿰어 이어주는 시작점이 될 수 있다면, 그것은 분명 책이 할 수 있는 가장 숭고한 일이 아닐 수 없습니다. 절망의 공간에서 다시 희망을 꺼내 드는 손길 위에, 이 책이 함께 놓이기를 바랍니다. 아울러 이 책이 출판될 수 있도록 지원과 조언을 아끼지 않으신 충주문화사 원종한 대표님, 허영구 선배님께 감사의 뜻을 표합니다.

이 책을 펼치는 모든 이가 좌절보다는 용기, 낙담보다는 가능성을 선택하게 되기를 진심으로 응원합니다.

2025년 7월
변호사 이홍주 (집필 총괄 및 감수자)

| 추천사 |

김형태 변호사 (천주교인권위원회 이사장)

"모든 국민은 인간으로서의 존엄과 가치를 가진다." 우리 헌법 제10조는 선인은 물론 악인도 인간으로서의 존엄과 가치가 있음을 분명히 하고 있습니다. 나쁜 마음에서 그랬건, 순간적 실수로 그랬건, 일단 범죄에 연루되어 수사와 재판을 받고, 결국 감옥에 갇히게 되는 상황에서 인간의 존엄성을 유지하기는 정말 어렵습니다. 많은 사람들이 정보의 부족과 낯선 교정환경 속에서 불안에 휩싸인 채 하루하루를 견디고 있습니다.

이 책은 그와 같은 절박한 현실 속에서 수형자들이 반드시 알아야 할 법률적 대처 방법은 물론, 혼란을 다스리는 마음가짐, 수형 생활 중 동료나 교도관, 가족들과의 관계 맺기, 직업훈련, 사회로의 순조로운 복귀에 이르기까지 전 과정을 세심하게 안내합니다. 특히 Q&A 형식으로 구성된 현실적인 조언들은 실용성과 이해도를 높여주며, 처음 접하는 이들에게도 친절하게 다가옵니다.

무엇보다 인상적인 점은 이 책이 단순한 법률 안내서에 머무르지 않고, 수용자의 입장에서 삶을 회복해나가기 위한 실제적인 지침을 담고 있다는 점입니다. 법과 지침의 딱딱한 언어를 사람의 온기가 느껴지는 언어로 설명하는 이 책의 서술 방식은, 감옥이라는 폐쇄적인 공간에서조차 인간다운 삶을 지켜내고자 하는 글쓴이들의 진심을 느낄 수 있습니다.

감옥에서 방향을 잃고 방황하기 쉬운 수용자들에게 이 책은 하나의 등대와 같은 존재가 될 것입니다. 뿐만 아니라 수형자는 물론 그들을 돕는 변호사들에게도 아주 큰 도움이 되리라 기대합니다.

이탄희 변호사 (제21대 국회의원)

교도소와 구치소는 죄를 벌하는 공간인 동시에, 한 인간이 자신의 삶을 성찰하고 새로운 시작을 준비할 수 있는 마지막 기회이기도 합니다. 하지만 현실의 수용시설은 법률 정보의 부재, 외부와의 단절, 미래에 대한 막막함으로 인해 수용자가 쉽게 방향을 잃고 고립되기 쉬운 공간입니다.

이 책 『다시, 삶의 이름으로』는 그러한 공간에서 절망을 견디고 있는 이들을 위한 나침반이자 생존 매뉴얼입니다. 체포 순간의 혼란에서부터, 구속 여부를 결정하는 영장실질심사, 교정시설에서의 적응, 출소 이후의 사회 복귀까지—수용자가 겪게 되는 전 과정을 시간 순으로 정리해 체계적으로 안내합니다. 특히 절차의 흐름과 자신의 권리를 아는 것이 왜 중요한지, 변호사와 어떻게 신뢰 관계를 형성할 수 있는지, 당장 필요한 선택을 어떻게 해야 하는지를 Q&A 형식으로 명확하게 설명한 부분이 돋보입니다.

또한 이 책은 단순한 정보 제공에 머무르지 않고, 수용 생활을 '멈춰버린 시간'이 아닌 '나를 성찰하는 시간'으로 전환할 수 있도록 돕습니다. 몸과 마음의 건강을 유지하는 법, 제한된 환경에서도 미래를 준비하는 기술, 단절된 가족과의 관계 회복 방법 등은 수용자의 일상에 깊이 스며들어 있는 문제들을 실질적으로 다루고 있습니다. 이는 수용자를 단순한 교화 대상이 아닌, 스스로 삶을 재건할 수 있는 능동적 주체로 바라보는 따뜻한 시선을 보여줍니다.

이 책은 수용자 본인만을 위한 것이 아닙니다. 함께 고통받는 가족에게는 마음을 돌볼 수 있는 현실적 지침을, 법률가와 교정 공무원에게는 수용자의 인권을 깊이 이해할 기회를, 우리 사회에는 범죄와 처벌, 재사회화에 대한 성찰을 제공합니다. 가장 낮은 곳에서의 인권이 그 사회의 인권 수준을 결정한다는 점에서, 이 책은 한 사람의 실패를 어떻게 보듬을 것인가에 대한 공동체의 질문에 응답하는 소중한 출발점이 될 것입니다.

이 책이 담고 있는 수많은 정보와 진심 어린 조언들이 차가운 벽 안에서 흔들리는 이들에게는 법적 방패가 되고, 삶의 용기를 북돋는 등불이 되기를 진심으로 바랍니다. 절망의 자리에서 희망의 씨앗을 틔우고자 하는 모든 분들께 이 책이 따뜻한 동반자가 되어주리라 믿으며 기쁜 마음으로 추천합니다.

금용명 (교도소연구소장, 전 안동교도소장)

교도소라는 공간으로의 전이(轉移)는 당사자뿐만 아니라 가족에게도 큰 충격과 혼란을 안겨줍니다. 수용자와 가족 모두는 자유를 잃은 또 다른 세상 속에서 낯선 환경에 적응하며 함께 불안하고 힘든 시간을 보내면서 지푸라기라도 잡는 심정으로 하루라도 빨리 사회로 돌아가기 위해 다양한 방법을 찾고 고민하게 됩니다.

이 책은 체포부터 재판, 수용 생활, 그리고 출소 후 사회에 다시 적응하기까지의 전 과정을 실제 사례와 법적 절차를 바탕으로 자세히 정리하고 있습니다. 단순한 법률 안내서를 넘어, 수용자의 재사회화를 돕는 실질적인 길잡이 역할을 합니다. 나아가 수용자가 실제로 겪을 수 있는 법적 절차, 심리적 어려움, 가족과의 관계, 자기 계발, 출소 준비, 사회 복귀 이후의 생활 등을 Q&A 형식으로 쉽게 풀어내 누구나 이해하기 쉽습니다.

수용자와 그 가족들에게 가장 먼저 건네야 할 따뜻한 손길과도 같은 이 책은 일반 독자에게도 공감과 이해, 나아가 희망과 공존의 가치를 전하고 있습니다. 모든 분들께 진심으로 추천드립니다..

| 이 책의 활용법 |

이 책, "다시, 삶의 이름으로"는 체포되는 순간부터 수용 생활을 거쳐 사회에 복귀하기까지의 여정에서 마주할 수 있는 다양한 어려움과 궁금증에 대한 길잡이가 되고자 집필되었습니다. 각자의 상황과 시기에 따라 필요한 정보가 다를 수 있으므로, 이 책을 효과적으로 활용하는 몇 가지 방법을 안내해 드립니다.

1. 지금 당신의 상황에 맞는 장부터 펼쳐보세요.

이 책은 시간의 흐름에 따라 구성되어, 각자가 처한 상황에 맞는 내용을 쉽게 찾아볼 수 있도록 했습니다.

❓ **지금 막 체포되었거나 수사 및 재판 과정을 앞두고 있는 경우:**

▶ PART 1: 세상과의 단절, 갑작스레 격리되다 (Chapter 1~2) 이 당신에게 가장 먼저 필요한 정보를 제공할 것입니다. 체포 현장에서의 권리, 조사 과정에서의 대처법, 구속영장실질심사 준비, 변호사 선임 방법 등 법적 절차의 흐름과 당신의 권리를 이해하는 데 집중하세요. 내용을 숙지함으로써 불필요한 불안감을 줄이고, 자신의 상황에 능동적으로 대처할 힘을 얻을 수 있습니다.

❓ **현재 교도소나 구치소에 수용 중인 경우:**

▶ PART 2: 이방인들의 땅, 교도소에 들어가다 (Chapter 3~6) 와 PART 3: 의미있는 체류, '다른 나'로 거듭나다 (Chapter 7~10) 이 현재 당신의 생활과 가장 밀접한 도움을 줄 것입니다. 낯선 환경에서의 생활 규칙, 다른 수용자 및 교정 직원과의 관계 맺기, 건강 관리법, 가족과의 소통 방법뿐만 아니라, 직업훈련, 학습, 재정 관리 등 수용 기간을 자기 계발의 시간으로 활용하는 구체적인 방법들을 찾아보세요.

❓ **출소를 앞두고 있거나 가석방을 준비하고 있는 경우:**

▶ PART 4: 자유로의 귀환 (Chapter 11~16) 이 출소 전후의 준비 과정과 사회 복귀 전략을 세우는 데 유용할 것입니다. 출소 절차, 가석방 조건, 주거 및 일자리 마련, 사회의 편견에 대처하는 법, 그리고 재범을 방지하고 새로운 삶을 지키기 위한 방법들을 미리 숙지하고 계획을 세워보세요.

2. Q&A 형식을 적극 활용하세요.

이 책은 수용자들이 실제로 가장 궁금해하고 어려움을 느끼는 부분들을 Q&A 형식으로 풀어냈습니다. 목차에서 현재 자신에게 가장 필요한 질문을 찾아 해당 답변을 읽어보세요. 각 질문과 답변은 독립적으로 구성되어 있어 필요한 부분만 선택적으로 읽어도 이해하는 데 무리가 없습니다.

3. 표와 TIP은 핵심 정보를 한눈에 파악하는 데 도움이 됩니다.

본문 중간중간에 제시된 표는 복잡한 정보나 비교 내용을 일목요연하게 정리하여 핵심을 빠르게 파악하는 데 도움을 줄 것입니다. (예:) 'TIP'으로 표시된 부분은 실제 생활에서 유용하게 활용할 수 있는 추가 정보나 조언을 담고 있으니 꼼꼼히 읽어보세요.

4. 한 번 읽고 덮어두지 말고, 필요할 때마다 다시 찾아보세요.

수용 생활 중 또는 출소 후에도 상황은 계속 변하고, 새로운 문제에 직면할 수 있습니다. 그때마다 이 책을 다시 펼쳐 관련 내용을 찾아보고, 어떻게 대처해야 할지 생각해보세요. 이 책이 당신의 수용 생활과 사회 복귀 여정에 든든한 동반자가 되기를 바랍니다.

5. 이 책은 법률 자문이나 전문 상담을 대체할 수 없습니다.

이 책은 수용 생활과 관련된 전반적인 정보와 조언을 제공하지만, 개인의 구체적인 법적 문제나 심리적 어려움에 대해서는 반드시 담당 변호사, 교도관, 상담 전문가 등 해당 분야 전문가의 도움을 받으셔야 합니다. 이 책을 통해 기본적인 정보를 얻고, 전문가에게 어떤 질문을 해야 할지 준비하는 데 활용하시기 바랍니다.

마지막으로,

이 책을 읽는 당신이 절망보다는 희망을, 좌절보다는 용기를 얻어 '다시, 삶의 이름으로'를 통해 성장하고, 성공적으로 사회에 복귀하여 새로운 삶을 펼쳐나가기를 진심으로 응원합니다.

| 차례 |

PART 1 _ 세상과의 단절, 갑작스레 격리되다

Chapter 1 　체포부터 선고까지 - 법적 과정의 흐름 ·········· 020

[section 1.1] 체포와 조사 단계에서의 권리 이해하기 ·········· 020

- Q1. 체포 현장에서 경찰이 제시해야 하는 서류는 무엇이며, 저는 어떤 권리가 있나요? ·········· 020
- Q2. 체포 직후 가족에게 연락할 권리가 있다고 들었는데, 어떻게 행사할 수 있나요? ·········· 020
- Q3. 진술거부권은 정확히 무엇이며, 언제 어떻게 행사하는 것이 좋을까요? ·········· 021
- Q4. 변호인 선임 없이 조사를 받게 된다면 어떤 점을 특히 주의해야 하나요? ·········· 021
- Q5. 경찰/검찰 조사에서 잘못 말하지 않기 위한 핵심 원칙은 무엇인가요? ·········· 022

[section 1.2] 구속 전 심문과 초기 대응 전략 ·········· 023

- Q1. 구속영장이 청구되면 반드시 영장실질심사(구속 전 피의자심문)를 받게 되나요? ·········· 023
- Q2. 영장실질심사에서 판사에게 어떤 내용을 이야기하는 것이 효과적인가요? ·········· 024
- Q3. 영장실질심사 전에 변호인과 상담할 시간이 주어지나요? ·········· 025
- Q4. 영장실질심사에서 주의해야 할 말과 행동은 무엇인가요? ·········· 025
- Q5. 영장실질심사에서 가족이나 지인이 도울 수 있는 방법이 있나요? ·········· 026

[section 1.3] 조사 중 흔히 겪는 문제와 대응법 ·········· 027

- Q1. 수사관이 협박이나 회유를 할 경우 어떻게 대응해야 하나요? ·········· 027
- Q2. 조사 중 휴식이나 화장실 사용을 요청할 수 있나요? ·········· 028
- Q3. 조서 내용을 꼼꼼히 확인하는 방법과 수정을 요청하는 올바른 방법은 무엇인가요? ·········· 029
- Q4. 구속된 직후 가장 먼저 해야 할 일은 무엇인가요? ·········· 030
- Q5. 구속적부심은 언제, 어떻게 청구할 수 있으며, 성공 가능성을 높이는 방법은 무엇인가요? ·········· 032

[section 1.4] 재판의 흐름과 핵심 절차 이해하기 · **034**

Q1. 검찰 송치 후 기소 여부는 어떻게, 언제 결정되나요? · 034
Q2. 기소된 후 첫 재판까지 제가 준비해야 할 것들은 무엇인가요? · 034
Q3. 공판기일 통지를 받았는데, 이때부터 어떤 권리를 행사할 수 있나요? · · · · · · · · · · · · · · · · · 035
Q4. 첫 공판에서는 어떤 일이 진행되며, 제가 특별히 준비해야 할 것이 있나요? · · · · · · · · · · · 037
Q5. 재판 중 발언 기회는 언제 주어지며, 무엇을 이야기하는 것이 좋을까요? · · · · · · · · · · · · · 038
Q6. 증인 신문 과정에서 주의해야 할 점은 무엇인가요? · 040
Q7. 검사의 '구형'이란 무엇을 의미하며, 이후 어떤 절차가 진행되나요? · · · · · · · · · · · · · · · · · · 042
Q8. 최후 진술은 어떻게 준비해야 효과적일까요? · 043
Q9. 양형에 유리한 자료를 준비하는 방법과 시기는 언제인가요? · 044
Q10. 반성문은 어떻게 작성하는 것이 효과적인가요? · 046
Q11. 집행유예 선고를 받을 가능성을 높이는 방법은 무엇인가요? · 048
Q12. 형기산입은 어떻게 계산되며, 구속 기간이 모두 형기에 포함되나요? · · · · · · · · · · · · · · · 049

[section 1.5] 선고 후 항소와 재심 준비 · **050**

Q1. 선고 결과에 불복하여 항소하려면 어떤 절차를 거쳐야 하나요? · 050
Q2. 항소심에서 원심보다 형량이 늘어날 가능성(불이익변경금지원칙)은 어떻게 되나요? · · · · · · · · · 052
Q3. 억울하게 형이 확정되었을 때 재심을 청구할 수 있는 조건은 무엇인가요? · · · · · · · · · · 054

Chapter 2   법정 밖의 힘 - 변호사와의 동행 · **056**

[section 2.1] 변호사 선택 시 고려할 점 · **056**

Q1. 변호사를 선임할 때 가장 중요하게 봐야 할 점은 무엇인가요? · 056
Q2. 변호사 찾는 방법과 선임 비용은 보통 어느 정도인가요? · 058
Q3. 믿을 수 있는 변호사인지 어떻게 판단할 수 있나요? · 059

[section 2.2] 국선과 사선, 어떤 기준으로 고를까? · **061**

Q1. 국선변호인은 어떤 경우에 선정받을 수 있나요? · 061
Q2. 국선변호인과 사선변호인, 어떤 차이가 있고 어떻게 선택해야 할까요? · · · · · · · · · · · · · · 063
Q3. 국선변호인이 선임되었을 때, 효과적으로 소통하는 방법은 무엇인가요? · · · · · · · · · · · 065

[section 2.3] 효과적인 소통과 갈등 해소 전략 · **066**

Q1. 변호사와 어떻게 소통해야 효과적인 법적 대응이 가능할까요? · 066
Q2. 변호사와의 관계에서 흔히 발생하는 문제들과 해결방법은 무엇인가요? · · · · · · · · · · · · 068
Q3. 가족과 변호사 사이의 협력 관계를 어떻게 구축하면 좋을까요? · 069
Q4. 변호사에게 꼭 전달해야 할, 그리고 물어봐야 할 내용은 무엇인가요? · · · · · · · · · · · · · · 071

PART 2 _ 이방인들의 땅, 교도소에 들어가다

Chapter 3 생존법칙, 슬기롭게 스며드는 법 ····· 076

[section 3.1] 지켜야 할 시간과 규율들 ····· 076
- Q1. 교도소의 일과 중 가장 엄격하게 지켜야 하는 시간대는 언제이며, 그 이유는 무엇인가요? ····· 076
- Q2. 교도소에 처음 들어갈 때 제가 가져갈 수 있는 물품과 가져갈 수 없는 물품은 무엇인가요? ····· 077
- Q3. 구치소/교도소 내 시간표는 어떻게 구성되어 있으며, 일과를 어떻게 보내게 되나요? ····· 079
- Q4. 처음 며칠을 어떻게 보내야 심리적 충격을 최소화할 수 있을까요? ····· 081

[section 3.2] 예의 있는 관계 만들기 ····· 083
- Q1. 다른 수용자들과의 관계에서 가장 중요한 예절은 무엇이며, 어떻게 실천할 수 있나요? ····· 083
- Q2. 함께 방을 쓰는 사람들이 낯설고 무서울 때 처음에 어떻게 행동해야 하나요? ····· 085
- Q3. 교도소 내에서 다른 수용자들과 어떻게 관계를 맺는 것이 바람직한가요? ····· 087
- Q4. 교정 직원들과 좋은 관계를 유지하는 방법은 무엇인가요? ····· 088

[section 3.3] 갈등 예방과 해결 방법 ····· 090
- Q1. 공동생활 공간에서 발생할 수 있는 갈등 상황의 예시와 그 해결방안은 무엇인가요? ····· 090
- Q2. 다른 수용자가 괴롭히면 어떻게 대응해야 하나요? ····· 092
- Q3. 교도소 안에서 동료 수감자로부터 부당한 일을 당했다면 어떻게 대응해야 하나요? ····· 094
- Q4. 교도소 안에서 교정공무원으로부터 부당한 일을 당했다면 어떻게 대응해야 하나요? ····· 096

Chapter 4 가족과의 연결 다시 잇기 ····· 098

[section 4.1] 접견 - 물리적 간극을 잇는 만남 ····· 098
- Q1. 교도소에서 가족을 만날 수 있는 접견에는 어떤 종류가 있으며, 각 접견의 절차는 어떻게 되나요? ····· 098
- Q2. 접견 시 지켜야 할 주요 규정(횟수, 시간, 동반 인원, 예약 규칙, 취소 시 불이익 등)은 무엇인가요? ····· 100
- Q3. 가족 접견 시, 특히 어린 자녀와 함께 방문할 경우 어떤 준비를 하는 것이 좋을까요? ····· 101

[section 4.2] 서신 - 종이 위에 담는 마음 ····· 103
- Q1. 교도소로 편지를 보내고 받는 방법, 특히 e-그린우편 서비스는 어떻게 이용하나요? ····· 103
- Q2. 편지에는 주로 어떤 내용을 쓰고, 어떤 내용은 피해야 하나요? ····· 104
- Q3. 편지에 사진 등을 동봉할 때 허용되는 것과 금지되는 것은 무엇인가요? ····· 105
- Q4. 편지 내용에 대한 검열은 어느 정도로 이루어지나요? ····· 106

[section 4.3] 전화 통화 - 집의 목소리를 듣다 ····· 107

Q1. 교도소에서 전화 통화를 하려면 어떤 규칙을 따라야 하고, 신청 절차나 비용, 상대방 전화번호 등록은 어떻게 하나요? ·· 107

[section 4.4] 배우자 등 - 핵심적인 유대감 재건 및 강화 ···································· 109

Q1. 떨어져 있는 동안 배우자와의 신뢰와 친밀감을 유지하기 위한 전략은 무엇인가요? ·········· 109
Q2. 배우자와 편지나 접견으로 효과적으로 소통하는 방법은 무엇인가요? ···························· 110
Q3. 수용 중 배우자와의 이혼 위기나 이혼 요구에 어떻게 대처해야 하나요? ······················· 111
Q4. 교정시설 내 또는 외부 지원을 통해 받을 수 있는 부부 상담이나 관계 개선 프로그램이 있나요? ····· 112

[section 4.5] 자녀 - 떨어져 있어도 부모로서 ···································· 113

Q1. 수감 사실을 자녀에게 어떻게 설명해야 할까요 (연령별 고려사항 포함)? ······················· 113
Q2. 자녀에게 힘이 되고 사랑을 전하는 편지는 어떻게 써야 할까요? 어떤 내용을 담는 것이 좋을까요? ···· 114
Q3. 부모의 수감으로 인해 자녀가 겪을 수 있는 정서적 어려움과 트라우마를 이해하고 지원하려면 어떻게 해야 하나요? ·· 115

[section 4.6] 연로하신 부모님 - 마음 전하기 ···································· 116

Q1. 연로하신 부모님의 건강과 안부를 확인하기 위해 허용된 채널(편지, 가족 면회/통화 시 전달 등)을 어떻게 활용할 수 있을까요? ·· 116
Q2. 편지를 통해 연로하신 부모님께 걱정과 사랑을 어떻게 표현할 수 있을까요? ················· 117

[section 4.7] 떨어져 있어도 함께 축하하기 - 특별한 날 ···································· 118

Q1. 교도소 안에서 가족의 생일, 기념일, 명절 등을 어떻게 축하하거나 기억할 수 있을까요? ··········· 118

[section 4.8] 미래를 향하여 - 새로운 시작의 토대로서의 가족 ···································· 119

Q1. 가족들은 관계 회복을 위해 노력하는 수용자에게 보통 무엇을 바라나요? ······················· 119
Q2. 수용자 가족들이 이용할 수 있는 지원 서비스에는 어떤 것들이 있나요?
(예: '세움', 한국법무보호복지공단 등) ·· 120

Chapter 5 몸과 마음을 건강하게 유지하기 ···································· 122

[section 5.1] 건강 지키는 작은 습관들 ···································· 122

Q1. 제한된 공간에서 할 수 있는 효과적인 운동에는 어떤 것들이 있나요? ······························ 122
Q2. 당뇨나 고혈압 같은 만성질환이 있을 때 어떻게 관리해야 하나요? ···································· 123
Q3. 건강한 식습관을 유지하는 방법은 무엇인가요? ·· 124
Q4. 건강에 도움이 되는 영치금 사용 방법은 무엇인가요? ···································· 124

[section 5.2] 아플 때 대처법과 의료지원 받기 ··· 125
  Q1. 아플 때 교도소에서 의료 도움은 어떻게 받을 수 있나요? ···················· 125
  Q2. 응급상황이 발생했을 때 어떻게 대처해야 하나요? ······························ 126
  Q3. 정기적으로 복용해야 하는 약이 있을 때는 어떻게 해야 하나요? ············ 128
  Q4. 건강 정보를 기록하고 관리하는 효과적인 방법은 무엇인가요? ·············· 129

[section 5.3] 감정의 폭풍 속에서 중심 잡기 (심리 응급처치) ····························· 130
  Q1. 답답하거나 우울한 마음은 어떻게 다스릴 수 있을까요? ······················ 130
  Q2. 갑작스러운 구속으로 머리가 하얗게 되고 아무 생각이 안 날 때, 어떻게 해야 하나요? ······ 132
  Q3. 내가 나쁜 사람이 된 것 같고 세상과 단절된 느낌이 들 때, 이런 감정을 어떻게 다뤄야 하나요? ······ 133
  Q4. 가족이 실망할까 봐 두려울 때, 어떻게 마음을 다스려야 할까요? ·········· 134
  Q5. 판결을 듣고 충격에 빠졌을 때 어떻게 마음을 추스를 수 있을까요? ········ 135
  Q6. 밤에 불안해서 잠이 안 올 때 어떻게 해야 하나요? ····························· 137
  Q7. 종교활동이나 상담 프로그램은 어떻게 참여할 수 있나요? ··················· 138

Chapter 6   낯선 언어 배우기 - 교도소 은어와 소통의 기술 ················· 140

[section 6.1] 자주 듣는 교도소 은어 ·· 140
  Q1. 구치소나 교도소에서 빈번하게 사용되는 은어는 어떤 것이 있나요? ······· 140
  Q2. 교도소 은어를 모를 때 어떻게 물어봐야 할까요? ······························· 141

[section 6.2] 은어의 경계와 위험 ··· 143
  Q1. 교도소 은어 사용이 필요한 상황과 피해야 할 상황을 구분하는 기준은 무엇인가요? ······ 143
  Q2. 은어 사용으로 인해 생길 수 있는 오해나 갈등은 어떤 것이 있나요? ······· 144
  Q3. 새로운 은어를 접했을 때, 그 의미를 안전하게 파악하는 방법은 무엇인가요? ···· 145

[section 6.3] 교정 직원과의 올바른 소통법 ·· 146
  Q1. 교도소에서 건의나 부탁을 하고 싶으면 어떻게 해야 하나요? ··············· 146
  Q2. 교정 직원과의 대화에서 주의해야 할 언어 사용의 규칙은 무엇인가요? ··· 148
  Q3. 교도소에서 필요한 것을 요청할 때 가장 적절한 방법은 무엇인가요? ······ 149

PART 3 _ 의미있는 체류, '다른 나'로 거듭나다

Chapter 7   직업훈련과 자격증 - 내일을 준비하는 기술 ······························ 152

[section 7.1] 어떤 직업훈련이 있나요? ··· 152
  Q1. 교도소에서 받을 수 있는 직업훈련에는 어떤 것들이 있나요? ················· 152
  Q2. 자격증을 따면 나중에 취업에 정말 도움이 되나요? ···························· 153
  Q3. 공부를 더 하고 싶은데 교도소에서 가능한가요? (검정고시, 대학 과정 등) ····· 154

[section 7.2] 신청 절차와 주의점 ··· 156
  Q1. 직업훈련을 받으려면 어떻게 신청하나요? 신청하면 다 할 수 있나요? ········ 156
  Q2. 나이 많아도 훈련 받거나 자격증 딸 수 있을까요? ······························ 157
  Q3. 훈련이나 공부할 때 주의해야 할 점은 무엇인가요? ····························· 158

[section 7.3] 자격증의 현실적 활용과 급여 정보 ···································· 160
  Q1. 출소 후 실제로 취업하기 좋은 자격증은 무엇인가요? ··························· 160
  Q2. 자격증별 평균 급여 수준은 어떻게 되나요? ······································ 162
  Q3. 자격증을 여러 개 따는 것이 좋을까요, 아니면 하나를 전문적으로 파는 게 좋을까요? ······ 163

Chapter 8 출역 - 일하며 적응하기 ··· 165

[section 8.1] 공장과 관용부 작업장의 차이 ··· 165
  Q1. 교도소에서 할 수 있는 일(작업장)은 어떤 종류가 있나요? ····················· 165
  Q2. 공장 작업과 관용부 작업의 차이점과 각각의 장단점은 무엇인가요? ············ 166
  Q3. 작업은 꼭 해야 하나요? 하면 어떤 좋은 점이 있나요? ·························· 168

[section 8.2] 출역 지원과 배정 절차 ··· 169
  Q1. 내가 원하는 작업을 할 수는 없나요? ··· 169
  Q2. 출역 신청은 어떻게 하며, 배정은 어떤 기준으로 이루어지나요? ··············· 170
  Q3. 작업 배정에 불만이 있을 때 어떻게 해야 하나요? ······························ 171

[section 8.3] 작업 중 갈등 없이 지내는 법 ·· 173
  Q1. 작업하면서 지켜야 할 기본 규칙은 어떤 게 있나요? ···························· 173
  Q2. 다른 작업장 동료들과 잘 지내려면 어떻게 하면 좋을까요? ···················· 174
  Q3. 작업 중 실수했을 때 어떻게 대처하는 것이 좋을까요? ························· 176

Chapter 9 창업의 꿈 - 작은 씨앗 심기 ·· 178

[section 9.1] 창업 전 준비할 네 가지 ·· 178

Q1. 출소 후에 가게를 차리고 싶은데, 어떤 준비부터 해야 하나요? ········· 178
Q2. 창업하려면 돈이 얼마나 필요하나요? ········· 180
Q3. 실패하지 않으려면 창업 전에 꼭 체크해야 할 것은 무엇이 있을까요? ········· 181
Q4. 적은 자본으로 시작할 수 있는 사업은 무엇이 있나요? ········· 183

[section 9.2] 가족과 함께 창업할 때 주의점 ········· 184

Q1. 혼자 창업하는 것보다 가족이나 친구와 같이 하는 게 좋을까요? ········· 184
Q2. 가족과 함께 사업할 때 자주 생기는 문제는 무엇인가요? ········· 185
Q3. 가족과 함께 사업하기 전에 꼭 정해둬야 할 규칙은 무엇인가요? ········· 186

[section 9.3] 교도소 안에서 가능한 창업 준비 ········· 188

Q1. 교도소 안에서 창업 준비를 어떻게 할 수 있나요? ········· 188
Q2. 창업 관련 정보는 어디서 얻을 수 있나요? ········· 189
Q3. 교도소에서 배운 기술로 창업까지 이어진 사례가 있나요? ········· 190

Chapter 10 돈을 지키는 법 - 재정관리의 기술 ········· 192

[section 10.1] 교도소 안에서의 돈 관리법 ········· 192

Q1. 영치금은 무엇이며, 어떻게 관리하고 사용할 수 있나요? ········· 192
Q2. 교도소 안에서 받은 돈이나 모은 돈은 어떻게 관리하면 좋을까요? ········· 193
Q3. 교도소 안에서 필요한 물건을 사고 싶을 때는 어떻게 하나요? ········· 194

[section 10.2] 출소 직후 생계비 마련 전략 ········· 196

Q1. 출소 후 가장 먼저 필요한 생활비는 얼마나 될까요? ········· 196
Q2. 돈을 아끼면서도 잘 쓰는 방법이 있을까요? ········· 197
Q3. 긴급하게 돈이 필요할 때 도움을 받을 수 있는 곳은 어디인가요? ········· 198

[section 10.3] 신용 회복과 정부 지원금 활용 ········· 200

Q1. 신용이 안 좋을 때 다시 회복하려면 어떻게 해야 하나요? ········· 200
Q2. 출소 후 받을 수 있는 정부 지원금이나 보조금에는 어떤 것이 있나요? ········· 204
Q3. 경제적으로 안정되기까지 어떤 단계를 밟아가는 것이 좋을까요? ········· 206

PART 4 _ 자유로의 귀환, 다시 삶을 살아가다

Chapter 11 출소 절차와 가석방 이해하기 ········· 210

[section 11.1] 출소 전 준비물과 행정 절차 ·· 210
- Q1. 출소 전 준비해야 할 서류는 무엇인가요? ··· 210
- Q2. 출소 당일 어떤 절차를 거치게 되나요? ·· 211
- Q3. 출소 직후 가장 먼저 해결해야 할 법적 문제는 무엇인가요? ····················· 212
- Q4. 신분증과 건강보험 등 필수 서류는 어떻게 다시 발급받나요? ····················· 214

[section 11.2] 가석방의 기준과 심사 과정 ··· 216
- Q1. 가석방 자격 요건은 무엇이며 어떻게 신청하나요? ······································ 216
- Q2. 가석방 심사에서 어떤 요소가 중요하게 평가되나요? ·································· 217
- Q3. 가석방 이후 준수해야 할 조건과 규칙은 무엇인가요? ································ 219
- Q4. 가석방 심사에서 좋은 인상을 주기 위한 방법은 무엇인가요? ···················· 221

[section 11.3] 전자감독 대상자의 생활 요령 ··· 222
- Q1. 전자발찌 착용 대상과 규정은 어떻게 되나요? ·· 222
- Q2. 보호관찰 기간 중 어떤 의무를 이행해야 하나요? ······································· 223
- Q3. 전자감독 위반 시 어떤 법적 결과가 발생하나요? ······································· 224
- Q4. 전자발찌를 착용하고 일상생활을 할 때 주의할 점은 무엇인가요? ············· 226

Chapter 12 새 둥지 틀기 - 주거와 일자리 마련 ··· 227

[section 12.1] 출소자 주거지 확보 방법 ·· 227
- Q1. 출소 직후 갈 곳이 없다면 어디서 지낼 수 있을까요? ································ 227
- Q2. 출소 후 임시 주거 시설을 이용할 수 있는 방법은 무엇인가요? ················ 228
- Q3. 출소자를 위한 주택 지원 프로그램에는 어떤 것이 있나요? ······················· 229
- Q4. 임대차 계약 시 전과 기록으로 인한 불이익을 최소화하는 방법은 무엇인가요? ······· 230

[section 12.2] 구직 시 겪는 편견 대응법 ··· 231
- Q1. 이력서와 면접에서 전과 기록을 어떻게 설명하는 것이 효과적인가요? ······· 231
- Q2. 취업 거절을 여러 번 받았을 때 어떻게 마음을 다잡아야 할까요? ············· 233

[section 12.3] 취업을 위한 현실적 전략 ·· 234
- Q1. 출소자 취업 지원 프로그램은 어떻게 이용할 수 있나요? ··························· 234
- Q2. 출소자 채용에 우호적인 업종과 기업은 어디인가요? ·································· 236
- Q3. 취업이 어렵다면 일용직이나 임시 일자리는 어떻게 구할 수 있나요? ········ 237
- Q4. 구직 활동 중에 지원받을 수 있는 생계 지원은 무엇이 있나요? ················ 239

Chapter 13 다시 세상 속으로 - 일상 회복의 첫걸음 ·········· 241

[section 13.1] 사회 변화에 대한 두려움 다루기 ·········· 241

Q1. 세상이 많이 바뀌었을까 봐 두려운데, 어떻게 적응해야 할까요? ·········· 242
Q2. 사회 복귀 초기에 흔히 느끼는 불안감을 어떻게 다룰 수 있을까요? ·········· 242
Q3. 출소 직후 첫 한 달을 어떻게 보내는 것이 중요할까요? ·········· 243

[section 13.2] 자녀, 부모와의 관계 다시 맺기 ·········· 244

Q1. 오랜 부재 후 가족과의 첫 만남을 어떻게 준비해야 하나요? ·········· 244
Q2. 자녀가 저를 어색해하거나, 거부감을 보일 때 어떻게 해야 할까요? ·········· 244
Q3. 노부모님께 출소 후 어떻게 다가가는 것이 좋을까요? ·········· 245
Q4. 오랜 기간 연락이 끊긴 가족과 다시 관계를 맺고 싶다면 어떻게 해야 할까요? ·········· 246

[section 13.3] 일상을 회복하는 루틴 만들기 ·········· 246

Q1. 출소 후 건강한 일상 루틴을 만드는 방법은 무엇인가요? ·········· 246
Q2. 자유로운 환경에 적응하기 위한 첫 단계는 무엇인가요? ·········· 247
Q3. 사회에서 다시 규칙적인 생활을 시작하는 방법은 무엇인가요? ·········· 248
Q4. 출소 후 스트레스를 건강하게 해소하는 방법은 무엇인가요? ·········· 248

Chapter 14 낙인을 넘어서 - 편견과 싸우는 법 ·········· 249

[section 14.1] 나 자신을 용서하는 첫걸음 ·········· 249

Q1. 자신의 과거를 어떻게 받아들이는 것이 건강할까요? ·········· 249
Q2. 죄책감과 수치심이 너무 클 때 어떻게 마음을 다스려야 할까요? ·········· 250
Q3. 스스로를 용서하는 과정에서 도움이 되는 생각이나 행동은 무엇인가요? ·········· 251
Q4. 과거의 실수를 미래의 성장으로 바꾸는 마음가짐은 무엇일까요? ·········· 251

[section 14.2] 타인의 편견에 대처하는 말과 태도 ·········· 252

Q1. 타인의 편견에 어떻게 대응하는 것이 현명한가요? ·········· 252
Q2. 주변 사람들이 저를 다르게 대할 때 어떻게 말하는 것이 좋을까요? ·········· 253
Q3. 사회의 부정적 시선과 편견에 어떻게 하면 건강하게 대응할 수 있을까요? ·········· 253
Q4. 거절이나 차별을 경험했을 때 어떻게 극복할 수 있을까요? ·········· 254

[section 14.3] 과거가 아닌 현재로 말하기 ·········· 255

Q1. 새로운 사람들에게 제 과거를 이야기해야 할까요? ·········· 255
Q2. 언제, 어떻게 말하는 것이 좋을까요? ·········· 255

Q3. 제 과거에 대해 물어볼 때 어떻게 대답하는 것이 좋을까요? ··· 256
Q4. 면접이나 새로운 만남에서 저를 어떻게 소개하는 것이 좋을까요? ······································· 257
Q5. 과거보다 현재의 나를 보여주는 효과적인 방법은 무엇인가요? ·· 257

Chapter 15 다시 맺는 인연 - 관계의 회복과 선택 ··· 258

[section 15.1] 멀어진 관계를 다시 이어보려면 ·· 258
Q1. 오랜 부재 후 배우자와 자녀와의 신뢰를 회복하기 위한 구체적인 방법은 무엇인가요? ············ 258
Q2. 가족 갈등이 발생했을 때 건강하게 해결하는 방법은 무엇인가요? ·· 259
Q3. 오해나 갈등으로 멀어진 사람과 다시 관계를 맺고 싶다면 어떻게 해야 할까요? ················· 259

[section 15.2] 피해야 할 사람과 다가가야 할 사람 ··· 260
Q1. 옛 친구들과의 관계를 어떻게 회복하거나 정리해야 하나요? ··· 260
Q2. 범죄에 영향을 주었던 관계는 어떻게 끊는 것이 좋을까요? ·· 261
Q3. 도움이 될 수 있는 새로운 인간관계는 어디서 어떻게 만들 수 있을까요? ··························· 261
Q4. 건전하고 새로운 인간관계를 형성하는 효과적인 방법은 무엇인가요? ································· 262

[section 15.3] 사회 속에서 신뢰 쌓는 방법 ··· 262
Q1. 지역사회에서 받아들여지기 위한 첫걸음은 무엇인가요? ·· 262
Q2. 사회 구성원으로서 소속감과 책임감을 회복하는 구체적인 방법은 무엇인가요? ·················· 263
Q3. 이웃이나 직장 동료와 좋은 관계를 맺는 방법은 무엇인가요? ··· 264
Q4. 신뢰를 잃은 후 다시 쌓아가는 데 얼마나 시간이 걸리나요? ·· 264

Chapter 16 새로운 나를 지키기: 재범 위험 요소 인식과 극복 방법 ·················· 265

[section 16.1] 내가 흔들릴 때 나타나는 신호들 ··· 265
Q1. 재범으로 이어질 수 있는 주요 위험 신호는 무엇인가요? ·· 265
Q2. 과거의 범죄 패턴을 어떻게 분석하고 이해할 수 있을까요? ·· 266
Q3. 스트레스와 위기 상황에서 충동을 통제하는 방법은 무엇인가요? ·· 266

[section 16.2] 다시 무너지지 않기 위한 구조 요청법 ·· 267
Q1. 위기 시 도움을 요청할 수 있는 지원 네트워크를 어떻게 만들 수 있나요? ··························· 267
Q2. 전문적인 상담이나 치료 프로그램은 어떻게 이용할 수 있나요? ·· 268
Q3. 자조 모임과 회복 커뮤니티가 재범 방지에 어떻게 도움이 되나요? ····································· 268
Q4. 재범 없는 새 삶을 위한 장기적인 목표 설정과 동기 유지 방법은? ······································ 269

부록

각종 서식 및 양식 ·· 273

반성문 및 탄원서(유형별 및 항목별 통합기재례) ·· 295

형의 집행 및 수용자의 처우에 관한 법률(인용조문 3단비교) ·························· 331

교정시설 외부 지원기관 목록 및 연락처 ·· 399

PART 1

세상과의 단절,
갑작스레 격리되다

Chapter 1 | 체포부터 선고까지 - 법적 과정의 흐름

형사사건의 체포부터 재판 선고까지 진행되는 절차를 이해하면 구속 상태에서 느끼는 불안과 혼란을 줄일 수 있습니다. 절차를 알면 수동적으로 끌려가기만 하는 피의자가 아니라, 자신의 권리를 알고 적극적으로 대응하는 주체가 될 수 있습니다. 이번 장에서는 체포 시점부터 수사와 구속여부 결정에 이르는 초기 과정을 Q&A 형식으로 설명합니다.

[section 1.1] 체포와 조사 단계에서의 권리 이해하기

Q1. 체포 현장에서 경찰이 제시해야 하는 서류는 무엇이며, 저는 어떤 권리가 있나요?

A. 원칙적으로 경찰이 체포영장을 집행하여 사람을 체포할 때는 체포영장의 원본을 보여주어야 합니다. 다만 긴급한 상황 등으로 영장을 직접 소지하지 못한 경우에는 혐의 사실의 요지와 영장이 발부되었음을 구두로 알리고 체포할 수 있지만, 체포 후 지체 없이 영장 원본을 제시해야 합니다. 또한, 현행범인 경우와 긴급체포된 경우에는 체포영장에 의한 집행을 하는 것이 아니므로, 별도 서류제시가 불필요 하나, 이 경우 48시간 이내에 구속영장 발부를 위한 영장청구가 이루어져야 합니다.

또한 현장에서 경찰은 왜 체포하는지 이유와 함께 피의사실(혐의)의 개요, 변호인을 선임할 수 있는 권리, 그리고 진술을 거부할 수 있는 권리(묵비권)이 있음을 미리 고지해야 합니다. 이러한 고지는 흔히 **"미란다 원칙"**이라고 불리며, 우리나라 헌법과 법률에 규정된 피의자의 기본권입니다. 즉, 경찰·검찰은 피의자를 체포할 때 혐의 내용과 이유, 변호인 선임권, 진술거부권 등을 반드시 알려야 하며, 피의자에게 자기 변명의 기회도 주어야 합니다.

Q2. 체포 직후 가족에게 연락할 권리가 있다고 들었는데, 어떻게 행사할 수 있나요?

A. 네, 체포되면 가족 등 가까운 사람에게 체포 사실을 알릴 권리가 있습니다. 형사소송법에 따라 경찰관은 체포한 피의자에게 변호인이 없을 경우, 피의자가 지정하는 친지 등에게

"○○죄 사건으로 ○월○일 ○시경 ○○에서 체포되었다"는 취지와 체포 이유, 변호인 선임 권리 등을 신속히 통지해야 합니다. 즉, 본인이 직접 전화를 걸 수 있는지 여부와 관계없이, 수사기관이 법적으로 체포 사실을 가족 등에게 알려주도록 되어 있습니다. 따라서 체포 직후 경찰에게 **"가족에게 연락해 주세요"**라고 요청하고, 연락할 대상(배우자나 부모 등)을 명시하면 됩니다. 만약 경찰이 이를 제대로 이행하지 않으면, 추후 변호인을 통해 체포통지 절차를 확인하거나 이의를 제기할 수 있습니다. 덧붙여, 스스로 전화 통화가 가능한 상황이라면 침착하게 본인의 체포 및 구금 장소를 가족에게 알리고 변호인을 선임하여 조력을 받을 수 있도록 하는 등 도움을 요청해두는 것이 좋습니다.

Q3. 진술거부권은 정확히 무엇이며, 언제 어떻게 행사하는 것이 좋을까요?

A. 진술거부권이란 피의자 또는 피고인이 수사기관이나 법정에서 자신에게 불리한 진술을 하지 않을 권리를 말합니다. 쉽게 말해 "묵비권", 즉 질문을 받더라도 대답을 거부할 수 있는 권리입니다. 우리 헌법 제12조 제2항에서 보장된 기본권으로서, 누구든지 자기에게 불리한 진술을 강요당하지 않습니다. 이 권리는 경찰 조사, 검찰 조사, 법정 증언 등 모든 단계에서 행사 가능하며, 형사소송법에도 명시되어 있습니다. 진술거부권을 행사한다고 해서 불이익을 받아서는 안 되며, 실제로 법원은 피고인이 묵비권을 행사했다는 이유만으로 불리한 추정을 해서는 안 된다고 보고 있습니다. 따라서 혐의 사실에 대한 충분한 이해나 법률 조력이 없이 섣불리 답변하면 오히려 불리해질 수 있는 경우, **"모든 질문에 대해 답변을 거부하겠습니다"**라고 명확히 의사 표시를 하고 침묵을 지키는 것이 좋습니다. 특히 말 한 마디라도 잘못하거나 모순되면 그것이 기록에 남아 증거로 활용될 수 있으므로, 기억이 불확실하거나 변호사와 상의하지 못한 상태라면 진술을 거부하는 편이 안전한 전략인 경우가 많습니다. 물론 이후 필요한 시점에 충분히 대비하여 진술할 기회가 있으므로, 초기 단계에서는 권리를 행사하며 신중을 기하는 것이 장기적으로 유리할 수 있습니다.

Q4. 변호인 선임 없이 조사를 받게 된다면 어떤 점을 특히 주의해야 하나요?

A. 수사기관에 수사에 잘 대응하기 위해서는 반드시 전문가인 변호인을 조력을 받는 것이 절

대적으로 유리합니다. 다만 불가피하게 변호인이 함께하지 않는 상황에서는 더욱 신중하고 조심스럽게 임해야 합니다. 우리 법률은 피의자 신문 시 변호인의 참여권을 보장하고 있는데, 변호인이 없다는 것은 그 법적 방패막이 없는 상태로 조사를 받는다는 뜻입니다. 이럴 때는 우선 진술거부권을 적극 활용하는 것을 고려해야 합니다. 또한 조사 과정에서 함정 질문이나 압박에 휘말리지 않도록 유의하세요. 잘 모르는 질문에 추측으로 답하지 말고, 모르면 모른다고 하거나 **"이 부분은 기억나지 않습니다"**, **"지금은 답변드리기 어렵습니다"** 처럼 답변을 유보하는 것이 낫습니다. 자신에게 유리한 내용이라고 해서 과장되게 말하거나 없는 내용을 지어내는 것도 위험합니다. 수사관은 프로이므로 작은 모순도 찾아낼 수 있음을 기억해야 합니다. 그리고 조서 내용을 끝까지 확인하기 전에는 섣불리 서명하거나 지장 찍지 않도록 주의하세요. 변호인 없이 홀로 서명을 해버리면 나중에 번복이나 수정이 어려우므로, 조서에 이해되지 않는 부분이나 사실과 다른 부분이 있으면 끝까지 수정을 요구해야 합니다. 만약 수사관이 **"나중에 편하게 얘기하면 된다"** 거나 **"지금 인정하면 풀어주겠다"** 는 등 회유를 하더라도, 법적 효력을 생각하면 지금 작성되는 조서가 중요하니 가볍게 믿고 응하지 말아야 합니다. 가능하면 하루빨리 변호인을 선임하거나, 경제적 여건이 어렵다면 국선변호인이라도 요청하여 법률 조력을 받는 것이 바람직합니다. 또한 구속사건의 경우에는 국선변호인이 법원에 의해 직권으로 선정되므로, 영장실질심사 단계에서 사전 접견을 통해 충분히 조력을 받아서 대응하시기 바랍니다.

Q5. 경찰/검찰 조사에서 잘못 말하지 않기 위한 핵심 원칙은 무엇인가요?

A. 조사 과정에서는 작은 말실수 하나가 사건에 크게 영향을 줄 수 있습니다. 다음 원칙들을 유념하세요.

❖ **불필요한 말은 하지 않는다**: 질문에 대한 간단하고 정확한 답변만 하세요. 변명하려다 보면 도리어 모순된 말을 하게 될 수 있습니다. 특히 듣지도 않은 내용을 자발적으로 늘어놓지 않도록 주의합니다.

❖ **기억이 불확실한 부분은 인정하지 않는다**: 확실하지 않은 사실은 추측으로 답하지 말고 "기억나지 않는다"고 답하는 편이 좋습니다. 애매한 대답은 나중에 거짓말이나 모순으로 공격당할 여지를 남깁니다.

- ❖ 질문 의도를 파악하고 답한다: 수사관의 질문이 유도심문일 수 있으므로, 상대가 원하는 답을 추측해 말하지 말고 사실 그대로만 진술합니다. 말하기 전에 질문의 내용을 곰곰이 생각한 후 답변하세요.
- ❖ 감정적으로 대응하지 않는다: 압박을 받더라도 흥분하거나 화내지 말고 침착함을 유지하세요. 감정적으로 튀어나온 말이 나중에 불리하게 이용될 수 있습니다.
- ❖ 조서 확인 철저: 진술 후 작성되는 조서를 끝까지 꼼꼼히 읽고 사실과 다른 부분은 즉시 지적하세요. 수사관이 귀찮아하거나 빨리 끝내려 해도, 조서 내용이 곧 증거이므로 내 발언이 정확히 기재되었는지 100% 확인해야 합니다. 또한 잘못 기재된 부분이 있다면 반드시 수사관에게 잘못 기재된 부분의 정정을 요구해야 합니다.

특히 구속 상태에서는 하루빨리 풀려나고 싶은 마음에 조사 과정에서 마음이 급해지기 쉽습니다. 하지만 조급함 때문에 사실과 다른 말이나 궁색한 거짓말을 하면 오히려 상황을 악화시킬 수 있습니다. 질문을 받을 때 한 박자 멈추고 생각한 후 답변하는 침착함이 필요합니다.

[section 1.2] 구속 전 심문과 초기 대응 전략

Q1. 구속영장이 청구되면 반드시 영장실질심사(구속 전 피의자심문)를 받게 되나요?

A. 거의 모든 경우에 그렇습니다. 현재 형사소송법상 구속영장을 청구받은 판사는 지체 없이 피의자를 직접 심문해야 한다고 규정되어 있습니다. 일반적으로 경찰에 현행범이나 긴급체포 등으로 이미 체포된 상태라면, 구속영장 청구 다음날까지 법원에서 영장실질심사(구속 전 피의자심문)이 열리며 판사가 직접 피의자를 대면심문합니다. 만약 아직 체포되지 않은 피의자에 대해 영장이 청구된 경우에도, 법원이 피의자를 법정에 구인하여 심문하게 됩니다. 즉, 피의자가 도망 중이거나 심문을 명백히 거부하는 등의 특별한 사정이 없는 한, 구속영장이 청구되었다면 반드시 판사 앞에서 심문을 받을 기회가 주어집니다. 이는 1997년 도입된 제도로, 구속의 적정성을 사전에 심사받을 피의자의 권리를 보장하기 위한 것입니다. 예전에는 피의자가 희망할 때만 심문을 했지만, 지금은 피의자의 신청 여부와 관계없이 원칙적으로 실시된다고 이해하면 됩니다. 결국 구속영장이 청구되면 법원에서 열리는 영장실질심사에 출석하여 자신의 구속 여부에 대해 다투게 됩니다.

Q2. 영장실질심사에서 판사에게 어떤 내용을 이야기하는 것이 효과적인가요?

A. 영장심사에서는 **"이 피의자를 계속 구속할 필요가 있는가?"**를 두고 다투게 됩니다. 따라서 구속 사유가 없거나 적어도 구속이 불필요함을 강조하는 것이 핵심 전략입니다. 우리 형사소송법은 구속 사유로 세 가지를 규정하고 있습니다:

- ❶ **도주 우려** - 피의자가 도망할 염려가 있는 경우
- ❷ **증거인멸 우려** - 증거를 인멸할 염려가 있는 경우
- ❸ **주거 부정** - 피의자에게 일정한 주거가 없는 때

또한 법원은 이를 판단함에 있어 범죄의 중대성, 재범 위험성, 피해자나 중요 증인에 대한 위해 우려 등을 함께 고려하게 되어 있습니다. 따라서 판사 앞에서 아래와 같은 점들을 어필하면 도움이 됩니다:

❖ **도주 우려 해소**: "제 주민등록상 주소지가 ○○이고, ○년째 거주 중입니다. 가족들도 모두 그 곳에 거주하니 달아날 생각이 없습니다." 처럼 주소 및 생활 기반의 안정성을 강조하세요.

❖ **증거인멸 우려 해소**: 수사에 협조하고 있으며, 주요 증거가 이미 수집된 상황이라면 "더 이상 숨길 증거도 없고, 증인을 회유하거나 할 생각이 없습니다"라고 전하세요. 관련자 연락을 차단하거나 접촉하지 않겠다는 약속을 함으로써 안심시킬 수 있습니다.

❖ **범죄 중대성 및 참작 사유**: 혐의가 경미한 사건이거나 초범인 경우 그 점을 강조하세요. 반대로 혐의가 어느 정도 인정되더라도 "깊이 반성하고 피해 회복을 위해 노력 중"이라며 재범하지 않을 것을 다짐하면 재범 위험성을 낮추어 볼 수 있습니다.

❖ **개인적 사정 및 필요성**: 구속으로 인해 생계나 건강에 심각한 문제가 생길 사정이 있다면 솔직히 말하세요. "제가 가장이어서 가족 부양을 책임지고 있습니다", "持病(지병) 치료를 지속해야 합니다" 등의 참작할 만한 사유는 판사의 마음을 움직일 수 있습니다.

❖ **인물의 신뢰성과 반성**: 말투나 태도에서도 진솔함과 반성하는 모습을 보이는 게 좋습니다. 구속심사는 재판은 아니지만, 판사에게 호소하는 자리인 만큼 "다시는 법을 어기는 일이 없도록 하겠다", "조사에 성실히 임하겠다"는 등 성실히 임할 것을 맹세하는 발언도 효과적입니다.

한마디로, **"도망가지도, 증거를 없애지도 않고 성실히 수사에 임할 테니 구속할 필요가 없다"**는 논리를 여러 근거와 함께 설득력 있게 피력하는 것입니다. 변호인이 있다면 이러한 점들을 중심으로 변호인이 의견을 제출할 것이고, 본인도 판사의 질문에 답하거나 직접

할 말이 있을 때 위 요지에 맞춰 침착하게 설명하면 됩니다.

Q3. 영장실질심사 전에 변호인과 상담할 시간이 주어지나요?

A. 예, 변호인과의 접견시간이 주어집니다. 보통 영장실질심사 기일이 잡히면, 사전에 변호인이 선임되어 있다면 미리 구치소나 유치장에서 접견(면담)을 통해 준비를 합니다. 만약 변호인이 아직 없다면 법원이 직권으로 국선변호인을 지정해주는데, 이 경우에도 심문기일에 앞서 국선변호인이 피의자와 접견할 기회를 갖습니다. 실무상, 심문 당일 법원 안 대기실에서 심문 전에 10~20분 정도 변호인과 상의할 시간을 주는 것이 일반적입니다. 이 자리에서 판사 앞에서 할 진술 내용을 정리하거나, 변호인이 제출한 의견서를 함께 검토하고 예상 질문에 대한 답변을 맞춰보게 됩니다. 충분한 시간은 아니지만, 변호인의 조언을 듣고 어떤 점을 강조할지 전략을 재확인할 수 있으니 매우 중요합니다. 그러므로 영장실질심사를 앞두고 있다면 변호인과 최대한 신속히 접촉해 본인의 상황을 모두 설명하고 도움을 받도록 하세요.

만일 변호인과 사전에 전혀 연락이 닿지 않았거나 국선변호인을 심문 당일 처음 만나는 상황이라면, 본인의 가족이나 지인을 통해 미리 탄원서나 자료 등을 준비해 변호인에게 전달하는 것도 한 방법입니다. 어떤 경우든 판사 심문에 들어가기 전 최소한의 상담 시간은 보장되니, 그 시간을 잘 활용해 말씀드릴 내용을 가다듬도록 합니다.

Q4. 영장실질심사에서 주의해야 할 말과 행동은 무엇인가요?

A. 영장심사에서는 진실성과 반성하는 태도를 보이는 것이 좋습니다. 몇 가지 유의사항을 살펴보겠습니다:

- ❖ 정직한 답변: 판사 앞에서 거짓말을 하거나 발뺌을 하면 바로 신뢰를 잃습니다. 수사기록상 이미 드러난 사실을 부인하거나 모순된 말을 하면 구속을 피하기 어려워집니다. 물증으로 입증된 사실은 인정하고, 다만 도주나 증거인멸 의도가 없었음을 설명하는 식으로 진솔하게 답하세요.
- ❖ 존중하는 태도: 판사에 대한 예의를 지키고 공손한 말투로 답변해야 합니다. 흥분해서 큰 소리로

항변하거나 한숨을 쉬는 등의 행동은 삼가세요. 차분하고 겸손한 태도는 기본입니다. 예를 들어 말을 마칠 때 "...합니다, 판사님."처럼 정중하게 말하면 인격적으로도 어필이 됩니다.

- ❖ **짧고 핵심적으로 발언**: 하고 싶은 말이 많더라도 핵심만 간략히 전하세요. 변호인이 대신 많은 부분을 설명해주므로, 피의자는 질문에만 간명하게 대답하는 편이 좋습니다. 불필요한 장황한 설명은 판사의 제지를 받을 수 있습니다.

- ❖ **감정 호소는 적절히**: 억울하다는 감정이나 가족이 걱정된다는 등 인간적인 부분을 호소할 수는 있지만, 과도한 눈물이나 탄식을 보이는 것은 역효과가 날 수 있습니다. 필요하면 울먹이는 정도의 진심 어린 모습은 보이되, 침착함을 잃지 않는 범위에서 이야기하세요.

- ❖ **변호사와 조율된 답변**: 변호인이 있다면 심문 전 상의한 내용과 일관되게 답변하세요. 변호사가 강조한 부분을 부인하거나 새로운 주장을 갑자기 펼치면 혼선이 생깁니다. 미리 상의한 대로 역할 분담을 하되, 판사가 직접 질문하는 부분에는 솔직하고 일관되게 답하세요.

정리하면, 판사에게 신뢰를 주는 행동이 중요합니다. 구속 여부는 판사의 재량이 큰 만큼, 피의자의 태도에서 "이 사람이 풀려나도 성실히 임하겠구나"라는 인상을 주도록 노력해야 합니다. 반대로 오만하거나 성의 없어 보이는 태도는 절대 피해야 합니다.

Q5. 영장실질심사에서 가족이나 지인이 도울 수 있는 방법이 있나요?

A. 가족이나 지인은 직접 심문에 참여하여 발언할 수는 없지만, 여러 간접적인 방법으로 도울 수 있습니다. 예를 들어 탄원서를 제출하는 것이 일반적입니다. 탄원서는 가족, 고용주, 지인 등이 "이 사람은 도망갈 리 없고, 선처해 달라"는 취지로 판사에게 호소하는 진정서 형태의 편지입니다. 가족들은 피의자의 인품, 가정형편, 반성하고 있는 모습 등을 상세히 적어 제출함으로써 판사가 피의자의 사회적 유대와 환경을 이해하는 데 도움을 줄 수 있습니다. 또한 가족이 심문 당일 법정 밖에서 대기하고 있다면, 판사도 피의자에게 돌아갈 든든한 가족 관계가 있음을 간접적으로 인식하게 됩니다.

또 다른 방법으로, 가족이나 지인은 변호인과 협력하여 구속을 피하기 위한 자료를 준비할 수 있습니다. 예를 들어 피의자의 재직증명서, 가족관계증명서, 거주지 임대차계약서 등 주거와 생활 기반을 입증하는 문서를 미리 변호인에게 전달해 두면 변호인이 심문에서 제출하여 구속사유가 없음을 뒷받침할 수 있습니다. 피의자가 피해자와 합의를 한 경우라면 그 합의서나 반성문 등을 가족이 챙겨 변호인에게 전달해주는 것도 큰 도움이 됩니다.

마지막으로, 가족들은 경제적 보증을 통해 도울 수 있습니다. 심문 결과에 따라 법원이 보증금 조건으로 석방(일종의 보석)을 검토할 수 있으므로, 가족들이 보증금을 마련해 놓거나 보석보증보험 가입 준비를 해두면 유리합니다. 물론 이러한 조건부 석방은 어디까지나 구속을 하지 않을 때의 조치이므로, 가족의 지원은 기본적으로 피의자가 사회에 복귀해도 안정적으로 지낼 수 있다는 신뢰를 주는 방향으로 이루어져야 합니다.

요컨대 가족·지인은 탄원서 제출, 자료 제공, 경제적 보증 등으로 간접적인 지원을 할 수 있으며, 이러한 지원은 피의자가 도주하거나 범죄를 저지를 사람이 아니라는 인상을 심어줘 구속을 면하는 데 긍정적 영향을 줄 수 있습니다.

[section 1.3] 조사 중 흔히 겪는 문제와 대응법

Q1. 수사관이 협박이나 회유를 할 경우 어떻게 대응해야 하나요?

A. 수사 과정에서 협박이나 회유 등 부당한 압박을 받는 경우에는 단호하면서도 침착하게 대응해야 합니다. 우선, 협박에 굴복하여 거짓 자백을 하거나 허위 진술을 하지 말아야 합니다. 우리 헌법은 고문이나 폭행, 협박을 통해 얻은 자백은 증거로 사용할 수 없도록 하고 있고, 강요된 진술은 효력이 없습니다. 실제로 형사소송법 제309조도 "피고인의 자백이 고문, 폭행, 협박 등으로 임의성이 의심되는 때에는 이를 유죄의 증거로 삼지 못한다"고 규정하고 있습니다. 따라서 수사관이 위법하게 협박한다면 굳이 그 요구에 맞춰 진술할 필요가 없습니다. 오히려 그러한 상황에서는 "진술을 거부하겠습니다"라고 분명히 밝히고 진술거부권을 행사하는 것이 스스로를 지키는 방법입니다.

만약 수사관이 폭언이나 신체적 위협을 가한다면, 즉각 그 행위를 중단해 줄 것을 요청하십시오. "그런 말씀은 협박으로 들립니다. 변호인과 상의하겠습니다.", "진정하시고, 폭력은 하지 말아주세요." 등의 표현으로 제지하고, 대화 내용을 기억해 두세요. 이후 변호인을 접견할 때 또는 재판 과정에서 이러한 부당행위를 상세히 알리고 문제를 제기할 수 있습니다. 필요한 경우 국가인권위원회나 상급기관에 진정을 제기하여 조사관의 위법행위를 다툴 수도 있습니다.

한편 회유의 경우, 예를 들어 "지금 인정하면 선처된다", "다 털어놓으면 집에 보내주겠다"는 식으로 꼬시는 상황일 수 있습니다. 이때는 확실한 법적 보장이 아닌 한 수사관의 말을 그대로 믿어서는 안 됩니다. 회유에 넘어가 설불리 인정해 버리면 이후 번복하기 어려워집니다. 그러므로 "변호사와 상의한 후 답변하겠다"며 일단 유보하고, 실제로 변호인의 조언을 구하는 것이 안전합니다.

요약하면, 협박에는 굴복하지 말고 권리 행사를, 회유에는 신중하고 냉정한 판단을 하라는 것입니다. 어떤 경우든 수사관의 부당한 압박은 불법이며, 이에 대한 증거(예컨대, 조사과정 녹음 요청한 후 녹음된 파일, 조사과정의 녹음을 요청할 수 있는데, 이 경우 수사관 스스로도 더 조심하여 조사에 임하는 효과가 있을 수 있습니다)를 확보할 수 있다면 확보해 두고 이후 절차에서 문제 삼을 수 있습니다. 가장 중요한 것은 본인의 의사에 반하는 진술은 하지 않는 것이며, 필요하다면 진술거부권과 변호인 도움을 적극 활용하여 자신을 보호해야 합니다.

Q2. 조사 중 휴식이나 화장실 사용을 요청할 수 있나요?

A. 당연히 요청할 수 있으며, 정당한 요구입니다. 피의자라고 해서 기본적인 휴식이나 생리적 욕구를 참으며 조사받아야 하는 것은 아닙니다. 조사 도중 몸이 불편하거나 집중이 어려울 정도로 지쳤다면, "잠시 쉬고 다시 조사받고 싶습니다", "물 한잔 마시고 싶습니다", "화장실에 다녀와도 되겠습니까?" 등으로 적극 요청하세요. 수사기관도 피의자의 이러한 기본권을 보장해야 하며, 실제 실무 지침상 장시간 조사를 할 경우 중간중간 휴식을 주도록 되어 있습니다. 일반적으로 몇 시간마다 10분 내외의 휴식이나 화장실 이용은 허용되니, 용기 내어 요구하셔도 전혀 문제되지 않습니다.

만약 수사관이 "안 된다"며 휴식을 불허하는 것은 인권 침해 소지가 있습니다. 특히 심야(深夜) 시간대나 장시간 연속된 조사라면 피의자는 조사를 거부하거나 연기를 요구할 권리도 있습니다. 수사기관 내부 규정에도 심야 조사는 원칙적으로 금지되고 피의자의 동의가 필요한 것으로 정하고 있을 만큼, 적절한 시간대에 적절한 휴식이 보장되어야 합니다. 그러므로 지나치게 오랜 시간 쉼 없이 조사가 진행된다면, "집중이 어려우니 5분만 쉬자", "내일 이어서 조사받겠다"는 식으로 공식적으로 요구하십시오.

휴식 요청은 권리를 주장하는 정당한 행위이니 주저하지 않아도 됩니다. 다만 요청할 때 공손하게 말하는 것이 좋습니다. 예컨대 "죄송하지만 조금 휴식을 취하고 다시 임해도 될까요?"라고 하면 수사관도 받아들이기 마련입니다. 화장실 이용은 인간의 가장 기본적 요구이므로 더욱 당당히 요청하세요. 만일 이런 합당한 요구를 수용하지 않고 조사를 강행했다면, 그 조사 자체의 신빙성이 떨어질 수 있음을 나중에 문제 제기할 수 있습니다. 즉, 참지 말고 당당히 요청하라는 것입니다.

Q3. 조서 내용을 꼼꼼히 확인하는 방법과 수정을 요청하는 올바른 방법은 무엇인가요?

A. 피의자신문조서(진술조서)는 당신의 진술을 문서화한 것으로, 이후 형사재판에서 증거로 활용될 매우 중요한 서류입니다. 따라서 조서가 작성된 후에는 반드시 내용을 꼼꼼히 확인하고, 잘못되거나 빠진 부분이 있다면 정정 요청을 해야 합니다. 올바른 확인·수정 절차는 다음과 같습니다.

1. **처음부터 끝까지 읽기:** 조사 후 수사관이 조서를 읽어보라고 주면, 서두르지 말고 천천히 전체 내용을 읽습니다. 수사관이 "그냥 대충 보고 싸인해요"라고 재촉하더라도 모든 페이지를 직접 확인해야 합니다. 글자를 읽기 어려운 경우 큰 소리로 읽어달라고 요청할 수도 있습니다. 핵심은 내가 한 말과 조서 내용이 일치하는지 살피는 것입니다.

2. **잘못된 부분 표시:** 읽는 도중 내 진술과 다르게 적혔다고 느끼는 부분이 나오면 그 자리에서 수사관에게 알리세요. 예컨대 "이 부분은 제가 그렇게 말한 적 없습니다", "여기 표현이 제가 의도한 것과 다릅니다"라고 지적합니다. 그런 부분은 연필 등으로 표시해 두거나 해당 페이지를 접어 표시해도 됩니다.

3. **수정 요청하기:** 표시한 부분에 대해 어떻게 고쳐져야 올바른지를 설명하고 정정해 달라

고 요청합니다. 이때 구체적으로 "이 문장은 '○○'이 아니라 '□□'로 써주세요" 혹은 "제가 말한 취지는 ○○이므로 그 내용이 반영되게 수정 부탁드립니다"처럼 요구하세요. 수사관은 통상 정정 요구를 받으면 해당 문장을 줄을 그어 삭제하고 옆에 올바른 내용을 기재한 후, 그 부분에 피의자와 조사관이 함께 서명 또는 날인하는 방식으로 고쳐줍니다. 또는 컴퓨터로 작성하는 경우 정정된 조서를 다시 출력해 줄 수도 있습니다. 어떤 방식이든 내 진술이 정확히 기록되도록 요청해야 합니다.

4. **정정 결과 확인:** 수사관이 고쳐줬다면, 수정된 부분이 내가 의도한 대로 반영됐는지 다시 확인합니다. 아직도 미흡하거나 다른 점이 있으면 반복해서 추가 수정도 요구할 수 있습니다. 모든 정정은 주저하지 말고 요청해야 합니다.

5. **서명·날인:** 조서 내용이 완벽히 정확하다고 확신이 들 때에만 서명하거나 지문 날인합니다. 만약 끝까지 이견이 조율되지 않는다면 서명이나 날인을 거부할 수도 있습니다. 서명하지 않으면 그 조서는 피의자가 내용을 인정하지 않은 것으로 기록되며, 이후 증거능력 판단에 영향을 미칠 수 있습니다. 다만 웬만한 부분은 정정 조치 후 서명하는 것이 바람직합니다.

이 과정에서 중요한 것은 피의자의 권리입니다. 조서는 피의자가 내용을 확인한 후 동의하여 서명하도록 법적으로 정해져 있습니다. 그러므로 수사관 눈치를 보지 말고 당당하게 내용 확인과 수정 요구를 하세요. 정정 요청은 조사받는 사람이 당연히 할 수 있는 행위이므로, "혹시 수사관 기분이 나쁘지 않을까" 걱정할 필요가 없습니다. 오히려 꼼꼼히 확인하는 태도가 본인의 신중함을 보여주는 긍정적 인상으로 비칠 수도 있습니다. 결국 나중에 후회하지 않으려면 조서 단계에서 100% 만족할 때까지 확인하고 고치는 것이 매우 중요합니다.

Q4. 구속된 직후 가장 먼저 해야 할 일은 무엇인가요?

A. 구속영장이 발부되어 구치소 등에 수감된 직후에는 무엇보다 바깥 세상과의 연락망을 정비하는 것이 중요합니다. 가장 먼저 해야 할 일 세 가지를 꼽자면, 변호인 선임 여부 결정,

가족 등에게 구속 사실 통보, 그리고 구속적부심 등 구제 수단 검토입니다.

1. **변호인과 연락:** 이미 변호인이 있다면 즉시 구치소를 통해 변호인 접견을 신청하세요. 아직 변호인이 없다면, 국선변호인 선정 여부를 확인합니다. 구속된 피의자에게는 원칙적으로 곧 국선변호인이 지정되므로, 담당 국선변호사가 누군지 안내를 받게 됩니다. 그 변호인과 빨리 연락하거나 면담 일정을 잡아 향후 대응 전략을 상의해야 합니다. 변호인은 이후 재판 절차나 구속적부심, 보석 신청 등에 필수적인 조력을 줄 것이므로 신속한 협의가 필요합니다.

2. **가족 등에 알리기:** 본인이 직접 전화할 수 있는 기회가 주어지기도 하나, 그렇지 않더라도 경찰이나 검찰이 이미 가족 등에게 구속 통지를 했는지 확인해보세요. 경우에 따라 수용시설에서 전화 신청을 통해 가족과 통화할 수 있는 시간이 주어지기도 합니다. 가장 가까운 가족이나 지인에게 현재 구속되어 ○○구치소에 수감되었음을 알리고, 필요한 물품이나 법적 도움을 요청하세요. 가족들은 수용생활에 필요한 물품 전달, 변호사 선임 지원 등을 도와줄 것입니다. 또한 가족에게 사건 담당 검사와 사건 번호 등을 알려주면, 이후 면회 신청이나 탄원서 제출 등에 편의를 얻을 수 있습니다.

3. **구속적부심 등 구제 검토:** 구속된 뒤에도 즉시 석방을 노릴 수 있는 절차가 구속적부심사 신청입니다. 이는 "현 단계에서 구속이 부당하니 풀어달라"고 법원에 다시 요청하는 제도입니다. 구속 직후에만 활용할 수 있으므로 (기소 후에는 보석으로 전환) 적부심 청구 여부를 초기에 결정해야 합니다. 만약 억울하게 구속되었다고 느끼거나, 도주·증거인멸 우려가 전혀 없다고 확신한다면 변호인과 상의하여 적부심사를 청구하세요. 형사소송법에 따라 피의자 본인이나 변호인, 배우자, 직계가족 등도 적부심을 청구할 수 있고, 신청이 들어가면 법원이 48시간 이내에 심문을 열어 석방 여부를 결정합니다. 초기에 이 절차를 놓치면 한 번 기회를 잃는 것이므로, 구속된 직후 바로 변호인에게 적부심 청구 가능성을 논의하는 것이 좋습니다. 결국 구속 초기에는 "법적 조력자 확보 - 대외적 연락 - 법적 구제책 강구" 순으로 움직이는 것이 바람직합니다.

Q5. 구속적부심은 언제, 어떻게 청구할 수 있으며, 성공 가능성을 높이는 방법은 무엇인가요?

A. 구속적부심(체포·구속 적부심사)은 구속된 피의자가 "이 구속이 적법하고 타당한지 다시 판단해 달라"고 법원에 요구하는 절차입니다. 청구 시기는 기소 전에 한해, 구속된 이후 언제든지 가능하지만 보통 구속 초기 단계에 신청합니다. 왜냐하면 기소가 되어 재판으로 넘어가면 구속적부심을 청구할 수 없고, 그때부터는 보석 절차로 전환되기 때문입니다. 따라서 구속영장이 발부되어 수감되었다면 가급적 빨리 (보통 구속 후 24~48시간 내) 적부심 청구 여부를 결정하는 것이 좋습니다.

청구 주체는 피의자 본인 또는 변호인, 그리고 법정대리인, 배우자, 직계친족, 형제자매, 동거인, 고용주 등 피의자와 밀접한 관계에 있는 사람들이 가능합니다. 이들이 관할 법원(보통 영장을 발부한 같은 지방법원)에 적부심 청구서를 제출하면 절차가 시작됩니다. 청구서에는 사건 번호와 구속된 이유, 구속이 부당하다고 생각하는 사유 등을 기재하고 증빙 자료를 첨부합니다. 청구를 받으면 법원은 48시간 이내에 피의자를 다시 법정에 불러 심문하며, 수사기록도 검토합니다. 그리고 구속 유지 여부에 대한 결정을 내리지요. 기각되면 그대로 구속이 유지되지만, 인용되면 즉시 석방됩니다. 석방 결정 시 법원이 보증금 납입을 조건으로 붙일 수도 있는데, 이를 피의자가 수락하면 보석금을 내고 나오는 형태로 풀려날 수 있습니다.

성공 가능성을 높이는 방법은 영장실질심사 때와 유사하면서도, 추가로 변경된 사정이나 새로운 자료를 강조하는 것입니다. 왜냐하면 한 번 구속이 된 이후 다시 판단을 구하는 것이므로, 처음 영장심사 때와 똑같은 주장만 반복해서는 인용되기 어렵습니다. 다음과 같은 전략을 고려해 볼 수 있습니다

- ❖ 새로운 증거 또는 상황 변화 제시: 예를 들어 영장실질심사 후에 피해자와 합의가 이뤄졌다든지, 추가로 알리바이 입증 자료가 나왔다든지 하는 유리한 상황 변동이 있다면 적극 제출하세요. 초기에 없던 선처 탄원서나 보증인 각서 등을 모아 내는 것도 도움이 됩니다. 구속적부심 판사는 "처음 결정 이후 달라진 점"에 주목하기 때문에, 구속 이후 개선된 정황을 만들어 어필하는 것입니다.

- ❖ 도주 및 증거인멸 우려 불식: 영장심사 때와 마찬가지로 도망가지 않고 성실히 임할 것을 다짐

해야 합니다. 적부심 청구서에 주거확보 사실, 가족관계, 직업 및 사회적 기반 등을 상세히 적고, "절대 도주나 증거인멸 하지 않겠다"는 다짐을 밝히세요. 가족들이 법원에 함께 탄원하여 *"우리 가족이 보증하니 풀어달라"*고 하는 것도 설득력을 높입니다. 특히 법원이 조건부 석방(보증금)을 제안할 수 있으므로, 미리 보증금을 마련하거나 보석 보험 증권 등을 준비해 두면 "도주하지 않을 금전적 담보까지 갖추고 있다"는 인상을 주어 유리합니다.

❖ **구속의 필요성 낮음을 강조**: 혐의의 중대성이 낮거나, 수사가 상당 부분 진행되어 구속 상태에서 더 조사할 것이 없다는 점을 부각하세요. 예컨대 "이미 핵심 증거는 모두 확보되었고 추가 수사가 거의 완료되었으므로 굳이 계속 구속할 필요가 없다", "혐의사실을 모두 인정하여 다툼이 없으므로 도망이나 증거인멸 우려 없이 불구속 재판 가능하다" 등 구속의 실익이 없음을 논리적으로 설명합니다.

❖ **인도적 사유 제시**: 건강 문제나 부양가족 등 인도적 고려 사유가 있다면 상세히 제출하세요. "지병 치료를 위해 정기적인 통원이 필요하다", "제가 돌봐야 할 어린 자녀가 있다" 등은 법원이 고민할 요소가 됩니다. 구속적부심 단계에서는 초기보다 이러한 참작사항을 증빙자료와 함께 풍부하게 제출할 시간적 여유가 있으므로, 최대한 준비해서 내는 것이 좋습니다.

❖ **변호인의 역할 활용**: 변호인을 통해 법리적인 문제 제기를 할 수도 있습니다. 예를 들어 "구속영장 발부 당시 제출된 자료에 오류가 있었다", "법원이 간과한 증거가 있다" 등 법률적 쟁점을 새롭게 제시하면 재검토를 이끌어낼 수 있습니다. 전문가는 구속적부심 석방 사례들을 근거로 들어 설득력 있게 주장해 줄 것이므로, 변호사와 긴밀히 상의하세요.

구속적부심은 한 번뿐인 기회입니다. 동일한 사유로 두 번 청구할 수 없으므로 처음에 최선을 다해 준비해야 합니다. 위와 같은 노력을 기울인다면 인용 확률을 높일 수 있지만, 결국 결정은 법원의 재량임을 염두에 두세요. 특히 증거인멸이나 증인 위협 우려가 크다고 판단되면 보증금 조건부 석방도 허용되지 않으므로, 그런 우려를 불식시키는 데 최선을 다해야 합니다. 반대로 말하면 그 우려만 없애면 조건부라도 석방될 여지가 있다는 것이니, 피의자 본인과 가족, 변호인이 힘을 합쳐 "구속할 필요가 없다"는 점을 최대한 어필하는 것이 구속적부심 성공의 열쇠입니다.

[section 1.4] 재판의 흐름과 핵심 절차 이해하기

Q1. 검찰 송치 후 기소 여부는 어떻게, 언제 결정되나요?

A. 경찰이 사건을 수사 완료하여 검찰로 송치하면, 검사가 기록을 검토하고 필요시 보강수사를 한 뒤에 기소 여부를 결정합니다. 증거가 충분하면 정식 재판을 청구하는 공소 제기를 하고, 증거가 불충분하거나 피의자에게 유리한 정황이 있으면 불기소 처분을 할 수도 있습니다. 불기소 처분에는 혐의없음(무죄 증거), 죄안됨(범죄 성립 안 됨), 공소권 없음(공소시효 만료나 피해자와 합의로 처벌의사가 철회된 경우) 등이 있고, 기소유예처럼 죄는 인정되지만 이번에는 기소를 유예해주는 처분도 있습니다.

기소 여부를 결정하는 시기는 피의자가 구속상태인지 여부에 따라 다릅니다. 구속된 피의자의 경우에는 검찰이 경찰로부터 인계받은 시점부터 원칙적으로 10일 이내에 기소해야 하고, 필요시 한 차례 10일 연장하여 최대 20일 내에 기소해야 합니다. 이 법정 구속기간 내에 기소하지 않으면 피의자를 석방해야 하므로, 구속 피의자는 체포된 날로부터 30일 이내에는 기소 여부가 결정됩니다. 한편 불구속 상태라면 법정 시한이 명확하지 않아 사건 규모나 증거 보강 필요에 따라 수 주에서 수개월까지 걸릴 수도 있습니다. 대개 사건 송치 후 1~3개월 내에는 기소 여부를 통보받는 경우가 많습니다. 결국 검사가 기소를 결정하면 곧바로 법원에 공소장이 제출되어 재판이 시작되고, 기소하지 않기로 하면 불기소이유서가 통지되어 사건이 종결됩니다. 구속된 수용자라면 기간 내 미기소 시 석방되니, 본인의 사건 진행 상황을 변호인이나 국선변호인을 통해 수시로 확인하는 것이 좋습니다.

Q2. 기소된 후 첫 재판까지 제가 준비해야 할 것들은 무엇인가요?

A. 정식 기소가 된 후 1심 첫 공판기일(첫 재판)까지는 다음 사항들을 준비하면 좋습니다. 첫째, 변호인과 충분히 상의하여 사건 기록과 증거를 검토해야 합니다. 기소 후에는 형사소송법에 따라 검사가 보관 중인 증거목록과 서류를 열람·복사할 수 있는 권리가 피고인에게 보장되므로, 변호인을 통해 검찰 증거목록과 증거기록을 열람·등사하여 내가 불리하거

나 유리한 증거가 무엇인지 미리 파악합니다. 둘째, 방어전략을 수립하고 필요한 자료를 준비합니다. 혐의를 인정할 것인지 부인할 것인지 입장을 정하고, 인정하는 경우 양형에 유리한 자료(예: 반성문, 탄원서, 합의서 등)을 준비해 두어야 합니다. 혐의를 다투는 경우 증인 신청이나 추가 증거자료가 필요할 수 있으므로 변호인과 논의하여 마련합니다. 셋째, 가족이나 지인에게 탄원서 작성 등을 부탁하고, 피해자가 있는 사건이라면 합의 시도를 해서 피해자의 처벌불원서를 받아두면 첫 재판 전이라도 법원에 제출할 수 있습니다. 넷째, 법원으로부터 송달된 공소장 부본과 공판기일 통지서를 꼼꼼히 읽고 확인합니다. 공소장에는 검사 주장 범죄사실과 법조항이 적혀 있으니 이를 숙지하고, 공판기일 통지서에는 재판 날짜가 기재되어 있으므로 놓치지 않도록 합니다. 다섯째, 보석 청구 등 구속 상태 해소 노력도 고려해야 합니다. 기소 후에는 법원에 보석을 청구하여 보증금을 내고 석방을 요청할 수 있으므로, 건강상의 이유나 가족부양 등 특별한 사정이 있다면 변호인과 상의하여 첫 공판 전이라도 보석을 신청해 볼 수 있습니다. 마지막으로, 재판정에서의 태도와 진술 연습도 해둘 필요가 있습니다. 변호인과 함께 예상 질문에 대한 답변을 연습하거나, 최후진술을 미리 작성해보는 등 법정에서 침착하게 말할 준비를 해두면 첫 재판을 보다 안정적으로 맞이할 수 있습니다.

Q3. 공판기일 통지를 받았는데, 이때부터 어떤 권리를 행사할 수 있나요?

A. 정식 재판 기일이 잡혔다는 공판기일 통지서를 받았다면, 피고인으로서 여러 절차적 권리를 적극 행사할 수 있습니다. 우선, 앞서 언급했듯 증거열람·등사권이 발생합니다. 형사소송법에 따라 검사가 가지고 있는 서류 및 물건의 목록, 그리고 모든 증거자료를 피고인이나 변호인이 미리 열람하거나 복사 청구할 수 있으므로, 이를 통해 검찰이 어떤 증거로 유죄를 주장하는지 미리 알 권리가 있습니다. 검사가 특별한 사유로 열람을 제한하지 않는 한(예: 국가안보, 증인보호 등 특별한 경우, 열람·복사를 통해 내 방어에 필요한 정보를 충분히 확보해야 합니다.

또한 보석 청구권을 본격적으로 행사할 수 있습니다. 기소 후 구속된 피고인은 법원에 보석을 청구하여 석방을 요청할 수 있는데, 보석은 도주나 증거인멸 우려가 크지 않은 경우 보증금을 조건으로 허가됩니다. 특히 구속 기간이 길어질수록 피고인의 방어권이 위축될 수 있으므로, 필요하다면 재판부에 보석을 청원하여 불구속 상태에서 재판을 받을 수 있는지 타진해볼 수 있습니다.

국민참여재판을 요청할 권리도 있습니다. 살인 등 일정 중범죄 사건의 경우 피고인은 공소장 부본 송달일로부터 7일 이내에 국민참여재판을 원한다는 의사를 서면으로 제출하여 배심원 참여 재판을 신청할 수 있습니다. (일반적으로 변호인과 상의하여 결정하며, 7일을 넘겨도 첫 공판 전까지는 허용된다는 판례가 있지만 가능한 기한 내 신청해야 안전합니다.)

또 공소장에 대한 의견서 제출권 및 의무가 있습니다. 법원으로부터 공소장 부본을 받았다면, 7일 이내에 공소사실에 대한 인정 또는 부인 여부와 증거 및 절차에 대한 의견을 적은 의견서를 제출할 수 있습니다. 이 의견서를 통해 자신의 입장(예: 혐의 인정하는지, 증거에 대한 입장, 공판준비절차 필요 여부 등)을 밝히고 재판 진행에 대한 의견을 개진할 수 있습니다. 의견서 제출은 의무조항이지만 미제출시 불이익은 없고, 제출해두면 재판부가 미리 피고인 측 입장을 파악하는 데 도움이 됩니다. 또한 7일을 지나서 제출하더라도 그 효력이 있습니다.

그 밖에도, 국선변호인 선임을 요청할 권리가 있습니다. 특정 중대범죄나 미성년자 등 법률상 국선변호인이 반드시 붙는 경우가 아니더라도, 경제적으로 어려워 사선 변호인을 선임하기 어렵다면 법원에 국선변호인 선정을 신청할 수 있습니다. 구속 피고인의 경우 사실상 자동으로 국선변호인이 선정됩니다. 또한 재판부에 기일 변경을 신청할 권리도 있습니다. 부득이한 사유(예를 들어 병원 치료 등)로 지정된 공판기일에 출석하기 어려운 경우, 최소 1주일 전에 기일변경신청서를 제출하여 연기를 구할 수 있습니다. 다만, 구속피고인의 경우 이와 같은 기일변경 신청이 받아들여지는 경우는 드문 편입니다. 다만 변경은 재판부 재량이므로, 승인 여부를 반드시 확인해야 합니다.

요약하면, 공판기일 통지 후 피고인은 증거열람권, 보석청구권, 국민참여재판 신청권, 의견서 제출권, 국선변호인 신청권 등을 행사할 수 있습니다. 이러한 권리들을 적극 활용하여 재판에 대비하고 자신의 방어권을 충실히 행사하는 것이 중요합니다.

Q4. 첫 공판에서는 어떤 일이 진행되며, 제가 특별히 준비해야 할 것이 있나요?

A. 1심 첫 공판기일(첫 재판)은 본격적인 심리의 출발점으로, 주로 절차 확인과 피고인 신문, 그리고 주장 방향의 설정이 이루어집니다. 진행 순서는 일반적으로 다음과 같습니다. 먼저 재판장이 사건번호와 피고인 이름을 호명하여 피고인을 법정으로 부릅니다. 피고인은 변호인과 함께 피고인석에 앉게 되며, 재판부는 개정을 선언합니다. 재판장이 피고인에게 진술거부권을 고지하여, 불리한 진술을 하지 않을 권리가 있음을 알려줍니다. 이어서 피고인에 대한 인정신문이 이뤄지는데, 판사가 피고인의 성명, 주민번호, 주소 등 인적 사항을 질문하고 피고인은 자리에서 일어나 답변합니다. 이때 주소 변경 시 신고하라는 당부도 받습니다. 이러한 절차는 피고인의 동일성 확인을 위한 것이니 침착하게 사실대로 답하면 됩니다.

그 다음으로 검사의 모두진술 단계가 있습니다. 재판장이 검사를 보고 공소사실의 요지를 진술해달라고 하면, 검사는 공소장에 적힌 범죄사실과 적용 법조를 낭독하거나 요약하여 설명합니다. 이는 검찰 측 주장의 개요를 공식적으로 법정에 발표하는 절차입니다. 검사 진술이 끝나면, 재판장이 피고인과 변호인에게 공소사실에 대한 입장을 묻습니다. 여기서 유죄 내용에 대해 인정하는지 부인하는지를 밝혀야 합니다. 변호인이 있는 경우 변호인이 대신 답변하게 되지만, 최종 책임은 피고인에게 있으므로 사전에 변호인과 충분히 논의하여 어떤 부분을 인정하고 어떤 부분을 다툴지 결정해야 합니다. 만약 공소장을 미처 못 보았거나 준비가 덜 된 경우, 이 자리에서 곧바로 입장을 밝히지 않고 다음 기일에 답변하겠다고 요청할 수도 있습니다. 재판부는 통상 이 요청을 받아들여 한 차례 기회를 주므로, 준비가 부족하면 솔직히 이야기하는 것이 좋습니다. 다만 대부분의 경우 변호인이 미리 의견서를 제출해 두고 첫 공판에 임하기 때문에, 가능한 한 첫 재판 전까지 입장을 정리해두는 것이 바람직합니다.

피고인이 공소사실을 모두 인정하면, 법원은 간이공판절차를 통해 심리를 간소화할 수 있습니다. 이 경우 주요 쟁점은 양형으로 좁혀지므로, 검사가 제출한 증거에 특별한 이의를 제기하지 않고 증거조사를 간략히 마무리하게 됩니다. 반면 공소사실을 부인하거나 일부 다툴 경우, 재판부는 쟁점 정리와 증거조사 계획을 세우게 됩니다. 필요한 증인이 누구인지, 추가 증거신청이나 증거조사 방식 등을 협의하여 다음 공판기일들을 지정합니다. 따라서 첫 공판에서는 내가 인정하는 사실과 다투는 쟁점을 명확히 밝히는 것이 중요합니다. 다만 이런 부분은 변호인과 사전 접견을 통해 명백히 조율하여 준비하여야 합니다. 예를 들어 "A 행위는 인정하지만 고의는 없었다"거나 "이러이러한 부분은 사실과 다릅니다"처럼 간략하고 분명하게 입장을 말하는 것이 좋습니다. 말을 해야 할 때는 반드시 일어서서 또박또박 말씀하시면 되고, 너무 긴 설명은 피하고 쟁점만 정확히 전달할 수 있도록 변호인과 사전에 명확한 의견조율을 하는 것이 필요합니다.

절차 외에 특별히 준비할 것은 법정에서의 태도입니다. 단정한 복장과 예의 바른 태도로 임해야 하며, 질문을 받으면 긴장하지 말고 천천히 답변하세요. 구속 상태라 수의 차림이라면 어쩔 수 없지만, 가능하면 단정한 사복 착용을 가족을 통해 요청할 수도 있습니다(재판부 허가 하에 가능하기도 함). 또한 재판장의 말에 끼어들지 말고 묻는 말에만 답하며, 감정이 치밀어도 절제하는 모습을 보여야 좋습니다. 필요한 서류(예: 반성문이나 합의서 원본 등)를 미리 준비하여 이 날 제출하는 것도 고려하세요. 첫 공판은 절차 위주로 진행되므로 피고인이 장황하게 말할 시간은 많지 않지만, 준비된 자료를 재판부에 제출하거나 간단히 참작 사유를 언급할 기회는 있습니다. 예컨대 "피해자와 합의했습니다"나 "진심으로 반성하고 있습니다. 참고자료를 제출하겠습니다" 정도로 짧게 어필할 수 있습니다. 전반적으로 첫 재판은 재판의 방향이 결정되는 자리이므로, 성실하고 진지한 인상을 주도록 노력하는 것이 좋습니다.

Q5. 재판 중 발언 기회는 언제 주어지며, 무엇을 이야기하는 것이 좋을까요?

A. 형사재판에서 피고인이 법정에서 직접 발언할 수 있는 기회는 제한적이지만 몇 가지 중요한 순간이 있습니다. 첫째, 위에서 말한 인정신문과 공소사실 인정 여부 진술 단계입니다. 이때는 자신의 인적사항을 또렷이 답하고, 공소사실에 대한 입장을 밝히는 짤막한 발언을 할 수 있습니다. 다만 이 부분은 주로 변호인을 통해 간접적으로 이루어지므로, 변호인의 조언에 따라 불필요한 말을 보태지 않는 것이 좋습니다. 둘째, 증인신문 과정에서 필요하면 발언할 수 있습니다. 증인신문은 원칙적으로 검사와 변호인이 진행하지만, 변호인

을 통해 내가 증인에게 묻고 싶은 사항을 전달할 수 있고, 직접 신문도 법적으로는 가능하지만 실제로는 변호인이 대신 하는 게 일반적입니다. 중요한 것은 증인 진술 중에 흥분하거나 불쑥 끼어들지 않는 것입니다. 증인이 거짓을 말한다고 느껴져도 즉시 항의하거나 고함을 지르는 것은 금물입니다. 대신 메모를 하거나 변호인에게 귓속말로 알려 증인에게 반대신문으로 정확히 지적하도록 하세요. 재판부가 허용하지 않은 상태에서 피고인이 직접 증인에게 말하거나 감정적으로 대응하면 오히려 불리할 수 있으므로 주의해야 합니다. 셋째, 피고인 신문 절차가 있을 수 있습니다. 이는 피고인 자신을 증인처럼 신문하는 단계로, 최근에는 생략되는 경우가 많지만, 만약 진행된다면 변호인의 질문에 답하거나 검사의 질문에 답변하는 형식으로 발언하게 됩니다. 이때도 묻는 질문에만 성실히 답하면 됩니다.

넷째이자 가장 중요한 발언 기회는 재판의 마지막에 주어지는 "최후진술"입니다. 최후진술은 모든 증거조사와 변론이 끝난 후, 선고 전에 피고인이 직접 재판장에게 하고 싶은 말을 자유롭게 할 수 있는 시간입니다. 실질적으로 피고인으로서 유일하게 충분히 말할 수 있는 기회이므로 많은 분들이 공을 들이는 부분입니다. 최후진술에서는 그동안 말하지 못한 사정이나 반성의 마음을 진솔하게 밝히면 됩니다. 발언 시간은 5분 이내로 제한하는 경우도 있지만, 법적으로 뚜렷한 시간 제한은 없습니다. 다만 너무 장황하면 오히려 집중도가 떨어지니 2~3분 정도로 핵심만 담아 말하는 것이 효과적입니다. 내용으로는 범행을 반성하는 태도와 선처를 바라는 마음, 혹은 억울한 점이 있다면 끝까지 무죄를 호소하는 내용을 담을 수 있습니다. 다만 이미 명백히 유죄로 인정될 수 있는 사항에 대해 변명만 늘어놓는 것은 역효과일 수 있습니다. 판사님께 바라는 점이나 앞으로의 다짐 등을 진심을 담아 표현하세요. 예를 들어 반성하는 경우 "제 잘못으로 피해자께 큰 고통을 드린 것을 깊이 뉘우치고 있습니다. 다시는 이런 일이 없도록 평생 반성하며 살겠습니다"와 같이 구체적이면서도 진심 어린 반성을 말하면 좋습니다. 억울함을 주장하는 경우라도 감정적으로 격앙되지 말고 "끝까지 사실을 밝혀 주시기 바랍니다" 정도로 절제되어 있지만 간절한 어조로 호소하는 편이 바람직합니다.

재판 중에 발언할 기회가 주어졌을 때 무엇을 말하는지가 매우 중요합니다. 가능한 한 재판 진행과 직접 관련된 내용만 말하고, 불필요한 언급은 피하는 것이 좋습니다. 예를 들어 증인신문 도중에 갑자기 사건과 무관한 이야기를 하거나, 검사가 말하는 중에 끼어드는 것은 삼가야 합니다. 발언을 할 때는 항상 정중한 태도와 어휘를 유지하고, 재판부를 향해 "~합니다"와 같은 공손한 말투를 써야 합니다. 혹시 재판 중에 재판장에게 하고 싶은 말이 있을 경우에는 직접 말을 끊지 말고, 변호인을 통해 의견을 전하거나 재판장에게 양해를 구하여 발언 기회를 요청할 수 있습니다. 예를 들어 "재판장님, 피고인이 잠깐 진술하고 싶은 내용이 있다고 합니다"라고 변호인이 말하면 재판장이 허용 여부를 판단합니다. 허락 없이 혼잣말을 하거나 큰 소리를 내면 제지당하니 유의하세요.

정리하면, 재판 중 피고인의 발언 기회는 인정신문 때의 답변, 공소사실 인정 여부 진술, 필요시 증인신문에서의 응답, 피고인신문, 그리고 최후진술이 있습니다. 이 중 최후진술이 피고인의 사실상 유일한 자유발언 기회이므로, 하고 싶은 말이 있더라도 그때까지 참고, 최후진술 때 진술하게 밝히는 것이 전략적으로 좋습니다. 어떤 순간이든 침착하고 진실된 태도를 보여주는 것이 최선이며, 발언 기회를 얻으면 최대한 재판부의 마음을 움직일 수 있는 진심 어린 내용을 전하도록 하세요.

Q6. 증인 신문 과정에서 주의해야 할 점은 무엇인가요?

A. 증인신문 시에는 법정 예절과 절차를 지키는 것이 무엇보다 중요합니다. 우선, 증인에게 직접 말을 함부로 하지 않습니다. 증인이 법정에서 증언할 때는 질문권이 있는 검사와 변호인이 순서대로 신문을 하고, 판사가 필요시 보충질문을 합니다. 피고인은 일반적으로 직접 질문하지 않고, 궁금한 점이나 반박해야 할 부분이 있으면 변호인을 통해 질문을 요청합니다. 만약 변호인 없이 스스로 신문해야 하는 경우라 해도, 반드시 재판장의 허가를 얻어 순서에 따라 질문해야 합니다. 질문의 내용은 사건과 관련된 사실관계에 한정해야 하며, 증인을 협박하거나 모욕하는 어투를 쓰면 안 됩니다. 특히 자신에게 불리한 증언을 한다고 해서 증인에게 언성을 높이거나 화를 내지 말아야 합니다. 그런 행동은 재판부에 안 좋은 인상을 주고, 자칫하면 법정질서 위반으로 퇴정 명령을 받을 수도 있습니다. 증인의 말이 사실과 다르다고 생각될 때는, 일단 참고 듣고 메모해 두었다가 내 차례가 되면 차분히 반대신문을 통해 반격하면 됩니다. 변호인이 있다면 메모를 전달하여 추가 질문을

부탁하고, 변호인이 없는 경우라도 재판장에게 "방금 증언과 관련하여 피고인이 질문할 내용이 있습니다"라고 양해를 구한 후 질문하도록 합니다. 이때도 예의를 갖추어 "~께서 방금 ~라고 하셨는데, 사실과 다릅니다. ~가 맞는지요?"처럼 정중하게 묻습니다.

증인신문 중에 피고인이 주의해야 할 또 한 가지는 표정과 태도입니다. 증언 내용이 억울하더라도 한숨을 쉬거나 고개를 내젓는 등의 눈에 띄는 반응은 삼가는 것이 좋습니다. 재판부가 볼 때 피고인이 증인을 협박하는 인상을 줄 수 있기 때문입니다. 증인이 내 쪽을 거짓말쟁이로 몰더라도 감정을 드러내지 않고 적어두었다가 내 진술이나 반대신문 기회에 바로잡는 편이 낫습니다. 또한 증인에게 듣고 싶은 답변을 유도하는 노골적인 질문(유도신문)이나, 사건과 무관한 사생활을 캐묻는 등 재판과 무관한 질문은 허용되지 않으니 주의해야 합니다. 가령 "당신 예전에 사기죄로 처벌받은 전과 있지요?" 같은 질문은 증인의 신빙성과 직접 관련되지 않는 한 제지될 수 있습니다. 재판장이 금지하거나 이의가 받아들여진 질문은 바로 철회하고 넘어가야지, 집요하게 달라붙으면 곤란합니다.

또 증인신문 전후로 피고인이 지켜야 할 윤리도 있습니다. 증인과의 접촉 금지가 그것입니다. 재판 전에 증인에게 접근해 진술을 부탁하거나 압력을 넣는 일은 증거인멸이나 증인매수로 간주되어 처벌될 수 있으므로 절대 해서는 안 됩니다. 재판 중 휴정시간에도 증인과 말을 섞지 말고, 모든 응대는 변호인을 통하도록 합니다. 특히 피해자가 증인으로 오는 경우, 우연히 마주치더라도 다가가 사과하거나 대화하려 하지 말고, 인사는 변호인을 통해 전하세요. 자칫 잘못하면 증인에게 겁을 주려 했다는 오해를 살 수 있습니다.

정리하면, 증인신문에서는 질문은 절차에 따라 변호인을 통해 하거나 재판장의 허가를 받아야 하고, 증인의 진술에 감정적으로 대응하지 말아야 합니다. 증인의 말을 경청하며 필요한 반박 포인트를 기억해 두었다가 정해진 순서에 따라 침착히 질문하면 됩니다. 또한 증인에게 예의를 갖추고 존중하는 태도를 보여야 합니다. 이는 재판부가 피고인의 품행을 판단하는 간접적인 자료가 되기도 합니다. 끝으로, 증인이 거짓말을 한다고 생각돼도 법정 밖에서 절대 독자적으로 행동하지 말고, 모든 대응은 법정 절차 내에서 이루어지도록 해야 합니다. 이러한 점들을 유의하면 증인신문 과정에서도 불이익을 최소화하면서 자신의 주장과 무죄 입증에 힘을 실을 수 있을 것입니다.

Q7. 검사의 '구형'이란 무엇을 의미하며, 이후 어떤 절차가 진행되나요?

A. '구형'이란 검사가 피고인에 대해 어떤 형벌을 내려달라고 법원에 요청하는 것을 말합니다. 형사재판에서 모든 심리가 끝나고 결심 단계가 되면, 검사가 최종 의견 진술을 하면서 "피고인에게 징역 X년을 구형합니다"처럼 형량을 제시합니다. 쉽게 말해 검찰이 생각하는 적정한 처벌 수준을 법원에 요구하는 것입니다. 구형량을 정할 때 검사는 범행의 죄질, 피해 정도, 피고인의 전과와 반성 여부 등을 종합 고려합니다. 다만, 구형은 어디까지나 검찰의 의견일 뿐 판결은 아니라는 점이 중요합니다. 판사는 검사의 구형에 구속되지 않으며, 독자적인 판단으로 형을 선고할 수 있습니다. 예를 들어 검사가 징역 5년을 구형했더라도 판사가 여러 사정을 참작하여 집행유예를 선고하거나 3년으로 감경할 수 있고, 반대로 검사가 가볍게 구형했더라도 판사가 더 무겁게 선고할 수도 있습니다 (물론 피고인만 항소한 사건의 항소심에서는 더 무겁게 못 하지만 1심에는 제한이 없습니다). 실제로 구형량 대비 판결량은 낮아지는 경향이 많습니다. 참고로 2021년 사법연감 통계를 보면 구형보다 형이 가벼웠던 비율이 상당함을 알 수 있습니다. 따라서 구형이 높게 나와도 낙담하지 말고, 판사의 최종 판단을 기다려야 합니다.

검사가 구형을 하고 나면, 이어서 변호인과 피고인의 최종 변론 및 최후진술이 진행됩니다. 변호인은 피고인을 위한 최후변론을 통해 무죄를 주장하거나, 유죄인 경우 양형사유를 강조하며 선처를 호소합니다. 그 다음 재판장은 피고인에게 최후진술 기회를 주어 직접 할 말을 묻습니다. 피고인은 앞서 준비한 대로 반성이나 탄원, 억울한 점 등을 최후진술로 밝히면 됩니다. 이 절차까지 모두 마치면 재판장은 변론 종결을 선언합니다. 이로써 심리는 끝나고 판결만 남는 상태가 됩니다.

심리가 종결되면 판사는 바로 선고하지 않고 선고기일을 따로 지정하는 것이 통상적입니다. 보통 결심 후 약 4주 뒤에 선고기일을 잡는 경우가 많습니다. 판사는 그 기간 동안 기록을 최종 검토하고 형량을 고민하여 판결문을 작성합니다. 선고기일에는 피고인이 다시 법정에 출석하여 판사의 판결 선고를 듣습니다. 선고기일에는 증거조사나 변론이 없고, 판사가 판결 요지와 형량만을 선언합니다. 예를 들어 "피고인에게 징역 2년을 선고한다. 다만, 집행을 3년간 유예한다"와 같이 선고합니다. 선고가 이루어지면 그 순간부터 형이 확정되는 것은 아니고, 양측에 항소 기간(7일)이 주어져 항소 여부를 결정하게 됩니다. 항소가 없으면 1심 판결이 그대로 확정되고, 항소가 제기되면 2심으로 이어집니다.

정리하면, 검사의 구형은 검찰 측이 원하는 형벌의 요구이며, 구형 후에는 변호인 최후변론과 피고인 최후진술, 그리고 선고기일 지정 순으로 절차가 진행됩니다. 선고기일까지 기다린 후 판사의 최종 선고를 통해 실제 형량이 정해지게 됩니다. 구형과 다르게 나올 수 있으니, 구형은 예상 형량의 참고치로 받아들이고 남은 절차에 최선을 다하는 것이 중요합니다.

Q8. 최후 진술은 어떻게 준비해야 효과적일까요?

A. 최후진술은 피고인이 판결 전에 마지막으로 호소할 수 있는 기회이므로, 철저한 준비와 진정성 있는 내용이 필수입니다. 효과적인 최후진술을 위해 다음 사항을 염두에 두세요.

- ❖ **핵심 위주로 간결하게**: 최후진술에는 법률상 시간 제한은 없지만, 3분 이내로 말하는 것이 바람직합니다. 장황한 이야기는 핵심이 묻히고 진정성이 떨어질 수 있습니다.

- ❖ **진심 어린 반성 강조**: 내용의 우선순위는 '진정한 반성'입니다. 판사에게 가장 호소력 있는 것은 결국 피고인의 진심입니다. 따라서 잘못을 인정하는 경우 본인의 잘못된 행동을 깊이 뉘우치고 있다는 점을 구체적으로 밝히세요. 단순히 "죄송합니다, 반성하고 있습니다"라는 틀에 박힌 문구만 반복해서는 안 됩니다. 실제로 판사들은 피고인이 형식적으로 "반성한다"는 말만 할 경우 진심이 아니라고 느끼는 경우가 많습니다. 왜 반성하는지, 무엇을 잘못했는지를 자신의 언어로 풀어 말해야 합니다. 예를 들어 사건 계기와 자신의 깨달음을 담는 것이 좋습니다.

- ❖ **구체적인 내용**: 추상적으로 뉘우친다고 하기보다 일상 속에서 어떻게 반성하고 있는지 구체적으로 적는 것이 좋습니다. 예컨대 구치소에서 겪은 하루하루를 통해 무엇을 느꼈는지, 가족에게 어떤 미안한 마음이 드는지 등을 언급하면 더 현실감 있게 전달됩니다. 피해자가 있는 경우 피해자에 대한 사과와 피해 회복 노력도 빠뜨리지 말아야 합니다. "피해자께 정말 죄송하며, (합의 여부와 상관없이) 마음의 빚을 갚기 위해 노력하고 있습니다" 등으로 피해자에 대한 미안함을 표현하세요.

- ❖ **변명이나 핑계는 피하고 책임 인정**: 최후진술에서는 가능한 한 변명은 하지 않는 것이 좋습니다. 억울한 부분이 있더라도 항소이유서나 변호인 의견서를 통해 충분히 주장할 수 있기 때문에, 최

후진술에서는 오로지 진심 어린 반성에 집중하는 편이 유리합니다. "억울하다"는 말을 길게 하기보다는 "제게도 할 말은 있지만, 먼저 제 잘못에 대해 깊이 반성합니다"라고 언급하고, 억울함은 간략히 언급하거나 아예 생략하는 전략도 고려해볼 수 있습니다. 자신의 책임을 회피하는 인상을 주면 감형에 불리하므로, 설령 외부 요인도 있었다 해도 결국 자신의 잘못임을 인정하는 모습을 보이는 게 좋습니다.

❖ **향후 다짐 언급**: 마지막에는 앞으로 어떻게 새 삶을 살겠다는 다짐을 밝혀 두십시오. 예컨대 "출소하면 가족과 함께 성실히 살아가며 다시는 법을 어기는 일이 없을 것입니다"라거나 "치료를 받으며 다시는 술에 의존하지 않겠습니다" 등 재범 방지 약속을 명확히 합니다. 가능하면 구체적으로 (예: 직업 계획이나 재활 의지) 언급하면 더 믿음을 줍니다.

❖ **진정성 있는 어조와 태도**: 준비한 내용을 읽더라도 진심이 담긴 어조로 천천히 말하세요. 울먹이거나 지나치게 감정적으로 호소하는 것은 역효과일 수 있지만, 적절한 감정 표현은 진정성을 높일 수 있습니다. 떨리더라도 또박또박 말하고, 눈을 뜨고 재판부를 바라보며 이야기하면 진솔한 인상을 줍니다.

❖ **형식적 부분도 챙기세요**. 반성문 등을 미리 작성하여 재판부에 제출해두고, 최후진술 때 그 핵심을 구두로 밝히면 효과적입니다. 반성문은 가능한 자필로 정성껏 쓴 것을 여러 차례 제출하는 것도 도움이 됩니다 (반성의 깊이를 보여줌). 최후진술 자체는 구두로 하지만 필요하면 메모를 가지고 볼 수 있으니, 말할 요점을 항목별로 정리한 메모를 준비해 가도 됩니다.

마지막으로, 최후진술은 피고인에게 주어진 귀중한 마지막 호소 기회라는 점을 명심하세요. 판사도 사람이므로, 그 순간 피고인의 진심 어린 태도와 말을 보고 형을 결정하는 데 영향을 받을 수 있습니다. 과장하거나 거짓으로 꾸미려 하지 말고, 솔직하고 담담하면서도 절실한 마음을 전한다면 분명 긍정적인 효과가 있을 것입니다. "이제 정말 깨달았다"는 메시지가 전달되도록, 나만이 쓸 수 있는 진솔한 이야기를 들려주는 것이 최후진술 준비의 핵심입니다.

Q9. 양형에 유리한 자료를 준비하는 방법과 시기는 언제인가요?

A. 양형에 유리한 자료란 쉽게 말해 판사가 형을 정할 때 참작하여 형을 감경할 수 있게 해주는 자료를 뜻합니다. 흔히 반성문, 탄원서, 합의서(또는 피해자의 처벌불원서) 등이 대표적이며, 그 외에 봉사활동 확인서, 모범수용자 증명서, 가족 병환 진단서 등도 상황에 따라

양형 참작자료가 될 수 있습니다. 이러한 자료를 어떻게, 언제 준비하느냐에 따라 형량이 달라질 수 있습니다.

- ❖ 준비 방법: 우선 내 사건에 어떤 자료가 효과적일지 판단해야 합니다. 피해자가 있는 사건이라면 무엇보다 피해자와의 합의서가 중요합니다. 합의서를 받기 위해 가능한 한 빨리 피해자와 접촉하여 진심으로 사과하고 피해를 배상하도록 노력하세요. 피해자가 처벌을 원치 않는다는 의사(처벌불원서)를 제출하면 감형이나 집행유예 가능성이 크게 높아집니다. 피해자가 없는 사건이거나 합의가 어려운 경우에는 반성문과 탄원서로 반성 및 선처 호소를 해야 합니다. 반성문은 본인이 깊이 뉘우치고 있다는 것을 보여주는 편지 형식의 글로, 필요하면 여러 통을 시간 간격을 두고 제출하는 게 좋습니다. 예를 들어 1주일 간격으로 3회 제출하면, 재판부가 피고인이 지속적으로 반성하고 있음을 알 수 있습니다. 탄원서는 가족, 친구, 직장동료 등 제3자가 "피고인이 평소 어떤 사람이며 선처를 바란다"는 내용을 써주는 청원서입니다. 가족 탄원서에는 피고인이 재범하지 않고 사회에 꼭 필요한 사람임을 강조하고, 피해가 있다면 함께 배상하겠다는 다짐 등을 담으면 좋습니다. 친구나 지인은 피고인의 개과천선 가능성을 어필해줄 수 있습니다. 이밖에도 범행 동기를 동정할 만한 정황 자료(예: 극심한 생활고를 입증하는 서류), 질병 치료 기록(범행과 관련된 중독이나 정신질환 치료 노력 자료) 등도 제출해볼 수 있습니다.

- ❖ 제출 시기: 양형자료는 각 심급의 판결이 나오기 전에 미리 제출하는 것이 원칙입니다. 특히 1심 판결 전에 거의 모든 자료를 갖춰 내는 것이 가장 중요합니다. 판사도 사람인지라 마지막 순간에 제출된 자료를 다 꼼꼼히 보지 못할 수 있으므로, 가능하면 첫 공판기일 전후부터 자료를 지속적으로 제출하는 것이 좋습니다. 일반적으로 공판기록에 편철되려면 선고 1~2주 전까지는 제출해야 안전합니다. 구속 상태의 피고인은 본인이 직접 서류를 제출하기 어려우므로 변호인을 통해 또는 가족을 통해 서류를 법원에 내면 됩니다. 만약 판결 선고일이 임박했는데 중요한 자료(예: 피해자 합의서)를 곧 얻을 수 있는 상황이라면, 재판부에 선고기일 연기를 요청하는 것도 방법입니다. 실제로 합의가 진행 중인 경우 판사가 선고를 2주 정도 늦춰주는 일도 있습니다. 또한 검찰 단계에서 제출한 선처 자료는 모두 기록에 남아 법원으로 보내지므로, 수사 단계부터 적극 제출해 두는 것도 좋습니다.

요약하면, 양형자료는 빠르면 빠를수록 좋고 체계적으로 준비해야 합니다. 경찰·검찰 단계에서부터 반성문이나 탄원서를 내고, 1심 재판 중에는 합의서 등 추가 자료를 그때그때 제출합니다. 각 자료는 사실확인용 부속 서류(예: 병원 진단서 원본 등)를 첨부하면 신빙성이 높아집니다. 그리고 제출 후에는 변호인을 통해 판사가 해당 자료를 잘 검토했는지 확인하는 것도 필요합니다. 판결이 난 뒤에 뒤늦게 내봐야 효력이 없으니, 반드시 선고 전에 제출 완료하도록 하세요. 항소심에서도 추가 자료 제출이 가능하지만 1심보다 영향력이 떨어질 수 있으니 초심 단계에서 양형자료를 최대한 충실히 갖추는 것이 형을 줄이는 최선의 방법입니다.

Q10. 반성문은 어떻게 작성하는 것이 효과적인가요?

A. 반성문은 피고인이 자신의 잘못을 뉘우치고 있음을 글로 표현한 문서로, 판사에게 형량을 판단할 때 중요한 참고자료가 됩니다. 효과적인 반성문을 작성하려면 다음을 유의하세요.

❖ **진심이 담기도록 구체적으로 쓸 것**: 반성문의 핵심은 진정한 반성의 마음 표현입니다. 단순히 "죄송합니다, 깊이 반성합니다"라고 두세 줄 쓰는 것은 판에 박힌 표현이라 감동을 주지 못합니다. 대신 내가 무엇을 잘못했고 왜 잘못됐는지, 지금 어떤 마음인지를 구체적으로 써야 합니다. 예를 들어 "한 순간의 욕심 때문에 범행을 저질러 피해자와 가족들에게 씻을 수 없는 상처를 줬습니다. 하루하루 후회와 죄책감에 잠을 이루지 못하고 있습니다"와 같이 자신의 감정과 깨달음을 솔직히 담아내는 것이 좋습니다. 일상 속 반성의 모습도 적을 수 있습니다. (예: "구치소에서 매일 성경 구절을 읽으며 제 잘못을 곱씹고 있습니다" 등)

❖ **형식보다 내용이 중요하지만, 기본 형식을 지킬 것**: 반성문에는 특별한 정형화된 양식은 없지만, 형식을 갖추면 더 정돈된 인상을 줍니다. 보통 A4 용지에 자필로 쓰며, 첫 머리에 본인 인적사항(이름, 사건번호 등)을 간략히 소개하고, 인사말("존경하는 재판장님께" 등)로 시작합니다. 그리고 본문의 첫 부분에서 범행을 인정하고 반성한다는 취지를 밝히세요. 중간에는 구체적인 반성 내용과 참작사유(예: 부양 가족 상황, 피해에 대한 보상 노력)를 서술하고, 마지막에는 사죄와 선처 호소로 마무리합니다. 예의 있게 "~하여 주시면 감사하겠습니다" 등으로 끝인사를 하고, 작성 날짜와 피고인 이름 및 서명을 넣습니다. 정직하고 간결한 문장으로 쓰는 것이 좋고, 오탈자가 없도록 깨끗이 작성하세요. 가능하면 반성문은 손글씨로 쓰는 것이 좋다는 의견이 많습니다. 정성이 드러나기 때문입니다. 다만 글씨가 너무 악필이라면 정자로 또박또박 쓰거나 워드로 작성해도 무방합니다.

❖ **진솔하되 감정에 치우치지 말 것**: 지나치게 비극적으로 꾸미거나 과장된 표현은 삼가세요. 예를 들어 "눈물로 밤을 지새웁니다" 같은 표현을 매일 반복한다면 진심이 의심받을 수 있습니다. 솔

직하고 담담하게 쓰되, 읽는 이로 하여금 깊은 반성이 느껴지도록 해야 합니다. 반성문을 읽는 판사는 피고인의 말과 행동, 그리고 글을 종합적으로 판단합니다. 말로는 반성한다 해도 글에 진심이 묻어나지 않으면 감형에 큰 도움을 주지 못합니다. 거짓은 절대 금물입니다. 사실과 다른 내용을 넣거나 변명을 섞어 쓰지 말고, 오로지 자신의 잘못에 대한 반성 및 재발 방지 약속만 담으세요. 억울한 부분이나 참고할 사정이 있어도 반성문에는 쓰지 않는 것이 좋습니다 ("하지만 ~한 사정이 있었다" 등의 문구는 피하는 게 바람직합니다).

❖ **피해자와 사회에 대한 사과**: 반성문에는 피해자가 있다면 그에 대한 사죄를 분명히 밝히세요. 예컨대 "제 잘못된 행동으로 피해자께 큰 상처를 드렸습니다. 진심으로 용서를 구합니다"처럼 직접적으로 사과의 뜻을 전합니다. 피해자가 없는 범죄라 해도 (예: 음주운전 단속 사건) 사회와 가족에 대한 사과를 쓸 수 있습니다. "사회 규범을 어기고 물의를 일으켜 죄송합니다" 또는 "가족들을 실망시켜 가슴 아픕니다" 등의 내용입니다. 이를 통해 자신의 범행이 타인에게 끼친 폐해를 인식하고 있음을 보여줍니다.

❖ **앞으로의 다짐 포함**: 반성문의 끝부분에는 앞으로 어떻게 거듭날 것인지에 대한 다짐을 빠뜨리지 마세요. 예를 들면 "이번 일을 평생 교훈으로 삼아 두 번 다시 법을 어기는 일이 없도록 하겠습니다", "출소 후에는 사회봉사를 하며 속죄하겠습니다" 등의 구체적인 계획이나 맹세가 좋습니다. 이는 판사에게 피고인이 재범 방지 의지가 확고하다는 인상을 주어 형의 집행을 유예하는 등의 결정을 내릴 때 긍정적으로 작용할 수 있습니다.

❖ **여러 번 제출과 참작자료로의 활용**: 반성문은 1회만 제출해야 한다는 규정이 없으므로, 재판 진행 중 여러 차례 제출해도 됩니다. 예컨대 첫 공판 전에 1통, 중간에 1통, 선고 전 최종 1통 등 시간을 두고 반복 제출하면 반성이 꾸준함을 보여줄 수 있습니다. 또한 반성문은 탄원서 등과 함께 제출하면 시너지가 있습니다. 가족이나 지인의 탄원서에 "피고인이 요즘 깊이 뉘우치며 반성문을 쓰고 있다"는 언급을 하고, 실제 피고인의 반성문을 첨부하면 더 입체적으로 전달됩니다. 단, 인터넷에 떠도는 반성문 예시를 베껴 쓰는 것은 매우 위험합니다. 판사들은 수많은 반성문을 접하였기 때문에, 클리셰 문구나 판에 박힌 표현은 쉽게 눈치챕니다. 내 사건, 내 상황에 맞는 나만의 언어로 쓰세요.

효과적인 반성문은 판사의 마음을 움직여 양형에 영향을 줄 수 있습니다. 실제로 어느 변호사는 "잘 쓴 반성문 한 장이 증인 열 명의 증언보다 낫다"고 조언하기도 합니다. 그만큼 피고인의 진정성이 중요하다는 뜻입니다. 형사재판에서 반성문을 잘 활용하면 집행유예 등 선처 확률을 높일 수 있으므로, 위 원칙들을 참고하여 충실히 작성하시기 바랍니다.

Q11. 집행유예 선고를 받을 가능성을 높이는 방법은 무엇인가요?

A. 집행유예란 형을 선고하면서도 그 집행을 일정 기간 유예하여, 유예 기간을 무사히 마치면 형의 선고 효력이 없어지도록 하는 제도입니다. 피고인 입장에서는 실형 복역을 피할 수 있는 선처이므로, 집행유예를 받기 위해선 판사에게 "이 사람을 꼭 교도소에 보내지 않아도 되겠다"는 인식을 심어주는 것이 관건입니다. 다음과 같은 방안들이 집행유예 가능성을 높이는 데 도움이 됩니다.

❖ 법정 요건 충족: 우선 집행유예가 법적으로 가능한 형인지가 중요합니다. 3년 이하의 징역이나 금고형이 선고되어야 집행유예를 줄 수 있고, 그보다 형이 무거우면 집행유예가 불가합니다. 따라서 죄명별 양형범위를 살펴보고 내 형량이 3년 이하로 나올 수 있도록 최선을 다해야 합니다. 초기부터 반성하고 합의하는 등으로 양형을 낮추어 집행유예 요건 범위 안에 들도록 만드는 전략이 필요합니다.

❖ 초범 및 개전의 정 부각: 전과가 없거나 동종 전과가 없는 초범이라면 집행유예 가능성이 높아집니다. 재판부에 본인이 첫 범죄로 크게 뉘우치고 있으며 다시는 법을 어기지 않을 사람임을 인식시켜야 합니다. 이를 위해 반성문 제출을 통해 깊은 반성을 보이고, 주변인의 탄원을 통해 평소 성행이 양호했음을 입증하세요. 동종 범죄 전력이 있다면 그 이후 어떻게 생활이 달라졌는지를 강조해 재범하지 않을 것이라는 신뢰를 주는 것이 중요합니다.

❖ 피해자와의 합의: 합의서만큼 집행유예에 유리한 자료는 없습니다. 피해자가 선처를 탄원하면, 재판부도 사회적 형평성을 고려하여 피고인을 교도소에 보내기보다 기회를 줄 가능성이 커집니다. 특히 피해자가 처벌불원 의사를 밝힌 경우 형법 제51조상의 유리한 정상으로 크게 참작됩니다. 가능한 한 충분한 배상과 진심 어린 사과로 피해자의 용서를 구하세요.

❖ 가정 및 사회적 관계 호소: 피고인이 부양해야 할 가족이 있거나, 사회에 꼭 필요한 역할을 하고 있다면 집행유예에 긍정적 요소가 될 수 있습니다. 예를 들어 부모님의 간병을 도맡고 있는 외동아들이라든지, 어린 자녀를 홀로 키우는 가장이라는 사정은 법원이 고려할 수 있습니다. 이런 사정을 탄원서와 각종 증빙자료(가족관계증명서, 진단서 등)로 입증하여 실형으로 수감될 경우 타인에게 미칠 심각한 곤란을 강조하십시오. 사회적으로도 선처가 합당하다고 여겨질 만한 여론이 있으면 (예: 범행이 참작될 만한 상황에서 발생한 경우) 탄원인 수를 많이 확보하여 제출하는 것도 방법입니다.

❖ 재범 방지 노력: 형 집행을 유예해 줘도 다시 범죄를 저지르지 않을 것이라는 믿음을 주어야 합니다. 이를 위해 재범 원인에 대한 치료나 교육을 받는 모습을 보여주세요. 예를 들어 음주운전

이나 약물범죄의 경우 재활 프로그램 이수 증명서나 상담 확인서를 제출하면 좋고, 도박범죄의 경우 중독자 모임 참여 서약 등도 고려해볼 수 있습니다. 또한 구속기간 중 모범수용태도도 어필 요소입니다. 구치소 내에서 성실히 생활하여 규율위반이나 징벌을 받지 않았다면, 간접적이지만 성품이 나쁘지 않다는 점을 보여줍니다.

❖ 변호인의 역할: 변호인은 양형자료를 체계적으로 정리하여 변호인 의견서로 제출하고, 법정에서 집행유예의 타당성을 역설해줄 것입니다. 법률적으로 참작할 양형기준(예: 양형위원회의 권고 형량 범위 내 최하한선 주장 등)을 연구하여 제시하는 것도 변호인의 몫입니다. 피고인은 변호인에게 자신의 개인사정과 선처요인을 빠짐없이 제공하고, 필요한 자료 수집에 협조해야 합니다.

정리하면, 집행유예를 받으려면 "초범+반성+합의"의 삼박자가 가장 중요합니다. 여기에 피고인의 환경적 정상참작 사유(부양가족 등)와 재범방지 노력을 더하면 금상첨화입니다. 재판부가 "이 피고인은 사회에 그대로 두어도 크게 위험하지 않고, 오히려 교도소보다는 사회 내 갱생이 더 낫겠다"고 판단하게 만드는 것이 목표입니다. 다만, 범죄의 죄질이 매우 불량하거나 전과가 많으면 집행유예가 어려울 수 있음을 유념해야 합니다. 그럼에도 불구하고 최대한 위의 사항들을 준비해 어필한다면, 집행유예 선고를 이끌어낼 확률을 높일 수 있습니다.

Q12. 형기산입은 어떻게 계산되며, 구속 기간이 모두 형기에 포함되나요?

A. 형기산입이란 판결 선고 전에 미리 구금된 기간을 형벌 집행 시간에 산입(산입=포함)하는 것을 말합니다. 우리 형법은 피고인이 이미 복역한 구금기간을 제대로 계산에 넣어줌으로써 이중으로 복역하지 않도록 보장하고 있습니다. 구체적으로, 형법 제57조 제1항에 "판결 선고전의 구금일수는 그 전부를 유기징역, 유기금고, 벌금이나 과료에 관한 유치 또는 구류에 산입한다."고 규정되어 있습니다. 예를 들어 내가 구속 상태로 6개월 재판을 받았고 선고형이 징역 1년이라면, 결과적으로 남은 형기 6개월만 복역하게 됩니다. 즉 미결 구금 기간 6개월을 이미 형의 일부로 인정해주는 것입니다.

다만 예외적으로 선고형이 실형이 아닐 경우(예를 들어 집행유예나 벌금형 선고)에는 이미 구속되어 산 기간이 형으로서 집행되지는 않습니다. 집행유예가 선고되면 즉시 석방되어 잔형 집행은 없고, 벌금형이 선고되면 구금기간은 벌금에 대한 노역일수로 환산 산입될 수 있습니다(1일 = 10만원 등 비율로 벌금 상당액 공제). 만약 선고 결과 무죄 판결이 나오면 이미 구속된 기간에 대해 국가에 대해 형사보상 청구를 하여 보상받을 수도 있습니다.

형기산입은 구속영장이 발부되어 실제로 구금된 날부터 계산됩니다. 판결 선고 전날까지의 구금일 전부가 대상이며, 산입은 일 단위로 이뤄집니다. 예를 들어 첫날 구속되었다가 100일째 되는 날 선고를 받았다면 통상 100일이 형기에 포함됩니다.

또 하나 알아둘 점은, 형이 확정되면 미결 구금일수 산입에 따라 석방 여부가 결정된다는 것입니다. 예를 들어 선고형이 이미 구금된 기간보다 짧으면 선고 직후 석방됩니다. 선고형 1년인데 이미 1년 2개월을 구속 상태로 보냈다면, 선고와 동시에 형기 완료로 풀려나는 것입니다. 다만 항소기간 7일 경과 후에야 석방이 실질화되는 절차상 시차는 있을 수 있습니다. 반대로 선고형이 남은 경우 그대로 잔여형기를 복역하게 됩니다.

결론적으로, 구속기간은 원칙적으로 모두 형기에 포함됩니다. 재판부가 판결 선고 시 전부를 본형에 산입하도록 규정하고 있고, 실무상도 그렇게 하고 있습니다. 따라서 구속 수용자께서는 구속된 기간이 헛되지 않고 최종 형에 고스란히 반영됨을 알고 계시면 됩니다.

[section 1.5] 선고 후 항소와 재심 준비

Q1. <u>선고 결과에 불복하여 항소하려면 어떤 절차를 거쳐야 하나요?</u>

A. 1심 판결에 불복한다면 법정 기간 내에 항소 제기 절차를 밟아야 합니다. 구체적인 절차는 다음과 같습니다.

1. **항소장 제출:** 1심 판결 선고일로부터 7일 이내에 항소장을 제출해야 합니다. 항소장은 판결을 선고한 법원에 제출하며, "○○사건 피고인 ○○○는 본 판결에 불복하여 항소함"이라는 취지와 항소인의 성명을 기재합니다. 구속 수용자의 경우, 교도소(구치소)장

에게 항소장의 송부를 신청하면 기관을 통해 법원에 접수시킬 수 있습니다. 7일이라는 기간은 매우 짧으므로 판결 선고 직후 즉시 항소 여부를 결정해야 합니다. 기간을 놓치면 원칙적으로 항소권이 상실되고 판결이 확정되어 버리니 주의하세요.

2. **항소이유서 제출:** 형사판결 항소 시 항소이유서 제출기한은 원칙적으로 항소인 또는 변호인이 항소법원으로부터 소송기록접수통지를 받은 날로부터 20일 이내입니다. 다만, 변호인 선임 시기, 국선변호인과 사선변호인의 관계, 사건 병합 등 다양한 상황에 따라 기산점이 달라질 수 있으므로 구체적인 사안에 따라 적용해야 합니다.

- 소송기록접수통지 전 변호인 선임: 변호인에게도 소송기록접수통지를 해야 함
- 소송기록접수통지 후 변호인 선임: 변호인에게 별도로 소송기록접수통지를 할 필요 없음
- 국선변호인 선정 후 사선변호인 선임: 국선변호인 또는 피고인이 소송기록접수통지를 받은 날부터 기간 계산

항소이유서에는 1심 판결의 어떤 부분이 부당한지, 법리 오해나 사실 오인, 양형 부당 등의 구체적인 이유를 써야 합니다. 변호인이 있다면 대개 변호인이 작성하여 제출합니다. 피고인이 직접 쓸 경우 상급심에 왜 이 판결이 잘못되었는지를 조리있게 기술해야 합니다. 만약 20일 내 항소이유서를 제출하지 않으면 항소가 기각될 수 있으므로 반드시 기한을 지키고 충실한 내용을 제출해야 합니다.

3. **항소심 절차 진행:** 항소이유서가 제출되면, 항소심 법원(고등법원 또는 지방법원 합의부)에서 사건 기록을 넘겨받아 2심 재판이 열립니다. 항소심에서도 1심과 유사한 공판절차가 진행되지만, 주로 쟁점이 된 부분에 대한 심리가 중심이 됩니다. 사실관계 다툼이 크지 않은 경우 항소심은 비교적 간략하게 진행될 수도 있습니다. 항소심에서는 1심에서 제출하지 못한 새로운 증거를 제출할 수도 있고, 증인 재신문을 신청할 수도 있습니다. 다만 항소심은 1심과 달리 새로운 주장이나 증거제출이 제한되는 경우도 있으므로, 1심에서 다 못한 내용이 있다면 항소이유서 단계부터 포함시켜야 합니다.

4. **판결 선고 및 상고:** 항소심에서도 선고 결과에 불복할 경우, 상고 절차로 나아갑니다. 항소심 판결에 대한 상고 제기 기간도 7일이며, 대법원에 상고이유서를 제출해야 합니다. 상고는 법률심이므로 사실 문제보다는 법률적 쟁점을 다투게 됩니다. 상고는 항소

와 비교해 인정 사유가 좁기 때문에 변호인과 상의하여 결정해야 합니다.

정리하면, 항소하려면 7일 이내 항소장 제출 → 소송기록접수통지받은 날로부터 20일 이내 항소이유서 제출이라는 두 개의 큰 절차가 핵심입니다. 구속된 분은 교정시설에서 이 절차를 도와주므로 바로 의사표시를 하시면 되고, 변호인이 있다면 신속히 항소 의사를 전달하여 준비하게 하세요. 항소장은 형식적인 서류지만, 항소이유서는 2심 재판의 방향을 좌우할 만큼 중요합니다. 항소이유서에 1심 판결의 오류와 불만 사항을 논리적으로 써내는 것이 승부처라 할 수 있습니다.

5. **항소 제기 시 유의사항:** 항소는 판결의 일부에 대해서도 가능합니다. 예컨대 유죄 판단은 받아들이지만 형이 너무 무거워서 양형부당만 다투는 항소도 가능합니다. 항소를 취하하고 싶으면 항소심 판결 선고 전까지 취하가 가능하지만, 일단 취하하면 다시 항소 제기는 불가능하니 신중해야 합니다. 기한을 놓쳤을 경우 상소권회복 청구라는 제도가 예외적으로 있지만, 자기 또는 대리인이 책임질 수 없는 사유로 상소기간 내 상소하지 못한 경우라는 엄격한 요건(공시송달의 방법으로 피고인 소환장 등을 송달하고 피고인이 불출석한 상태에서 심리를 진행한 경우 등) 하에서만 인정되므로 기한을 지키는 것이 최선입니다.

Q2. 항소심에서 원심보다 형량이 늘어날 가능성(불이익변경금지원칙)은 어떻게 되나요?

A. 결론부터 말하면, 피고인만 항소한 경우에는 항소심에서 형량이 더 무거워질 걱정을 하지 않아도 됩니다. 이는 형사소송법 제368조에 규정된 "불이익변경 금지의 원칙"에 따른 것입니다. 법 조문상 "피고인이 항소한 사건에 대해서는 원심보다 중한 형을 선고하지 못한다"고 명시되어 있으며, 대법원도 이 원칙을 일관되게 확인하고 있습니다. 예를 들어 1심에서 징역 1년을 선고받고 피고인만 항소했다면, 항소심에서는 징역 1년을 초과하는 형(징역 1년 6월 등)을 선고할 수 없습니다. 이는 피고인의 상소권 행사를 보장하기 위한 장치로, 피고인이 항소했다고 처벌이 더 가중될까 두려워 항소를 포기하는 일이 없도록 하기 위함입니다.

다만, 예외적 상황을 알아두셔야 합니다. 검사도 함께 항소한 경우에는 불이익변경금지원칙이 적용되지 않습니다. 즉 검사의 항소가 있는 사건에서는 항소심이 1심보다 중한 형을 선고할 수 있습니다. 예를 들어 1심에서 징역 1년에 집행유예 2년을 선고받았는데 검사도 양형부당을 이유로 항소했다면, 항소심에서 징역 1년 6월의 실형으로 증가될 가능성도 있습니다. 피고인만 항소한 경우에는 원칙적으로 안전하지만, 검사가 항소할지를 7일 항소기간 내에 지켜볼 필요가 있습니다. 만일 검사가 항소하지 않았다면 피고인으로서는 안심하고 항소심에 임할 수 있습니다. 하지만 검사가 항소했는지 여부는 항소기간이 지난 후 확인되므로, 피고인측도 일단 항소는 제기하되 7일 후 검사의 항소 유무를 확인하게 됩니다. 검사가 항소하지 않았다면 불이익변경금지원칙 덕분에 항소심에서는 형이 절대로 더 중해질 수 없으니, 항소심에서 적극적으로 다투면 됩니다.

한편, 형 자체는 안 늘어나지만 집행유예→실형처럼 결과가 나빠지는 것 아니냐는 걱정을 하는 분도 있습니다. 그러나 피고인만 항소한 사건에서는 형의 형태나 기간 모두 불리하게 변경할 수 없으므로, 집행유예를 실형으로 바꾸는 것도 금지됩니다. 예를 들어 1심에서 징역 2년에 집행유예 3년을 받은 피고인만 항소했다면, 항소심에서 징역 2년 실형으로 변경하는 것도 "형을 중하게 변경"하는 것이어서 허용되지 않습니다. 즉, 형의 질과 양 모두 악화되지 않는다고 보시면 됩니다.

덧붙여, 피고인을 위해 항소한 사건(법정대리인이나 배우자가 피고인을 위해 항소한 경우)도 피고인 본인의 항소와 동일하게 취급되어 불이익변경 금지 원칙이 적용됩니다. 반면 검사의 항소가 있는 경우나, 피고인이 항소하지 않았는데 검사만 상소한 경우에는 그 상소심(항소심이나 상고심)에서 형이 무거워질 수 있습니다. 이런 경우는 불이익변경금지원칙의 범위 밖이므로, 검사 항소가 제기된 사건에서는 항소심에서 형이 가중될 위험성을 염두에 두고 대응해야 합니다.

정리하면, "피고인만 항소했다면 1심보다 불리한 판결은 나오지 않는다"가 철칙입니다. 따라서 1심 판결에 불복해 항소하고 싶지만 형이 더 나빠질까 걱정하는 수용자분들은, 검사 항소만 없다면 안심하고 항소심을 진행하시면 됩니다. 이 원칙 덕분에 피고인은 1심보다 못해질 걱정 없이 항소심에서 다퉈볼 수 있는 것입니다. 다만 검사가 항소했을 경우에는 상황이 달라지니, 그때는 변호인과 상의하여 형량이 더 늘어나는 것을 막는 전략(예를 들어 항소심에서 추가로 유리한 자료 제출 등)을 세워야 합니다.

Q3. 억울하게 형이 확정되었을 때 재심을 청구할 수 있는 조건은 무엇인가요?

A. 재심은 유죄 판결이 확정된 후에 중대한 오류를 시정하기 위해 다시 심리하는 비상 구제 절차입니다. 아무 때나 청구할 수 있는 것이 아니라, 형사소송법이 정한 엄격한 재심 사유에 해당해야 합니다. 형사소송법 제420조에는 재심 청구가 가능한 7가지 사유가 열거되어 있습니다. 주요 내용을 정리하면 다음과 같습니다.

- ❖ **새로운 증거의 발견:** 확정판결 후에 무죄를 인정할 명백한 증거가 새로 발견된 경우입니다. 예컨대 진범으로 보이는 사람이 나와 자백하는 경우, 또는 부죄(가벼운 죄)에 해당함을 보여주는 새로운 영상 자료 등이 발견된 경우입니다. 단, 그 증거가 재판 당시 이미 제출할 수 있었던 것이라면 새 증거로 인정되지 않고, 재판 후에야 비로소 입수된 증거여야 합니다. 새로운 증거의 발견은 재심 사유 중 피고인에게 가장 유리한 것이며, 과거 '삼례 나라슈퍼 강도치사 사건'처럼 진범이 뒤늦게 나타나 무고한 사람이 누명을 벗은 사례가 이에 해당합니다.

- ❖ **허위 증거로 유죄가 선고된 경우:** 원판결의 기초가 된 증거가 나중에 거짓으로 드러난 경우입니다. 몇 가지 하위 유형이 있습니다: (a) 증거서류나 증거물이 위조나 변조된 것으로 판명된 때. 예를 들어 경찰이 조작한 증거사진이 있었다면, 그 조작이 확정판결 등으로 밝혀졌을 경우입니다. (b) 증인이나 감정인 등의 증언이 거짓으로 판명된 때. 이는 위증죄 등으로 그 사람이 유죄 판결을 받아 사실이 확인되어야 합니다. (c) 무고로 인해 유죄 판결을 받은 경우에 그 무고한 사람이 처벌받아 거짓이 증명된 때. 예를 들어 상대방의 무고로 누명을 쓰고 처벌받았는데, 이후 그 사람이 무고죄로 유죄 확정되면 재심 사유가 됩니다. (d) 원판결의 근거가 된 다른 재판이 뒤집힌 경우. 가령 공범의 재판 결과를 근거로 판결했는데, 나중에 공범이 무죄 확정되었다면 내 판결의 증거가 달라진 것이므로 재심을 청구할 수 있습니다.

- ❖ **수사기관이나 법관의 직무범죄가 있었던 경우:** 재판에 관여한 판사, 검사, 사법경찰관 등이 그 사건에 관해 직권 남용 등의 범죄를 저질렀음이 확정판결로 드러난 때도 재심이 가능합니다. 예컨대 경찰이 피의자를 폭행·고문하여 허위자백을 받아낸 사실이 추후 밝혀져 유죄 판결을 받았다면, 그 강압수사로 인한 판결은 재심사유가 됩니다. 또 판사가 뇌물을 받고 유죄판결을 내렸다면 (과거 사법농단 사건 등), 그 역시 재심사유입니다. 이러한 경우는 국가기관의 범죄로 인해 잘못

된 판결이 나왔으니 다시 심리해야 한다는 취지입니다.

- **특별법상 재심 사유**: 위의 형사소송법 외에 특별법으로 정한 재심 사유도 있습니다. 대표적으로, 헌법재판소에서 해당 사건에 적용된 법률 조항이 위헌으로 결정된 경우 재심을 청구할 수 있습니다. 예를 들어 간통죄로 유죄 확정되었는데 이후 간통죄 조항이 위헌 결정이 났다면, 재심으로 무죄를 받을 수 있습니다. 실제로 2015년 간통죄 위헌 결정 후 상당수 재심이 받아들여졌습니다. 다만 합헌 결정이 있었던 경우 등 제한이 있으므로 상세한 요건은 헌재법 규정에 따릅니다. 이밖에도 과거 민주화운동 관련 유죄판결에 대한 재심(5·18특별법 등)이나, 피고인이 궐석으로 판결 받은 경우 추후 재심 허용(소송촉진특례법) 등의 특별법상 사유도 존재합니다.

이상의 사유들은 모두 피고인의 이익을 위해서만 인정됩니다. 따라서 설령 검사가 새로운 증거를 발견했다 해도 피고인에게 불리한 재심은 청구할 수 없습니다. 또한 재심은 유죄 확정판결에 대해서만 가능하며, 무죄를 유죄로 바꾸기 위한 재심은 허용되지 않습니다. 그리고 재심이 개시되면, 원판결보다 피고인에게 불리한 판결은 할 수 없도록 법에 정해져 있습니다.

정리하면, 억울한 옥살이를 구제받으려면 위와 같은 재심 사유 중 하나에 해당해야 합니다. 쉽게 말해 "새로운 무죄증거"가 있거나 "기존 증거가 가짜였음이 밝혀졌거나" 또는 "재판과정에 중대한 법적 흠결이 있었음이 드러난 경우"에 재심이 가능합니다. 이러한 사유 없이 단순히 "판사가 판단을 잘못했다"는 주장만으로는 재심이 허용되지 않습니다. 재심청구서는 관할 지방법원에 제출하며, 법원이 일단 재심 개시를 결정해야 본격적인 재심 절차가 진행됩니다. 준비 중인 대표적인 재심 사례로는 '낙동강변 살인사건'처럼 고문에 의한 허위자백으로 판결난 사건 등이 있으며, 최근에는 디지털 증거의 조작 여부 등 과학수사 오류도 재심 이슈로 대두되고 있습니다. 재심은 요건이 매우 엄격하므로, 억울한 형이 확정되었다고 느끼시면 관련 전문 변호인의 상담을 받아 위 사유에 해당하는지 검토하고 절차를 진행하시는 것이 좋습니다. 7가지 법정 재심 사유 중 한 가지라도 입증된다면 법원의 재심 개시 결정이 내려지고, 새로운 재판을 통해 억울함을 풀 수 있을 것입니다.

Chapter 2 | 법정 밖의 힘 - 변호사와의 동행

형사 절차가 시작되면, 수용자는 법률이라는 낯선 세계와 마주하게 됩니다. 이때 변호사는 단순한 법률 대리인을 넘어, 수용자의 목소리를 법정에 전달하고 기본적인 인권을 옹호하며 사회 정의 실현을 위해 노력하는 동반자입니다. 변호사와의 관계는 법적 대응의 성패를 가르는 중요한 요소이며, 특히 외부와의 소통이 제한된 수용 생활 중에는 그 중요성이 더욱 커집니다.

본 장의 목적은 수용자가 변호사와의 관계를 효과적으로 구축하고, 자신의 변론 과정에 주체적으로 참여하여 최선의 법적 결과를 얻을 수 있도록 실질적인 소통법과 협업 전략을 제공하는 데 있습니다. 수용 생활이라는 특수한 환경은 변호사와의 소통에 여러 어려움을 야기할 수 있습니다. 물리적 거리, 제한된 연락 수단, 심리적 위축감 등은 원활한 협력을 방해하는 요인이 될 수 있습니다. 이러한 어려움을 극복하고 변호사와의 관계에서 수용자가 소극적인 정보 제공자나 단순한 지시 이행자가 아닌, 자신의 사건을 함께 해결해 나가는 능동적인 파트너로서 역할 할 수 있도록 구체적인 방안을 제시하고자 합니다. 수용자가 겪을 수 있는 심리적 부담감, 예를 들어 불안이나 불신감 등이 변호사와의 소통에 미치는 영향을 충분히 고려하여, 현실적이고 실용적인 조언을 담는 데 중점을 두었습니다. 변호사와의 효과적인 동행은 법정 밖에서 수용자가 자신의 권리를 지키고 최선의 결과를 만들어낼 수 있는 가장 강력한 힘이 될 것입니다.

[section 2.1] 변호사 선택 시 고려할 점

Q1. 변호사를 선임할 때 가장 중요하게 봐야 할 점은 무엇인가요?

A. 변호사를 선택할 때는 여러 요소를 종합적으로 고려해야 하지만, 특히 다음 네 가지는 반드시 확인해야 할 핵심 사항입니다.

❖ **전문성:**

가장 먼저 변호사의 전문성을 확인해야 합니다. 모든 질병에 대해 한 명의 의사가 전문가일 수 없듯이, 변호사 역시 모든 법률 분야에 능통할 수는 없습니다. 따라서 의뢰하려는 사건, 특히 형사 사건에 대한 깊이 있는 지식과 풍부한 경험을 갖춘 변호사를 선택하는 것이 중요합니다. 해당 변호사가 과거에 유사한 사건을 다뤄본 경험이 있는지, 특히 승소 경험이 있는지를 구체적으로 문의해 보아야 합니다. 대한변호사협회에서는 일정 기준을 충족한 변호사에게 전문 분야를 인증해 주고 있으며, '형사법 전문변호사' 등으로 등록된 변호사라면 해당 분야에 대한 상당한 경험과 지식을 갖추었다고 볼 수 있는 객관적인 지표가 됩니다. 변호사의 전문성은 단순히 법률 지식을 많이 아는 것을 넘어, 특정 사건 유형의 미묘한 차이나 판례의 흐름, 심지어 수사기관이나 법원의 성향까지 파악하고 있음을 의미할 수 있으며, 이는 수용자의 방어 전략 수립에 결정적인 영향을 미칩니다.

❖ **소통 능력:**

변호사와의 원활한 소통은 성공적인 변론의 필수 조건입니다. 변호사는 의뢰인의 말을 주의 깊게 경청하고, 복잡하고 어려운 법률 용어나 절차를 의뢰인이 이해하기 쉽게 설명할 수 있어야 합니다. 특히 수용자의 경우 변호사와의 접견이나 서신 교환이 외부와 소통할 수 있는 거의 유일한 통로일 수 있으므로, 변호사가 수용자의 입장을 이해하고 눈높이에 맞춰 소통하려는 의지를 가지고 있는지 확인하는 것이 중요합니다. 수임 이후에 연락이 잘 되지 않거나, 필요한 면담을 요청해도 성사되기 어렵다면 사건 진행에 대한 불안감은 커질 수밖에 없습니다. 단순히 연락이 되는 것을 넘어, 의뢰인의 질문에 대해 성실하고 명확하게 답변하는지, 일방적으로 자신의 의견만 전달하거나 기계적인 답변만 반복하는 것은 아닌지 꼼꼼히 살펴야 합니다. 변호사와의 소통 방식이 원활하지 못하면, 수용자는 자신이 처한 상황에 대한 정확한 정보를 얻기 어렵고, 이는 결국 방어 전략의 질을 떨어뜨릴 수 있습니다. 수용자가 심리적으로 위축되어 있거나 법률 지식이 부족하여 중요한 사실을 제대로 전달하지 못할 경우, 변호사는 사건의 전모를 파악하기 어렵고, 이는 곧바로 변론의 실패로 이어질 수 있습니다. 따라서 변호사가 의뢰인과의 소통을 얼마나 중요하게 생각하고 노력하는지는 매우 중요한 판단 기준입니다.

❖ **정직성과 신뢰성:**

변호사는 의뢰인에게 신뢰를 주어야 합니다. 간혹 일부 변호사들은 수임을 위해 "무조건 승소한다"고 장담하거나, 법원이나 검찰과의 특별한 인맥을 과시하며 사건 해결을 약속하기도 합니다. 그러나 형사 사건은 수많은 변수가 존재하며, 그 결과를 누구도 쉽게 예단할 수 없습니다. 따라서 100% 승소를 장담하는 변호사는 오히려 경계해야 합니다. 진정으로 신뢰할 수 있는 변호사는 의뢰인이 처한 상황을 객관적으로 분석하고, 유리한 점뿐만 아니라 불리한 점까지 솔직하게 이야기하며, 현실적인 법적 조언과 함께 구체적인 대응 전략을 제시합니다. 수용자에게 필요한 것은 막연한 희망이 아니라, 냉철한 현실 인식에 기반한 최선의 대응책이기 때문입니다. 또한, 변호사 수임료 구조가 투명하고 합리적인지, 계약 조건은 명확한지 등을 꼼꼼히 확인하는 것도 신뢰성을 판단하는 중요한 부분입니다.

❖ **사건에 대한 헌신과 노력:**

변호사가 의뢰인의 사건에 얼마나 시간과 노력을 투입할 의지와 준비가 되어 있는지도 중요합니다. 변호사의 시간과 자원은 한정되어 있으므로, 동시에 너무 많은 사건을 수임하여 개별 사건의 진행에 소홀한 변호사는 아닌지 살펴볼 필요가 있습니다. 수용자의 사건이 수많은 사건 중 하나로 가볍게 취급되지 않고, 변호사가 충분한 관심과 열정을 가지고 사건을 처리할 것인지를 판단해야 합니다. 이는 상담 과정에서 변호사가 사건 내용을 얼마나 주의 깊게 듣고 분석하는지, 얼마나 적극적으로 해결 방안을 모색하려 하는지를 통해 엿볼 수 있습니다. 변호사를 선택하는 것은 단순한 법률 서비스 구매가 아니라, 어려운 상황을 함께 헤쳐나갈 중요한 동반자를 구하는 과정임을 이해해야 합니다. 변호사의 법률적 능력만큼이나 의뢰인과의 인간적인 '궁합'이나 소통 스타일의 적합성 또한 중요할 수 있으며, 이는 특히 고립된 환경에 있는 수용자에게 더욱 그러합니다.

Q2. 변호사 찾는 방법과 선임 비용은 보통 어느 정도인가요?

A. 적합한 변호사를 찾고 선임하는 과정은 다음과 같은 방법과 비용 구조를 이해하는 데서 시작합니다.

❖ **변호사 찾는 방법:**

수용자 본인이 직접 변호사를 찾기에는 제약이 많으므로, 주로 가족이나 지인의 도움이 필요합니다. 활용할 수 있는 방법은 다음과 같습니다.

- 대한변호사협회 "나의 변호사" 서비스: 대한변호사협회에서 운영하는 이 서비스는 전국 변호사 검색, 법률 상담 예약 및 실제 상담까지 한 곳에서 제공합니다. 특히, 특정 분야(예: 형사법) 전문 변호사로 등록된 변호사를 검색할 수 있어 전문성 있는 변호사를 찾는 데 유용합니다.

- 온라인 법률 플랫폼: 최근에는 '로톡'과 같은 온라인 플랫폼을 통해 사건 분야별, 지역별 변호사를 검색하고, 변호사의 경력, 주요 취급 분야, 수임료 정보, 과거 해결 사례, 다른 의뢰인들의 후기 등을 확인할 수 있습니다. 다만, 이러한 플랫폼을 통해 얻은 정보는 참고자료로 활용하되, 반드시 직접 상담을 통해 변호사의 자질을 검증해야 합니다.

- 지인 추천: 가족, 친구 등 신뢰할 수 있는 지인으로부터 변호사를 추천받는 것도 좋은 방법이 될 수 있습니다. 다만, 추천인이 경험한 사건과 본인의 사건은 성격이 다를 수 있으므로, 추천만 믿고 섣불리 결정하기보다는 반드시 직접 상담을 통해 변호사의 전문성과 자신과의 적합성을 판단해야 합니다.

- 수용자의 직접적인 노력: 수용자 본인이 과거에 알던 변호사에게 편지를 보내 접견을 요청하거나, 지인을 통해 변호사 선임을 타진하는 방법도 있습니다.

❖ **변호사 선임 비용:**

변호사 선임 비용은 크게 상담료, 착수금, 성공보수로 나눌 수 있으며, 사건의 성격과 변호사에 따라 다양하게 책정됩니다.

- **상담료:** 변호사와 처음 만나 사건에 대해 상담할 때 발생하는 비용입니다. 일반적으로 30분 상담 기준으로 5만 원에서 10만 원 사이인 경우가 많으나, 변호사의 경력이나 법무법인의 규모, 사건의 복잡성에 따라 달라질 수 있습니다. 일부 무료 상담을 제공하는 곳도 있지만, 심도 있는 맞춤형 상담을 기대하기는 어려울 수 있습니다.

- **착수금:** 변호사에게 정식으로 사건을 위임할 때 초기에 지급하는 비용입니다. 착수금은 사건의 종류(민사, 형사, 가사 등), 사건의 난이도와 복잡성, 예상되는 소송 기간, 필요한 증거 수집의 정도, 변호사의 경력과 전문성 등에 따라 결정됩니다. 서울 서초동 변호사 사무실을 기준으로 할 때, 형사 사건의 경우 평균적으로 500만 원 선에서 착수금이 형성되는 경우가 많다고 알려져 있습니다.

- **성공보수:** 사건이 의뢰인에게 유리한 결과(예: 승소, 집행유예, 무죄 등)로 종결되었을 때 변호사에게 추가로 지급하는 보수입니다. 민사 사건에서는 판결을 통해 얻게 되는 경제적 이익의 일정 비율(예: 3%~5%)로 약정하는 것이 일반적입니다. 다만, 형사 사건의 경우 성공보수 약정이 공서양속에 반하여 무효로 판단될 수 있는 경우가 있으므로, 계약 시 성공보수의 조건과 지급 방식에 대해 매우 명확하게 확인하고 합의해야 합니다.

- **비용 결정 요인:** 변호사 수임료는 일률적으로 정해져 있지 않습니다. 청구하는 금액(소송가액), 사건의 난이도, 예상되는 업무량과 소송 기간, 이미 확보된 증거의 충분성, 변호사의 경력과 지명도, 소속 법무법인의 규모 및 지역 등 다양한 요인이 복합적으로 작용하여 결정됩니다.

- **주의사항:** 터무니없이 낮은 수임료를 제시하는 변호사는 주의할 필요가 있습니다. 이는 많은 사건을 수임하여 개별 사건에 충분한 시간과 노력을 기울이지 못하는, 이른바 '박리다매'식 운영일 가능성이 있기 때문입니다. 변호사 선임 계약서에는 반드시 수임 범위(예: 경찰/검찰 수사 단계, 제1심 재판, 항소심 재판 등)와 총비용, 추가 비용 발생 가능성 및 조건 등을 명확하게 기재해야 합니다. 변호사 비용의 구조, 즉 착수금과 성공보수의 비율 등은 변호사의 업무 동기나 의뢰인의 기대치에 영향을 줄 수 있으므로, 이러한 점을 이해하고 자신의 사건 목표와 부합하는지 따져보는 것이 중요합니다. 예를 들어, 착수금이 높으면 변호사가 초기에 더 많은 노력을 기울일 유인이 될 수 있고, 성공보수가 높으면 특정 결과를 달성하기 위해 더 적극적으로 임할 수 있습니다. 이러한 비용 구조가 자신의 상황과 목표에 맞는지 신중히 고려해야 합니다.

Q3. 믿을 수 있는 변호사인지 어떻게 판단할 수 있나요?

A. 변호사의 신뢰성은 단순히 법률 지식의 많고 적음으로만 판단할 수 없습니다. 의뢰인의 상황을 진심으로 이해하고 최선을 다해줄 변호사를 찾는 것은 매우 중요하며, 다음 사항

들을 통해 판단해 볼 수 있습니다.

❖ **상담 과정에서의 관찰:**

- **변호사의 직접 상담 여부:** 상담 초기부터 변호사가 직접 의뢰인을 만나 사건에 대해 논의하는지, 아니면 사무장이 상담의 대부분을 진행하고 변호사는 잠깐 얼굴만 비추는지 확인해야 합니다. 중요한 법적 판단과 전략 수립은 변호사가 직접 해야 하므로, 변호사와의 직접적인 소통이 보장되는지 살펴보는 것이 중요합니다.
- **경청 및 설명 태도:** 변호사가 의뢰인의 이야기를 얼마나 주의 깊게 듣고 공감하려 하는지, 어려운 법률 용어나 복잡한 절차를 의뢰인의 눈높이에 맞춰 쉽게 설명하려고 노력하는지 관찰해야 합니다. 일방적으로 자신의 의견만 내세우거나, 의뢰인의 질문에 불성실하게 답변하는 변호사는 피하는 것이 좋습니다.
- **균형 잡힌 시각과 현실적 조언:** 사건에 대해 무조건적으로 긍정적인 전망만 제시하거나 승소를 장담하는 변호사보다는, 사건의 유리한 점과 불리한 점을 객관적으로 분석하고, 현실적인 어려움까지 솔직하게 이야기하며 최선의 대응 방안을 함께 고민하는 변호사가 더 신뢰할 수 있습니다.

❖ **변호사의 태도와 약속:**

- **진정성 있는 관심:** 단순히 사건 수임에만 급급해 보이지 않고, 의뢰인이 처한 어려움과 절박한 심정을 진정으로 이해하고 돕고자 하는 태도를 보이는지 느껴보는 것이 중요합니다.
- **투명한 정보 공개:** 수임료 책정 근거, 계약 조건, 예상되는 소송 진행 계획 및 발생 가능한 추가 비용 등에 대해 투명하게 공개하고 명확하게 설명하는지 확인해야 합니다.
- **윤리 의식:** 변호사는 공공성을 지닌 법률 전문가로서 높은 수준의 직업윤리가 요구됩니다. 상담 과정에서 변호사가 윤리 규정을 준수하려는 의지를 보이는지, 부당한 방법을 제시하거나 의뢰인의 약점을 이용하려는 태도는 없는지 살펴보아야 합니다.

❖ **경험과 실력 확인:**

- **유사 사건 처리 경험:** 의뢰하려는 사건과 유사한 종류의 사건을 얼마나 다루어 보았는지, 특히 성공적으로 해결한 구체적인 사례를 제시할 수 있는지 문의해야 합니다. 경험은 변호사의 실력을 가늠하는 중요한 척도입니다.
- **논리적인 전략 제시:** 사건의 핵심적인 법적 쟁점을 정확히 파악하고, 이를 해결하기 위한 논리적이고 설득력 있는 대응 전략을 제시할 수 있는지 확인합니다.

❖ **의뢰인의 '직감'과 신뢰 형성:**

여러 객관적인 기준도 중요하지만, 결국 변호사를 선택하는 것은 사람과 사람 사이의 관계를 맺는 일이기도 합니다. 상담을 통해 변호사와 대화를 나눠보면서 이 변호사와 '궁합'이 맞을지, 진심으로 신뢰하고 내 사건을 맡길 수 있겠다는 느낌이 드는지 스스로 판단하는 것이 중요합니다. 특히 자신에게 불리할 수 있는 정보까지 솔직하게 이야기했을 때, 변호사가 이를 비난하거나 가볍게 여기지 않고 문제 해결에 초점을 맞춰 진지하게 경청하고 대응하는지를 보면 그 신뢰도를 가늠할 수 있습니다.

❖ **피해야 할 변호사 유형:**

- 근거 없이 100% 승소를 장담하는 변호사.
- 상담 약속을 자주 어기거나, 연락이 매우 어렵고 소통에 불성실한 변호사.
- 착수금만 받고 사건 진행 상황을 제대로 알려주지 않거나, 사건 처리에 소홀한 변호사.
- 사무장이나 다른 직원에게 대부분의 업무를 맡기고, 정작 변호사는 사건 내용조차 제대로 파악하지 못하는 경우.

신뢰할 수 있는 변호사를 선택하는 것은 단순히 사기 피해를 피하는 것을 넘어, 유능하고 성실하며 윤리적인 법률 지원을 받을 권리를 확보하는 과정입니다. 특히 수용자의 경우 변호사와의 직접적인 대면 기회가 제한적이므로, 가족들이 이러한 기준을 가지고 변호사를 신중하게 물색하고 검증하는 역할이 더욱 중요할 수 있습니다. 처음 변호사를 잘 선택하는 것은 추후 발생할 수 있는 더 큰 정신적, 경제적 비용을 예방하는 길이기도 합니다.

[section 2.2] 국선과 사선, 어떤 기준으로 고를까?

형사사건에 연루된 수용자에게는 변호인의 조력이 필수적입니다. 이때 변호인을 선임하는 방식은 크게 두 가지, 즉 국가가 선임해주는 국선변호인과 수용자 스스로 비용을 지불하고 선임하는 사선변호인이 있습니다. 각각의 제도에는 장단점이 있으며, 수용자의 경제적 상황, 사건의 특성 등을 종합적으로 고려하여 어떤 변호인의 도움을 받는 것이 유리할지 판단해야 합니다.

Q1. 국선변호인은 어떤 경우에 선정받을 수 있나요?

A. 국선변호인 제도는 경제적 능력에 관계없이 모든 국민이 변호인의 조력을 받을 헌법상의 권리를 실질적으로 보장하기 위한 중요한 장치입니다. 국선변호인은 다음과 같은 경우에 선정받을 수 있습니다.

❖ **필요적 국선 변호 :**

법원이 반드시 직권으로 변호인을 선정해야 하는 경우가 법률에 규정되어 있습니다. 이는 피고인의 방어권 보장이 특히 중요하다고 인정되는 상황들로, 다음과 같습니다.

- 피고인이 구속된 때
- 피고인이 미성년자인 때
- 피고인이 70세 이상인 때
- 피고인이 농아자(청각 및 언어 장애를 가진 사람)인 때
- 피고인이 심신장애의 의심이 있는 때
- 피고인이 사형, 무기 또는 단기 3년 이상의 징역이나 금고에 해당하는 중한 범죄로 기소된 때
- 피고인이 체포 또는 구속의 적법성 여부를 다투는 체포·구속적부심사를 청구하였으나 변호인이 없는 경우

❖ 이러한 사유들은 피고인이 스스로를 효과적으로 방어하기 어려운 특별한 취약성을 가지고 있음을 법률 시스템이 인정한 결과입니다. 따라서 국가가 개입하여 변호인을 제공함으로써 공정한 재판을 받을 권리를 보장하려는 것입니다.

❖ 청구에 의한 국선 변호 위의 필요적 변호 사유에 해당하지 않더라도, 피고인이 경제적인 이유(빈곤)나 그 밖의 사유로 변호인을 선임할 수 없는 경우에는 법원에 국선변호인 선정을 청구할 수 있습니다. 이 경우, 피고인은 자신의 경제적 어려움 등을 소명할 수 있는 자료를 법원에 제출해야 합니다.

❖ 피의자 단계에서의 국선 변호:

과거에는 주로 기소된 피고인에게 국선변호인이 선정되었으나, 현재는 수사 단계에 있는 피의자에게도 국선변호인의 조력이 확대되고 있습니다. 특히 성폭력범죄나 아동학대범죄의 피해자이거나, 피의자가 미성년자인 경우에는 국가에서 직권으로 국선변호사를 선정해 줄 수 있습니다. 또한, 피의자에 대한 구속영장이 청구되어 영장실질심사를 받게 되는 경우 등 일정한 조건 하에서는 일반 형사사건의 피의자도 국선변호인의 도움을 받을 수 있습니다.

❖ 국선변호인 선정 절차:

피고인이 국선변호인 선정을 원할 경우, 국선변호인 선정 청구서를 작성하여 해당 법원에 제출하면 됩니다. 만약 구속 수감 중이라면 구치소의 관계 직원에게 제출하여 법원으로 전달되도록 할 수 있습니다. 법원은 접수된 청구와 관련 기록을 검토하여 국선변호인 선정 여부를 결정하고, 관할 구역 내에서 활동하는 변호사 중에서 국선변호인을 선정하게 됩니다.

수용자, 특히 구금 초기에는 자신의 권리나 국선변호인 제도에 대해 잘 알지 못할 수 있습니다. 따라서 본 안내서와 같은 정보를 통해 자신이 국선변호인 선정 요건에 해당하는지 적극적으로 확인하고, 필요하다면 주저하지 말고 신청 절차를 밟아야 합니다.

Q2. 국선변호인과 사선변호인, 어떤 차이가 있고 어떻게 선택해야 할까요?

A. 국선변호인과 사선변호인은 수용자에게 법률적 조력을 제공한다는 점에서는 동일하지만, 몇 가지 중요한 차이점이 있습니다. 이를 이해하는 것은 자신의 상황에 맞는 최선의 선택을 하는 데 도움이 됩니다.

❖ **선택권:**
- **사선변호인:** 가장 큰 차이점은 변호사 선택의 자율성입니다. 사선변호인은 피고인이나 그 가족이 직접 변호사의 경력, 전문성, 평판 등을 고려하여 원하는 변호사를 선택하고, 상호 합의 하에 수임 계약을 체결합니다. 따라서 자신이 신뢰할 수 있다고 판단되는 변호사를 선임할 수 있다는 장점이 있습니다.
- **국선변호인:** 반면, 국선변호인은 법원에서 일정한 기준에 따라 지정해주는 것이므로 피고인이 특정 변호사를 선택할 수 없습니다.

❖ **비용:**
- **사선변호인:** 변호사 선임에 따른 비용(상담료, 착수금, 성공보수 등)이 발생합니다. 이는 사건의 난이도나 변호사의 경력에 따라 상당한 금액이 될 수 있어 경제적 부담이 따릅니다.
- **국선변호인:** 국가의 지원으로 운영되므로 별도 비용이 들지 않습니다. 경제적 어려움이 있는 수용자에게는 매우 중요한 이점입니다.

❖ **사건 수 및 업무량:**
- **사선변호인:** 일반적으로 사선변호인은 자신이 감당할 수 있는 범위 내에서 사건을 수임하므로, 국선변호인에 비해 상대적으로 적은 수의 사건을 담당하는 경향이 있습니다. 이는 개별 사건에 더 많은 시간과 노력을 투입할 수 있는 여건을 만들어 줄 수 있습니다.
- **국선변호인:** 특히 법원에 소속되어 국선 사건만을 전담하는 국선전담변호사의 경우, 1인당 담당해야 하는 사건 수가 매우 많을 수 있습니다. 적게는 수십 건에서 많게는 100건 이상에 달하는 사건을 동시에 처리해야 하는 경우도 있어, 개별 사건에 대한 깊이 있는 검토나 변론 준비 시간이 절대적으로 부족할 수 있다는 점이 현실적인 문제로 지적됩니다.

❖ **변론 준비 및 사건 집중도:**
- **사선변호인:** 사실관계가 복잡하거나, 무죄를 다투거나, 양형에서 특별한 사정을 주장해야 하는 등 많은 시간과 노력이 필요한 사건의 경우, 사선변호인이 더 유리할 수 있습니다. 의뢰인과의 긴밀한 소통을 통해 맞춤형 변론 전략을 수립하고, 사건에 집중하여 대응할 가능성이 높습니다.
- **국선변호인:** 많은 사건을 공평하게 처리해야 하는 책임 때문에 특정 사건에만 집중하기 어려운 구조적인 한계가 있을 수 있습니다. 그러나 국선변호인 역시 변호사로서의 전문성과 사명감을 가지고 사건에 임하며, 국선 사건만을 전문으로 하는 훌륭한 변호사들도 많이 활동하고 있습니다.국선변호인의 질이 낮다고 인식되는 것은 종종 과도한 업무량과 같은 시스템적 문제에서 비롯되는 경우가 많으며,

개별 변호사의 능력 부족 문제로 단정할 수는 없습니다.

❖ **의뢰인의 적극성:**
- **사선변호인**: 상당한 비용을 지불하는 만큼, 의뢰인이나 그 가족이 변호사에게 적극적으로 정보를 제공하고 진행 상황을 확인하며 요구사항을 전달하려는 경향이 있습니다.
- **국선변호인**: 무료로 지원받는다는 생각 때문에 변호사에게 적극적으로 다가가거나 요구하는 것을 주저하는 경우가 있을 수 있습니다. 그러나 국선변호인과 함께하더라도, 의뢰인이 자신의 사건에 대해 적극적으로 정보를 제공하고 변호사와 긴밀히 협력하는 자세가 좋은 결과를 얻기 위해 필수적입니다.

❖ **선택 기준:**

어떤 유형의 변호사를 선택할지는 다음 사항들을 종합적으로 고려하여 결정해야 합니다.

- **경제적 여건**: 변호사 비용을 감당하기 어렵다면 국선변호인 선임 신청이 가장 현실적인 대안입니다.
- **사건의 복잡성 및 중대성**: 사안이 매우 복잡하여 심층적인 법리 검토와 증거 분석이 필요하거나, 무죄를 주장하거나, 사회적으로 큰 주목을 받는 사건 등에서는 경제적 여력이 된다면 사선변호인 선임을 고려해 볼 수 있습니다.
- **변호사와의 신뢰 관계 및 소통 선호도**: 특정 변호사에 대한 강한 신뢰가 있거나, 변호사와의 빈번하고 긴밀한 소통을 통해 심리적 안정감을 얻고 싶다면 사선변호인이 더 적합할 수 있습니다. 국선변호인의 경우 변호사를 선택할 수 없으므로, 처음부터 신뢰 관계를 구축하는 데 더 많은 노력이 필요할 수 있습니다.

"사선변호인은 유료이므로 질이 높고, 국선변호인은 무료이므로 질이 낮다"는 단순한 이분법적 생각은 경계해야 합니다. 중요한 것은 주어진 상황에서 최선의 선택을 하고, 어떤 변호인과 함께하든 수용자 스스로가 자신의 변론 과정에 적극적으로 참여하고 협력하는 자세를 갖는 것입니다.

다음은 국선변호인과 사선변호인의 주요 특징을 비교한 표입니다.

[표 1] 변호사 유형별 장단점 비교

특징 (Feature)	국선변호인 (Public Defender)	사선변호인 (Private Defender)
비용 (Cost)	무료	발생 (착수금 등)
변호사 선택권 (Lawyer Choice)	없음 (법원 지정)	있음 (피고인 또는 가족이 직접 선택)
담당 사건 수 (Caseload)	매우 많을 수 있음 (특히 국선전담)	상대적으로 적어 개별 사건 집중 가능성 높음

변론 준비 시간 (Preparation Time)	부족할 수 있음 (업무량 과다로 인해)	충분한 시간 확보 가능성 높음
사건 집중도 (Case Focus)	여러 사건에 노력 분산 필요	특정 사건에 대한 높은 집중도 기대 가능
의뢰인과의 소통 (Communication with Client)	의뢰인의 적극적인 노력이 더욱 중요	비용 지불에 따른 기대치로 비교적 용이, 의뢰인의 선택권 행사 가능
전문성 (Specialization)	일반 형사 사건 처리 / 국선전담 변호사의 경우 다양한 형사 사건 경험	특정 세부 분야 (예: 경제범죄, 성범죄 등) 전문 변호사 선택 가능

Q3. 국선변호인이 선임되었을 때, 효과적으로 소통하는 방법은 무엇인가요?

A. 국선변호인이 선임되었다고 해서 수동적으로 기다리기만 해서는 안 됩니다. 국선변호인이 많은 사건을 담당하고 있을 가능성이 높으므로, 수용자 스스로 자신의 사건에 대해 적극적으로 관심을 갖고 변호사와 효과적으로 소통하려는 노력이 더욱 중요합니다.

❖ 적극적인 자세 유지: 국선변호인이 먼저 연락해오기를 기다리기보다는, 수용자 본인이나 가족을 통해 먼저 연락을 시도하거나, 접견 기회가 있을 때 질문할 내용을 미리 상세히 준비해가는 것이 좋습니다. 자신의 사건에 대한 관심과 해결 의지를 보여주는 것이 중요합니다.

❖ 명확하고 솔직한 정보 전달: 사건에 관한 모든 사실(자신에게 유리한 점뿐만 아니라 불리한 점까지도 포함하여)을 정확하고 솔직하게 전달해야 합니다. 변호사는 수용자가 제공한 정보를 바탕으로 변론 전략을 수립하므로, 정보의 정확성과 완전성은 매우 중요합니다. 사건의 경위를 시간 순서대로 일목요연하게 정리하여 전달하면 변호사가 사건을 신속하게 파악하는 데 큰 도움이 됩니다.

❖ 적극적인 질문 활용: 변호사의 설명을 듣다가 이해되지 않는 법률 용어나 재판 절차, 또는 변론 방향에 대해 궁금한 점이 있다면 주저하지 말고 질문해야 합니다. 자신의 상황을 정확히 이해하고 변호사와 같은 눈높이에서 사건을 바라보는 것이 효과적인 협력을 위해 필요합니다.

❖ 요청사항의 구체적 전달: 변호사에게 바라는 점, 예를 들어 특정 증거의 신청, 특정 증인의 신문 요청, 피해자와의 합의 시도 등에 대한 의견이 있다면 명확하고 구체적으로 전달하고 충분히 상의해야 합니다.

❖ 변호인의 조력을 받을 권리 인지 및 활용: 국선변호인이라 할지라도 수용자는 변호인으로부터 충분하고 실질적인 법률 조력을 받을 헌법상 권리가 있습니다.이는 단순히 형식적인 만남이나

서류 전달을 넘어, 사건에 대한 충분한 검토와 효과적인 변론 준비를 포함합니다. 변호인과의 접견은 원칙적으로 교도관의 감시 없이 자유롭게 이루어져야 하며, 변론에 필요한 서류나 물건을 주고받을 수 있는 권리도 보장됩니다.

❖ 불성실한 국선변호사에 대한 대처: 만약 선임된 국선변호인과의 소통이 원활하지 않거나, 사건 처리가 매우 불성실하다고 판단될 경우, 해당 법원에 국선변호인 교체를 요청할 수 있습니다. 다만, 변호사 교체는 신중하게 결정해야 할 문제이며, 먼저 기존 변호사와의 소통을 개선하기 위한 충분한 노력을 기울이는 것이 바람직합니다.

국선변호인과의 관계는 수용자에게 '주어지는' 것이지만, 수용자 본인의 적극적인 노력과 준비 여하에 따라 그 관계의 질과 변론의 효과는 크게 달라질 수 있습니다. 수용자는 자신의 권리를 충분히 인지하고, 선임된 변호사를 법적 조력자로서 적극적으로 '활용'하여 최선의 방어 결과를 이끌어내야 합니다. 바쁜 국선변호사일수록, 의뢰인이 체계적으로 정보를 제공하고 명확한 질문을 준비해 온다면 제한된 시간 내에 훨씬 효율적이고 생산적인 소통이 가능해집니다. 이는 결국 수용자 자신에게 가장 큰 이익으로 돌아올 것입니다.

[section 2.3] 효과적인 소통과 갈등 해소 전략

변호사와의 관계는 법적 문제 해결 과정에서 가장 중요한 협력 관계입니다. 따라서 효과적인 소통 기술을 익히고 상호 신뢰를 구축하며, 불가피하게 갈등이 발생했을 때 이를 현명하게 대처하는 방법을 아는 것이 중요합니다. 이는 수용자가 자신의 방어권을 최대한 행사하고 긍정적인 결과를 얻는 데 핵심적인 역할을 합니다.

Q1. 변호사와 어떻게 소통해야 효과적인 법적 대응이 가능할까요?

A. 변호사와의 효과적인 소통은 성공적인 법적 대응의 기초입니다. 다음은 변호사와의 소통 시 유념해야 할 주요 전략입니다.

❖ 솔직하고 완전한 정보 제공의 원칙:
사건과 관련된 모든 사실관계를 변호사에게 숨김없이 전달해야 합니다. 이는 자신에게 유리한 정보뿐만 아니라 불리하다고 생각되는 내용까지 모두 포함합니다. 변호사는 의뢰인이 제공한 정보를 바탕으로 사건의 전체 그림을 그리고 최적의 방어 전략을 수립합니다. 만약 의뢰인이 불리한 정보를 숨기거나 거짓된 사실을 이야기한다면, 이는 변호사와의 신뢰 관계를 심각하게 훼손할 뿐만 아니라, 재판 과정에서 예상치 못한 상황에 직면하여 변론 전체를 위태롭게 만들 수 있습니다. 변호사는 의뢰인의 비밀을 유지할 의무가 있으므로, 불리한 사실이라도 솔직하게 털어놓고 함께 대응책을 논의하는 것이 현명합니다. 변호사는 미리 알고 있는 부정적인 사실에 대해서는 법적 테두리 안에서 그 영향을 최소화하거나 반박할 준비를 할 수 있지만, 재판 중에 갑자기 드러나는 숨겨진 사실에 대해서는 효과적으로 대처하기 어렵습니다.

❖ 명확하고 체계적인 설명 방식:

사건의 경위를 설명할 때는 시간 순서대로, 그리고 육하원칙(누가, 언제, 어디서, 무엇을, 어떻게, 왜)에 따라 구체적이고 명료하게 전달하는 것이 좋습니다. 필요한 경우, 주요 내용을 서면으로 요약하여 변호사에게 제공하면 변호사가 사건을 정확하고 신속하게 파악하는 데 도움이 됩니다. 또한, 이 사건을 통해 자신이 궁극적으로 원하는 결과가 무엇인지(예: 무죄, 특정 혐의 부인, 형량 최소화, 집행유예, 벌금형, 신속한 사건 종결, 피해자와의 합의 등) 명확하게 전달해야 합니다.

❖ 적극적인 질문과 경청의 자세:

변호사의 설명을 듣다가 이해되지 않는 법률 용어나 재판 절차, 또는 변론 방향에 대해 의문점이 생기면 주저하지 말고 적극적으로 질문하여 완전히 이해하도록 노력해야 합니다. 수용자는 자신의 사건에 대한 정확한 이해를 바탕으로 변호사와 협력해야 합니다. 동시에 변호사의 전문적인 조언과 설명을 주의 깊게 경청하고, 그 의미를 정확히 파악하려는 자세도 중요합니다.

❖ 정기적인 소통 채널 유지:

사건의 진행 상황에 대해 변호사에게 정기적으로 업데이트를 요청하고, 수용자 자신에게 변동 사항(예: 새로운 증거 발견, 심경 변화 등)이 발생했을 경우에도 즉시 변호사와 공유해야 합니다. 수용자의 경우 변호사와의 접견이나 서신 교환이 주된 소통 방법이 될 것이므로, 이러한 기회를 최대한 활용해야 합니다. 변호사와의 소통은 일회성으로 끝나는 것이 아니라, 사건이 종결될 때까지 지속적으로 이루어져야 하는 과정임을 인지해야 합니다.

❖ 관련 문서 및 증거자료의 철저한 공유:

사건과 관련된 모든 문서나 증거자료(예: 계약서, 차용증, 문자메시지 기록, 카카오톡 대화 내용, 이메일, 사진, 동영상, 녹취 파일 등)를 빠짐없이 변호사에게 제공해야 합니다. 수용자 본인이나 가족은 변호사가 알지 못하는 초기 증거나 중요한 단서를 가지고 있을 가능성이 높습니다. 변호사가 요청하는 자료는 신속하게 준비하여 전달하고, 사소해 보이는 자료라도 변호사와 상의하여 제출 여부를 결정하는 것이 좋습니다.

❖ 변호사의 전문적 조언 존중 및 적극적 협력:

변호사는 법률 전문가로서 사건에 대한 전문적인 판단과 조언을 제공합니다. 이를 존중하되, 의문점이 있거나 다른 의견이 있다면 건설적인 방식으로 논의해야 합니다. 변호사와 수용자는 공동의 목표, 즉 최선의 법적 결과를 얻기 위해 함께 노력하는 파트너 관계임을 인식하고 적극적으로 협력해야 합니다.

효과적인 소통은 단순한 정보의 교환을 넘어, 상호 이해와 깊은 신뢰를 바탕으로 한 견고한 협력 관계를 구축하는 과정입니다. 수용자는 자신의 사건에 대해 가장 잘 알고 있는 주체로서, 변호사에게 필요한 정보를 적극적으로 제공하고 변론 과정에 능동적으로 참여해야 합니다.

Q2. 변호사와의 관계에서 흔히 발생하는 문제들과 해결방법은 무엇인가요?

A. 변호사와의 관계에서도 다양한 문제나 갈등이 발생할 수 있습니다. 중요한 것은 이러한 문제를 방치하지 않고, 초기 단계에서 적극적으로 해결하려는 자세를 갖는 것입니다.

❖ **흔히 발생하는 문제점:**
- **소통 부재 또는 불만족**: 변호사와 연락이 잘 닿지 않거나, 사건 진행 상황에 대한 설명을 충분히 듣지 못해 답답함을 느끼는 경우입니다.
- **기대치 불일치**: 의뢰인이 기대했던 사건의 결과나 변호사의 역할 수행 방식이 현실과 달라 실망하거나 불만을 갖게 되는 경우입니다.
- **수임료 관련 갈등**: 변호사 비용의 청구 방식, 범위, 또는 추가 비용 발생 등에 대한 오해나 불만이 생기는 경우입니다.
- **사건 진행에 대한 불신**: 변호사가 사건에 충분한 시간과 노력을 기울이지 않는다고 느끼거나, 변론 준비가 미흡하다고 판단되어 불신이 생기는 경우입니다.
- **변호사의 일방적인 의사결정**: 의뢰인과 충분한 상의 없이 변호사가 단독으로 사건의 중요한 사항을 결정하고 통보하는 경우입니다.

❖ **해결 방법:**
변호사와의 관계에서 문제가 발생했을 경우, 단계적으로 다음과 같은 해결 방법을 고려해 볼 수 있습니다.
- **1단계 | 직접적인 소통을 통한 해결 시도**: 가장 먼저 시도해야 할 방법은 변호사에게 직접 자신의 우려 사항이나 불만 내용을 전달하고 설명을 요구하는 것입니다. 전화, 서신, 또는 접견을 통해 구체적으로

어떤 점이 문제라고 생각하는지, 그리고 무엇을 개선해주기를 바라는지를 명확하게 전달해야 합니다. 많은 경우, 오해에서 비롯된 문제는 솔직한 대화를 통해 해결될 수 있습니다. 이러한 초기 소통 노력은 향후 더 큰 갈등으로 번지는 것을 예방하는 데 중요합니다.

- **2단계 | 변호사 교체 고려**: 변호사와의 신뢰 관계가 회복 불가능할 정도로 손상되었거나, 문제 상황이 지속되어 더 이상 함께 사건을 진행하기 어렵다고 판단될 경우, 변호사와의 위임 계약을 해지하고 다른 변호사를 선임하는 것을 고려할 수 있습니다. 계약 해지 시에는 기존 위임 계약서의 내용을 꼼꼼히 확인하여, 이미 지불한 착수금의 반환 문제나 자료 인수인계 절차 등을 명확히 해야 합니다. 수용자의 경우 변호사를 교체하는 과정이 더욱 복잡하고 어려울 수 있으므로 신중한 결정이 필요합니다.

- **3단계 | 변호사의 명백한 비윤리적 행위에 대한 대처**: 만약 변호사가 의뢰인의 비밀을 누설하거나, 사건 관련 금품을 부당하게 요구하거나, 명백한 직무유기를 하는 등 심각한 비윤리적 행위를 하였다고 판단될 경우, 대한변호사협회나 소속 지방변호사회에 해당 변호사에 대한 진정을 제기하거나 징계를 요청할 수 있습니다.

어떤 관계에서든 갈등은 발생할 수 있습니다. 중요한 것은 문제를 숨기거나 감정적으로 대응하기보다는, 침착하게 상황을 파악하고 합리적인 해결책을 모색하려는 노력입니다. 수용자는 자신의 정당한 권리를 인지하고, 필요한 경우 변호사에게 개선을 요구하거나 적절한 구제 절차를 밟을 수 있어야 합니다. 이러한 과정에서 겪게 될 정신적 부담은 상당할 수 있으므로, 가족이나 신뢰할 수 있는 주변 사람들의 지지를 받는 것도 중요합니다.

Q3. 가족과 변호사 사이의 협력 관계를 어떻게 구축하면 좋을까요?

A. 수용자의 가족은 수용자가 법적 어려움에 처했을 때 가장 큰 힘이 되어줄 수 있는 존재입니다. 변호사와의 관계에서도 가족의 적절한 지원과 협력은 사건을 긍정적인 방향으로 이끄는 데 중요한 역할을 할 수 있습니다.

❖ **가족의 주요 역할:**

- **소통의 다리 역할**: 수용자는 외부와의 접촉이 제한적이므로, 가족은 수용자와 변호사 사이의 원활한 의사소통을 돕는 중요한 연결고리가 될 수 있습니다. 변호사에게 수용자의 의견이나 궁금증을 전달하고, 반대로 변호사의 설명이나 요청사항을 수용자에게 정확히 전달하는 역할을 할 수 있습니다.

- **정보 및 자료 수집 지원**: 변호사가 사건 진행을 위해 요청하는 각종 자료, 예를 들어 탄원서, 주변 사람들의 신원보증 자료, 피해자와의 합의를 위한 기초 자료 등을 수집하고 정리하여 변호사에게 전달하는 데 도움을 줄 수 있습니다.

- **정서적 지원 및 격려**: 수용자가 심리적으로 안정된 상태에서 재판에 임하고 변호사와 원활하게 소통할

수 있도록 정서적으로 지지하고 격려하는 역할을 합니다.
- **변호사 선임 및 비용 지원**: 수용자를 대신하여 변호사를 물색하고 선임 계약을 체결하며, 필요한 변호사 비용을 지원하는 실질적인 도움을 주는 역할을 하게 됩니다.

❖ **효과적인 협력 관계 구축 방안:**
- **역할 분담 및 명확한 소통 창구 설정**: 가족 구성원 중 특정인을 주요 연락 담당자로 지정하여 변호사와의 소통 창구를 일원화하는 것이 좋습니다. 이는 변호사에게 일관된 정보를 제공하고 혼선을 줄이는 데 도움이 됩니다.
- **변호사와 수용자 간 직접 소통의 존중**: 가족은 어디까지나 조력자일 뿐, 사건의 핵심적인 법적 판단이나 주요 의사결정은 변호사와 수용자 본인이 직접 소통하여 결정해야 함을 명확히 인지해야 합니다. 변호인 접견권은 수용자의 기본적인 방어권 행사에 필수적인 권리입니다.
- **변호사와의 정기적인 면담 또는 연락**: 가족 역시 변호사와 정기적으로 소통하며 사건의 진행 상황을 공유 받고, 궁금한 점을 문의할 수 있습니다. 다만, 변호사의 업무 시간을 존중하고, 질문할 내용을 미리 정리하여 효율적으로 소통하는 것이 바람직합니다.
- **상호 신뢰와 존중 기반의 관계 형성**: 가족은 변호사의 전문성을 신뢰하고 존중하는 태도를 보여야 하며, 변호사 역시 가족의 우려와 요청사항을 경청하고 성실하게 답변함으로써 신뢰 관계를 구축해야 합니다.
- **변호사의 지시에 따른 적극적인 협조**: 피해자와의 합의 시도, 양형 자료 제출 등 변호사가 사건 진행을 위해 요청하는 사항에 대해 가족들이 적극적으로 협조하는 것이 중요합니다.
- **가족 지원 프로그램 활용 가능성 모색**: 일부 교정기관에서는 수용자 가족관계 회복 지원 프로그램 등을 운영하고 있으며, 이러한 프로그램을 통해 가족이 겪는 어려움에 대한 상담이나 변호사와의 협력 방안에 대한 조언을 얻을 수도 있습니다.

❖ **주의사항:**

가족의 적극적인 지원은 매우 중요하지만, 몇 가지 주의할 점도 있습니다. 가족이 변호사에게 지나치게 자주 연락하여 업무를 방해하거나, 법률적인 전략에 대해 과도하게 개입하려는 태도는 지양해야 합니다. 또한, 수용자 본인의 의사에 반하는 내용을 가족이 임의로 변호사에게 전달하거나 요구하지 않도록 주의해야 합니다. 변호사의 일차적인 의뢰인은 수용자 본인임을 항상 기억해야 합니다. 가족은 수용자를 지원하는 역할을 하되, 변호사의 법률 대리인으로서의 역할을 침범하지 않도록 주의하며, 변호사, 수용자, 가족 간의 명확한 역할 정립과 상호 존중을 바탕으로 협력 관계를 구축해 나가야 합니다.

가족 구성원들이 감정적으로 격앙되거나 법률 지식이 부족하여 변호사나 수용자에게 전달되는 정보가 왜곡될 가능성도 있으므로, 메시지를 전달할 때는 최대한 정확하고 객관적으로 하도록 노력해야 합니다. 변호사는 가족의 도움을 효과적으로 활용하되(예: 탄원서나 지지 편지 수집), 법적 전략 수립이나 비밀유지가 필요한 소통은 수용자와 직접 진행하는 것을 원칙으로 해야 합니다.

Q4. 변호사에게 꼭 전달해야 할, 그리고 물어봐야 할 내용은 무엇인가요?

A. 변호사와의 효과적인 협력을 위해서는 무엇을 전달하고 무엇을 질문해야 하는지 명확히 아는 것이 중요합니다. 이는 오해를 줄이고, 변론 준비를 효율적으로 하며, 수용자 자신의 권익을 최대한 보호하는 데 도움이 됩니다.

❖ 변호사에게 반드시 전달해야 할 내용:

변호사가 사건을 정확히 파악하고 최적의 변론 전략을 세울 수 있도록 다음 정보들은 빠짐없이, 그리고 솔직하게 전달해야 합니다.

[표 2] 변호사에게 전달해야 할 주요 정보 체크리스트

구분	전달할 내용	관련 자료 예시
사건의 기본 정보	- 사건명, 사건번호 (알고 있는 경우) - 현재 수사/재판 진행 단계 (예: 경찰 조사 중, 검찰 송치, 1심 재판 중 등) - 수용된 기관명, 수용번호, 주민등록번호 등 인적사항	공소장, 소환장, 영장 등
사건의 사실관계	- 사건 발생 일시, 장소, 관련된 모든 인물들의 정보 - 사건의 시작부터 현재까지의 경위를 시간 순서대로 상세하게 (육하원칙에 따라) - 본인에게 유리한 사실뿐만 아니라 불리하다고 생각되는 사실까지 모두 포함하여 솔직하게 - 사건과 관련된 모든 대화 내용, 자신의 행동, 목격한 것 등을 구체적으로 설명	직접 작성한 사건 경위서, 진술서
관련 증거자료	- 경찰, 검찰, 법원 등 수사기관이나 사법기관으로부터 받은 모든 서류 (예: 피의자신문조서, 증거목록, 판결문 등) - 계약서, 차용증, 합의서, 영수증, 진단서 등 사건과 관련된 모든 문서 - 문자메시지, 카카오톡 대화 내용, 이메일, SNS 게시물 기록 (캡처 또는 원본 파일) - 사건 관련 사진, 동영상, 녹음 파일 (음성 녹음, 통화 녹취 등) - 목격자가 있다면 목격자의 이름, 연락처, 목격한 내용 - 기타 본인이 생각하기에 사건과 조금이라도 관련이 있다고 판단되는 모든 자료 (사소해 보여도 변호사에게 제시하고 가치 판단을 맡기는 것이 좋음)	해당 증거자료 원본 또는 사본

구분		관련 증빙 서류
원하는 결과	- 이 사건을 통해 궁극적으로 얻고 싶은 구체적인 목표 (예: 무죄 판결, 특정 혐의에 대한 부인, 가능한 가장 낮은 형량, 집행유예, 벌금형으로 마무리, 신속한 사건 종결, 피해자와의 원만한 합의 등) - 절대로 받아들일 수 없는 결과나 상황	
개인적인 특이사항	- 본인의 현재 직업, 학력, 가족관계, 부양가족 유무, 경제적 상황 - 현재 앓고 있는 질병이나 과거 병력, 정기적으로 복용하는 약물 등 건강 상태 (정신적, 신체적 모두 포함) - 과거 범죄 경력 (전과 유무 및 구체적인 내용) - 반성문, 탄원서, 가족들의 지지 서명 등 양형에 도움이 될 만한 자료를 준비할 의사가 있는지 여부 - 기타 사건 해결 과정이나 재판 결과에 영향을 미칠 수 있다고 생각되는 모든 개인적인 사정	관련 증빙 서류 (예: 진단서, 재직증명서 등)

❖ 변호사에게 반드시 물어봐야 할 질문:

수용자로서 자신의 권리를 제대로 이해하고 변호사와의 관계를 효과적으로 이끌어가기 위해 다음과 같은 질문들을 적극적으로 하는 것이 좋습니다.

[표 3] 변호사 상담/선임 시 필수 질문 체크리스트

구분	질문 내용	관련 자료 예시
경험 및 전문성	- 본 사건과 유사한 유형의 사건을 처리해보신 경험이 얼마나 되시나요? 있다면, 구체적인 성공 사례에 대해 간략히 말씀해주실 수 있나요? - 변호사님의 주요 업무 분야와 지금까지의 경력에 대해 간략히 소개해주실 수 있나요?	변호사 소개자료, 홈페이지 프로필 등
사건 분석 및 전략	- (제공한 정보를 바탕으로) 제 사건의 핵심적인 법적 쟁점은 무엇이라고 판단하시는지요? - 현재 제 상황에서 가장 유리하게 작용할 수 있는 점과 가장 불리하게 작용할 수 있는 점은 무엇이라고 보시나요? - 이 사건을 해결하기 위해 변호사님께서 구상하고 계신 기본적인 변론 전략이나 진행 계획은 무엇인가요? - 이 사건에서 예상할 수 있는 최선의 결과와 최악의 시나리오는 각각 무엇이라고 생각하시는지요? - 상대방(검찰 또는 고소/고발인)은 어떤 주장이나 증거를 제시할 것으로 예상되며, 그에 대한 우리의 주요 대응 방안은 무엇인가요?	사건 관련 법률 조항, 유사 판례 등

비용 및 계약 조건	- 이 사건을 변호사님께 위임할 경우, 총 예상되는 변호사 선임 비용은 어느 정도인가요? (착수금, 성공보수, 기타 실비<예: 인지대, 송달료, 감정료 등>를 포함하여 구체적으로 설명 부탁드립니다. - 비용 지불 방식(일시불, 분할 등)과 시기는 어떻게 되나요? - 성공보수의 구체적인 기준은 무엇이며, 어떤 결과가 도출되었을 때 성공보수를 지급해야 하나요? (형사사건의 경우 성공보수 약정의 유효성에 대해 확인 필요) - 변호사 위임 계약서의 주요 내용을 상세히 설명해주실 수 있나요? (특히 수임 범위<예: 수사단계, 1심, 항소심 등>, 추가 비용 발생 가능 조건, 계약 해지 조건 및 위약금 등)	변호사 위임 계약서 샘플, 비용 안내 자료
소통 방식 및 진행	- 사건 진행 상황에 대해 얼마나 자주, 어떤 방식으로 저(또는 제 가족)에게 알려주실 계획이신가요? (예: 정기적인 서신, 접견 시 요약 전달, 가족과의 전화 통화 등) - 제가 또는 제 가족이 변호사님과 소통할 수 있는 가장 효과적인 방법은 무엇인가요? 긴급한 상황 발생 시 어떻게 연락드릴 수 있나요?	
소통 방식 및 진행	- 이 사건을 진행하는 과정에서 제가 변호사님께 적극적으로 협조해야 할 사항은 구체적으로 무엇인가요? (예: 추가 자료 제출, 증인 확보 노력 등) - 이 사건이 최종적으로 종결되기까지 대략 어느 정도의 시간이 소요될 것으로 예상하시나요? - 앞으로 진행될 주요 법적 절차(예: 구속적부심, 공판준비기일, 증인신문, 변론종결, 선고 등)는 무엇이며, 각 단계에서 제가 준비하거나 유의해야 할 점은 무엇인가요?	
업무 처리 방식	- 이 사건의 실제적인 변론 준비와 법정 출석 등 주요 업무를 변호사님께서 직접 주도적으로 처리하시나요, 아니면 사무실 내 다른 변호사나 사무직원이 주로 담당하게 되나요?	

> 이러한 질문들을 통해 수용자는 변호사의 자질을 판단하고, 사건 진행에 대한 이해도를 높이며, 자신의 의견을 적극적으로 개진할 수 있습니다. 잘 준비된 질문은 변호사에게 수용자가 사건에 대해 진지하게 임하고 있음을 보여주어 더욱 책임감 있는 변론을 유도하는 긍정적인 효과도 가져올 수 있습니다.

변호사와의 첫 만남 또는 초기 단계에서 이러한 정보를 명확히 주고받는 것은 향후 원활한 협력 관계를 구축하고 유지하는 데 있어 가장 기본적인 토대가 됩니다. 수용자는 자신의 권리를 찾고 효과적인 변론을 이끌어내기 위해 적극적으로 질문하고 정보를 제공해야 하며, 변호사는 이를 바탕으로 충실한 법률 조력을 제공할 의무가 있습니다.

PART 2

이방인들의 땅,
교도소에 들어가다

Chapter 3 | 생존법칙, 슬기롭게 스며드는 법

낯선 공간, 교도소에서의 생활법, 인간관계, 건강 유지, 가족과의 거리 좁히기를 중심으로 적응 전략을 안내한다.

[section 3.1] 지켜야 할 시간과 규율들

Q1. 교도소의 일과 중 가장 엄격하게 지켜야 하는 시간대는 언제이며, 그 이유는 무엇인가요?

A. 교도소 생활에서 가장 엄격하게 지켜야 하는 시간대는 아침 기상 직후 실시하는 점호, 저녁 취침 전 점호, 그리고 수시로 이루어지는 각종 인원 점검 시간입니다. 이러한 시간들은 교정시설의 안전과 질서를 유지하고, 모든 수용자의 소재 파악 및 건강 상태를 확인하기 위해 절대적으로 필요합니다. 교도소는 다수의 인원이 제한된 공간에서 생활하는 곳이므로, 정해진 규칙과 시간표에 따라 움직이는 것이 공동체의 안전을 위한 기본 전제가 됩니다.

특히 점호 시간은 하루에도 여러 차례 진행되며, 수용 인원의 변동이나 이동이 있을 때마다 빠짐없이 실시됩니다. 아침 점호는 기상 직후 인원과 건강 상태를 확인하고, 저녁 점호는 취침 전 다시 한번 인원과 건강 상태를 점검하여 밤사이 발생할 수 있는 응급 상황이나 사고를 예방하는 목적을 가집니다. 이러한 점검은 단순히 인원수를 세는 것을 넘어, 각 수용자의 안위를 확인하고 시설 전체의 안전을 확보하는 중요한 과정입니다. 만약 정해진 시간에 점호에 참여하지 않거나 지시를 따르지 않으면, 이는 시설의 안전과 질서를 해치는 행위로 간주되어 불이익을 받을 수 있습니다.

이처럼 시간 규율이 엄격한 이유는, 교정시설 운영의 핵심이 바로 '통제와 관리'를 통한 '안전과 질서 유지'에 있기 때문입니다. 수용자의 안전을 지키고 예기치 못한 사고를 방지하기 위해서는 모든 수용자가 정해진 규칙을 따르는 것이 필수적입니다. 법적인 관점에서도 이러한 규율은 수용자의 안전 및 교도소의 질서 유지라는 공익을 달성하기 위한 불가피한 조치로 여겨집니다.

이러한 엄격한 시간 관리는 처음에는 큰 압박감과 통제감으로 다가올 수 있습니다. 개인의 자율성이 극도로 제한되고, 모든 행동이 정해진 틀 안에서 이루어져야 하기 때문입니다. 그러나 이 시간들은 협상의 여지가 없다는 점을 인지하고, 시설 운영의 필수 요소로 이해하려는 노력이 필요합니다. 알람 없이도 스스로 준비하는 습관을 들이고, 점호 시에는 교도관의 지시에 신속하고 정확하게 따르는 것이 불필요한 마찰을 줄이는 길입니다. 이러한 시간들을 단순히 '통제'로만 여기기보다는, 공동생활의 안전을 위한 최소한의 약속으로 받아들이는 것이 심리적 안정에 도움이 될 수 있습니다. 규칙적인 생활에 적응하는 것은 교도소라는 낯선 환경에서 심리적 충격을 줄이고 안정감을 찾는 첫걸음이 될 수 있습니다.

Q2. 교도소에 처음 들어갈 때 제가 가져갈 수 있는 물품과 가져갈 수 없는 물품은 무엇인가요?

A. 교도소에 처음 입소할 때는 반입 가능 물품과 금지 물품에 대한 규정이 매우 엄격하게 적용됩니다. 이는 시설의 안전과 질서를 유지하고, 수용자 간의 불필요한 다툼이나 위화감 조성을 방지하며, 교정교화의 목적을 달성하기 위함입니다. 「형의 집행 및 수용자의 처우에 관한 법률」 제92조에는 반입 금지 물품이 명시되어 있습니다.

반입 금지 물품은 다음과 같은 것들이 대표적입니다.

❖ 범죄 도구로 이용될 우려가 있는 물품: 마약류, 총기, 도검, 폭발물, 흉기, 독극물 등.

❖ 도주나 외부 연락에 이용될 우려가 있는 물품: 무인비행장치(드론), 각종 전자·통신기기(휴대폰, 스마트워치 등). 입소 시 휴대폰은 즉시 제출하여 영치됩니다.

❖ 시설의 안전 또는 질서를 해칠 우려가 있는 물품: 주류, 담배, 라이터 등 화기, 현금, 수표. 담배나 라이터와 같은 인화물질, 그리고 외부 음식물은 일반적으로 폐기 처리됩니다. 현금이나 수표는 영치금으로 전환되어 관리됩니다.

❖ 수용자의 교화 또는 건전한 사회복귀를 해칠 우려가 있는 물품: 음란물, 도박 용품 등 사행행위에 사용되는 물품.

입소 절차 시, 휴대하고 있는 모든 소지품은 바구니에 담아 제출하게 되며, 이 과정에서 금지 물품은 걸러지거나 규정에 따라 처리됩니다. 이렇게 엄격하게 개인 물품을 통제하는 것은 교정시설 내에서 발생할 수 있는 다양한 위험 요소를 사전에 차단하고, 모든 수용자가 동등한 조건에서 생활하도록 하기 위함입니다. 또한, 외부에서의 지위나 경제력을 상징할 수 있는 물품들을 제한함으로써 수용자 간의 위화감을 줄이고, 내부에서의 불법적인 거래나 이를 이용한 권력 관계 형성을 막는 효과도 있습니다.

반면, 반입이 가능하거나 교도소 내에서 구매할 수 있는 물품도 있습니다.

- ❖ **의류**: 기본적인 수용복은 지급되지만, 속옷이나 양말 등 일부 의류는 영치금으로 구매하여 사용할 수 있습니다. 외부에서 사복을 반입하는 것은 원칙적으로 제한되나, 특정 조건 하에 허용될 수도 있습니다.
- ❖ **세면도구 및 위생용품**: 치약, 칫솔, 비누, 수건 등 기본적인 위생용품은 영치금으로 구매해야 합니다.
- ❖ **서적**: 독서를 위한 책은 반입이 가능하지만, 엄격한 기준이 적용됩니다. 일반적으로 민원인 기준으로 1인 1일 1기관에 5권까지, 수용자 기준으로는 1일 5권까지 반입이 가능합니다. 또한, 법무부 온라인민원서비스를 통해 사전에 등록하지 않은 도서는 반송될 수 있으며, 음란물이나 시설 안전을 해할 수 있는 내용은 당연히 금지됩니다.
- ❖ **집필도구 및 우표**: 편지 작성에 필요한 종이, 펜, 우표 등은 영치금으로 구매할 수 있습니다.
- ❖ **의약품**: 기존에 복용하던 약물이 있다면 의료과의 확인 및 처방에 따라 반입 또는 내부 구매가 가능할 수 있습니다. 다만, 의약품 오남용 방지를 위해 철저한 관리가 이루어집니다.

다음은 주요 물품에 대한 요약표입니다.

[표 1] 반입 금지 물품 요약표

구분	반입 금지 물품 (근거: 형집행법 제92조 등)	반입 가능 또는 영치금 구매 가능 물품	비고/조건
범죄 도구 우려	마약, 총기, 도검, 폭발물, 흉기, 독극물	-	즉시 영치 또는 폐기
도주/통신 우려	무인비행장치, 전자·통신기기 (휴대폰 등)	-	즉시 영치
시설 안전/질서 저해 우려	주류, 담배, 화기 (라이터 등), 현금, 수표	의류 (지급품 외 자비구매 가능), 세면도구 (자비구매), 의약품 (처방 확인 후 반입 또는 자비구매)	현금은 영치금으로 전환. 담배, 라이터는 폐기.

교화/건전한 사회 복귀 저해 우려	음란물, 사행행위 사용 물품	서적 (1일 5권, 사전등록 필요), 집필도구 (자비구매)	음란물 등은 영치 또는 폐기. 서적은 내용 검열 후 반입.
기타	외부 음식물, 손목시계 (범죄 도구 악용 우려)	우표 (자비구매), 일부 생활용품 (구매물품 목록 확인)	음식물은 원칙적 폐기. 안경 등은 사전 문의 및 허가 필요.

이처럼 물품 반입 규정은 매우 엄격하지만, 동시에 영치금을 통해 기본적인 생활용품이나 교양 서적 등을 구매할 수 있는 시스템은 최소한의 인간적인 필요를 충족시키려는 노력의 일환으로 볼 수 있습니다. 이는 완전한 박탈이 아닌, 통제된 환경 내에서의 제한적 허용이라는 교정시설의 이중적인 단면을 보여줍니다.

입소 전에는 가능한 한 개인 물품을 가족에게 맡기거나 정리하는 것이 좋습니다. 반입이 허용될 것이라고 섣불리 판단하기보다는, 규정을 우선 확인하고 애매한 물품은 가져가지 않는 것이 현명합니다. 또한, 가족이나 지인에게 영치금 사용 방법과 허용된 물품(특히 서적)의 반입 절차를 미리 알려주어 필요한 지원을 받을 수 있도록 하는 것이 좋습니다.

Q3. 구치소/교도소 내 시간표는 어떻게 구성되어 있으며, 일과를 어떻게 보내게 되나요?

A. 구치소나 교도소의 하루는 매우 규칙적이고 정해진 시간표에 따라 운영됩니다. 이는 시설의 안전과 질서 유지를 위한 핵심적인 요소이며, 모든 수용자가 예측 가능한 환경에서 생활하도록 돕는 역할을 합니다. 일과는 크게 기상, 점호, 식사, 일과(작업 또는 교육), 운동, 개인 정비 시간, 취침 등으로 구성됩니다. 다만, 재판을 기다리는 미결수용자와 형이 확정된 기결수용자의 일과는 작업 유무 등에서 차이가 있을 수 있습니다.

일반적으로 교도소의 하루 일과는 다음과 같이 진행됩니다.

❖ **기상 및 아침 점호:** 보통 아침 6시에서 6시 30분 사이에 기상하여 인원 점검 및 건강 상태 확인을 위한 점호를 받습니다.

❖ **아침 식사:** 점호 후 오전 7시경 아침 식사를 합니다.

❖ **오전 일과:**
  • **기결수용자:** 오전 8시경부터 교도소 내 작업장으로 이동하여 작업을 하거나 지정된 교육 프로그램에

참여합니다. 작업 시간은 통상 하루 8시간 원칙이 적용될 수 있습니다.
- **미결수용자:** 특별한 사유(재판 출석, 검찰 조사 등)가 없는 한 대부분의 시간을 거실 내에서 보내게 됩니다. 이 시간 동안 독서, 편지 쓰기, 허용된 개인 학습 등을 할 수 있습니다.

❖ **점심 식사:** 오전 11시에서 12시 사이에 점심 식사를 합니다.

❖ **오후 일과:** 점심 식사 후 다시 오전과 유사한 일과(작업, 교육 또는 거실 생활)가 이어집니다.

❖ **운동:** 일과 시간 중 또는 일과 종료 후, 보통 하루 30분 정도의 운동 시간이 주어집니다. 일요일이나 공휴일에는 운동이 없을 수도 있습니다. 청소와 설거지 등은 거실별 당번제를 통해 분담하여 이루어집니다.

❖ **일과 종료 및 저녁 점호:** 오후 4시에서 5시경 일과가 종료되고, 거실로 복귀하여 인원 점검을 받습니다.

❖ **저녁 식사:** 오후 5시 30분에서 6시경 저녁 식사를 합니다.

❖ **개인 정비 및 자율 시간:** 저녁 식사 후부터 취침 전까지는 개인 정비, 독서, TV 시청(지정된 채널), 편지 쓰기 등 비교적 자유로운 시간이 주어집니다. 다만, 이 '자유 시간' 역시 교도소라는 통제된 환경 내에서의 시간이며, 진정한 의미의 자유와는 거리가 있습니다. 이 시간을 어떻게 활용하느냐가 수용 생활의 질에 큰 영향을 미칠 수 있습니다.

❖ **취침 점호 및 소등:** 저녁 9시경 취침 전 마지막 점호를 받고 소등합니다.

다음은 교도소의 하루 일과표 예시입니다. 시설이나 계절, 수용 구분(미결/기결)에 따라 약간의 차이가 있을 수 있습니다.

[표 2] 교도소 하루 일과표

시간 (예시)	주요 활동	참고사항 (예: 점호, 미결/기결 차이 가능성)
06:00 - 06:30 (하절기 외 06:30, 5-7월 06:20)	기상 및 아침 점호	인원 및 건강 상태 확인
07:00 - 07:30	아침 식사	
07:30 - 08:00	개인 정비 및 청소	거실 당번제 운영 가능
08:00 - 11:30	오전 일과	기결수: 작업/교육. 미결수: 거실 대기 또는 재판/조사 등.
11:30 - 12:30	점심 식사	

12:30 - 16:30	오후 일과	오전과 유사.
16:30 - 17:00	운동 (매일 약 30분, 일/공휴일 제외 가능성)	실외 운동장 이용 등
17:00 - 17:30	입실 및 저녁 점호	일과 종료 후 인원 점검
17:30 - 18:00	저녁 식사	
18:00 - 21:00	개인 정비 및 자율 시간	독서, TV 시청 (채널 지정), 편지쓰기, 종교 활동 등. 이 시간의 건설적 활용이 중요.
21:00	취침 점호 및 소등	

미결수용자와 기결수용자 간의 가장 큰 일과 차이는 주로 작업이나 교육 프로그램 참여 여부에서 비롯됩니다. 기결수용자는 노역형의 집행으로 작업을 하거나 다양한 교정 프로그램에 참여하여 거실 밖에서 보내는 시간이 상대적으로 많을 수 있습니다. 반면, 미결수용자는 재판 준비 등을 위해 거실 내에서 보내는 시간이 길어, 이 시간을 어떻게 보내느냐가 심리 상태에 큰 영향을 미칩니다.

이러한 시간표를 미리 숙지하고, 다음 활동을 예상하며 움직이는 것이 좋습니다. 특히 '자율 시간'을 어떻게 활용할지 미리 계획을 세우는 것(예: 독서, 허용된 운동, 글쓰기 등)이 무료함과 심리적 어려움을 더는 데 도움이 됩니다. 미결수용자의 경우, 거실 내에서 할 수 있는 건전한 소일거리를 찾는 것이 수용 생활 적응에 특히 중요합니다.

Q4. 처음 며칠을 어떻게 보내야 심리적 충격을 최소화할 수 있을까요?

A. 교도소에 처음 입소하는 며칠은 누구에게나 극심한 심리적 충격과 혼란을 동반하는 시기입니다. 자유가 박탈된 낯선 환경, 엄격한 규율, 미래에 대한 불안감 등이 복합적으로 작용하여 큰 스트레스를 유발합니다. 이 시기의 심리적 충격을 최소화하고 비교적 안정적으로 적응하기 위해서는 다음과 같은 노력이 필요합니다.

1. 자신의 감정 인정 및 적극적인 도움 요청:

입소 초기에는 불안, 공포, 분노, 우울, 죄책감 등 다양한 부정적 감정이 소용돌이치는 것이 당연합니다. 이러한 감정을 억누르거나 외면하기보다는 스스로 인정하는 것이 중요합니다. 혼자 감당하기 어렵다고 느껴지면 주저하지 말고 교도관에게 이야기하거나 교정시설 내 심리상담 프로그램(초기 상담, 위기 상담 등)을 신청하여 전문가의 도움을 받는 것이 좋습니다. 특히 자해 충동이나 극단적인 생각이 든다면 즉시 직원에게 알려야 합니다. 교정 당국은 신입 수용자 중 심리적으로 취약한 이들을 대상으로 개인 면담을 실시하는 등 초기 안정화에 신경을 쓰고 있습니다.

2. 정보 습득 및 규칙 이해 노력:

불확실성은 불안감을 증폭시킵니다. 신입자 교육 기간 동안 교도소 생활 규칙, 자신의 권리와 의무, 일과 등에 대한 정보를 최대한 정확히 파악하려고 노력해야 합니다. 궁금한 점이 있다면 정중하게 직원에게 문의하여 오해나 착오가 없도록 하는 것이 좋습니다. 환경에 대한 이해도가 높아질수록 통제 불가능하다는 느낌이 줄어들어 심리적 안정에 도움이 됩니다.

3. 작은 목표 설정 및 자기 돌봄:

거창한 계획보다는 '오늘 하루 무사히, 규칙을 지키며 보내기', '정해진 시간에 식사하기', '개인위생 철저히 하기' 등 작고 구체적인 목표를 세우고 이를 실천해나가는 것이 좋습니다. 이러한 작은 성공들이 모여 무력감을 줄이고 자기 효능감을 높이는 데 기여할 수 있습니다. 기본적인 자기 돌봄(식사, 수면, 위생)에 충실하는 것은 신체적, 정신적 건강을 유지하는 최소한의 방어선입니다.

4. 건설적인 활동 시도:

주어진 환경 내에서 가능한 건설적인 활동을 찾는 것이 중요합니다. 독서, 허용된 범위 내에서의 가벼운 운동, 종교 활동(희망자에 한해 가능) 등에 참여하거나, 마음을 가라앉히는 데 도움이 되는 정적인 활동(예: 필사, 일기 쓰기)을 시도해볼 수 있습니다. 이러한 활동들은 부정적인 생각의 고리를 끊고, 스트레스를 완화하며, 시간을 의미 있게 보내는 데 도움이 됩니다.

5. 관찰하고 배우되, 신중한 태도 유지:

처음부터 모든 것을 알 수도, 모든 사람을 신뢰할 수도 없습니다. 다른 수용자들이 어떻게 생활하는지 조용히 관찰하며 배우되, 부정적인 행동이나 분위기에 휩쓸리지 않도록 주의해야 합니다. 섣불리 관계를 맺기보다는 시간을 두고 신중하게 사람들을 파악하는 것이 중요합니다.

6. 긍정적인 마음가짐 유지 노력:

매우 어려운 일이지만, 절망적인 상황 속에서도 작은 희망이나 긍정적인 측면을 찾으려는 노력이 필요합니다. 현재의 어려움이 영원히 지속되지 않을 것이라는 믿음을 갖고, 하루하루를 견뎌내는 것에 집중하는 것이 중요합니다.

교도소 입소 초기는 누구에게나 인생에서 가장 힘든 시기 중 하나일 수 있습니다. 이 시기를 잘 넘기기 위해서는 수동적으로 상황에 휩쓸리기보다는, 주어진 환경 안에서 자신이 할 수 있는 작은 노력들을 능동적으로 찾아 실천하는 자세가 중요합니다. 심리적 충격은 당연한 반응임을 받아들이고, 이를 관리하고 극복하기 위한 적극적인 노력을 기울여야 합니다. 기억해야 할 것은, 이 힘든 시간도 결국 지나간다는 사실입니다.

[section 3.2] 예의 있는 관계 만들기

Q1. 다른 수용자들과의 관계에서 가장 중요한 예절은 무엇이며, 어떻게 실천할 수 있나요?

A. 교도소라는 특수한 환경에서 다른 수용자들과의 관계는 수용 생활의 질을 좌우하는 매우 중요한 요소입니다. 제한된 공간에서 많은 사람이 함께 생활해야 하므로, 사소한 행동 하나하나가 갈등의 불씨가 될 수도 있고, 반대로 원만한 관계의 밑거름이 될 수도 있습니다. 다른 수용자들과의 관계에서 가장 중요한 예절은 상호 존중, 사생활 존중, 그리고 불필요한 마찰을 피하는 신중함이라고 할 수 있습니다.

1. 상호 존중의 실천:

- **언어 예절:** 상대방의 나이나 수용 기간 등에 관계없이 기본적인 존댓말을 사용하고, 비아냥거리거나 무시하는 말투, 욕설 등은 삼가야 합니다. 진심으로 대하는 태도는 신뢰의 기초가 됩니다. "고맙습니다", "미안합니다"와 같은 기본적인 감사와 사과의 표현은 원활한 관계 형성에 도움이 됩니다.
- **공동생활 규칙 준수:** 청소 당번, 배식 순서, 정해진 취침 시간 등 공동생활의 규칙을 성실히 지키는 것은 다른 사람에 대한 존중의 표현입니다. 정해진 규율을 어기는 행위, 예를 들어 허가 없이 지정된 장소를 벗어나거나 다른 수용자의 일과 진행을 방해하는 행동 등은 피해야 합니다.

2. 사생활 존중:

- **묻지 않는 개인사:** 상대방의 죄명, 과거사, 가족 관계 등 민감한 개인 정보에 대해 먼저 묻거나 깊이 파고들지 않는 것이 중요합니다. 이는 상대방에게 불쾌감을 줄 수 있으며, 불필요한 오해나 갈등의 원인이 될 수 있습니다. 대화는 가볍고 일상적인 주제로 시작하고, 상대방이 먼저 이야기하지 않는 이상 사적인 영역을 침범하지 않도록 주의해야 합니다.
- **개인 공간 및 물품 존중:** 비록 좁은 공간이라 할지라도 각자의 잠자리나 개인 물품 보관 공간은 존중되어야 합니다. 다른 사람의 물품을 허락 없이 만지거나 사용하는 것은 심각한 갈등을 유발할 수 있습니다. 특히 사식과 같이 개인적으로 구매한 물품의 경우, 함께 나누어 먹는 것이 암묵적인 규칙처럼 여겨지기도 하지만 , 이는 강요가 아닌 자발적인 배려의 차원에서 이루어져야 하며, 상대방의 의사를 존중해야 합니다.

3. 불필요한 마찰 회피 및 신중한 태도:

- **소음 관리:** 좁은 공간에서는 작은 소리도 크게 느껴질 수 있습니다. 큰 소리로 떠들거나, TV 소리를 지나치게 키우거나, 밤늦게 소음을 내는 행동은 다른 수용자들의 평온한 생활을 방해하므로 자제해야 합니다.
- **시비 걸거나 휘말리지 않기:** 불필요한 시비나 다툼에 휘말리지 않도록 언행에 신중을 기해야 합니다. 다른 사람의 험담을 하거나, 편을 갈라 이야기하는 것은 피해야 합니다.
- **자신의 감정 조절:** 화가 나거나 불쾌한 일이 있더라도 즉각적으로 감정을 표출하기보다는 한 번 더 생각하고 차분하게 대처하는 자세가 필요합니다.

교도소 내에서의 예절은 단순히 형식적인 공손함을 넘어, 제한된 환경 속에서 서로의 존재를 인정하고 최소한의 마찰로 공존하기 위한 실질적인 지혜에 가깝습니다. 때로는 불문율처럼 여겨지는 규칙들(예: 잠자리 순서, 사식 나눔)이 존재하며, 이를 이해하고 따르는 것이 원만한 관계 유지에 도움이 될 수 있습니다. 그러나 이러한 불문율이 부당하거나 위협적으로 느껴질 경우에는 맹목적으로 따르기보다 상황을 신중히 판단하고 필요시 교정 직원의 도움을 받는 것이 현명합니다. 모든 관계의 기본은 진심으로 상대를 대하고 배려하는 마음가짐에 있으며, 이러한 태도는 낯설고 힘든 수용 생활에서 서로에게 작은 위안이 될 수 있습니다.

Q2. 함께 방을 쓰는 사람들이 낯설고 무서울 때 처음에 어떻게 행동해야 하나요?

A. 교도소에 처음 입소하여 낯선 사람들과 한 방을 쓰게 되는 것은 누구에게나 큰 두려움과 긴장감을 유발하는 경험입니다. 특히 신입 수용자들은 심리적으로 매우 취약한 상태에 놓이기 쉽습니다. 이러한 상황에서 처음 며칠, 혹은 몇 주간 어떻게 행동하느냐가 앞으로의 수용 생활에 적지 않은 영향을 미칠 수 있습니다.

1. 침착함 유지 및 관찰:

가장 먼저 필요한 것은 최대한 침착함을 유지하는 것입니다. 두려움을 느끼는 것은 당연하지만, 겉으로 지나치게 불안하거나 위축된 모습을 보이는 것은 오히려 부정적인 관심을 끌 수 있습니다. 처음에는 말을 많이 하기보다는 다른 사람들의 행동, 말투, 서로 간의 관계, 방 안의 분위기 등을 조용히 관찰하는 것이 중요합니다. 누가 방에서 주도적인 역할을 하는지, 어떤 암묵적인 규칙이 존재하는지 등을 파악하려 노력해야 합니다. 이러한 관찰은 방의 역학 관계와 생존 전략을 이해하는 데 도움이 됩니다.

2. 기본적인 예의와 거리두기:

새로 방에 들어갈 때는 가볍게 목례를 하거나 간단히 인사하는 정도의 기본적인 예의를 갖추는 것이 좋습니다. 그러나 과도한 친근감을 표시하거나 불필요하게 말을 많이 거는 것은 초반에는 자제하는 것이 현명합니다. 상대방의 눈을 계속 정면으로 응시하거나, 도전적으로 보이는 행동은 피해야 합니다. 교정 직원이 조언하듯, 모든 수용자에게 친절하되 적절한 거리를 유지하는 것이 자신을 보호하는 방법이 될 수 있다는 점을 참고할 만합니다.

3. 자극적인 언행 삼가:

자신의 과거에 대한 과장된 이야기, 다른 사람에 대한 비판이나 험담, 허세 등은 다른 수용자들을 자극하거나 불필요한 오해를 살 수 있으므로 절대적으로 피해야 합니다. 특히 다른 수용자나 교도관에 대한 부정적인 이야기는 자신에게 부메랑이 되어 돌아올 수 있습니다.

4. 개인 공간 및 규칙 존중:

좁은 공간일수록 개인 공간에 대한 민감도는 높아집니다. 배정된 자신의 잠자리나 공간을 벗어나지 않고, 다른 사람의 물건이나 공간을 침범하지 않도록 각별히 주의해야 합니다. 방 안에는 잠자리 위치 등에 관한 기존의 질서나 규칙이 있을 수 있으며, 이를 무시하는 행동은 즉각적인 갈등으로 이어질 수 있습니다.

5. 도움 요청 시 신중함:

정말로 도움이 필요한 경우가 아니라면, 처음부터 다른 수용자에게 개인적인 부탁을 하거나 무언가를 빌리려 하는 것은 피하는 것이 좋습니다. 이는 상대방에게 부담을 주거나 약점을 보이는 것으로 비칠 수 있습니다.

6. 시간의 힘을 믿기:

모든 관계는 시간이 필요합니다. 처음 며칠, 혹은 몇 주는 서로를 알아가는 탐색기라고 생각하고 조급해하지 않는 것이 중요합니다. 섣부른 판단이나 행동보다는 시간을 두고 천천히 방의 분위기에 적응해 나가는 것이 바람직합니다.

새로운 환경과 낯선 사람들 속에서 느끼는 두려움은 자연스러운 감정입니다. 중요한 것은 그 두려움에 압도되지 않고, 신중하고 지혜롭게 초기 관계를 설정해 나가는 것입니다. 방어적인 태도보다는 조용하고 예의 바른 자세로 상황을 관찰하며 적응해 나간다면, 점차 안정감을 찾고 불필요한 마찰 없이 생활할 수 있는 기반을 마련할 수 있을 것입니다. 이 과정에서 가장 중요한 것은 자신을 보호하면서도 타인에게 불필요한 적대감을 주지 않는 균형을 찾는 것입니다.

Q3. 교도소 내에서 다른 수용자들과 어떻게 관계를 맺는 것이 바람직한가요?

A. 교도소 내에서의 인간관계는 매우 복잡하고 미묘한 양상을 띱니다. 제한된 공간과 통제된 환경, 다양한 배경과 성향의 사람들이 모여 생활하기 때문에 관계 맺기에 신중함이 요구됩니다. 바람직한 관계 형성은 수용 생활의 스트레스를 줄이고 비교적 안정적으로 지내는 데 중요한 역할을 하지만, 잘못된 관계는 오히려 더 큰 어려움을 초래할 수 있습니다.

1. 상호 존중과 적절한 거리 유지:

가장 기본적인 원칙은 상호 존중입니다. 상대방의 나이, 배경, 죄명 등에 관계없이 기본적인 예의를 지키는 것이 중요합니다. 하지만 동시에 모든 사람을 무조건 신뢰하거나 지나치게 깊이 관여하는 것은 피해야 합니다. 교도소 내에는 반사회적 성향을 가진 사람들도 상당수 있을 수 있으며, 이들은 타인을 자신의 이익을 위해 이용하려는 경향을 보일 수 있습니다. 따라서 진솔하고 일관된 태도를 보이되, 개인적인 약점이나 깊은 속내를 쉽게 드러내지 않고 적절한 거리를 유지하는 것이 자신을 보호하는 길입니다.

2. 말보다는 행동으로 신뢰 쌓기:

교도소 내에서는 말의 진실성보다 행동의 일관성이 더 중요하게 평가받는 경우가 많습니다. 공동생활에서 자신이 맡은 역할(청소 당번 등)을 성실히 수행하고, 작은 약속이라도 지키려 노력하며, 다른 사람에게 피해를 주지 않는 모습을 꾸준히 보이는 것이 신뢰를 얻는 방법입니다.

3. 공통 관심사를 통한 자연스러운 교류:

운동 시간, 종교 활동, 허용된 취미 활동 등에서 공통의 관심사를 가진 사람들과 자연스럽게 어울릴 기회가 있을 수 있습니다. 이러한 교류는 수용 생활의 단조로움을 덜고 정서적 지지를 얻는 데 도움이 될 수 있습니다. 하지만 특정 패거리나 집단에 깊이 소속되는 것은 신중해야 합니다. 이는 다른 집단과의 갈등에 휘말리거나, 원치 않는 일에 연루될 가능성을 높일 수 있기 때문입니다.

4. 부정적인 관계 피하기:

타인을 험담하거나 비방하는 사람, 규칙을 어기도록 부추기거나 폭력적인 성향을 보이는 사람, 다른 사람을 착취하려는 사람과는 의식적으로 거리를 두는 것이 현명합니다. 이러한 관계는 결국 자신에게 해가 될 가능성이 높습니다.

5. 주고받는 관계의 균형:

일방적으로 도움을 받거나 주기만 하는 관계는 건강하지 않습니다. 서로에게 부담을 주지 않는 선에서 필요한 도움을 주고받는 것은 긍정적일 수 있습니다. 하지만 자신의 처지를 넘어 무리하게 베풀거나, 반대로 계속해서 받기만 하는 것은 경계해야 합니다. 특히 물질적인 거래나 빌려주는 행위는 신중해야 하며, 자칫 약점으로 잡히거나 더 큰 요구로 이어질 수 있습니다.

6. 소문과 평판 관리:

교도소는 좁은 사회이며, 소문이 매우 빠르게 퍼져나갑니다. 자신의 말과 행동이 다른 사람들에게 어떻게 비칠지 항상 생각하고, 불필요한 오해를 사지 않도록 주의해야 합니다. 특히 교도관에게 정보를 제공하는 사람으로 낙인찍히는 것은 매우 위험할 수 있으므로, 다른 수용자들 앞에서 교도관과 지나치게 밀착된 모습을 보이는 것은 피하는 것이 좋습니다.

궁극적으로 교도소 내에서 바람직한 관계는 피상적인 친목보다는 서로에게 해를 끼치지 않고, 필요한 경우 최소한의 협조를 할 수 있는 '실용적이고 안전한 관계'에 가깝습니다. 진정한 우정을 기대하기보다는, 서로의 영역을 존중하며 조용히 자신의 수용 생활에 집중하는 것이 더 현실적인 목표일 수 있습니다. 어려움 속에서도 서로에게 최소한의 예의를 지키고 배려하는 마음은 삭막한 수용 생활에 작은 온기가 될 수 있습니다.

Q4. 교정 직원들과 좋은 관계를 유지하는 방법은 무엇인가요?

A. 교정 직원(교도관)들과의 관계는 수용 생활 전반에 걸쳐 중요한 영향을 미칩니다. 이들과의 원만한 관계는 불필요한 마찰을 줄이고, 정당한 권리 행사에 도움을 받을 수 있는 반면, 갈등 관계는 수용 생활을 더욱 힘들게 만들 수 있습니다. 교정 직원들과 좋은 관계를 유지하는 핵심은 그들의 직무를 이해하고 존중하며, 시설 내 규칙과 지시를 성실히 따르는 것

입니다.

1. 규칙 준수 및 지시 이행:

가장 기본적이면서도 중요한 것은 교도소 내의 모든 규칙과 규정을 철저히 지키는 것입니다. 또한 교도관의 정당한 직무상 지시에 신속하고 정확하게 따르는 태도가 필요합니다. 규칙을 잘 지키는 수용자는 교도관들에게도 긍정적인 인상을 주며, 불필요한 통제나 제지를 받을 가능성을 줄여줍니다.

2. 예의 바른 태도와 존중하는 언어 사용:

교도관을 대할 때는 항상 예의를 갖추고 존중하는 태도를 보여야 합니다. 감정적이거나 공격적인 말투, 비아냥거리는 태도, 욕설 등은 절대 피해야 합니다. 교도관도 인간이며, 존중받고 싶어 한다는 점을 기억해야 합니다. 상대방의 이야기를 잘 듣고 이해하려는 자세는 어떤 관계에서든 중요합니다.

3. 명확하고 간결한 의사소통:

필요한 요구나 질문이 있을 때는 핵심 내용을 명확하고 간결하게 전달하는 것이 좋습니다. 횡설수설하거나 같은 말을 반복하며 시간을 끄는 것은 교도관에게 부담을 줄 수 있습니다.

4. 불필요한 요구나 불평 자제:

교도관들은 많은 수용자를 관리해야 하는 고충이 있으며, 정해진 규정과 절차에 따라 업무를 수행합니다. 따라서 사소하거나 비합리적인 요구를 반복하거나, 해결 불가능한 일에 대해 계속 불평하는 것은 관계를 악화시킬 뿐입니다. 정당한 고충이나 건의사항이 있다면, 정해진 절차에 따라 전달하는 것이 효과적입니다.

5. 교도관의 직무와 고충 이해:

교도관들은 수용자의 교화와 개선을 돕는 역할도 하지만, 동시에 시설의 안전과 질서를 유지해야 하는 엄격한 책임을 지고 있습니다. 때로는 이러한 상반된 역할 사이에서 어려움을 겪기도 합니다. 그들의 직무상 어려움을 어느 정도 이해하려는 자세는 보다 원만한 소통에 도움이 될 수 있습니다.

6. 감사 표현:

정당한 절차를 통해 도움을 받았거나, 교도관의 배려로 문제가 해결되었을 경우에는 감사를 표현하는 것이 좋습니다. 이는 긍정적인 상호작용을 만드는 데 기여합니다.

7. 불만 표출은 공식적인 절차를 통해:

교도관의 처우나 지시에 부당함이 있다고 느껴질 경우에는, 현장에서 직접적으로 항의하거나 감정적으로 맞서기보다는 소장 면담 요청, 청원서 제출 등 공식적인 절차를 통해 이의를 제기하는 것이 현명합니다. (섹션 3.3의 Q4 참조)

교정 직원과의 관계는 수용자와 교도관이라는 기본적인 역할 관계를 벗어날 수 없습니다. 친구나 동료 같은 관계를 기대하기보다는, 서로의 역할을 존중하고 규정 안에서 협조적인 관계를 유지하는 것을 목표로 해야 합니다. 수용자가 먼저 규칙을 준수하고 예의를 갖춘다면, 교도관들도 수용자를 함부로 대하기 어려울 것이며, 보다 공정하고 합리적인 처우를 기대할 수 있을 것입니다.

[section 3.3] 갈등 예방과 해결 방법

Q1. 공동생활 공간에서 발생할 수 있는 갈등 상황의 예시와 그 해결방안은 무엇인가요?

A. 교도소의 공동생활 공간, 특히 여러 명이 함께 생활하는 거실에서는 다양한 원인으로 갈등이 발생하기 쉽습니다. 좁은 공간, 제한된 물품, 사생활 부족, 스트레스 등 여러 요인이 복합적으로 작용하기 때문입니다. 갈등을 완전히 피할 수는 없겠지만, 발생 가능한 갈등 상황을 미리 인지하고 지혜롭게 대처하는 것이 중요합니다.

발생 가능한 갈등 상황 예시:

1. 개인 물품 관련 갈등:

- 예시: 자신의 물품(영치금으로 구매한 간식, 세면도구, 책 등)을 다른 사람이 허락 없이 사용하거나 가져가는 경우, 물건 분실 시 서로를 의심하는 경우. 사식을 나누는 불문율을 지키지 않아 발생하는 불만.

- **해결방안**: 개인 물품은 가능한 잘 간수하고, 이름표를 붙이는 등 소유를 명확히 합니다. 다른 사람의 물건은 절대 허락 없이 사용하지 않습니다. 문제가 발생하면 감정적으로 비난하기보다 "혹시 내 물건 못 봤느냐", "다음부터는 사용 전에 이야기해 달라"는 식으로 차분히 대화합니다. 반복되거나 심각한 경우 교도관에게 알려 중재를 요청합니다. (물품 관련 다툼 예방을 위해 서로 협력하는 방법도 고려할 수 있습니다).

2. **공간 및 편의시설 이용 갈등:**

   - **예시**: 잠자리 위치 선정, TV 시청 채널 및 시간, 화장실 사용 순서, 전화 사용 순서 등으로 인한 다툼.
   - **해결방안**: 방 사람들이 함께 논의하여 공정한 규칙(예: TV 채널 시간대별 배분, 전화 사용 순번 정하기)을 정하거나, 기존에 형성된 암묵적인 규칙(예: 입소 순서에 따른 잠자리 배정)을 존중합니다. 서로 조금씩 양보하고 배려하는 자세가 필요합니다.

3. **생활 소음으로 인한 갈등:**

   - **예시**: 밤늦게까지 큰 소리로 떠드는 행위, 코골이, TV나 라디오 소리를 너무 크게 트는 행위, 문을 세게 닫는 소리 등.
   - **해결방안**: 소음으로 인해 불편을 느낀다면, 직접적으로 공격하기보다는 "조금만 조용히 해주시면 감사하겠습니다"와 같이 정중하게 요청합니다. 만약 자신이 소음의 원인이 될 수 있다면 항상 주변 사람들을 배려하는 습관을 들입니다. 지속적인 문제 발생 시 교도관에게 도움을 요청합니다.

4. **공동 책임 회피로 인한 갈등:**

   - **예시**: 거실 청소 당번 불이행, 배식 및 설거지 등 공동 작업 회피.
   - **해결방안**: 정해진 규칙에 따라 자신의 책임을 다하는 것이 기본입니다. 특정인이 계속 책임을 회피한다면, 방 구성원들이 함께 이야기하여 규칙 준수를 권고하거나, 방장 등을 통해 문제를 제기할 수 있습니다. 해결이 어려우면 교도관에게 상황을 알립니다.

5. **오해 및 말다툼:**

   - **예시**: 사소한 말실수, 무심코 한 행동, 표정 등이 오해를 불러일으켜 감정적인 다툼으로 번지는 경우.
   - **해결방안**: 갈등이 발생했을 때 즉각적으로 감정적으로 대응하기보다는 심호흡을 하고 잠시 생각할 시간을 갖습니다. 상대방의 이야기를 끝까지 들어보고, 자신의 입장도 차분하게 설명합

니다. "제가 오해한 부분이 있다면 미안합니다" 또는 "저는 그런 의도가 아니었습니다"와 같이 먼저 사과하거나 해명하는 유연한 자세가 도움이 될 수 있습니다.

6. 성격 및 가치관 차이로 인한 갈등:

- 예시: 생활 방식, 종교, 정치적 견해 등의 차이로 인한 불편함이나 논쟁.
- 해결방안: 모든 사람이 자신과 같을 수 없다는 점을 인정하고, 서로의 다름을 존중하려 노력해야 합니다. 민감한 주제에 대한 논쟁은 피하는 것이 좋으며, 상대방에게 자신의 가치관을 강요하지 않습니다.

일반적인 갈등 해결 원칙:

- **예방이 최선**: 갈등의 소지가 될 만한 언행은 미리 피하고, 항상 타인을 배려하는 마음을 갖습니다.
- **침착함 유지**: 문제가 발생했을 때 흥분하거나 감정적으로 대응하면 상황이 악화될 뿐입니다.
- **상호 존중 기반의 대화**: 비난이나 인신공격보다는 문제 자체에 초점을 맞춰 해결 방안을 모색하는 대화를 시도합니다.
- **제3자 중재 요청**: 당사자 간의 해결이 어렵거나 갈등이 심화될 조짐이 보이면, 즉시 교도관에게 알려 도움이나 중재를 요청하는 것이 안전하고 효과적입니다.

교도소 내에서의 갈등은 사소한 문제에서 비롯되는 경우가 많지만, 제한된 환경으로 인해 쉽게 증폭될 수 있습니다. 따라서 갈등 발생 시 감정적으로 대처하기보다는 이성적으로 상황을 파악하고, 가능한 한 평화적인 방법으로 해결하려는 노력이 중요합니다. 때로는 한 발 물러서거나 상대방의 입장을 이해하려는 노력이 더 큰 갈등을 막는 지혜가 될 수 있습니다.

Q2. 다른 수용자가 괴롭히면 어떻게 대응해야 하나요?

A. 다른 수용자로부터 괴롭힘(지속적인 시비, 협박, 금품 요구, 폭행 등)을 당하는 것은 신체적, 정신적으로 매우 고통스러운 일이며, 수용 생활 전체를 위협할 수 있는 심각한 문제입니다. 이러한 괴롭힘에 직면했을 때, 어떻게 대응하느냐에 따라 상황이 크게 달라질 수 있습니다.

1. 명확하고 단호한 거부 의사 표현 (상황 판단 하에):

괴롭힘이 시작되는 초기 단계라면, 가능하다면 상대방에게 명확하고 단호하게 "하지 마십시오", "저는 그런 요구를 들어줄 수 없습니다", "불쾌합니다"와 같이 거부 의사를 표현하는 것이 중요합니다. 어물쩡하게 넘기거나 두려워하는 모습을 보이면 괴롭힘이 더 심해질 수 있습니다. 다만, 상대방이 매우 위협적이거나 물리적인 폭력을 행사할 가능성이 높다고 판단될 경우에는 직접적인 저항보다는 다음 단계의 대응을 우선 고려해야 합니다.

2. 즉시 안전 확보 및 상황 회피:

괴롭힘이 발생하거나 예상되는 상황에서는 즉시 그 자리를 피하고, 다른 사람들이 있거나 교도관이 쉽게 볼 수 있는 곳으로 이동하여 자신의 안전을 확보하는 것이 최우선입니다.

3. 교도관에게 즉시 신고 및 도움 요청:

괴롭힘을 당했다면, 혼자서 해결하려 하거나 보복하려 해서는 절대 안 됩니다. 이는 상황을 더욱 악화시키고, 본인에게도 징벌 등 불이익이 돌아올 수 있습니다. 가장 중요하고 효과적인 대응은 즉시 교도관이나 보안과 직원, 상담관 등 신뢰할 수 있는 직원에게 괴롭힘 사실을 구체적으로 알리고 도움과 보호를 요청하는 것입니다. 언제, 어디서, 누가, 어떤 방식으로 괴롭혔는지, 목격자가 있다면 누구인지 등을 상세하게 설명해야 합니다. 교정 당국에는 수용자 인권 침해를 신고할 수 있는 공식적인 창구가 마련되어 있습니다.

4. 증거 기록 및 확보 노력:

가능하다면 괴롭힘을 당한 날짜, 시간, 장소, 구체적인 내용, 가해자의 인상착의나 이름, 목격자 등을 메모 형태로 기록해두는 것이 좋습니다. 신체적 피해를 입었다면 즉시 의료과 진료를 받아 상처에 대한 기록을 남겨야 합니다. 이러한 기록들은 공식적인 조사나 문제 해결 과정에서 중요한 증거 자료가 될 수 있습니다.

5. 심리적 지원 요청:

괴롭힘은 심각한 정신적 고통과 트라우마를 남길 수 있습니다. 심리적으로 위축되거나 불안, 우울 등의 어려움을 겪는다면 교도소 내 심리상담사에게 상담을 요청하여 정서적 지지와 회복을 위한 도움을 받는 것이 필요합니다.

6. 외부 도움 요청 고려:

교도소 내에서의 조치가 미흡하거나 괴롭힘이 지속되어 심각한 인권침해가 발생한다고 판단될 경우, 가족이나 변호사를 통해 국가인권위원회에 진정을 제기하거나 다른 법적 구제 절차를 알아보는 것도 고려할 수 있습니다.

교도소 내 괴롭힘은 개인의 힘만으로는 해결하기 어려운 경우가 많습니다. 중요한 것은 괴롭힘을 당했을 때 이를 숨기거나 혼자 감내하려 하지 말고, 적극적으로 공식적인 도움을 요청하여 문제를 해결하려는 용기입니다. 교정 당국은 수용자의 안전을 보호할 의무가 있으며, 괴롭힘은 명백한 규율 위반 행위이자 처벌 대상입니다. 두려움을 극복하고 적극적으로 대처하는 것이 자신을 보호하고 더 큰 피해를 막는 길입니다.

Q3. 교도소 안에서 동료 수감자로부터 부당한 일을 당했다면 어떻게 대응해야 하나요?

A. 교도소 안에서 동료 수감자로부터 금품 갈취, 지속적인 협박, 폭행, 성희롱 등 부당한 일을 당하는 것은 심각한 권리 침해이며, 수용 생활의 안전을 크게 위협하는 행위입니다. 이러한 상황에 처했을 때는 절대로 혼자서 해결하려 하거나 상대방의 요구에 굴복해서는 안 됩니다. 이는 문제를 더욱 심화시킬 뿐입니다.

1. 즉시 교도관에게 신고 및 보호 요청:

가장 먼저 해야 할 일은 발생한 부당한 일에 대해 즉시 교도관에게 명확하고 구체적으로 알리는 것입니다. 언제, 어디서, 누가, 어떤 부당한 행위를 했는지 육하원칙에 따라 설명하고, 필요한 경우 신변 보호를 요청해야 합니다. 교도소 내에서 수용자 간 폭력이나 금품 갈취 등은 엄격히 금지되는 행위이며, 교정 당국은 이러한 행위로부터 수용자를 보호할 책임이 있습니다.

2. 증거 확보 노력:

부당한 일을 당했다는 사실을 입증할 수 있는 증거를 확보하는 것이 중요합니다.

- **목격자**: 주변에 상황을 목격한 다른 수용자나 직원이 있다면 그 사실을 교도관에게 알려야 합니다.
- **신체적 증거**: 폭행 등으로 상처를 입었다면 즉시 의료과 진료를 받아 진료 기록을 남겨야 합니다.
- **물질적 증거**: 협박 편지나 쪽지, 갈취당한 물품 목록 등을 보관하거나 기억해두는 것이 좋습니다. 피해 사실을 입증하는 것은 피해자 본인의 책임이 될 수 있으므로, 가능한 모든 증거를 확보하려는 노력이 필요합니다.

3. 공식적인 문제 제기 절차 활용:

단순히 담당 교도관에게 알리는 것을 넘어, 보다 공식적인 절차를 통해 문제를 제기할 수 있습니다.

- **보안과 신고**: 교도소 내 보안과에 정식으로 사건을 신고하여 조사를 요청할 수 있습니다.
- **소장 면담 요청**: 교도소의 최고 책임자인 소장과의 면담을 신청하여 피해 사실을 직접 알리고 시정 및 보호 조치를 요구할 수 있습니다.

4. 굴복하거나 타협하지 않는 자세:

부당한 요구에 한 번 응하기 시작하면 가해자는 이를 당연하게 여기고 더욱 심한 요구를 해올 가능성이 큽니다. 초기 단계에서부터 단호하게 거부 의사를 밝히고(안전이 확보되는 범위 내에서), 즉시 교정 당국의 도움을 받는 것이 중요합니다.

5. 보복 우려에 대한 대처:

신고 후 가해자나 그 주변인으로부터 보복을 당할 것이 두려워 신고를 망설일 수 있습니다. 이러한 우려가 있다면 신고 시 교도관에게 명확히 전달하고, 분리 수용이나 특별 보호 등 안전 조치를 강력히 요청해야 합니다.

6. 심리적 안정 유지 및 지원 요청:

부당한 일을 당하면 정신적으로 큰 충격을 받고 위축될 수 있습니다. 교도소 내 심리상담사와의 상담을 통해 정서적 안정을 찾고, 필요한 경우 법률적 지원이나 외부 기관의 도움을 받을 수 있는 방법에 대해서도 조언을 구할 수 있습니다.

교도소 내에서 발생하는 동료 수감자에 의한 부당한 행위는 개인의 존엄성과 안전을 심각하게 훼손하는 일입니다. 이를 개인적인 문제로 치부하거나 두려움 때문에 방치해서는 안 됩니다. 용기를 내어 공식적인 절차를 통해 문제를 제기하고 적극적으로 자신을 보호하려는 노력이 필요합니다. 교정시설은 모든 수용자가 안전하게 생활할 권리를 보장해야 할 의무가 있음을 기억해야 합니다.

Q4. 교도소 안에서 교정공무원으로부터 부당한 일을 당했다면 어떻게 대응해야 하나요?

A. 교정공무원은 법과 규정에 따라 수용자를 처우하고 시설의 안전과 질서를 유지할 책무를 지니고 있습니다. 그러나 만약 교정공무원으로부터 폭언, 폭행, 가혹행위, 부당한 처우, 직권남용 등 인권을 침해당하거나 부당한 일을 당했다고 판단될 경우에는 감정적으로 맞서기보다는 합법적이고 공식적인 절차를 통해 이의를 제기하고 구제를 요청해야 합니다.

1. 구체적인 사실관계 기록 및 증거 확보:

가장 중요한 것은 부당하다고 생각하는 교정공무원의 행위에 대해 구체적인 내용을 빠짐없이 기록해두는 것입니다. 언제, 어디서, 어떤 교정공무원(이름, 직급, 인상착의 등 식별 정보)으로부터 어떤 부당한 일을 당했는지, 당시 상황은 어떠했는지, 목격자가 있다면 누구인지 등을 상세히 기록해야 합니다. 가능하다면 관련된 증거(진단서, 사진, 동료 수용자의 진술 등)를 확보하려는 노력도 필요합니다. 이러한 기록과 증거는 향후 공식적인 문제 제기 시 주장을 뒷받침하는 핵심 자료가 됩니다.

2. 교도소 내 공식적인 이의 제기 절차 활용:

- **소장 면담 요청**: 가장 먼저 시도해볼 수 있는 내부 절차는 해당 교도소의 소장과의 면담을 공식적으로 요청하는 것입니다. 소장에게 직접 부당한 처우 내용을 설명하고 시정 및 재발 방지를 요구할 수 있습니다.

- **청원 제도**: 소장의 처우에 불복하거나 문제가 해결되지 않을 경우, 법무부 장관, 순회점검공무원, 또는 관할 지방교정청장에게 청원서를 제출하여 권리 구제를 요청할 수 있습니다. 청원서

는 봉인하여 제출하며, 교도관이 내용을 미리 볼 수 없습니다. 특히 순회점검공무원에게는 구술로도 청원이 가능하며, 이때 교도관이 참여해서는 안 됩니다.

3. 외부 국가기관을 통한 권리 구제:

- **국가인권위원회 진정**: 교정시설 내에서 교정공무원에 의해 헌법에 보장된 인권을 침해당했거나 (예: 폭행, 가혹행위, 부당한 차별 등) 평등권을 침해하는 차별행위를 당한 경우, 국가인권위원회에 진정을 제기하여 조사를 요청하고 구제를 받을 수 있습니다. 국가인권위원회는 독립적인 국가기관으로서 교정시설 내 인권침해 사안에 대해 조사하고 시정 권고 등의 조치를 취할 수 있습니다.
- **법무부 인권국 진정**: 법무부 내에도 인권국이 설치되어 있어, 교정시설 내 인권침해 사안에 대해 진정을 제기할 수 있습니다.

4. 변호사를 통한 법적 대응:

상황이 심각하거나 위에서 언급된 절차로도 해결되지 않는 경우, 변호사의 조력을 받아 법적인 대응을 고려할 수 있습니다.

- **정보공개 청구**: 관련된 CCTV 영상이나 내부 기록 등에 대해 정보공개를 청구할 수 있습니다.
- **행정심판 또는 행정소송**: 교정 당국의 위법하거나 부당한 처분에 대해 취소나 변경을 구하는 행정심판이나 행정소송을 제기할 수 있습니다.
- **국가배상 청구**: 교정공무원의 직무상 불법행위로 인해 손해를 입은 경우, 국가를 상대로 손해배상을 청구할 수 있습니다.
- **헌법소원**: 다른 법률에 따른 구제 절차를 모두 거쳤음에도 불구하고 기본권 침해가 구제되지 않은 경우, 헌법재판소에 헌법소원을 청구할 수 있습니다.

대응 시 유의사항:

- **감정적 대응 자제**: 부당한 일을 당했을 때 현장에서 교정공무원에게 직접적으로 항의하거나 물리적으로 저항하는 것은 상황을 악화시키고 오히려 본인에게 불리한 결과를 초래할 수 있습니다. 침착하고 이성적으로 대응해야 합니다.
- **사실에 기반한 주장**: 문제를 제기할 때는 감정적인 호소보다는 객관적인 사실과 증거에 기반하여 명확하게 주장해야 합니다.

- 절차 숙지 및 포기하지 않는 자세: 권리 구제 절차는 시간과 노력이 필요할 수 있습니다. 관련 규정을 숙지하고, 어려움이 있더라도 쉽게 포기하지 않는 자세가 중요합니다.

교정공무원으로부터 부당한 일을 당하는 것은 개인의 존엄성을 훼손하는 매우 심각한 문제입니다. 대한민국 헌법과 관련 법률은 수용자의 기본적인 인권을 보장하고 있으며, 이를 침해하는 행위에 대해서는 다양한 구제 절차가 마련되어 있습니다. 이러한 절차들을 적극적으로 활용하여 자신의 권리를 지키려는 노력이 필요합니다.

Chapter 4 | 가족과의 연결 다시 잇기

수용 생활 중에도 가족과 소통할 수 있는 공식적인 방법은 여러 가지가 있습니다. 각 방법의 절차와 특징을 이해하고 활용한다면 물리적 거리를 넘어 마음의 거리를 좁힐 수 있습니다.

[section 4.1] 접견 - 물리적 간극을 잇는 만남

Q1. 교도소에서 가족을 만날 수 있는 접견에는 어떤 종류가 있으며, 각 접견의 절차는 어떻게 되나요?

A. 교정시설에서는 수용자와 가족 간의 유대감을 유지하고 심리적 안정을 도모하기 위해 다양한 형태의 접견 제도를 운영하고 있습니다. 각 접견 방식은 그 목적과 절차, 허용 범위 등이 다르므로, 자신과 가족의 상황에 맞는 접견을 신청하고 활용하는 것이 중요합니다.

1. **일반접견:** 가장 기본적인 접견 형태로, 보통 접견실의 칸막이를 사이에 두고 정해진 시간 동안 가족과 대화하는 방식입니다. 접견 횟수, 시간, 동반 인원 등은 수용자의 처우 등급이나 시설의 규정에 따라 달라질 수 있습니다. 예약은 주로 법무부 온라인 민원서비스나 교정민원콜센터를 통해 이루어집니다.

2. 스마트접견 (화상접견): 교정시설을 직접 방문하기 어려운 원거리 가족 등을 위해 마련된 제도로, 인터넷 화상 통신을 통해 이루어지는 접견입니다. 스마트접견을 이용하기 위해서는 가족이 최초 1회 가까운 교정기관을 방문하여 신분증과 가족관계증명서류를 제출하고 사전 등록을 해야 합니다. 이후에는 온라인, 전화, 모바일 앱 등 다양한 방법으로 예약할 수 있으며, 안드로이드폰 사용자는 전용 앱을, 아이폰이나 PC 사용자는 지정된 웹 주소를 통해 접속합니다. 스마트접견도 일반접견과 마찬가지로 접견 횟수에 포함되며 관련 규정의 적용을 받습니다.

3. 가족만남의 집 이용: 모범적인 수용 생활을 하거나 교화상 특히 가족과의 만남이 필요하다고 인정되는 수용자를 대상으로 운영되는 특별한 접견 시설입니다. 교도소 인근에 일반 가정집과 유사한 환경으로 조성된 '가족만남의 집'에서 수용자와 그 가족(배우자, 직계존비속, 형제자매 등)이 1박 2일 또는 그 이상 함께 숙식하며 시간을 보낼 수 있도록 지원합니다. 이는 수용자의 사회 적응 능력을 높이고 가족 관계를 실질적으로 회복하는 데 큰 도움을 줄 수 있습니다. 시설 내에는 공동생활용품이 비치되어 있으며, 위생적으로 관리됩니다.

4. 장소변경접견: 일반접견과 달리 접촉 차단시설이 없는 개방된 공간에서 가족과 만날 수 있는 접견 방식입니다. 교도관이 참여하며, 미결수용자의 경우 대화 내용이 녹음될 수 있습니다. 일반접견보다 좀 더 자연스러운 분위기에서 대화할 수 있다는 장점이 있으나, 신청 사유를 제출하여 심사를 거쳐야 하며, 피의자나 조직폭력·마약류 수용자 등 일부 수용자는 이용이 제한될 수 있습니다. 접견 시간은 보통 30분 이내이며, 주 1회를 초과할 수 없습니다.

과거의 엄격하게 통제된 칸막이 접견에서부터, 보다 친밀한 환경을 제공하는 '가족만남의 집', 기술을 활용한 '스마트접견'에 이르기까지 접견 방식의 발전은 교정 당국이 수용자와 가족의 다양한 필요를 인식하고 있음을 보여줍니다. 이는 보안 유지와 함께 가족 유대감이라는 교정교화의 중요한 가치 사이에서 균형을 찾으려는 노력의 일환으로 볼 수 있습니다. 이러한 다양한 접견 방법은 수용자의 처우 등급, 가족의 상황(거리, 사생활 보호 필요성, 자녀 유무 등), 그리고 수용자의 교화 진행 상황에 따라 맞춤형으로 제공될 수 있는 가능성을 시사합니다.

교정 시스템이 모든 수용자에게 획일적인 방식이 아닌, 다양한 선택지를 제공한다는 것은 가족 관계 유지의 중요성을 다각적으로 고려하고 있다는 의미입니다. 수용자는 이러한 다양한 접견 제도를 인지하고, 자신의 모범적인 생활을 통해 '가족만남의 집'과 같이 더욱 의미 있는 만남의 기회를 얻을 수 있도록 노력하는 것이 중요합니다.

한편, 스마트접견을 위한 사전 등록, 온라인 예약, 가족관계 증빙서류 제출 등 접견을 준비하는 과정에서 행정적인 부담이 가족에게 집중되는 경향이 있습니다. 이러한 절차들은 보안 및 질서 유지를 위해 필요하지만, 시간과 비용, 그리고 정보통신기술 활용 능력이 부족한 가족들에게는 보이지 않는 장벽으로 작용할 수 있습니다. 이미 심리적으로 어려움을 겪고 있을 가족들에게 이러한 부담은 또 다른 스트레스 요인이 될 수 있으며, 모든 가족이 동등하게 접견 기회를 활용하는 데 어려움을 줄 수 있습니다. 따라서 수용자는 가족들이 접견을 위해 기울이는 노고에 대해 깊이 감사하는 마음을 가져야 하며, 가능한 범위 내에서 가족에게 필요한 정보를 명확히 전달하고 절차 진행에 어려움이 있을 경우 인내심을 갖고 이해하려는 자세가 필요합니다.

Q2. 접견 시 지켜야 할 주요 규정(횟수, 시간, 동반 인원, 예약 규칙, 취소 시 불이익 등)은 무엇인가요?

A. 접견은 교정시설의 질서 유지와 효율적인 운영을 위해 여러 규정에 따라 이루어집니다. 이러한 규정을 잘 숙지하고 준수하는 것은 원활한 접견을 위해 필수적입니다.

- ❖ **접견 횟수 및 시간**: 미결수용자의 경우 매일 1회 접견이 가능할 수 있으나, 기결수용자는 처우 등급에 따라 월 접견 가능 횟수가 다릅니다. 접견 시간 또한 제한되어 있으며, 보통 10분에서 30분 사이로 정해집니다.

- ❖ **동반 인원**: 1회 접견 시 참여할 수 있는 민원인의 수는 제한됩니다. 보통 2명에서 최대 5명까지 허용될 수 있으며, 이는 각 교정시설의 접견실 규모 등을 고려하여 결정됩니다.

- ❖ **예약 규칙**: 대부분의 접견은 사전 예약을 통해 이루어집니다. 예약은 보통 접견 희망일 7일 전부터 가능하며, 마감 시간(예: 접견 전일 16시)이 정해져 있습니다. 법무부 온라인 민원서비스, 교정

민원콜센터(1363), 모바일 앱 등을 통해 예약할 수 있습니다.

- ❖ **취소 시 불이익 (패널티):** 예약한 접견을 부득이하게 취소해야 할 경우 정해진 시간(예: 접견 2시간 전)까지 취소해야 합니다. 접견 당일 예약을 취소하거나 예약 후 접견을 하지 않는 경우(노쇼, No-Show)에는 일정 기간(당일 취소 시 1주, 미실시 시 2주) 동안 접견 예약이 제한되는 불이익을 받을 수 있습니다.

접견 예약 취소나 미실시에 대한 엄격한 벌칙 제도는 교정시설의 한정된 접견 공간과 인력 운영의 효율성을 위한 조치로 이해될 수 있습니다. 그러나 이러한 규정은 예기치 못한 상황에 직면한 가족들, 예를 들어 어린 자녀나 노부모를 동반하거나 장거리 이동 중 갑작스러운 문제(질병, 교통 문제 등)가 발생한 경우, 과도한 부담으로 작용할 수 있습니다. 비록 시설 운영상의 어려움은 이해되지만, 융통성 없는 벌칙 적용은 가족들에게 실망감과 좌절감을 안겨주어 관계 유지에 또 다른 스트레스를 더할 수 있습니다.

따라서 수용자는 가족들에게 예약 시간 준수 및 부득이한 경우 신속한 취소의 중요성을 충분히 설명하고, 가족들 또한 만일의 사태에 대비하거나 불가피한 상황 발생 시 가능한 한 빨리 교정기관에 알리는 노력이 필요합니다.

Q3. 가족 접견 시, 특히 어린 자녀와 함께 방문할 경우 어떤 준비를 하는 것이 좋을까요?

A. 어린 자녀에게 교도소 방문은 낯설고 두려운 경험이 될 수 있습니다. 따라서 자녀가 방문을 좀 더 편안하게 받아들이고 부모와의 만남을 긍정적으로 기억할 수 있도록 사전 준비가 중요합니다.

- ❖ **사전 설명:** 자녀의 연령에 맞춰 교도소가 어떤 곳인지, 왜 부모님이 그곳에 계시는지, 접견은 어떤 방식으로 이루어지는지 등을 솔직하고 이해하기 쉽게 설명해주는 것이 좋습니다. 교도소가 무서운 곳이 아니며, 부모님은 여전히 자녀를 사랑하고 있다는 점을 강조해야 합니다.
- ❖ **환경에 대한 안내:** 접견실의 모습이나 교도관의 역할 등에 대해 미리 이야기해주어 자녀가 현장에서 당황하지 않도록 돕습니다. 일반접견은 민원실에서 신청 후 접견실로 바로 연결되어 교정시설 안으로 깊이 들어가지 않고도 만날 수 있다는 점을 알려주는 것도 좋습니다.
- ❖ **긍정적 마음가짐:** 부모 역시 자녀와의 만남을 기대하고 있으며, 자녀를 만나는 것이 큰 힘이 된

다는 것을 전달하여 자녀가 방문에 대해 긍정적인 마음을 갖도록 유도합니다.
- ❖ **외부 자원 활용**: 아동복지실천회 '세움'과 같은 단체에서는 수용자 자녀를 위한 다양한 지원 프로그램을 제공하고 있으며, 이에는 '세움 메타버스 접견 체험'과 같이 가상현실을 통해 접견 상황을 미리 경험해볼 수 있는 프로그램도 포함될 수 있습니다. 이러한 자원을 활용하는 것도 좋은 방법입니다. 자녀가 수감된 부모를 만나는 과정에서 겪을 수 있는 심리적 어려움을 최소화하고, 부모-자녀 관계를 긍정적으로 유지하는 데 있어 자녀의 방문 경험은 매우 중요합니다.

'세움 메타버스 접견 체험'과 같은 혁신적인 접근 방식은 교정시설 방문이라는 낯설고 잠재적으로 위협적인 환경에 대한 아동의 불안감을 줄여주는 데 효과적일 수 있습니다. 이는 교정 환경 내에서도 아동 중심적 접근을 시도하는 것으로, 실제 접견의 질을 향상시킬 수 있습니다. 수용자는 가족에게 이러한 자원의 존재를 알리고 활용을 권장함으로써, 자녀의 필요를 이해하고 방문 경험을 최대한 긍정적으로 만들고자 노력하는 모습을 보여줄 수 있으며, 이는 궁극적으로 부모-자녀 관계 강화에 기여할 것입니다.

다음은 교정시설 방문 접견에 대한 안내표입니다.

[표 3] 교정시설 방문 접견 빠른 안내

접견 종류	주요 대상 및 특징	신청 방법 및 주요 요건	주요 규칙 (동반 인원, 시간, 취소 등)	긍정적 경험을 위한 조언
일반접견	모든 수용자 및 가족/지인. 칸막이 시설이 있을 수 있음.	온라인/전화 예약. 신분증 지참.	동반 2~5인 (기관별 상이). 시간 10~30분. 당일 취소/미실시 예약 제한.	미리 대화 주제를 생각하고, 긍정적이고 지지하는 대화 나누기.
스마트접견 (화상접견)	원거리 거주 가족 등 직접 방문 어려운 경우.	가족 최초 1회 교정기관 방문 사전등록 (신분증, 가족관계증명서류). 이후 온라인/전화 등 예약.	일반접견 규정 준용. 접견 횟수 포함.	화면을 통해 표정과 목소리를 전달하므로, 밝고 명확하게 소통하기.
가족만남의 집 이용	모범수형자 또는 교화상 특별히 필요한 수용자 및 그 가족. 1박 2일 등 숙식하며 생활.	수용자 신청 또는 교정기관 선정. 가족관계 증명 필요.	시설 규정 준수. 공동 생활용품 사용 및 관리.	편안한 분위기에서 깊은 대화, 일상 공유, 함께 식사하며 유대감 형성.
장소 변경 접견	접촉차단시설 없는 곳에서 만남 (교도관 참여). 미성년 자녀 동반 시 등.	민원실 방문 신청 (신청사유, 증빙서류). 심사 후 허가. 일부 수용자 제한.	주 1회, 30분 이내.	칸막이 없이 좀 더 가까이서 대화 가능. 자녀와 손잡기 등 신체 접촉 가능 (규정 확인 필요).

[section 4.2] 서신 – 종이 위에 담는 마음

Q1. 교도소로 편지를 보내고 받는 방법, 특히 e-그린우편 서비스는 어떻게 이용하나요?

A. 서신은 수용자와 외부 세계를 잇는 중요한 소통 수단입니다. 특히 직접 만나기 어려운 상황에서 편지는 서로의 안부를 묻고 마음을 전하는 따뜻한 매개체가 됩니다.

- ❖ **일반 우편**: 전통적인 방식의 손편지는 여전히 많은 수용자에게 큰 위안을 줍니다. 규격봉투를 사용하고, 보내는 사람과 받는 사람의 주소(수용기관 사서함 주소, 수용번호, 이름 명기)를 정확히 기재하여 우체국을 통해 발송하면 됩니다.

- ❖ **e-그린우편 (인터넷우체국 서비스)**: 과거 운영되던 교정본부 자체 '인터넷 편지' 서비스는 2023년 10월 4일부로 인터넷우체국(epost.go.kr)의 'e-그린우편' 서비스로 개편되었습니다. 이 서비스는 작성된 내용을 우체국에서 출력하여 실제 우편물처럼 수용자에게 배달해주는 방식입니다.

    - **이용 방법**: 인터넷우체국 웹사이트에 접속하여 회원가입 및 로그인 후, '우편' > '전자우편' > 'e-그린우편' 메뉴에서 신청합니다. 보내는 사람/받는 사람 정보(수용기관 사서함 주소, 수용번호, 수용자 성명 정확히 기재)를 입력하고, 내용을 작성하거나 미리 작성한 문서 파일(hwp, doc, pdf 등 지원)을 첨부할 수 있습니다.

    - **주의사항**: e-그린우편은 모바일 기기에서는 작성이 불가능하며, PC 환경에서만 이용할 수 있습니다. 또한, 과거 무료였던 인터넷 편지와 달리 e-그린우편은 종류(일반, 익일특급 등)에 따라 요금이 발생합니다. 익일특급은 낮 12시 이전 결제 건에 한해 다음 날 배달됩니다.

기존의 무료 '인터넷 편지' 서비스가 유료인 'e-그린우편'으로 전환된 점은 일부 가족들에게 경제적 부담으로 작용할 수 있습니다. 수용자에게 편지가 정서적으로 큰 힘이 된다는 점을 고려할 때, 이러한 변화는 특히 경제적으로 어려운 가족들의 편지 발송 빈도에 영향을 미칠 수 있습니다. 이는 수용자의 정서적 안정과 가족 유대감 유지에 부정적인 결과를 초래할 가능성도 배제할 수 없습니다. 따라서 수용자는 가족들이 편지를 보내기 위해 시간과 비용을 들인다는 점을 인지하고 감사함을 표현하는 것이 좋으며, 가족들 또한 상황에 맞춰 전통적인 손편지 방식도 꾸준히 활용하는 것을 고려해볼 수 있습니다.

Q2. 편지에는 주로 어떤 내용을 쓰고, 어떤 내용은 피해야 하나요?

A. 편지는 수용자에게 바깥세상의 소식을 전하고 정서적 지지를 보내는 중요한 통로입니다. 내용은 수용자에게 힘과 위안을 줄 수 있도록 긍정적이고 희망적인 내용을 담는 것이 좋습니다.

❖ **권장 내용:**

- **일상생활 공유:** 가족들의 소소한 일상, 자녀의 성장 이야기, 주변 사람들의 안부 등 평범한 이야기들이 수용자에게는 바깥세상과의 연결고리가 됩니다.
- **정서적 지지와 격려:** 사랑과 관심, 변함없는 지지를 표현하고, 어려운 상황을 잘 이겨내고 있다는 격려의 말을 전하는 것이 중요합니다. 건강을 염려하고 응원하는 메시지도 큰 힘이 됩니다.
- **긍정적인 미래 계획:** 함께할 미래에 대한 희망적인 이야기를 나누며 긍정적인 마음을 유지하도록 돕습니다.
- **좋은 글귀나 경험 공유:** 힘이 되는 책의 구절이나 감동적인 이야기, 또는 자신의 긍정적인 경험을 나누는 것도 좋습니다.

❖ **피해야 할 내용:**

- **부정적이거나 절망적인 소식:** 가급적 수용자의 불안감을 가중시키거나 절망감을 줄 수 있는 내용은 피하는 것이 좋습니다. 불가피하게 전해야 할 경우, 신중하게 표현하고 희망적인 메시지를 함께 전달하는 것이 바람직합니다.
- **비난이나 원망:** 과거의 잘못을 반복적으로 언급하며 비난하거나 원망하는 내용은 관계 회복에 도움이 되지 않습니다.
- **규정 위반 내용:** 음란한 내용, 욕설, 타인을 비방하는 글, 광고성 글 등은 전달되지 않거나 삭제될 수 있습니다. 또한, 사건과 관련된 증거 인멸을 시도하거나 공범과 연락하려는 내용 등은 엄격히 금지됩니다.

수용자에게 편지는 단순한 소식을 넘어, 세상과의 연결을 느끼게 하는 중요한 창구입니다. 따라서 편지를 받는 수용자가 어떤 소식에 가장 목말라 할지, 어떤 이야기가 그들에게 안정감을 줄지를 고려하는 것이 중요합니다. 비록 특별히 '흥미로운' 사건이 없더라도, 가족들이 일상생활의 소소한 이야기들을 꾸준히 전해주는 것 자체가 수용자에게는 자신이 잊히지 않았다는 위안과 지속적인 관심의 표현으로 받아들여질 수 있습니다. 편지를 쓰는 행위 그 자체가 사랑과 관심의 증표이므로, 정기적인 서신 교환은 내용의 특별함 이상으로 관계 유지에 중요한 역할을 합니다.

Q3. 편지에 사진 등을 동봉할 때 허용되는 것과 금지되는 것은 무엇인가요?

A. 편지에 사진을 동봉하는 것은 수용자에게 큰 기쁨을 줄 수 있지만, 모든 사진이나 물품이 허용되는 것은 아닙니다. 교정시설의 안전과 질서 유지, 그리고 수용자의 교정교화를 위해 반입 가능한 물품에 대한 규정이 엄격하게 적용됩니다.

❖ **허용되는 사진:**
- 일반적으로 수용자의 배우자, 직계존비속(부모, 자녀 등), 배우자의 직계존속 등 가족사진은 허용됩니다.
- 풍경 사진 등 정서 순화 및 교정교화에 도움이 된다고 판단되는 사진도 가능할 수 있습니다.
- 조사 중이거나 징벌 중인 수용자의 경우, 배우자 및 직계존비속 사진에 한해 허용될 수 있습니다.
- 수용자는 소지하고 있는 사진 중 1매(크기 18cm×13cm 이내)에 한해 개인 사물함에 비치할 수 있습니다.

❖ **금지되는 사진 및 물품:**
- 음란물, 선정적인 사진: 미풍양속을 해치거나 수용자의 정서 안정에 유해하다고 판단되는 사진은 금지됩니다.
- 문신 노출 사진, 술/담배 관련 사진: 음주나 흡연 장면, 문신이 드러난 사진 등은 교정교화에 방해된다고 보아 제한됩니다.
- 연예인 사진, 초상권 없는 일반인 사진(예: 인스타그램 사진): 교정교화에 도움이 되지 않는다고 판단될 수 있습니다.
- 비방, 광고, 폭력적인 내용의 사진: 타인을 비방하거나 상업적 광고, 폭력성을 조장하는 사진은 금지됩니다.
- 현금, 수표, 우표, 편지지, 봉투 등: 재화로 사용될 수 있거나 편지 외 용도로 사용될 수 있는 물품은 동봉할 수 없습니다. 이러한 물품은 교정시설 내 구매부를 통해 구입해야 합니다.
- 폴라로이드 사진, 코팅된 사진, 게임류(낱말찾기 등): 변형되거나 다른 용도로 사용될 가능성이 있는 물품은 제한됩니다.
- 전자물품, 다과, 의약품 등: 금지물품으로 간주되어 반송되거나 영치 후 가족에게 반환 또는 석방 시 교부될 수 있습니다.

모든 서신은 금지물품 반입 방지를 위해 개봉되어 내용물을 확인받게 됩니다. 따라서 규정에 어긋나는 사진이나 물품을 동봉할 경우, 편지 전체가 반송되거나 해당 물품만 제외되고 전달될 수 있으므로 주의해야 합니다. 사진 내용에 대한 상세한 규제는 교정시설이 정서적 연결(가족사진)을 허용하는 동시에 잠재적 혼란이나 부정적 영향(예: 폭력적이거나 음란한 이미지)을 방지하려는 균형점을 찾으려는 노력을 반영합니다. 허용되는 사진은 일반적으로 "교화에 도움이 될 것으로 판단되는" 것들이며, 금지되는 사진들은 교정 질서나 교화 분위기를 저해할 수 있는 내용들입니다.

이러한 규정은 자의적인 것이 아니라 특정한 교정 목표와 관련되어 있으며, 긍정적인 연결은 촉진하되 해로운 요소는 차단하려는 의도입니다. 따라서 가족들은 사진을 선택할 때 '교화에 도움이 될 것'이라는 원칙을 신중히 고려해야 하며, 수용자 또한 가족에게 어떤 종류의 사진이 승인될 가능성이 높고 의미 있을지 안내해 줄 수 있습니다.

Q4. 편지 내용에 대한 검열은 어느 정도로 이루어지나요?

A. 수용자가 주고받는 서신에 대한 검열 문제는 민감한 부분입니다. 교정 당국은 수용자의 인권 보호 차원에서 편지 내용 자체를 직접적으로 검열하지 않는다고 안내하는 경우가 있습니다. 그러나 이는 편지에 담긴 생각이나 감정 표현의 자유를 완전히 보장한다는 의미와는 다소 차이가 있을 수 있습니다.

법적으로 교정시설의 장은 시설 내 금지물품 반입을 방지하기 위해 모든 서신을 개봉하여 확인할 의무가 있습니다. 즉, 모든 편지는 내용물 확인을 위해 봉투가 열리고 검토되는 과정을 거칩니다. 이 과정에서 편지 내용이 교정시설의 안전과 질서를 현저히 해할 우려가 있거나(예: 도주 계획, 증거 인멸 시도, 다른 수용자나 직원 비방 및 위협 등), 수용자의 교화 또는 건전한 사회복귀를 해칠 우려가 있는 내용, 음란하거나 미풍양속에 어긋나는 내용 등이 발견될 경우 해당 서신은 전달되지 않거나 일부 내용이 삭제될 수 있습니다.

따라서 '검열이 없다'는 안내는 주로 편지에 담긴 개인적인 생각이나 감정 표현을 임의로 수정하거나 삭제하지 않는다는 의미로 해석될 수 있으며, 금지물품 확인 및 교정 질서 유지를 위한 최소한의 내용 확인은 이루어진다고 이해하는 것이 적절합니다. '검열'에 대한 외견상 모순된 설명은 실제로는 검사의 목적과 범위에 대한 구분에서 비롯된 것으로 보입니다.

즉, 교정 당국은 사상이나 개인적 표현을 통제하려는 의도보다는, 주로 물리적인 금지물품의 반입을 막고 시설 내 규율을 위반하는 명백한 내용(예: 음란물, 협박, 범죄 모의 등)을 차단하는 데 중점을 둡니다.

따라서 가족들은 개인적인 안부, 감정, 소식 등을 비교적 자유롭게 편지에 담을 수 있으나, 명시적으로 금지된 내용이나 물품은 포함하지 않도록 각별히 주의해야 합니다. 수용자 역시 자신의 편지가 개봉되어 확인될 수 있다는 점을 인지하고, 오해를 살 수 있는 민감한 내용은 신중하게 표현하거나 가능하다면 접견 시 구두로 전달하는 방법을 고려하는 것이 좋습니다.

[section 4.3] 전화 통화 - 집의 목소리를 듣다

Q1. 교도소에서 전화 통화를 하려면 어떤 규칙을 따라야 하고, 신청 절차나 비용, 상대방 전화번호 등록은 어떻게 하나요?

A. 전화 통화는 수용자가 가족 및 지인의 목소리를 직접 들으며 정서적 유대감을 나눌 수 있는 신속한 소통 방법입니다. 그러나 이용에는 일정한 규칙과 절차가 따릅니다.

- ❖ **이용 규칙 및 허가:** 수용자는 소장의 허가를 받아 외부와 전화 통화를 할 수 있습니다. 통화 횟수와 시간은 수용자의 처우 등급에 따라 차등 적용됩니다. 예를 들어, S1급은 월 20~25회, S2급은 월 15~20회, S3급은 월 5~10회, S4급은 월 5회 등으로 제한될 수 있으며, 1회 통화 시간은 보통 5분입니다. 하루 최대 2회까지 사용 가능할 수 있습니다.

- ❖ **통화 방식 및 비용:** 전화는 지정된 전화기를 이용하여 이루어지며, 통화 내용은 자동으로 녹음되어 관리될 수 있습니다. 통화 비용은 수용자의 영치금에서 자동으로 차감됩니다.

- ❖ **통화 상대방 등록:** 원칙적으로 전화 통화는 사전에 등록된 상대방에게만 가능합니다. 통화 대상이 되는 가족이나 지인은 개인정보 활용 및 제3자 제공에 동의하는 서류를 제출해야 하며, 이 절차를 거쳐 통화 가능 목록에 등록됩니다. 입소 시 기재한 가족이나 기존에 통화했던 사람도 대상이 될 수 있습니다.

- ❖ **신청 및 문의:** 전화 통화 관련 문의나 지인 등록 절차 등은 교정민원콜센터(1363)를 통해 안내받을 수 있습니다.

전화 통화 상대방이 '개인정보 활용 및 제3자 제공 동의서'를 제출해야 하는 절차는 개인정보 보호 및 보안을 위한 조치이지만, 가족에게는 추가적인 행정 절차를 의미하며, 이로 인해 즉흥적으로 새로운 번호로 통화하는 데는 제약이 따릅니다. 이는 수용자의 전화 사용을 체계적으로 관리하고 어느 정도 제한하는 역할을 합니다. 수용자는 통화를 원하는 가족이나 지인이 이러한 동의 절차를 완료할 수 있도록 사전에 충분히 안내하고 협조를 구해야 합니다. 이는 계획적인 소통을 필요로 하며, 미등록된 상대방과의 갑작스럽거나 긴급한 통화는 어렵다는 점을 인지해야 합니다.

또한, 수용자의 처우 등급에 따라 전화 통화 허용 횟수가 달라지는 것은 행동에 따른 특혜이자 통제 수단으로 작용합니다. 이는 수용자가 가장 즉각적으로 가족의 목소리를 들을 수 있는 기회에 직접적인 영향을 미칩니다. 높은 등급의 수용자일수록 더 많은 통화 기회를 얻게 되므로, 이는 수용자에게 모범적인 수용 생활을 유지하고 등급 향상을 위해 노력할 강력한 동기가 될 수 있습니다. 수용자 자신의 행동이 가족과의 중요한 소통 채널에 직접적인 영향을 미친다는 사실을 이해하는 것이 중요합니다.

[표 4] 가족과의 주요 소통 방법 비교

소통 방법	간략 설명	주요 이용 방법 및 조건	주요 제한사항 및 비용	가족 관계에 주는 의미
일반접견	칸막이 등을 사이에 두고 직접 대면	사전 예약 (온라인/전화), 신분증 지참	횟수/시간/동반 인원 제한, 예약 취소 시 불이익	직접 얼굴을 보며 안부를 확인하고 정서적 교감
스마트접견 (화상접견)	인터넷 화상 통화	가족 최초 1회 방문 사전 등록 필수, 이후 예약	일반접견 규정 준용, 인터넷 환경 필요	지리적 제약 없이 얼굴 보며 대화, 심리적 안정 도모
가족만남의 집 이용	가정집 유사 환경에서 1박 2일 등 숙식	모범수형자 등 대상, 기관 선정 또는 신청	이용 자격 제한적, 시설 규정 준수	보다 깊고 편안한 분위기에서 가족 유대 강화, 사회 복귀 준비
장소변경 접견	접촉 차단 시설 없는 곳에서 대면 (교도관 참여)	신청 및 심사 후 허가, 일부 수용자 제한	주 1회, 30분 이내 등	신체적 접촉 (예: 손잡기) 가능성, 자연스러운 대화
서신 (일반우편)	손편지	우체국 통해 발송 (수용기관 사서함 주소, 수용번호, 이름 명기)	우편요금 발생, 배송 시간 소요	진솔한 마음을 글로 전달, 반복해서 읽으며 위안

서신 (e-그린우편)	인터넷 작성, 우체국 출력/배달	인터넷우체국 (PC만 가능), 사서함 주소 등 정확히 기재	유료 서비스, 모바일 작성 불가	신속한 편지 전달 가능 (익일특급 등), 사진 등 파일 첨부 가능성 (제한적)
전화 통화	음성 통화	소장 허가, 처우 등급별 횟수/시간 제한, 상대방 사전 등록 및 동의 필요	통화 시간제한 (예: 5분), 통화 내용 녹음 가능, 영치금 차감	즉각적인 목소리 소통, 안부 확인 및 정서적 지지

[section 4.4] 배우자 등 - 핵심적인 유대감 재건 및 강화

수용 생활 중에도 배우자, 자녀, 연로하신 부모님 등 각 가족 구성원과의 관계를 건강하게 유지하고 발전시키기 위한 맞춤형 노력이 필요합니다. 각 관계의 특성을 이해하고 적절한 방법으로 소통하는 것이 중요합니다.

Q1. 떨어져 있는 동안 배우자와의 신뢰와 친밀감을 유지하기 위한 전략은 무엇인가요?

A. 수용 생활로 인한 배우자와의 물리적 분리는 신뢰와 친밀감 유지에 큰 어려움을 초래합니다. 이를 극복하기 위해서는 수용자의 적극적이고 진솔한 노력이 무엇보다 중요합니다.

- ❖ **일관된 소통:** 편지나 접견, 전화 통화 등 허용된 모든 방법을 통해 꾸준히 소통하는 것이 기본입니다. 연락의 빈도만큼 중요한 것은 진심을 담아 소통하려는 자세입니다.

- ❖ **애정과 관심 표현:** 배우자를 향한 변함없는 사랑과 관심을 지속적으로 표현해야 합니다. 배우자가 혼자 겪고 있을 어려움을 이해하고 지지하고 있음을 알려주는 것은 큰 힘이 됩니다.

- ❖ **과거의 잘못에 대한 진솔한 사과와 책임감 있는 태도:** 과거의 잘못으로 인해 배우자에게 상처를 주었다면 진심으로 사과하고, 자신의 행동에 책임을 지려는 모습을 보여야 합니다. 이는 신뢰 회복의 첫걸음입니다.

- ❖ **배우자의 어려움 공감 및 감사 표현:** 수용 생활로 인해 배우자가 겪게 되는 경제적, 정서적, 사회적 어려움을 깊이 헤아리고, 이를 인내하며 가정을 지키고 있는 배우자에게 진심으로 감사하는 마음을 전달해야 합니다.

- ❖ **'부부접견' 등 제도 활용:** '가족만남의 집' 이용과 같은 제도는 부부간의 관계를 회복하고 심리적 안정을 찾는 데 도움을 줄 수 있도록 마련된 것입니다. 이러한 기회가 주어진다면 적극적으로 활

용하여 관계 개선의 계기로 삼아야 합니다.

'부부관계 정상적으로 복원'이라는 표현에서 알 수 있듯이, 교정 당국은 배우자와의 관계가 수감으로 인해 손상될 수 있음을 인지하고 있으며, 이를 회복하기 위한 적극적인 개입의 필요성을 인정하고 있습니다. 따라서 수용자는 이러한 접견 기회를 단순한 만남이 아닌, 관계 치료의 과정으로 여기고 진지하게 임하는 것이 중요합니다. 배우자가 수용자 없이 외부에서 겪는 정서적, 경제적, 사회적 이중고를 수용자가 얼마나 깊이 이해하고 공감하는지가 신뢰 재건의 핵심입니다. 배우자의 고통을 인정하고 그들의 감정을 수용하는 태도 없이는 진정한 관계 회복을 기대하기 어렵습니다. 따라서 수용자는 배우자의 이야기에 귀 기울이고, 그들의 감정을 존중하며, 배우자의 강인함과 인내에 대해 꾸준히 감사를 표현하는 등 외향적인 관심과 노력을 보여야 합니다.

Q2. 배우자와 편지나 접견으로 효과적으로 소통하는 방법은 무엇인가요?

A. 제한된 환경과 시간 속에서 배우자와 효과적으로 소통하기 위해서는 몇 가지 기술이 필요합니다.

- ❖ **솔직함과 지지**: 자신의 감정을 솔직하게 표현하되, 항상 배우자를 지지하고 격려하는 태도를 유지해야 합니다.
- ❖ **적극적인 경청**: 접견 시에는 배우자의 말을 중간에 끊지 않고 끝까지 주의 깊게 들어주는 것이 중요합니다. 배우자가 자신의 생각과 감정을 충분히 표현할 수 있도록 편안한 분위기를 만들어야 합니다.
- ❖ **공감적 대화 시도**: '이마고 대화법'과 같은 전문적인 부부 대화법의 원리를 참고하여, 상대방의 말을 그대로 반복하며 이해했는지 확인하는 '반영하기', 상대방의 입장에서 타당성을 인정해주는 '인정하기', 상대방의 감정을 함께 느끼려는 '공감하기' 등을 편지나 대화에 적용해보려는 노력이 도움이 될 수 있습니다.
- ❖ **비난 지양, 미래 지향적 대화**: 과거의 잘못이나 현재의 어려움에 대해 서로를 비난하기보다는, 함께 만들어갈 긍정적인 미래에 초점을 맞추어 대화하는 것이 바람직합니다.

'이마고 대화법'과 같은 구체적인 소통 기법의 제안은 교도소라는 제한된 환경에서 부부

관계를 유지하는 데 있어 단순한 '대화' 이상의 세심하고 의식적인 노력이 필요함을 시사합니다. 즉, 어떻게 소통하는가가 관계의 질을 결정짓는 중요한 요소가 됩니다. 이러한 대화법의 핵심 원리(예: 방해 없이 경청하기, 동의하지 않더라도 상대방의 관점을 이해하려 노력하기, '나'를 주어로 자신의 감정 표현하기 등)를 배우고 적용하려는 노력은 배우자와의 소통의 질을 향상시키겠다는 의지를 보여주는 것입니다. 이는 피상적인 안부 교환을 넘어, 물리적 거리와 스트레스에도 불구하고 더 깊은 정서적 연결을 가능하게 할 수 있습니다.

Q3. 수용 중 배우자와의 이혼 위기나 이혼 요구에 어떻게 대처해야 하나요?

A. 수용 생활 중 배우자로부터 이혼 요구를 받거나 관계에 심각한 위기가 발생하는 것은 매우 고통스러운 일입니다. 이러한 상황에 직면했을 때는 감정적으로 대응하기보다 침착하게 상황을 파악하고 적절한 조치를 취해야 합니다.

- ❖ 솔직한 대화 시도: 가능하다면 편지나 접견을 통해 배우자와 현재의 어려움에 대해 솔직하게 대화하려는 노력이 필요합니다. 배우자가 느끼는 감정과 이혼을 고려하게 된 이유를 경청하고 이해하려는 자세가 중요합니다.

- ❖ 법적 절차 이해: 만약 배우자가 이혼 소송을 제기했다면, 수용자도 법적 절차에 따라 대응할 권리가 있습니다. 교도소장의 허가를 받아 소송 절차에 참여할 수 있으며, 필요한 경우 변호사의 도움을 받을 수 있습니다. 수용 사실 자체가 자동적인 이혼 사유가 되는 것은 아니지만, 수감의 원인이 된 범죄 행위가 민법상 재판상 이혼 사유(예: 배우자에 대한 심히 부당한 대우 등)에 해당될 수는 있습니다.

- ❖ 전문가 조언 구하기: 법률적인 문제나 극심한 감정적 어려움에 대해서는 변호사나 심리 상담 전문가의 조언을 구하는 것이 현명합니다.

수용자를 포함하는 이혼 절차에 대한 법적 규정은 정당한 법적 과정을 보장하지만, 동시에 가족 해체의 가능성을 명확히 보여줍니다. 이는 결혼 관계를 유지하고자 하는 수용자에게 관계 회복을 위한 적극적인 노력이 시급함을 강조합니다. 법원은 수감 상황을 고려하여 소통을 진행하지만, 이혼 절차 자체를 중단시키지는 않습니다. 즉, 외부의 배우자는 법적 절차를 통해 결혼 관계를 종료할 수 있으며, 수용자는 결혼 생활이 그저 정체된 상태로 유지될 것이라고 안일하게 생각해서는 안 됩니다. 만약 결혼 생활을 소중하게 여긴다면, 위기를 초래한 문제들을 적극적으로 해결하려는 노력이 필수적이며, 모든 소통 채널을 활용하여 배우자의 입장을 이해하고 화해를 시도하는 것이 중요합니다.

Q4. 교정시설 내 또는 외부 지원을 통해 받을 수 있는 부부 상담이나 관계 개선 프로그램이 있나요?

A. 교정 당국은 수용자의 가족 관계 회복을 중요하게 여기며, 이를 위한 다양한 프로그램을 운영하고 있습니다. 일반적인 사회에서처럼 지속적인 형태의 전문 부부 상담이 모든 수용자에게 보편적으로 제공되기는 어려울 수 있으나, 관계 개선을 위한 기회는 존재합니다.

- ❖ 법무부 '가족관계회복 지원' 프로그램: 법무부는 '가족만남의 날 행사', '가족만남의 집 이용', '가족접견실 이용', '가족사랑캠프 참여' 등 다양한 교화 프로그램을 통해 수용자와 그 가족의 관계 회복을 지원합니다. 이러한 프로그램들은 배우자와의 관계 개선에도 긍정적인 영향을 줄 수 있습니다. 예를 들어, 제주교도소의 '가족사랑캠프'는 제주시 건강가정지원센터와 같은 외부 기관과 협력하여 진행되기도 합니다.

- ❖ 심리치료 프로그램: 일부 교정시설에서는 범죄 유형별로 특화된 심리치료 프로그램을 운영하며, 이는 수용자 개인의 문제 행동을 개선하고 결과적으로 가족 관계에 긍정적인 영향을 미칠 수 있습니다.

- ❖ 외부 상담기관: 교정시설 외부에는 부부 상담을 전문으로 하는 다양한 상담센터가 있으며, 수용자의 배우자가 이러한 기관의 도움을 받거나, 출소 후 부부가 함께 상담을 받는 것을 고려해볼 수 있습니다.

교정시설에서 직접 제공하는 지속적인 '부부 치료' 프로그램은 드물 수 있지만, '가족관계 회복 지원' 프로그램들은 배우자와의 소통과 연결을 개선하기 위한 중요한, 비록 덜 집중적일지라도, 개입 수단으로 기능합니다. 이러한 프로그램의 효과는 부부가 주어진 기회 동안 얼마나 적극적으로 참여하고 소통하려는지에 달려있습니다. '가족만남의 집'과 같은 프로그램은 부부 관계에 긍정적인 결과를 가져올 수 있으며, 이는 단순한 만남을 넘어 관계 개선을 위한 플랫폼을 제공하는 것입니다. 그러나 이러한 프로그램이 자동적으로 관계를 회복시키는 것이 아니며, 부부의 능동적인 참여와 노력이 필수적입니다. 따라서 수용자는 이러한 프로그램을 단순히 배우자를 만나는 기회로만 여기기보다는, 주어진 틀 안에서 더 나은 소통을 연습하고, 감정을 표현하며, 관계 개선을 위해 노력하는 소중한 시간으로 활용해야 합니다.

[section 4.5] 자녀 - 떨어져 있어도 부모로서

Q1. 수감 사실을 자녀에게 어떻게 설명해야 할까요 (연령별 고려사항 포함)?

A. 부모의 수감 사실을 자녀에게 알리는 것은 매우 어렵고 신중해야 하는 일입니다. 자녀의 연령과 이해 수준을 고려하여 솔직하면서도 안정감을 줄 수 있는 방식으로 설명하는 것이 중요합니다.

- ❖ 솔직함과 연령 적합성: 자녀에게 거짓말을 하거나 사실을 숨기는 것은 장기적으로 더 큰 상처와 불신을 초래할 수 있습니다. 자녀의 연령에 맞춰 이해할 수 있는 수준으로 상황을 설명하되, 부모의 잘못임을 명확히 하고 그것이 결코 자녀의 잘못이 아님을 반복해서 강조해야 합니다.
- ❖ 자녀의 감정 수용: 수감 사실을 알게 된 자녀는 혼란, 슬픔, 분노 등 다양한 감정을 느낄 수 있습니다. 이러한 감정을 충분히 표현하도록 격려하고, 판단 없이 수용하며 위로해주는 것이 중요합니다.
- ❖ 지속적인 사랑과 안정감 제공: 부모가 떨어져 있더라도 여전히 자녀를 깊이 사랑하고 있으며, 언젠가는 다시 함께할 것이라는 희망을 주어야 합니다. 규칙적인 생활과 안정적인 환경을 제공하는 것도 자녀의 불안감을 줄이는 데 도움이 됩니다.
- ❖ 전문가 및 지원단체 활용: 아동복지실천회 '세움'과 같은 단체에서는 수용자 자녀와 그 가족을 위한 상담 및 지원 프로그램을 제공하며, '내일을 위한 용기'와 같은 지침서를 통해 구체적인 조언을 얻을 수 있습니다.

자녀에게 부모의 수감 사실을 숨기는 것에 대한 경고와 연령에 맞는 솔직함의 강조는 아이들이 종종 스스로 상황을 해석하며 실제보다 더 해로운 결론(예: 자책감, 버려졌다는 느낌)에 이를 수 있다는 이해에서 비롯됩니다. 아이들은 부모의 부재에 대한 불분명하거나 잘못된 설명을 들으면 혼란과 유기 공포, 또는 부적절한 죄책감을 느낄 수 있습니다. 따라서 단순화되고 연령에 적합한 진실된 설명은 아이가 상황을 이해하는 틀을 제공하고, 자책감을 줄이며, 남은 보호자 및 궁극적으로 수감된 부모와의 신뢰를 유지하는 데 도움이 됩니다. 이는 아이가 혼란스러운 허구가 아닌 현실을 처리하도록 돕습니다. 수용자는 배우자나 다른 보호자와 함께 자녀에게 언제, 어떻게 이 사실을 알릴지 논의해야 하며, 편지나 접견을 통해 이 문제를 정직하게 다루면서 안심과 사랑을 전달하고, 그것이 결코 자녀의 잘못이 아님을 강조할 준비를 해야 합니다. '세움'과 같은 기관의 자료는 이러한 어려운 대화에 매우 중요한 지침을 제공할 수 있습니다.

Q2. 자녀에게 힘이 되고 사랑을 전하는 편지는 어떻게 써야 할까요? 어떤 내용을 담는 것이 좋을까요?

A. 자녀에게 보내는 편지는 부모의 사랑을 전하고 정서적 유대감을 유지하는 소중한 도구입니다. 자녀의 연령과 상황을 고려하여 진심을 담아 작성하는 것이 중요합니다.

- ❖ 사랑과 자부심 표현: 자녀를 얼마나 사랑하는지, 자녀가 얼마나 자랑스러운 존재인지 구체적인 표현으로 전달합니다.
- ❖ 긍정적 추억 공유: 함께했던 즐거운 추억을 상기시키며 부모와의 긍정적인 연결고리를 강화합니다.
- ❖ 안심시키기: 부모의 부재가 자녀의 잘못이 아니라는 점을 다시 한번 강조하고, 현재 안전하게 지내고 있으며 언젠가 다시 만날 것이라는 희망을 줍니다.
- ❖ 일상과 관심사 공유 (제한적): 자신의 수용 생활에 대해 자녀가 이해할 수 있는 수준에서 간략히 언급하고(긍정적인 측면 위주로), 자녀의 학교생활, 친구 관계, 관심사 등에 대해 질문하며 소통을 이어갑니다.
- ❖ 미래에 대한 희망: 함께할 미래에 대한 그림을 그리며 긍정적이고 희망적인 메시지를 전달합니다.
- ❖ 자녀의 감정 헤아리기: 자녀가 편지를 통해 표현하는 감정(기쁨, 슬픔, 걱정 등)을 세심하게 읽고 다음 편지에 그에 대한 공감과 지지를 표현해줍니다.
- ❖ 일관성 있는 어조: 편지 전체적으로 따뜻하고 희망찬 어조를 유지하여 자녀에게 안정감을 줍니다.

특히 어린 자녀에게는, 수감된 부모로부터 온 편지의 물리적 존재감 자체가 중요한 의미를 가질 수 있습니다. 글자 하나하나에 담긴 부모의 마음과 함께, 손으로 만지고 간직할 수 있는 편지는 아이에게 부모가 여전히 자신의 삶 속에 존재한다는 느낌을 주는 강력한 매개체가 됩니다. 전화 통화나 화상 접견과는 달리, 편지는 아이가 원할 때마다 꺼내 읽으며 부모의 사랑을 확인할 수 있는 지속적인 위안의 원천이 될 수 있습니다. 따라서 수용자는 가능하다면 단정한 글씨로 정성껏 편지를 작성하고, 아이의 연령에 맞춰 간단한 그림(규정 허용 범위 내)을 그려 넣는 등의 노력을 통해 편지의 정서적 효과를 높일 수 있습니다.

Q3. 부모의 수감으로 인해 자녀가 겪을 수 있는 정서적 어려움과 트라우마를 이해하고 지원하려면 어떻게 해야 하나요?

A. 부모의 수감은 자녀에게 매우 충격적인 사건으로, 다양한 정서적 어려움과 심리적 트라우마를 유발할 수 있습니다. 수용자는 이러한 가능성을 인지하고, 자녀가 적절한 지원을 받을 수 있도록 노력해야 합니다.

- ❖ **자녀의 감정 변화 관찰**: 자녀가 불안, 우울, 위축, 공격성 증가, 죄책감, 수치심 등의 감정 변화를 보이는지 주의 깊게 살펴야 합니다.
- ❖ **안정적인 지지 제공**: 자녀에게 일관된 사랑과 지지를 보내고, 어떤 상황에서도 부모는 자녀를 사랑한다는 것을 확신시켜야 합니다.
- ❖ **전문적인 도움 안내**: 자녀가 심리적으로 큰 어려움을 겪고 있다고 판단되면, 남은 보호자(배우자 등)에게 아동복지실천회 '세움'과 같은 전문기관의 도움을 받도록 권유하는 것이 중요합니다. 이러한 기관에서는 아동 심리 상담, 치료 프로그램, 양육자 교육 등을 제공하여 자녀와 가족 전체의 회복을 돕습니다.
- ❖ **자녀의 잘못이 아님을 강조**: 부모의 수감은 결코 자녀의 잘못이나 책임이 아니라는 점을 반복적으로 설명하여 불필요한 죄책감에서 벗어나도록 도와야 합니다.

'세움'과 같은 단체들이 제공하는 전문적인 지원(상담, 재정 지원, 정책 옹호 등)은 수용자 자녀들이 겪는 복합적인 어려움을 해결하는 데 있어 개별 가정이 혼자 감당하기 어려운 중요한 역할을 합니다. 이는 자녀의 안녕이 단순히 수용자와 가족 간의 역학 관계를 넘어, 다각적이고 외부적인 개입이 필요한 복잡한 문제임을 시사합니다. 수용자 자녀들은 트라우마, 사회적 낙인, 경제적 어려움, 교육 중단 등 특수한 도전에 직면합니다. 이러한 문제들은 종종 남은 부모나 보호자가 혼자 감당하기에는 벅찰 수 있으며, 특히 보호자 자신도 극심한 스트레스를 겪고 있을 가능성이 높습니다. 전문 기관들은 이러한 상황에 필요한 전문 지식과 자원을 제공하여 아동의 건강한 발달을 지원합니다. 따라서 수용자는 가능하다면 이러한 기관에 대해 알아보고 가족들이 도움을 받을 수 있도록 연결하는 것이 중요합니다. 이는 자녀의 포괄적인 복지에 대한 적극적인 관심을 보여주는 것이며, 가족이 겪고 있는 부담에 대해 수용자가 직접적으로 도울 수 없는 부분을 보완하는 역할을 합니다.

[section 4.6] 연로하신 부모님 - 마음 전하기

Q1. 연로하신 부모님의 건강과 안부를 확인하기 위해 허용된 채널(편지, 가족 면회/통화 시 전달 등)을 어떻게 활용할 수 있을까요?

A. 수용 생활 중 연로하신 부모님의 건강은 가장 큰 걱정거리 중 하나일 것입니다. 허용된 소통 방법을 통해 부모님의 안부를 꾸준히 확인하고 마음을 전하는 것이 중요합니다.

- ❖ 편지를 통한 안부 묻기: 정기적으로 편지를 보내 부모님의 건강 상태, 일상생활 등을 여쭙고, 자신의 안부를 전하며 부모님을 안심시켜 드립니다.
- ❖ 다른 가족을 통한 소식 전달: 배우자나 형제자매 등 다른 가족 구성원이 접견이나 전화 통화를 할 때 부모님의 건강 상태나 필요한 사항에 대해 자세히 물어봐 달라고 부탁하고, 그 내용을 전달받습니다.

연로하신 부모를 둔 수용자에게 있어, 부모님의 건강 문제 발생 시 직접 돌봐드릴 수 없다는 사실은 큰 죄책감과 불안감의 원인이 될 수 있습니다. 다른 가족 구성원으로부터 정기적으로 부모님의 안부를 전해 듣는 것은, 비록 간접적일지라도 부모에 대한 자식 된 도리를 다하려는 마음을 어느 정도 충족시켜 줄 수 있습니다. 수용 생활로 인해 직접적인 보살핌은 불가능하지만, 편지나 다른 가족을 통한 소통은 수용자가 부모님의 건강 상태를 파악하고 걱정과 사랑을 표현하는 주된 수단이 됩니다. 이러한 간접적인 연결은 이상적이지는 않지만, 수용자 자신의 정서적 안정과 부모님이 잊히지 않고 보살핌 받고 있다고 느끼게 하는 데 매우 중요합니다. 따라서 수용자는 면회 온 가족이나 전화 통화하는 가족에게 부모님의 안부를 우선적으로 묻고, 편지를 통해 지속적으로 사랑과 걱정을 표현하며, 비록 몸은 떨어져 있지만 마음은 항상 함께하고 있음을 전달해야 합니다.

Q2. 편지를 통해 연로하신 부모님께 걱정과 사랑을 어떻게 표현할 수 있을까요?

A. 편지는 연로하신 부모님께 따뜻한 마음을 전하는 효과적인 방법입니다. 진심을 담아 작성하는 것이 중요합니다.

- ❖ 건강에 대한 염려와 안부: 부모님의 건강을 최우선으로 염려하고, 식사는 잘하시는지, 잠은 편히 주무시는지 등 구체적으로 안부를 묻습니다.

- ❖ 감사한 마음 표현: 지금까지 키워주신 은혜에 대한 감사한 마음, 과거 함께했던 좋은 추억 등을 언급하며 부모님에 대한 존경과 사랑을 표현합니다.

- ❖ 자신의 소식 전달 (긍정적 측면): 자신이 수용 생활에 잘 적응하고 있으며, 건강하게 지내고 있다는 소식을 전하여 부모님의 걱정을 덜어드립니다. 반성하고 새로운 삶을 준비하고 있다는 긍정적인 모습을 보여드리는 것도 좋습니다.

- ❖ 정기적인 연락 약속: 꾸준히 편지를 드리거나 안부를 전하겠다는 약속을 통해 부모님과의 연결고리를 확인시켜 드립니다.

- ❖ 따뜻한 마무리: 부모님의 건강과 행복을 기원하는 따뜻한 말로 편지를 마무리합니다.

수감된 자녀가 연로한 부모에게 보내는 걱정과 사랑이 담긴 편지는 부모에게 자신이 여전히 소중한 존재임을 확인시켜 주고 정서적 안정감을 주는 중요한 역할을 할 수 있습니다. 특히 자녀의 수감으로 인해 고립감, 걱정, 심지어 수치심까지 느낄 수 있는 노부모에게, 자녀로부터 사랑과 건강에 대한 염려, 안부를 묻는 편지를 받는 것은 큰 위로가 되며 부모-자녀 간의 유대감을 재확인시켜 줍니다. 이는 부모님이 잊히지 않았다는 확신을 줍니다. 따라서 수용자는 연로하신 부모님께 정기적으로 편지를 쓰고, 긍정적인 확언, 보살핌의 표현, 건강과 일상생활에 대한 질문에 집중하는 의식적인 노력을 기울여야 합니다. 이러한 편지는 부모님에게 상당한 정서적 지원이 될 수 있습니다.

다음은 구성원별 소통 가이드 표입니다.

[표 5] 가족 구성원별 맞춤 소통 가이드

가족 구성원	주요 소통 목표	대화/편지 추천 내용	주의/피해야 할 점	관련 지원 프로그램/자원
배우자/파트너	신뢰 회복, 친밀감 유지, 미래 공동 설계	솔직한 감정, 반성과 다짐, 배우자에 대한 감사와 지지, 함께할 미래 계획	비난, 과거 잘못 반복 언급, 일방적 요구, 변명	가족만남의 집, 가족사랑캠프, 부부접견 기회, 외부 부부상담 정보 안내
어린 자녀 (미취학/초등 저학년)	안정감 제공, 사랑 표현, 부모-자녀 유대감 유지	쉬운 단어로 사랑 표현, 즐거웠던 추억 이야기, 칭찬과 격려, 다시 만날 날에 대한 희망	어려운 설명, 수감 사실에 대한 자녀 탓 암시, 무서운 이야기	아동친화적 가족접견실, '세움' 등 아동 지원 단체 자료(예: 그림책, 메타버스 체험)
청소년 자녀	이해와 공감, 지지, 진로 및 고민 상담(간접적)	자녀의 생각과 감정 존중, 학업/친구관계 관심, 꿈과 미래 응원, 자신의 경험 공유(교훈적)	일방적 훈계, 자녀의 감정 무시, 과도한 기대 표현	'세움' 등 청소년 지원 프로그램, 편지를 통한 진솔한 대화 시도
연로하신 부모님	안심시켜드리기, 감사와 사랑 표현, 건강 염려	건강과 안부 질문, 감사와 존경 표현, 자신의 건강한 모습 전달, 긍정적 생활 다짐	걱정을 끼치는 부정적 소식 과장, 효도 못한 것에 대한 과도한 자책(부모님 불안 유발 가능)	정기적인 서신, 다른 가족을 통한 안부 전달, 가족만남의 날 등

[section 4.7] 떨어져 있어도 함께 축하하기 - 특별한 날

수용 생활 중에도 가족의 생일, 결혼기념일, 명절 등 특별한 날을 기억하고 마음을 전하는 것은 가족에게 큰 의미를 줄 수 있습니다. 제한된 환경이지만 진심을 담아 축하의 마음을 표현하는 방법을 알아보겠습니다.

Q1. 교도소 안에서 가족의 생일, 기념일, 명절 등을 어떻게 축하하거나 기억할 수 있을까요?

A. 비록 함께하지 못더라도 특별한 날을 기억하고 축하하는 마음을 전하는 것은 가족에게 큰 위로와 기쁨을 줄 수 있습니다.

- ❖ 진심을 담은 편지나 카드 보내기: 가장 일반적이면서도 강력한 방법은 정성껏 작성한 편지나 카드를 보내는 것입니다. 특별한 날에 대한 추억, 축하의 메시지, 함께하지 못하는 아쉬움과 미래를 기약하는 희망 등을 담아 전달합니다. (자체 제작 카드는 규정 확인 필요)
- ❖ 전화 통화 시 특별히 언급하기: 전화 통화 기회가 있다면, 특별한 날임을 언급하고 축하와 사랑의 마음을 직접 목소리로 전달합니다.
- ❖ '가족만남의 날' 등 프로그램 활용: 명절 등 특별한 시기에 맞춰 '가족만남의 날 행사'가 열리는 경우가 있습니다. 이러한 프로그램에 참여하게 된다면 가족과 함께 좀 더 의미 있는 시간을 보낼 수 있습니다.

물리적인 선물이나 함께하는 축하 파티가 불가능한 상황에서, 진심이 담긴 말과 글의 중요성은 더욱 커집니다. 축하의 '선물'은 물질적인 것이 아니라, 그날을 기억하고 정성을 다해 마음을 전하려는 노력 그 자체가 됩니다. 수용자는 특별한 날에 보내는 편지나 전화 통화에 더욱 마음을 쏟아야 합니다. 과거 함께 축하했던 기억을 나누거나, 미래에 함께하고 싶은 일들을 이야기하는 것도 좋습니다. 이렇게 기억하고 마음을 쓰는 행위 자체가 가족에게는 소중한 선물이 될 것입니다.

[section 4.8] 미래를 향하여 - 새로운 시작의 토대로서의 가족

수용 생활을 마치고 사회로 돌아갈 때, 가족은 가장 든든한 울타리이자 새로운 삶을 시작하는 데 필요한 정서적, 실질적 기반이 됩니다. 수용 기간 동안 가족과의 관계를 잘 다져놓는 것은 성공적인 사회 복귀를 위한 가장 중요한 준비 중 하나입니다.

Q1. 가족들은 관계 회복을 위해 노력하는 수용자에게 보통 무엇을 바라나요?

A. 수용자의 진심 어린 변화와 노력을 바라는 가족들의 마음은 복합적이지만, 공통적으로 다음과 같은 기대들을 가질 수 있습니다.

- ❖ 진정한 반성과 변화 의지: 과거의 잘못에 대한 깊은 반성과 함께 다시는 같은 잘못을 반복하지 않겠다는 확고한 변화 의지를 보여주기를 바랍니다. 말뿐이 아닌 행동으로 변화를 증명하는 것

이 중요합니다.

❖ **솔직함과 책임감 있는 태도**: 자신의 잘못을 솔직하게 인정하고 그에 따른 책임을 회피하지 않으려는 자세를 기대합니다. 가족에게 거짓 없이 진솔하게 다가가는 것이 신뢰 회복의 시작입니다.

❖ **가족에 대한 미안함과 감사 표현**: 자신의 잘못으로 인해 가족들이 겪었을 고통에 대해 진심으로 미안함을 표현하고, 그럼에도 불구하고 곁을 지켜준 가족에게 감사하는 마음을 전달하기를 원합니다.

❖ **긍정적인 미래 설계**: 출소 후 가족과 함께 만들어갈 긍정적이고 건강한 미래에 대한 구체적인 계획과 희망을 보여주기를 바랍니다.

❖ **정서적 안정과 지지**: 과거와 달리 가족에게 정서적으로 안정감을 주고, 서로 지지하며 의지할 수 있는 존재가 되어주기를 기대합니다.

물질적 지원을 넘어, 돌아온 수용자에게 가족들이 가장 바라는 것은 정서적 안정, 신뢰성, 그리고 긍정적 변화에 대한 입증된 헌신입니다. 이는 일회성의 큰 제스처보다는 일관된 긍정적 행동이 더 영향력이 크다는 것을 의미합니다. 자료들은 가족 관계가 회복되면서 수용자에게 "책임감, 의무감"이 생기는 것을 언급하며, 가족들은 수용자가 범죄와 분리되어 자녀에게 정서적 지지를 제공하기를 원합니다. 과거의 행동은 상처를 주고 신뢰를 깨뜨렸을 가능성이 높습니다. 가족들은 가족의 의지할 수 있고 건설적인 구성원이 되기 위한 지속적인 노력을 볼 필요가 있습니다. 가족들이 종종 바라는 것은 문제가 있었을지도 모르는 "과거의 정상"으로 돌아가는 것이 아니라, 수용자가 안정과 긍정적 영향의 원천이 되는 "새로운 정상"의 출현입니다. 이는 의사소통, 공감, 책임감 있는 행동에 대한 일관된 노력을 필요로 합니다. 따라서 수용자는 태도와 의사소통에서 일관된 긍정적 변화를 보여주는 데 집중해야 합니다. 공감하고, 책임감 있고, 지지적인 상호작용을 위한 작지만 지속적인 노력은 일관된 후속 조치 없는 거창한 약속보다 가족에게 더 의미 있을 것입니다.

Q2. 수용자 가족들이 이용할 수 있는 지원 서비스에는 어떤 것들이 있나요? (예: '세움', 한국법무보호복지공단 등)

A. 수용자의 가족들은 혼자가 아닙니다. 수감이라는 어려운 상황을 헤쳐나가는 데 도움을 줄 수 있는 다양한 기관과 지원 서비스가 있습니다. 수용자가 이러한 정보를 알고 가족에게 안내하는 것은 큰 힘이 될 수 있습니다.

- ❖ 아동복지실천회 세움: 수용자 자녀를 위한 전문 지원 단체로, 심리·정서 지원(상담, 치료 프로그램), 교육 지원(학습 멘토링, 학용품 지원), 경제적 지원, 법률 및 정책 개선 활동 등 포괄적인 서비스를 제공합니다. '아동친화적 가족접견실' 운영 지원, 자녀 양육 지침서 발간 등 수용자 자녀의 건강한 성장을 돕기 위한 다양한 노력을 기울이고 있습니다.
- ❖ 한국법무보호복지공단: 출소 예정자 및 출소자와 그 가족을 위한 정부 지원 기관입니다. 수용자 가족을 대상으로는 자녀 학업 지원(학자금, 학습물품 등), 가족 심리 상담, 가족관계 향상 프로그램(가족캠프, 가족 나들이 등), 긴급 생계 지원 등을 제공하여 가족의 안정과 재활을 돕습니다.
- ❖ 기타 지역사회 자원: 각 지역의 건강가정지원센터, 정신건강복지센터, 종합사회복지관 등에서도 가족 상담이나 지원 프로그램을 운영하는 경우가 있으므로, 거주 지역의 관련 정보를 알아보는 것이 좋습니다.

수용자 가족을 위한 전문 지원 서비스의 존재는 이들 가족이 직면한 어려움이 복잡하며 종종 가족 자체의 자원을 넘어서는 개입을 필요로 한다는 사회적 인식을 나타냅니다. 이는 도움을 구하는 것을 정상적인 과정으로 만들고 관련된 사회적 낙인을 줄이는 데 기여합니다. '세움'이나 '한국법무보호복지공단'과 같은 기관들은 재정 지원부터 상담에 이르기까지 다양한 지원을 제공하며, 이는 수감 생활이 가족에게 미치는 다면적인 영향, 즉 경제적 어려움, 정서적 고통, 사회적 고립, 자녀의 발달 문제 등을 해결하기 위함입니다. 이러한 서비스 제공은 수용자 가족이 종종 사회적 지원이 필요한 취약 집단임을 인정하는 것이며, 그들의 어려움이 정당하고 외부의 도움을 구하는 것이 타당하며 종종 필요한 단계임을 시사합니다. 수용자는 이러한 자원에 대해 가족에게 알림으로써 중요한 역할을 할 수 있습니다. 이는 실질적인 도움을 제공할 뿐만 아니라, 가족이 겪고 있는 부담에 대한 관심과 이해를 전달합니다. 또한 가족이 지원을 받을 수 있다는 사실을 알게 됨으로써 수용자 자신의 죄책감이나 걱정을 덜어줄 수도 있습니다.

[표 6] 가족 지원 네트워크 및 수용자의 역할

가족의 기대/필요	수용 중 기여 방안 (수용자)	출소 후 기여 방안 (수용자)	가족을 위한 외부 지원 서비스 (기관명 & 주요 서비스)
정서적 안심과 위로	진심 어린 편지/전화 (사랑, 반성, 미래 희망 전달), 접견 시 경청과 공감	일관된 애정 표현, 안정적인 정서 상태 유지, 약속 이행	'세움'(자녀 심리상담), 한국법무보호복지공단(가족 심리상담)

변화에 대한 확신	교정 프로그램 성실 참여, 긍정적 생활 태도 유지, 구체적인 미래 계획 공유	과거 잘못된 생활 청산, 성실한 사회생활, 가족에게 책임감 있는 모습	-
자녀 양육 및 교육 지원	편지를 통한 학업 격려 및 정서적 지지, 자녀의 이야기에 관심 표현	자녀와 질적인 시간 보내기, 학교 활동 참여, 경제적 지원 노력	'세움'(학습지원, 멘토링, 경제적 지원), 한국법무보호복지공단 (자녀 학업지원)
출소 후 경제적 안정	직업훈련 참여 등 자립 준비, 가족에게 경제적 부담 최소화 노력 약속	안정적 직업 활동, 건전한 재정 관리, 가족 부양 노력	한국법무보호복지공단 (취업지원, 주거지원 등)
관계 회복 및 소통 개선	배우자/가족의 어려움 공감, 적극적인 소통 노력(편지, 접견), 가족 관계 회복 프로그램 참여	열린 마음으로 대화, 가족 행사 적극 참여, 함께 시간 보내기	가족만남의 날/집/캠프 참여, 외부 가족상담기관

Chapter 5 | 몸과 마음을 건강하게 유지하기

제한된 공간에서도 스스로 건강을 챙길 수 있는 영양제, 운동 루틴, 의료 이용법, 정신건강 응급 처치 등의 실천법을 전달한다.

[section 5.1] 건강 지키는 작은 습관들

Q1. 제한된 공간에서 할 수 있는 효과적인 운동에는 어떤 것들이 있나요?

A. 교정시설 안에서는 넓은 공간이나 전문 운동기구 없이도 할 수 있는 간단한 운동을 꾸준히 하는 것이 중요합니다. 대표적으로는 제자리 걷기, 스트레칭, 가벼운 근력운동이 있습니다.

제자리 걷기는 한정된 공간에서도 쉽게 할 수 있고, 혈액순환을 촉진하는 데 좋습니다. 하루 10~15분씩 천천히 걷거나, 무릎을 조금 높게 들어 올리며 박자에 맞춰 걸으면 심폐기능

유지에도 도움이 됩니다.

스트레칭은 아침에 일어나자마자 또는 저녁 취침 전, 목, 어깨, 허리, 다리 순서로 가볍게 펴주면 근육 뭉침과 통증을 예방할 수 있습니다. 목을 천천히 좌우로 돌리거나, 팔을 쭉 뻗어 위로 늘이는 동작만으로도 큰 효과가 있습니다.

근력운동은 스쿼트(앉았다 일어나기), 팔굽혀펴기, 벽에 손을 대고 하는 푸시업처럼 체중을 이용한 운동이 좋습니다. 한 번에 10회 정도씩 천천히 반복하고, 점차 횟수를 늘려가는 식으로 진행하면 무리가 없습니다.

중요한 것은 무리하지 않는 것입니다. 처음부터 과도하게 운동하면 오히려 부상 위험이 있으니, 몸 상태를 살피며 조금씩 늘려가야 합니다.

> **제자리 걷기 + 스트레칭 + 가벼운 근력운동**을 매일 10분 실천하면 몸과 마음 모두 건강을 지킬 수 있습니다.

Q2. 당뇨나 고혈압 같은 만성질환이 있을 때 어떻게 관리해야 하나요?

A. 교정시설 안에서도 만성질환은 반드시 꾸준히 관리해야 합니다. 우선, 수용 초기 면담 시 본인이 당뇨, 고혈압 등 질환이 있다는 사실을 정확히 알리고, 필요한 약물 처방이나 관리 지침을 요청해야 합니다. 의료과를 통해 진단서나 약물 복용 기록이 확인되면, 필요한 경우 정기 진료와 처방을 받을 수 있습니다.

식사 시에도 주의가 필요합니다. 교정시설 급식은 일반식이 기본이지만, 건강 상태에 따라 특별식을 요청할 수 있는 경우도 있습니다. 당뇨가 있다면 설탕이 많은 간식은 피하고, 고혈압 환자는 짠 음식 섭취를 최소화해야 합니다.

가벼운 운동과 스트레칭도 병행해야 합니다. 고혈압 환자는 무리한 근력운동보다 느린 호흡과 가벼운 유산소 운동(예: 제자리 걷기)이 적합하고, 당뇨 환자는 규칙적인 식사와 운동으로 혈당 변동을 줄이는 것이 중요합니다.

다시, 삶의 이름으로

무엇보다 **규칙적 약물 복용과 의료진 상담**을 잊지 않아야 합니다. 몸 상태가 달라졌을 때 즉시 의료과에 알리고 필요한 조치를 받는 것이 건강을 지키는 길입니다.

> **자신의 질환을 정확히 알리고, 식사·운동·약물 관리를 꾸준히 하는 것이 만성질환 관리의 핵심입니다.**

Q3. 건강한 식습관을 유지하는 방법은 무엇인가요?

A. 교정시설에서는 식사 선택이 제한적이지만, 작은 습관으로도 건강한 식습관을 지킬 수 있습니다. 우선, 배식된 식사는 가능한 한 균형 있게 먹으려고 노력하세요. 탄수화물(밥), 단백질(생선, 고기, 두부), 채소 반찬을 골고루 섭취하는 것이 기본입니다.

남기지 않고 규칙적인 시간에 식사하는 것도 중요합니다. 불규칙한 식습관은 위장에 부담을 주고 혈당 변동을 일으킬 수 있습니다.

또한 간식 구매 시에는 가능한 한 고당도·고지방 식품을 피하고, 통조림 과일이나 견과류 같은 상대적으로 건강한 간식을 선택하는 것이 좋습니다. 만약 단 음식이 당길 때는 과일류나, 가능한 한 천연 식품을 선택하세요.

물을 충분히 마시는 것도 좋은 습관입니다. 하루 1.5~2리터 정도 물을 섭취하면 신진대사를 돕고, 변비나 피부 건조를 예방하는 데도 도움이 됩니다.

> **균형 잡힌 식사 + 규칙적인 식사시간 + 건강한 간식 선택 + 충분한 수분 섭취가 건강한 식습관을 지키는 핵심입니다**

Q4. 건강에 도움이 되는 영치금 사용 방법은 무엇인가요?

A. 영치금은 교정시설 내에서 식품, 생필품 등을 구입할 수 있는 중요한 자원입니다. 건강을 위해 영치금을 사용할 때는 **몸에 이로운 선택**을 하는 것이 좋습니다.

우선, 가공식품이나 고열량 스낵류 대신, 통조림 과일, 견과류, 비타민 음료 등 건강한 품목을 우선 구매하세요. 가능하다면 저염식이나 고단백 제품(예: 참치캔, 견과 믹스 등)을 선택하는 것도 좋은 방법입니다.

영양 보충이 필요한 경우 멀티비타민제를 구입해 꾸준히 복용하는 것도 고려할 수 있습니다(다만 의료과 상담 후 복용을 권장합니다).

생필품 구매 시에도 위생을 위한 물품(치약, 칫솔, 비누, 손 세정제 등)을 챙기면 감염 예방에 도움이 됩니다.

또한 건강기록 노트나 운동 기록을 위한 작은 노트류를 구매하여 스스로 건강 관리에 활용할 수도 있습니다.

> **영치금을 건강한 식품과 위생용품, 자기 관리 도구 구입에 현명하게 사용하는 것이 장기적인 건강에 도움이 됩니다.**

[section 5.2] 아플 때 대처법과 의료지원 받기

Q1. 아플 때 교도소에서 의료 도움은 어떻게 받을 수 있나요?

A. 교정시설 안에서도 수용자의 건강권은 법적으로 보장되어 있습니다. 아플 때는 반드시 주저하지 말고 의료 도움을 요청해야 합니다. 교정시설 내에는 **의료과 또는 보건과**라고 불리는 전담 의료 부서가 있으며, 기본적인 진료와 처방을 제공합니다.

의료 도움을 받는 기본 절차는 다음과 같습니다:

1. 진료신청서 제출

수용자는 아플 때 의료과 진료를 신청할 수 있습니다. 대부분 시설에서는 '진료신청서'를 작성하여 담당 교도관에게 제출해야 하며, 간단한 증상(예: 감기, 복통)부터 만성질환 악화까지 모두 신청 가능합니다.

2. 1차 진료 및 상담

의료과에서는 일반적으로 수용자의 증상에 따라 1차 진료를 진행합니다. 간단한 질병은 바로 치료하거나 약을 처방해주고, 필요할 경우 추가 검사를 진행합니다.

3. 전문의 진료 필요 시

시설 내에서 해결할 수 없는 중증 질환이나 특수한 치료가 필요한 경우, **외부 병원 연계 진료**가 이루어질 수 있습니다. 이를 '외부진료'라고 부르며, 의사 판단과 시설장의 승인을 거쳐 외부 의료기관에 이송됩니다.

4. 장기 치료 필요 시

만약 치료가 장기화되거나 입원이 필요한 경우, **교정시설 부설 병원**(예: 교정본부 의료센터)이나 민간 병원에 이송되어 입원 치료를 받을 수 있습니다. 이 과정은 의료과의 판단과 법적 절차에 따라 진행되며, 본인이나 가족이 별도로 요청할 수도 있습니다.

주의할 점은, 증상이 심각하지 않다고 스스로 판단해 참거나 지체하면 병이 악화될 수 있다는 것입니다. 교정시설은 외부처럼 바로 병원에 갈 수 있는 구조가 아니기 때문에, **조금이라도 이상을 느끼면 바로 진료를 요청하는 것**이 가장 현명합니다.

또한, 일부 시설에서는 의료진 부족 등으로 진료 대기 시간이 길어질 수 있습니다. 이 경우에도 포기하지 말고 꾸준히 요청하고, 필요하면 재신청하는 것이 중요합니다.

> 교정시설 내에서는 **진료신청서 → 1차 진료 → 필요시 외부진료 연계** 절차를 통해 의료 도움을 받을 수 있습니다. 아프면 참지 말고, 작은 증상이라도 의료과에 신속히 알리는 것이 건강을 지키는 첫걸음입니다.

Q2. 응급상황이 발생했을 때 어떻게 대처해야 하나요?

A. 응급상황에서는 신속한 판단과 대응이 생명을 좌우할 수 있습니다. 교정시설에서는 수용자의 생명과 안전을 보호할 의무가 있으므로, 응급상황이 발생하면 즉시 조치를 취할 수 있는 체계가 마련되어 있습니다.

응급상황 시 대응 방법은 다음과 같습니다:

1. 즉각 신고하기

수용자가 스스로 이상을 느끼거나, 동료 수용자가 급성 증상을 보이는 경우에는 즉시 주변 교도관이나 생활실(방) 담당자에게 알립니다. 이때 "○○○이 숨을 제대로 못 쉬어요", "○○○이 쓰러졌어요"처럼 **구체적으로 증상을 말해주는 것**이 빠른 대응에 도움이 됩니다.

2. 응급처치 지원 요청

교정시설 내에는 기본적인 응급처치를 할 수 있는 매뉴얼이 있습니다. 심장마비, 호흡곤란, 과다출혈 등 중대한 상황에서는 의료과로 바로 연락되어 1차 응급처치를 받게 됩니다.

3. 응급이송 요청

시설 내 치료로 해결할 수 없는 경우, 긴급히 외부 병원으로 이송됩니다. 구급차가 배정되어 인근 응급의료기관으로 이동하게 되며, 의료과 의사나 응급 담당자가 동행할 수 있습니다.

4. 자기 관리 중요성

교정시설 특성상 신속한 이송이 일반 사회보다 늦을 수 있기 때문에, 평소 자신의 몸 상태를 주의 깊게 관찰하고, 작은 이상이라도 조기에 알리는 것이 가장 중요합니다. 특히 고혈압, 심장질환, 천식 등 기저질환이 있는 경우에는 평소 증상 악화 징후를 잘 알고 있어야 합니다.

주의할 점은, 응급상황에서도 당황하지 않고 침착하게 주변에 알리는 것입니다. 특히 혼자 쓰러지는 경우를 대비해, 평소 동료 수용자들과 간단한 신호(예: 고통스러운 몸짓, 벽 두드리기 등)를 약속해두면 유용할 수 있습니다.

응급상황에서는 즉시 **교도관 신고 → 의료과 응급조치 → 필요시 외부 이송** 순서로 대응합니다. 작은 이상에도 주저하지 말고 바로 도움을 요청해야 합니다. 생명은 무엇보다 소중하다는 점을 항상 기억해야 합니다.

Q3. 정기적으로 복용해야 하는 약이 있을 때는 어떻게 해야 하나요?

A. 만성질환이나 특별한 건강 상태로 인해 정기 복용해야 하는 약이 있다면, 수용 생활 중에도 반드시 **약물 복용을 지속**해야 합니다. 중단하거나 간헐적으로 복용하면 건강이 악화될 위험이 있으므로 각별한 주의가 필요합니다.

정기 약 복용을 위해 필요한 절차는 다음과 같습니다:

1 입소 초기 면담 시 알리기

수용 초기에 이루어지는 건강상태 조사나 입소 면담에서, 본인이 복용 중인 약과 질환을 반드시 신고합니다. 처방전이나 진료 기록이 있는 경우, 이를 제시하면 더욱 신속하게 확인이 가능합니다.

2. 의료과 진료 후 약물 처방 받기

의료과에서 진료를 받은 후, 필요한 약을 시설 내 조제실에서 처방받게 됩니다. 외부 병원 진료가 필요한 경우에는 의료과가 연결해줍니다.

3. 약 복용 시간 지키기

약은 정해진 시간에 정확히 복용해야 효과를 볼 수 있습니다. 시설 내에서는 정해진 시간에 약 배포가 이루어지므로, 반드시 배식 시간이나 약 배포 시간에 본인의 이름을 확인하고 약을 받아 복용합니다.

4. 약 부작용 발생 시 즉시 보고

복용 중 이상 반응(예: 심한 구토, 발진, 호흡곤란 등)이 나타날 경우, 즉시 의료과에 알리고 조치를 받아야 합니다. 약을 무단으로 중단하거나 자체 판단으로 용량을 줄이는 것은 매우 위험합니다.

5. 약 변경 또는 추가 처방 요청 가능

건강상태 변화로 인해 약 조정이 필요하면, 의료과에 상담을 요청하여 다시 진료를 받고 처방을 변경할 수 있습니다. 본인이 먼저 이상을 느꼈다면 반드시 의료진과 상의해야 합니다.

> **추가팁** 수용 생활 중에는 스트레스나 생활 리듬 변화로 인해 약물 복용이 소홀해질 수 있습니다. 이럴 때일수록 규칙적으로 복용하는 습관을 지키고, 달력이나 메모장에 복용 체크를 기록해 두면 도움이 됩니다.

> 정기 복용 약은 입소 즉시 신고 → 의료과 처방 → 정해진 시간에 복용 → 이상 반응 즉시 보고 순으로 관리합니다. 건강 유지의 기본은 꾸준한 약물 관리임을 절대 잊지 마세요.

Q4. 건강 정보를 기록하고 관리하는 효과적인 방법은 무엇인가요?

A. 교정시설 생활 중에도 자신의 건강 상태를 스스로 기록하고 관리하는 습관을 들이면, 질병 조기 발견과 치료에 큰 도움이 됩니다. 시설에서도 기본적인 건강 기록을 하지만, 개인적으로 추가 관리를 하면 더 안전합니다.

효과적인 건강 기록 방법은 다음과 같습니다:

1. 개인 건강노트 만들기

작은 수첩이나 노트를 마련하여 매일 자신의 건강 상태를 간단히 기록합니다. 예를 들어:

- 아침 기상 시 컨디션
- 식사량, 배변 상태
- 운동 여부, 스트레스 수준
- 특별한 증상(두통, 어지럼증, 통증 등) 발생 여부

2. 약 복용 기록하기

약 복용 시간을 체크하고, 약 복용 후 특별한 증상이나 부작용이 있었는지도 함께 기록합니다.

3. 정기 건강 체크 지표 만들기

주 1회 정도 체중, 혈압, 혈당(가능한 경우)을 체크해 기록합니다. 의료과에서 측정할 기회가 주어진다면 빠짐없이 기록해두세요.

4. 이상 징후 메모하기

평소와 다른 증상이 나타난 경우, 그 상황을 자세히 메모해두세요. 언제 어떤 증상이 시작되었는지 구체적으로 기록하면 의료과 진료 시 정확한 정보를 제공할 수 있어 진단과 치료에 도움이 됩니다.

5. 진료·처방 기록 유지

진료를 받거나 약을 처방받을 때마다, 날짜와 내용을 노트에 정리해두면 나중에 의료과에 문의하거나 외부 진료를 받을 때 유용하게 활용할 수 있습니다.

> **추가 팁**
> · '일기'처럼 건강 기록을 습관화하면 스트레스 관리에도 도움이 됩니다.
> · 건강 변화에 예민하게 대응할 수 있어, 질병을 조기에 발견하거나 악화를 막을 수 있습니다.

개인 건강노트에 일상 건강 상태 + 약 복용 기록 + 이상 증상 메모를 꾸준히 남기세요. 작은 기록 습관이 수용 생활 중 자신을 지키는 든든한 무기가 됩니다.

[section 5.3] 감정의 폭풍 속에서 중심 잡기 (심리 응급처치)

Q1. 답답하거나 우울한 마음은 어떻게 다스릴 수 있을까요?

A. 교정시설 안에서는 자유가 제한되다 보니 답답함과 우울감이 쉽게 찾아옵니다. 하지만 이런 감정은 자연스러운 반응이며, 건강하게 다스릴 방법이 있습니다.

답답함·우울감 다스리기 기본 방법은 다음과 같습니다:

1. 감정을 억지로 없애려 하지 말기

답답하거나 우울한 감정이 들 때, "이러면 안 된다"고 억누르려고 하면 오히려 더 심해질 수 있습니다. 감정은 억누르는 것이 아니라 자연스럽게 흘려보내야 합니다. "지금은 답답할 수밖에 없는 상황이구나" 하고 자신을 인정해주는 것이 첫걸음입니다.

2. 하루 일과를 규칙적으로 유지하기

우울할 때일수록 생활 리듬을 지키는 것이 중요합니다. 일정한 시간에 기상하고, 식사하고, 운동하고, 휴식하는 루틴을 유지하면 마음이 조금씩 안정됩니다. 특히 작은 목표(예: 오늘은 제자리 걷기 15분 하기)를 세우고 달성하는 경험이 도움이 됩니다.

3. 마음을 풀어주는 활동 찾기

시설 내에서 할 수 있는 취미나 활동을 찾아보세요. 독서, 일기 쓰기, 규칙적인 운동, 퍼즐 맞추기, 뜨개질 등 작은 일에도 몰입하면 우울감이 줄어듭니다. 특히 글을 쓰는 것은 내 감정을 밖으로 풀어내는 데 매우 효과적입니다.

4. 타인과 소통하기

가능하다면 같은 방 수용자들과 가벼운 대화를 나누는 것도 좋습니다. 너무 깊은 이야기가 아니어도 됩니다. "오늘 날씨가 덥네", "저 책 읽어봤어?" 같은 소소한 대화가 고립감을 줄여줍니다.

5. 깊은 호흡과 명상 연습하기

매일 5~10분 정도 눈을 감고 깊게 숨 쉬는 연습을 해보세요. 숨을 천천히 들이마시고, 천천히 내쉬면서 몸의 긴장을 풀어주는 것만으로도 감정이 한결 가벼워집니다.

> **추가 팁**
> 만약 우울감이 심해져서 식욕이 사라지거나, 잠을 아예 잘 수 없는 상태가 계속된다면, 의료과에 상담을 요청하는 것도 좋은 방법입니다. 시설에는 정신과 진료나 심리상담 프로그램이 마련되어 있는 경우도 있으니 적극 활용하세요.

답답하고 우울할 때는 **감정을 억누르지 않고, 규칙적인 생활과 작은 활동, 타인과의 소통, 심호흡 연습**을 통해 조금씩 마음을 풀어주는 것이 중요합니다. 작은 변화가 결국 마음 전체를 가볍게 할 수 있습니다.

Q2. 갑작스러운 구속으로 머리가 하얗게 되고 아무 생각이 안 날 때, 어떻게 해야 하나요?

A. 구속이라는 상황은 누구에게나 큰 충격입니다. 당연히 머리가 하얘지고 멍한 상태가 되는 것은 '비정상'이 아니라 '정상적인 스트레스 반응'입니다. 이럴 때는 우선 "나에게 지금 무슨 일이 벌어지고 있는가"를 차근차근 정리해야 합니다.

<u>**머리가 하얘질 때 대처 방법은 다음과 같습니다:**</u>

1. '멈춤' 신호 보내기

당황했을 때 무조건 뭔가를 하려고 하지 말고, 잠시 그대로 멈추는 것이 최선입니다. 눈을 감고 깊게 숨을 들이마신 후, 천천히 내쉬면서 "괜찮아, 지금은 멈춰도 돼"라고 속으로 말해보세요. 이 간단한 '멈춤'이 불안을 진정시키는 첫 단계입니다.

2. 상황을 단순하게 정리하기

머릿속이 복잡할수록 더 아무 것도 할 수 없게 됩니다. 지금 상황을 아주 단순하게 정리하세요. 예를 들면:

- "나는 지금 구속되었고, 시설에 입소했다."
- "내가 할 수 있는 일은 생활을 안정시키는 것이다."
- "법적 절차는 변호인과 상담하여 대응할 수 있다." 이렇게 핵심만 남겨서 생각하면 막연한 불안이 줄어듭니다.

3. 작은 행동부터 시작하기

침상 정리, 양치질, 물 마시기 같은 아주 작은 일부터 시작하세요. '아무 것도 못하겠다'는 느낌은 작은 성공 경험으로 깨뜨릴 수 있습니다. 오늘 하루, '일어나서 침대 정리'만 해도 훌륭한 시작입니다.

4. 시간이 해결해주는 부분을 믿기

인간은 적응하는 존재입니다. 지금은 큰 충격처럼 느껴지지만, 대부분 1주일, 길어야 2~3주면 기본적인 환경에 익숙해집니다. 그러니 지금 이 순간의 고통이 영원하지 않다는 점을 마음에 새기세요.

> **추가팁** 심리적 충격이 너무 커서 숨쉬기조차 힘들다면, 의료과에 '급성 스트레스 반응'으로 진료를 요청할 수도 있습니다. 이때 진료를 받는 것은 절대 부끄러운 일이 아니며, 오히려 빠른 회복에 도움이 됩니다.

갑작스러운 구속 충격에는 **멈추기 → 단순 정리하기 → 작은 행동 시작하기 → 시간의 치유 믿기** 단계를 기억하세요. 서두르지 말고, 한 걸음씩 나아가는 것이 최선입니다.

Q3. 내가 나쁜 사람이 된 것 같고 세상과 단절된 느낌이 들 때, 이런 감정을 어떻게 다뤄야 하나요?

A. 수용 생활을 시작하면 많은 분들이 "나는 이제 끝난 인생이야", "세상과 단절됐다"는 깊은 절망감을 느낍니다. 이 또한 아주 자연스러운 반응입니다. 하지만 기억해야 할 것은 **"잘못된 행동"과 "잘못된 사람"은 다르다는 것**입니다.

단절감, 자기비하를 극복하는 방법은 다음과 같습니다:

1. 행동과 존재를 구분하기

당신이 어떤 잘못을 했더라도, 그것이 당신 전체를 부정하는 것은 아닙니다. 법적으로 처벌받는 것은 '행동'이지, '인격 전체'가 아닙니다.

"나는 나쁜 사람이 아니라, 잘못된 행동을 한 사람이다."

이 문장을 스스로에게 되풀이하세요.

2. 내면의 목소리를 조정하기

절망감이 클 때 사람들은 스스로에게 가혹한 말을 던지곤 합니다. "나는 쓰레기야", "살 가치가 없어" 같은 말은 마음에 더 깊은 상처를 줍니다. 이런 생각이 떠오를 때마다, 의식적으로 중단시키고 "나는 실수했지만, 다시 시작할 수 있다"고 대답해보세요.

3. 작은 연결 고리를 만들기

세상과 단절되었다는 느낌이 들 때는, 작은 연결감을 되찾는 것이 중요합니다. 하루 일

다시, 삶의 이름으로

과를 기록하거나, 가족이나 친구에게 편지를 쓰는 것도 좋습니다. (비록 바로 답장이 오지 않더라도, 편지를 쓰는 것 자체가 세상과 연결되는 행동입니다.)

4. 미래를 상상하기

지금은 벽 안에 갇혀 있지만, 언젠가는 다시 밖으로 나갈 수 있습니다. 그때 내가 어떤 삶을 살고 싶은지, 어떤 사람이 되고 싶은지 상상해보세요. 목표가 생기면, 현재를 버틸 힘이 생깁니다.

> **추가팁** 교정시설에는 재사회화 프로그램, 종교 상담, 심리 상담 프로그램이 마련된 곳도 많습니다. 참여할 기회가 있다면 두려워하지 말고 시도해보세요. 그 과정이 자존감을 회복하는 데 큰 도움이 됩니다.

> "나는 잘못을 저질렀지만, 나 자체가 나쁜 존재는 아니다."
> 자기 자신을 긍정하는 연습을 통해, 단절감을 조금씩 회복할 수 있습니다. 연결을 포기하지 않는 한, 다시 시작할 수 있습니다.

Q4. 가족이 실망할까 봐 두려울 때, 어떻게 마음을 다스려야 할까요?

A. 수용 생활 중 가장 많은 심리적 고통 중 하나는 '가족에게 미안함'과 '실망시켰다는 죄책감'입니다. 이 감정은 매우 무겁지만, 올바른 방향으로 다루면 자신을 다시 일으켜 세우는 힘이 될 수 있습니다.

가족에 대한 두려움과 미안함을 다루는 방법은 다음과 같습니다:

1. 죄책감을 인정하고 받아들이기

미안한 마음이 드는 것은, 당신이 여전히 가족을 소중히 여긴다는 증거입니다. 죄책감 자체를 부정하거나 덮으려고 하지 말고, 솔직하게 인정하세요.

"나는 실수했고, 가족에게 상처를 주었다. 하지만 나는 이 마음을 통해 다시 성장할 수 있다."

이렇게 스스로에게 말해주는 것이 회복의 시작입니다.

2. 가족이 느낄 다양한 감정을 이해하기

가족은 실망만 하는 것이 아닙니다. 충격, 분노, 슬픔, 안타까움, 그리고 여전히 남아 있는 사랑까지 여러 감정을 동시에 느낍니다. 한 가지 감정만 상상하며 두려움에 사로잡히기보다는, 가족 역시 복잡한 마음을 가지고 있다는 점을 인정하세요.

3. 행동으로 보답할 기회 만들기

지금은 곧바로 잘못을 만회할 수는 없습니다. 그러나 생활을 성실히 하고, 자기반성의 시간을 가지며, 작은 변화들을 쌓아나가는 모습 자체가 가족에게 큰 메시지가 됩니다. 나중에 기회가 온다면 편지 한 장이라도 써서 마음을 전해보세요. 행동으로 신뢰를 다시 쌓을 수 있습니다.

4. 자신의 가치와 미래를 믿기

실망시킨 과거가 당신의 모든 미래를 규정하지는 않습니다. "나는 다시 좋은 아들이/딸이, 좋은 부모가 될 수 있다"는 믿음을 가지세요. 작은 변화라도 포기하지 않고 이어가는 모습을 통해, 가족과의 관계는 천천히 회복될 수 있습니다.

> **추가 팁**
> 너무 가족 생각에만 빠져 있으면 오히려 무력감에 빠질 수 있습니다. 가족을 생각하되, 그 사랑을 나를 회복시키는 힘으로 바꿔야 합니다.

가족에 대한 미안함은 부끄러운 감정이 아니라, 다시 일어설 수 있는 원동력입니다.
미안함을 인정하고, 스스로를 성장시키는 데 이 감정을 사용하세요.

Q5. 판결을 듣고 충격에 빠졌을 때 어떻게 마음을 추스를 수 있을까요?

A. 판결을 듣는 순간은 누구에게나 극심한 감정적 충격을 줍니다. 예상보다 무거운 형량을 받거나, 억울함이 해소되지 않을 때 특히 더 큰 좌절을 경험하게 됩니다. 이런 충격은 부정하거나 외면하지 말고, 차분히 다루어야 합니다.

다시, 삶의 이름으로

판결 충격 대처 방법은 다음과 같습니다:

1. 첫 감정을 있는 그대로 느끼기

판결 직후에는 누구라도 충격, 분노, 슬픔, 허탈감을 느낍니다. "왜 이런 결과가 나왔지?" "모든 게 끝난 걸까?" 같은 생각이 휘몰아치는 것이 정상입니다. 처음에는 억지로 참으려 하지 말고, 울어도 좋고, 멍하니 있어도 괜찮습니다. 감정을 부끄러워할 필요 없습니다.

2. '판결=인생 종결'이 아님을 기억하기

판결은 하나의 과정일 뿐, 당신의 인생 전체를 결정짓지 않습니다. 항소할 수도 있고, 형을 마친 뒤 새 삶을 시작할 수도 있습니다. 한 번의 판결로 자신을 규정짓지 마세요.

3. 생각을 잠시 멈추고 신체 감각에 집중하기

충격으로 생각이 폭주할 때는 심호흡이나 신체 감각에 집중하는 것이 도움이 됩니다. 의자에 앉아 발바닥이 바닥에 닿는 느낌, 손끝의 감각 등을 느껴보세요. "내 몸은 지금 여기 있다"는 단순한 사실에 집중하면 폭주하는 생각을 잠시 멈출 수 있습니다.

4. 필요하다면 주변에 감정 표현하기

너무 힘들다면 믿을 수 있는 동료 수용자나 상담 프로그램을 통해 감정을 털어놓으세요. 말로 표현하는 것만으로도 마음이 한결 가벼워질 수 있습니다.
"오늘 너무 힘들었어." 이 한 마디만으로도 충분합니다.

5. 시간을 믿고 천천히 정리하기

큰 충격은 하루아침에 가라앉지 않습니다. 서두르지 말고, 며칠, 몇 주에 걸쳐 마음을 천천히 추슬러도 괜찮습니다. 오히려 급히 마음을 다잡으려 하면 더 깊은 좌절이 올 수 있습니다.

> **추가팁** 판결이 부당하다고 느껴질 경우, 변호인을 통해 항소 가능성이나 이후 절차를 검토할 수 있습니다. 법적 대응을 고민하는 것도 정신적으로 '할 수 있는 일'을 찾는 데 도움이 됩니다.

> 판결 충격은 시간이 필요한 상처입니다.
> **감정을 부끄러워하지 말고, 천천히, 하나씩 받아들이며 회복해 나가세요.**

Q6. 밤에 불안해서 잠이 안 올 때 어떻게 해야 하나요?

A. 교정시설에서는 낮 동안 억눌린 불안이 밤에 한꺼번에 몰려올 수 있습니다. 특히 구속 초반에는 수면장애를 겪는 수용자가 많습니다. 이때 중요한 것은 억지로 자려 하지 않고, 불안을 부드럽게 다루는 것입니다.

밤 불안과 불면증 대처 방법은 다음과 같습니다:

1. 억지로 잠들려고 하지 않기

"자야 해, 빨리 자야 해"라는 압박이 오히려 각성 상태를 심화시킵니다. 누워서 잠이 오지 않으면, 일단 몸을 이완시키는 데 집중하세요. 눈을 감고 조용히 숨을 쉬면서 몸을 가볍게 느끼는 것만으로도 도움이 됩니다.

2. 심호흡과 근육 이완 연습하기

깊게 숨을 들이마시고, 천천히 내쉬는 심호흡을 반복합니다. 동시에 발가락부터 머리까지 몸의 힘을 하나씩 빼보세요. "발 힘 빼기 → 종아리 힘 빼기 → 허벅지 힘 빼기…" 이런 식으로 몸을 이완시키면 마음도 가라앉습니다.

3. 긍정적 이미지 떠올리기

편안했던 기억이나 가고 싶은 곳을 상상하세요. 예를 들어, 가족과 함께 걷던 공원, 조용한 바닷가 풍경 등을 마음속으로 그리는 것입니다. 상상 속에서라도 편안한 공간에 있는 느낌을 가지면 불안이 누그러질 수 있습니다.

4. 생각 노트 활용하기

잠자리에 들었는데 계속 생각이 떠오를 때는, 작은 노트에 끄적여보세요. "오늘 걱정되는 일", "내일 하고 싶은 일" 등을 써내려가면, 머릿속에 맴도는 생각이 정리되면서 잠이 더 쉽게 찾아옵니다.

5. 의료과 상담 요청 고려하기

수면장애가 장기화된다면 의료과에 상담을 요청할 수 있습니다. 약물 도움 없이 수면 습관을 교정하거나, 필요시 단기간 수면 보조제 처방을 받을 수도 있습니다.

> **추가 팁** 밤에 잠이 들지 않는다고 해서 너무 자책하거나 불안해하지 마세요. "오늘은 그냥 눈을 감고 쉬는 것만으로도 충분하다"고 스스로를 다독여야 합니다.

> 밤 불안은 자연스러운 현상입니다. **심호흡, 근육 이완, 긍정적 상상, 생각 노트 작성** 등을 활용하여 조금씩 몸과 마음을 편안하게 만들어보세요.

Q7. 종교 활동이나 상담 프로그램은 어떻게 참여할 수 있나요?

A. 교도소 내에서는 수용자들의 심리적 안정과 교정·교화를 돕기 위해 다양한 종교 활동과 상담 프로그램을 운영하고 있습니다. 이는 정서적 지지를 얻고, 내면을 성찰하며, 긍정적인 변화를 모색하는 데 큰 도움이 될 수 있습니다.

1. 종교 활동 참여 방법:

- **종교의 자유 보장**: 수용자는 자신의 신념에 따라 자유롭게 종교를 가질 수 있으며, 교도소는 이를 최대한 보장합니다. (단, 시설 여건상 모든 종교 행사가 가능하지는 않을 수 있습니다.)
- **주요 종교 활동**: 일반적으로 기독교, 불교, 천주교 등 주요 종교의 정기적인 집회(예배, 법회, 미사)가 열립니다.
- **참여 신청**:
  - **입소 시**: 처음 교도소에 입소할 때 자신의 종교를 밝히고 활동 참여 의사를 표시할 수 있습니다.
  - **수용 중**: 생활지도실이나 종교 담당 직원을 통해 참여 신청을 할 수 있습니다. 특정 종교 집회에 참석하고 싶다고 의사를 밝히면, 정해진 시간에 해당 장소로 이동하여 참여하게 됩니다.
- **종교 지도자 면담**: 종교 지도자(목사, 스님, 신부 등)와의 개별적인 만남이나 상담을 원할 경우,

이 또한 신청을 통해 가능할 수 있습니다.

- **종교 서적**: 종교 관련 서적을 반입하거나, 교도소 내 도서관에서 대여하여 읽을 수 있습니다.

2. 상담 프로그램 참여 방법:

교도소에서는 수용자들의 심리적 문제 해결과 사회 적응 능력 향상을 위해 다양한 상담 및 교육 프로그램을 운영합니다.

- **상담 종류:**
  - **심리 상담**: 우울, 불안, 분노 조절 문제, 대인관계 어려움 등 다양한 심리적 문제를 다룹니다.
  - **중독 상담**: 알코올, 마약 등 중독 문제 해결을 돕습니다.
  - **성폭력 예방 교육/상담**: 관련 범죄 수용자를 대상으로 재범 방지를 위한 교육 및 상담을 실시합니다.
  - **가족 관계 개선 프로그램**: 가족과의 관계 회복을 돕습니다.
  - **진로 및 취업 상담**: 출소 후 진로 설계와 취업 준비를 돕습니다.

- **참여 신청:**
  - **본인 신청**: 상담을 받고 싶을 경우, 생활지도실이나 심리치료과(또는 유사 부서)에 직접 신청할 수 있습니다.
  - **직원 권유**: 교도관이나 담당 직원이 특정 수용자에게 상담이 필요하다고 판단하여 참여를 권유할 수도 있습니다.
  - **프로그램 모집**: 특정 프로그램(예: 분노 조절 집단 상담)이 개설될 때, 게시판 등을 통해 참여자를 모집하는 경우도 있습니다.

- **비밀 보장**: 상담 내용은 기본적으로 비밀이 보장되므로, 안심하고 자신의 어려움을 이야기할 수 있습니다. (단, 자해/타해 위험 등 특정 경우에는 예외가 있을 수 있습니다.)

참여 시 유의점:

❖ **적극적인 자세**: 종교 활동이나 상담 프로그램은 본인의 적극적인 참여 의지가 있을 때 가장 큰 효과를 볼 수 있습니다.

❖ **개방적인 마음**: 새로운 가르침이나 조언에 대해 열린 마음으로 받아들이려는 노력이 필요합니다.

❖ **꾸준함**: 일회성 참여보다는 꾸준히 참여하는 것이 내면의 변화를 이끌어내는 데 도움이 됩니다.

교도소 내 종교 활동과 상담 프로그램은 힘든 수용 생활에 심리적 위안을 주고, 스스로를 돌아보며 긍정적인 변화를 만들 수 있는 좋은 기회입니다. 적극적으로 정보를 찾아보고, 필요하다면 주저하지 말고 참여를 신청하세요.

Chapter 6 | 낯선 언어 배우기 - 교도소 은어와 소통의 기술

소통의 도구로 쓰이는 은어에 대해 올바르게 접근하고, 직원과의 대화에서 실수하지 않도록 한다. 자주 쓰이는 은어, 사용 시 주의점, 공무원과의 대화법

[section 6.1] 자주 듣는 교도소 은어

Q1. 구치소나 교도소에서 빈번하게 사용되는 은어는 어떤 것이 있나요?

A. 교정시설 안에서는 특수한 생활 환경과 규칙 속에서 서로 빠르게 의사소통하기 위해 독특한 은어들이 사용됩니다. 수용자들끼리만 통하는 언어이기 때문에, 처음 들어보면 낯설고 혼란스러울 수 있지만 대부분은 생활에 필요한 단순한 표현입니다.

구치소·교도소에서 자주 사용되는 대표적인 은어 예시는 다음과 같습니다.

[표 1] 구치소·교도소에서 자주 사용되는 대표적인 은어

은어	뜻	사용 예시
짬	수용 기간, 복역 기간	"짬 많이 먹었네" (오래 복역했다는 뜻)
밥판	식판, 식사 시간	"밥판 나왔다" (식사 시간이다)
구르마	짐 운반용 수레	"구르마 밀어라" (짐 옮겨라)
짬밥	구치소·교도소 식사	"짬밥 맛없다"
깜빵	교도소, 구치소 자체	"깜빵 들어왔다"
떡	판결	"오늘 떡 나온다더라" (판결이 나온다)
따블	두 배 (형량이나 징벌)	"짜따블맞을 뻔했어" (징벌이 두 배 뻔했다)
방장	방 대표 수용자	"방장님한테 물어봐"
개수	개인 물품	"개수 챙겨라" (자기 물건 잘 챙겨라)
짜	징벌	"짜 맞았다" (징벌 처분 받았다)
기지	독거방	"기지로 빠졌다" (독거방으로 옮겨졌다)
빨대	밀고자, 내부 고발자	"빨대 조심해라" (내부 고발자 조심)
빠따	체벌, 물리적 제재 (비공식적)	"빠따 맞았다" (처벌 받았다)
깡통	아무 짬 없는 초입자, 신참 수용자	"저 사람 깡통이다"

- ❖ 시설마다 약간 다른 표현을 쓸 수 있습니다.
- ❖ 때로는 은어가 지역 사투리나 과거 관습에서 유래하기도 합니다.
- ❖ 일부 은어는 '농담'이나 '은근한 경고'처럼 쓰이는 경우도 있으니, 단어 자체만 보고 너무 겁먹을 필요는 없습니다.

왜 은어를 쓰는 걸까?

- ❖ 시설 내 생활은 제한적이고 규격화되어 있습니다. 짧은 단어로 빠르게 상황을 전달해야 하다 보니 은어가 자연스럽게 발전한 것입니다.
- ❖ 또, 시설 외부와 구분되는 소속감(우리끼리)의 표현으로 은어를 사용하는 경우도 있습니다.

> 교정시설 은어는 **생활, 규칙, 감정 표현을 간결하게 전달하기 위한** 것이 많습니다.
> 처음엔 낯설지만, 일상생활을 하다 보면 자연스럽게 익숙해질 수 있습니다.

Q2. 교도소 은어를 모를 때 어떻게 물어봐야 할까요?

A. 교정시설에 처음 들어가면 당연히 은어를 모를 수밖에 없습니다.

이때 중요한 것은 당황하거나 위축되지 않고, 예의 바르게 배우려는 태도를 갖는 것입니다.

모를 때 물어보는 요령과 주의사항은 다음과 같습니다:

1. 정중하고 겸손하게 묻기

시설에서는 '나이', '짬', '생활태도'가 중요하게 여겨집니다. 따라서 처음 대화를 할 때는 반드시 정중한 표현을 사용하세요.

(예: "죄송한데, 아까 말씀하신 '구르마'가 무슨 뜻인지 여쭤봐도 될까요?")

2. 생활방 내 선배 수용자에게 배우기

같은 방을 쓰는 선배(방장이나 고참 수용자)에게 조심스럽게 묻는 것이 가장 안전합니다.

방장에게 허락 없이 다른 방 사람에게 함부로 묻거나 질문하는 것은 실례가 될 수 있으니 주의해야 합니다.

3. 듣고 나서 무조건 바로 이해하려고 하지 말기

은어는 상황에 따라 의미가 조금씩 달라질 수 있습니다. 대화 흐름을 보고 자연스럽게 맥락을 파악하는 것도 중요합니다.

4. 메모하거나 조용히 익히기

계속해서 반복해서 들리는 은어나 표현은 조용히 메모해두고 익히는 것도 좋은 방법입니다. 메모는 남 몰래 개인적으로만 활용하세요.

5. '괜히 아는 척' 하지 않기

은어를 모르는 상황에서 아는 척 대충 맞장구치거나 엉뚱한 반응을 보이면 오히려 오해를 살 수 있습니다. 모를 때는 솔직하게 "잘 몰라서요"라고 말하는 것이 더 존중받는 태도입니다.

추가 팁
- 교정시설 내에서는 언행이 과장되거나 잘못 전달되면 큰 오해로 이어질 수 있습니다.
- 가벼운 은어는 생활의 일부지만, 공격적이거나 부정적인 은어(예: '빨대')에 대해서는 신중히 대응해야 합니다.

예의 바르게 질문하는 간단한 문장 예시:

❖ "방장님, 아까 말씀하신 '떡'이 어떤 뜻인가요?"
❖ "저는 처음이라 잘 몰라서 그런데, '따블'이라는 게 무슨 의미인가요?"

이렇게 겸손한 말투를 사용하면 거의 모든 상황에서 무리 없이 답변을 들을 수 있습니다.

교도소 은어를 모를 때는 **정중하게 선배나 방장에게 묻고, 억지로 아는 척하거나 무례하게 접근하지 않는** 것이 가장 안전합니다.
낯선 환경일수록 겸손하고 조심스러운 태도가 나를 지켜줍니다.

[section 6.2] 은어의 경계와 위험

Q1. 교도소 은어 사용이 필요한 상황과 피해야 할 상황을 구분하는 기준은 무엇인가요?

A. 교정시설에서는 은어가 생활 속 자연스러운 일부가 되어 있지만, 모든 상황에서 은어를 사용하는 것이 바람직한 것은 아닙니다. 은어 사용에는 분명한 경계가 필요합니다.

은어를 사용해도 괜찮은 상황:

- **생활방 내 수용자끼리의 가벼운 대화**
  (예: "오늘 밥판 괜찮네"처럼 일상 대화 중 자연스럽게)

- **서로 편한 사이, 짬이 비슷한 사람과의 대화**
  (예: 방 친구들끼리 짬밥 얘기, 운동 얘기 등)

- **비공식적인 상황에서 간단한 의사소통**
  (예: "구르마 굴리자"처럼 간단히 필요한 행동을 요청할 때)

은어를 사용하면 안 되는 상황:

- **교정 직원과 대화할 때**

  교도관이나 의료과 직원, 상담사와 이야기할 때는 반드시 표준어를 사용해야 합니다. 은어를 쓰면 무례하거나 불성실한 인상을 줄 수 있습니다.
  (예: "밥판 나오나요?" 대신 "식사 시간이 언제인가요?"라고 정중히 질문)

- **공식적인 요청, 서류 작성 시**

  건의서, 진정서, 소명서 등 공식 문서에는 은어를 사용해서는 안 됩니다. 모든 서류는 깔끔하고 격식을 갖춘 언어로 작성해야 합니다.

- **선배 수용자 앞에서 부적절한 은어 사용**

  방장이나 짬이 많은 수용자 앞에서 무심코 가벼운 은어를 사용하면 '버릇없다'고 오해받을 수 있습니다.

- **초면인 수용자에게 함부로 은어 사용 시**

  상대의 성향을 모를 때는 먼저 관찰하고, 필요한 경우 정중하게 말을 시작하는 것이 안전합니다.

기준을 쉽게 기억하는 방법:

"편한 동료 사이에서는 조심스럽게 사용, 교정 직원이나 공식 상황에서는 절대 사용 금지!"

> 은어는 **비공식적이고 친근한 상황**에서만 조심스럽게 사용하고,
> 공식 대화나 문서, 교정 직원과의 소통에서는 절대 표준어를 사용하는 것이 원칙입니다.

Q2. 은어 사용으로 인해 생길 수 있는 오해나 갈등은 어떤 것이 있나요?

A. 교도소 은어는 빠른 소통 수단이 되기도 하지만, 잘못 사용하면 심각한 오해나 갈등으로 이어질 수 있습니다. 특히 시설 안에서는 작은 말실수가 크게 확대되기 쉽기 때문에 더욱 신중해야 합니다.

은어 사용이 불러올 수 있는 대표적 위험 사례는 다음과 같습니다:

1. 부적절한 은어로 상대방을 자극할 경우

예를 들어, '깡통'이나 '빨대'처럼 상대방을 깔보거나 고발자로 지칭하는 은어를 함부로 쓰면, 심각한 다툼으로 이어질 수 있습니다. 심지어 폭력 사태로 번질 위험도 존재합니다.

2. 의도와 다르게 비춰질 경우

친근한 표현이라고 생각했는데 상대가 모욕적으로 받아들일 수 있습니다. 특히 짬이 많은 사람, 고참 수용자 앞에서는 작은 단어 선택도 신중해야 합니다.

3. 교정 직원 앞에서 은어 사용으로 인한 불이익

교도관과 대화 중 은어를 사용하면 '반성하지 않는 태도'로 오해받아, 징벌 절차, 처우 심사 등에서 불리해질 수 있습니다.

4. '패거리' 오해

특정 은어를 주고받으며 그룹처럼 보이면, 다른 수용자들이 경계하거나 교정시설 내에서 문제 인물로 낙인찍힐 수 있습니다.

5. 상황에 맞지 않는 은어 남발

분위기 파악 없이 지나치게 은어를 남발하면, '시설 문화에 어긋난다'는 인상을 주어 따돌림의 대상이 될 위험이 있습니다.

오해를 줄이는 핵심 방법:

❖ 처음에는 최대한 은어를 사용하지 않고 경어(존댓말)를 유지한다.

❖ 상대방이 은어를 편하게 사용하는 관계임을 확신한 후, 조심스럽게 따라간다.

❖ 위험하거나 부정적인 은어(깡통, 빨대, 따블 등)는 아예 입에 올리지 않는다.

은어를 부주의하게 사용하면 **오해, 다툼, 불이익**을 초래할 수 있습니다.
항상 상대방의 반응을 살피고, 필요한 최소한만 조심스럽게 사용하는 것이 안전합니다.

Q3. 새로운 은어를 접했을 때, 그 의미를 안전하게 파악하는 방법은 무엇인가요?

A. 교정시설 생활 중에는 생전 처음 듣는 은어나, 모호한 표현을 접하는 일이 자주 있습니다. 이때 무턱대고 따라 하거나 해석하지 말고, 신중하게 접근하는 것이 중요합니다.

새로운 은어를 안전하게 파악하는 방법은 다음과 같습니다:

1. 즉각 반응하지 않기

새로운 은어를 들었을 때 바로 리액션하거나, 맞장구치지 말고 일단 조용히 듣고 상황을 살펴보세요.

2. 문맥 파악하기

그 은어가 어떤 대화 맥락에서 나왔는지를 관찰하세요. (예: 식사 얘기인지, 징벌 얘기인지)

3. 믿을 수 있는 선배에게 은근히 물어보기

생활방 내 신뢰할 수 있는 사람에게 소곤소곤 조심스럽게 물어보세요.

(예: "아까 ○○라고 하셨던 게 무슨 뜻인가요? 혹시 실례가 안 된다면 알려주실 수 있나요?")

4. 민감한 은어는 아예 사용을 피하기

의미를 파악했더라도 '갈등, 모욕'과 관련된 은어는 직접 사용하는 것을 피하는 것이 안전합니다. 듣기만 하고 넘어가는 게 현명할 때가 많습니다.

5. 메모하거나 기억해두기

직접 묻기 어려운 경우, 들은 내용을 조용히 메모해두고 나중에 정리하면서 의미를 파악하세요.

추가 팁
- 어떤 은어들은 교정직원들에게도 부정적 인상을 줄 수 있습니다. 새로운 단어일수록 '사용'보다는 '관찰'하는 쪽을 선택하는 것이 좋습니다.
- 상황에 따라 은어의 의미가 살짝 달라질 수 있으니, 항상 신중한 해석이 필요합니다.

새로운 은어를 들으면 즉시 반응하지 말고, 맥락 파악 → 믿을 만한 사람에게 조심스럽게 확인 → 위험한 표현은 사용 삼가 이 3단계를 지키는 것이 가장 안전한 방법입니다.

[section 6.3] 교정 직원과의 올바른 소통법

Q1. 교도소에서 건의나 부탁을 하고 싶으면 어떻게 해야 하나요?

A. 교정시설 안에서는 자유롭게 움직이거나 마음대로 요청할 수 있는 환경이 아닙니다. 모든 건의나 부탁은 **정해진 절차와 방법**을 따라야 합니다. 그렇지 않으면 요청이 무시되거나, 오히려 징계를 받을 위험도 있습니다.

교도소에서 건의·부탁을 하는 올바른 방법은 다음과 같습니다:

1. 생활지도실(또는 담당 교도관)을 통해 요청하기

어떤 부탁이나 건의든 무조건 담당 교도관을 통해 전달하는 것이 원칙입니다. "생활지도실 직원"은 생활 전반을 관리하는 담당자이므로, 생활상의 불편이나 개선 요청은 반드시 이 경로를 거쳐야 합니다.

2. '진정서' 또는 '건의서' 작성하기

비교적 공식적인 요청(예: 처우 개선 요청, 방 이동 요청, 불편사항 신고 등)은 진정서 또는 건의서를 통해 서면으로 제출해야 합니다. 말로만 요청하면 기록이 남지 않아 무시될 수 있으니, 가능한 서면으로 남기는 것이 안전합니다.

3. 정중하고 구체적으로 표현하기

요청할 때는 격식 있는 말투를 사용하고, 무엇을 원하는지 구체적으로 적어야 합니다. "불편합니다"라고 막연히 적기보다는, "○○ 시설이 고장 나 사용이 어렵습니다. 수리를 요청드립니다."처럼 명확히 서술하세요.

4. 감정 표현은 삼가고, 사실만 진술하기

억울하거나 답답하더라도 감정을 앞세워서는 안 됩니다. 감정적 문구는 요청의 신뢰성을 떨어뜨릴 수 있습니다. 객관적인 사실 중심으로 차분히 기술하세요.

5. 처리 기간을 인내심 있게 기다리기

교도소 안에서는 모든 처리가 늦어질 수 있습니다. 제출했다고 바로 답변을 기대하기보다는, 정해진 절차를 믿고 인내심을 갖고 기다려야 합니다.

> **추가 팁**
> 건의나 부탁을 할 때는 "지금 이 요청이 공식 문서로 기록될 수 있다"고 생각하고 신중하게 작성하는 것이 좋습니다. 서면은 본인의 의사를 가장 정확하게 전달하는 동시에, 문제 발생 시 중요한 증거가 되기도 합니다.

교도소에서는 **담당 교도관을 통한 공식 절차와 진정서·건의서 제출을 원칙으로 하여, 정중하고 구체적으로 요청**하는 것이 가장 현명한 방법입니다.

Q2. 교정 직원과의 대화에서 주의해야 할 언어 사용의 규칙은 무엇인가요?

A. 교정시설 안에서 교도관을 포함한 교정 직원과 대화할 때는 "생활 방식을 결정짓는 중요한 순간"임을 항상 기억해야 합니다. 대화 태도 하나로 평가가 달라질 수 있으므로 매우 신중해야 합니다.

교정 직원과 대화할 때 반드시 지켜야 할 기본 규칙은 다음과 같습니다:

1. 항상 존댓말 사용

교도소 내에서는 수용자가 교정 직원에게 반드시 존댓말을 사용해야 합니다. "○○ 해요.", "○○해 주세요.", "감사합니다." 같은 표현을 자연스럽게 구사하는 것이 기본입니다. 반말, 명령조, 짧은 말투는 절대 금물입니다.

2. 감정 표현을 최대한 절제하기

억울하거나 답답한 상황에서도 격앙된 언성을 사용해서는 안 됩니다. 화를 내거나 억울함을 과도하게 드러내면 오히려 불이익을 받을 수 있습니다. 평정심을 유지하고, 부드럽고 단정한 태도로 대화하세요.

3. 요점을 간결하고 분명히 전달하기

장황하게 이야기하거나 불필요한 변명은 오히려 오해를 살 수 있습니다. 요청이나 질문이 있을 때는 요점만 간결하게 말하고, 추가 설명이 필요하면 정중히 덧붙이는 방식으로 대화하세요.

4. '직원님', '담당자님' 등 호칭을 정확히 사용하기

"저기요" "선생님" 등 애매한 호칭은 사용하지 말고, 공식적으로 인정된 호칭을 사용하세요. 예를 들어, 생활지도 직원에게는 "생활지도과 직원님"이라고 부르거나, 단순히 "직원님"이라고 호칭하면 됩니다.

5. 교정 업무를 존중하는 태도를 보이기

교정 직원도 규칙과 절차에 따라 움직이는 공무원입니다. 억지로 요청을 강요하거나, 무리한 부탁을 하면 오히려 신뢰를 잃게 됩니다. 요청할 때는 "규정에 따라 검토 부탁드럽니다" 식으로 정중히 요청하는 것이 좋습니다.

> **추가팁** 교정 직원과 처음 접촉할 때부터 '존중'과 '신뢰'를 보여주는 태도가 중요합니다. 한 번 나쁜 인상을 주면, 이후 생활 전체에 불이익이 쌓일 수 있으니, 첫인상부터 신중히 관리해야 합니다.

교정 직원과의 대화에서는 **존댓말, 절제된 감정, 간결한 요점 전달**을 철저히 지키세요.
신뢰를 주는 태도가 교정생활의 질을 크게 좌우할 수 있습니다.

Q3. 교도소에서 필요한 것을 요청할 때 가장 적절한 방법은 무엇인가요?

A. 교정시설 내에서 필요한 물품이나 처우 변경을 요청하려면,
무작정 말로 요청하는 것이 아니라 정해진 경로와 방식을 철저히 지켜야 합니다.

필요한 것을 요청하는 가장 적절한 방법은 다음과 같습니다:

1. '청원서' 또는 '신청서' 제출하기

특정 물품(예: 보조안경, 의료용 물품 등)이나 특별 처우(예: 진료 예약, 가족 면회 신청 등)가 필요할 때는 반드시 청원서 또는 신청서를 작성하여 공식 경로로 제출해야 합니다.

2. 신청 사유를 명확하게 기재하기

단순히 "필요합니다"라고 쓰는 것보다, 왜 필요한지 구체적 사유를 명확히 적어야 합니다. (예: "시력 저하로 인해 학습 활동에 지장이 있어 안경이 필요합니다.")

3. 진정성 있게 표현하기

요청서 작성 시, 불필요한 과장은 피하고, 담백하고 진정성 있는 표현을 사용하세요. 진솔한 문구가 오히려 담당자의 신뢰를 얻을 수 있습니다.

4. 적절한 시기와 절차에 맞춰 제출하기

물품 신청이나 면회 요청 등은 일정한 기간 안에 해야 처리될 수 있습니다. 규정된 기간, 방법을 지켜 신청해야 합니다. 늦거나 누락되면 자동 기각될 수 있습니다.

5. 결과 통지를 기다리며 조용히 대기하기

요청한 후에는 매일 재촉하지 말고, 통상적인 처리 기간(보통 1~2주) 동안 조용히 대기하세요. 서두르거나 반복 문의하면 오히려 불성실한 인상을 줄 수 있습니다.

> **추가 팁**
> 교정시설에서는 모든 요청이 기록되고 관리되므로, 가능한 한 처음부터 정확하고 깔끔하게 요청하는 것이 중요합니다. 필요할 경우, 요청서 복사본을 개인 기록용으로 보관해 두는 것도 좋습니다. 추후 문제가 생겼을 때 유용하게 사용할 수 있습니다.

필요한 것을 요청할 때는 **청원서나 신청서 제출, 명확하고 진정성 있는 작성, 절차 준수**가 필수입니다. '공식적인 태도'를 갖추는 것이 요청 성공의 첫걸음입니다.

PART 3

의미있는 체류,
'다른 나'로 거듭나다

Chapter 7 | 직업훈련과 자격증 – 내일을 준비하는 기술

훈련과 자격 취득을 통해 출소 후 생계 기반을 마련할 수 있도록 한다.

훈련 신청법, 자격증별 활용, 나이대별 맞춤 전략

[section 7.1] 어떤 직업훈련이 있나요?

Q1. 교도소에서 받을 수 있는 직업훈련에는 어떤 것들이 있나요?

A. 교도소 안에서도 다양한 직업훈련 프로그램을 통해 기술을 배우고 자격증을 취득할 수 있습니다. 이는 출소 후 자립을 준비할 수 있도록 돕는 중요한 제도입니다. 훈련은 한국법무보호복지공단, 지역 기능훈련센터, 전문기관과의 협력을 통해 운영됩니다.

대표적인 직업훈련 종류는 다음과 같습니다:

[표 1] 직업훈련 종류

훈련 분야	주요 내용	관련 자격증
조리·제과제빵	한식조리, 제빵·제과, 커피바리스타	한식조리기능사, 제과·제빵기능사, 바리스타
미용·패션	이발, 미용일반, 미싱·봉제	미용사(일반), 봉제기능사
목공·건축	인테리어목공, 용접, 도장	목공기능사, 용접기능사, 도장기능사
기계·전기	전기기초, 기계조립, 배관	전기기능사, 설비보전기능사
IT·사무	컴퓨터 활용, 문서작성	ITQ, 워드프로세서, 컴퓨터활용능력
기타	원예, 자동차정비, 화훼장식	농기계정비기능사, 플로리스트 자격 등

훈련은 다음과 같은 형태로 이루어집니다:

❖ 일반 직업훈련과정: 매일 정해진 시간 동안 교도소 내 훈련장 또는 외부 위탁기관에서 실시

❖ 기능사 시험 준비과정: 이론 + 실습 병행 / 한국산업인력공단의 정기검정 일정에 맞춰 자격시험 응시

❖ 단기 기술교육: 1~3개월 내외로 특정 기능(예: 바리스타 기초, 플로리스트)을 단기 습득하는 과정

교정시설별 운영 차이점 모든 교도소에서 동일한 과정을 운영하지는 않습니다. 수용자 수, 시설 여건, 지역 산업 특성에 따라 편차가 있으므로, 자신이 있는 교정시설에서 어떤 과정이 가능한지 생활지도실을 통해 문의해야 합니다.

> **추가 팁**
> - 훈련 과정 중 모범적인 태도를 유지하면 가석방 심사나 처우 평가에서 유리한 평가를 받을 수 있습니다.
> - 또한 성실한 훈련 수료자는 출소 전 법무보호복지공단과 연계한 취업연계 프로그램에 우선 연결되기도 합니다.

> 교도소 안에서도 조리, 미용, 용접, IT 등 다양한 분야에서 직업훈련과 자격증 준비가 가능합니다. 출소 후 자립을 준비하려는 마음가짐과 성실한 태도가 가장 중요한 시작점입니다.

Q2. 자격증을 따면 나중에 취업에 정말 도움이 되나요?

A. 네, 분명히 도움이 됩니다. 물론 자격증 하나만으로 모든 것이 해결되지는 않지만, 출소 후 사회에 첫발을 내딛는 데 있어 매우 중요한 디딤돌이 될 수 있습니다.

자격증이 취업에 도움이 되는 이유는 다음과 같습니다:

1. **객관적인 기술 증명:** 자격증은 당신이 특정 분야의 지식과 기술을 갖추었음을 객관적으로 보여주는 증거입니다. 고용주 입장에서 이는 가장 기본적인 신뢰의 바탕이 됩니다.

2. **성실함과 변화 의지 증명:** 수용 기간 동안 자격증을 취득했다는 사실 자체가 성실하게 생활했으며, 변화하고자 하는 의지가 있음을 보여주는 긍정적인 신호로 작용합니다. 이는 단순히 기술을 넘어서는 중요한 평가 요소입니다.

3. **수용 기간 공백 메우기:** 이력서에 생길 수 있는 공백 기간을 '자기계발의 시간'으로 설명할 수 있는 구체적인 근거가 됩니다.

4. **자신감 향상과 긍정적 태도:** 스스로 무언가를 성취했다는 경험은 자신감을 높여주고,

이는 면접이나 실제 업무 현장에서 긍정적인 태도로 이어져 좋은 인상을 줍니다.

5. 특정 분야 필수 요건 충족: 용접, 전기, 미용 등 일부 직종은 자격증이 없으면 취업 자체가 어려운 경우가 많습니다.

하지만 현실적인 부분도 알아야 합니다:

- ❖ 전과 기록의 현실: 자격증이 전과 기록을 지워주지는 않습니다. 취업 과정에서 여전히 어려움이 있을 수 있습니다.
- ❖ 고용주의 시각: 어떤 고용주는 기술과 태도를 보고 기회를 주지만, 어떤 고용주는 여전히 선입견을 가질 수 있습니다.
- ❖ 취업의 '문'을 여는 열쇠: 자격증은 취업의 '문'을 두드릴 수 있는 최소한의 자격, 혹은 '가산점'이라고 생각하는 것이 좋습니다. 문을 열고 들어가는 것은 결국 당신의 태도와 노력에 달려 있습니다.

> **추가 팁**
> · 취업 지원 제도 활용: 출소 후 한국법무보호복지공단 등에서 제공하는 취업 지원 프로그램을 적극 활용하세요. 자격증 소지자는 더 많은 기회를 얻을 수 있습니다.
> · 성실함으로 신뢰 구축: 일단 취업하면, 누구보다 성실한 태도로 일하며 신뢰를 쌓는 것이 무엇보다 중요합니다.

> 자격증은 취업의 '필수 조건'은 아닐지라도, 매우 강력한 '플러스 요인'입니다. 특히 출소자의 경우, 기술과 성실성을 증명하는 중요한 수단이므로 적극적으로 도전할 가치가 있습니다.

Q3. 공부를 더 하고 싶은데 교도소에서 가능한가요? (검정고시, 대학 과정 등)

A. 네, 가능합니다. 교도소는 단순히 형을 집행하는 곳을 넘어, 배움의 기회를 제공하여 성공적인 사회 복귀를 돕는 역할도 하고 있습니다. 의지만 있다면 다양한 교육 과정에 참여할 수 있습니다.

교도소에서 참여할 수 있는 주요 교육 과정은 다음과 같습니다:

1. 검정고시 준비:

- 대상: 초·중·고등학교 졸업 학력이 없는 수용자
- 내용: 교도소 내에 개설된 검정고시반에서 전문 강사나 교육 자원봉사자의 지도를 받아 시험을 준비합니다. 교재와 학습 자료가 지원되며, 정기적으로 시행되는 검정고시에 응시할 수 있습니다.
- 의의: 기초 학력을 취득하여 자존감을 높이고, 상급 학교 진학이나 취업의 발판을 마련할 수 있습니다.

2. 방송통신고등학교 과정:

- 대상: 고등학교 졸업 학력이 필요한 수용자
- 내용: 교도소 내에 협력학교로 지정된 방송통신고등학교의 교육과정에 참여합니다. 정규 수업과 시험을 통해 고등학교 졸업장을 취득할 수 있습니다.
- 특징: 정규 고등학교 과정이므로, 일반 고등학교 졸업자와 동등한 학력을 인정받습니다.

3. 대학 교육 (방송통신대학교, 사이버대학교 등):

- 대상: 고등학교 졸업 이상의 학력을 가진 수용자 중 대학 진학을 희망하는 자
- 내용: 일부 교도소에서는 방송통신대학교나 사이버대학교와 협력하여 원격 대학 교육 과정을 운영합니다. 컴퓨터 등을 이용해 강의를 수강하고 과제를 제출하며, 시험을 통해 학점을 이수하고 학위를 취득할 수 있습니다.
- 제한 사항: 모든 교도소에서 가능한 것은 아니며, 특정 학과에 한정될 수 있습니다. 또한, 학비는 자비 부담인 경우가 많습니다. 엄격한 심사 과정을 거쳐 선발됩니다.

4. 독학사 과정:

- 대상: 스스로 학습 계획을 세워 대학 학위를 취득하고자 하는 수용자
- 내용: 국가에서 정한 시험에 단계별로 합격하면 학사 학위를 취득하는 제도입니다. 교도소 내에서 학습 자료를 지원받거나 개인적으로 구매하여 공부할 수 있습니다.

신청 및 참여 방법:

❖ 교육 과정 참여를 희망하는 경우, 교도소 내 교육 담당 직원이나 생활지도실에 문의하여 신청 절차와 자격 요건을 확인해야 합니다.

❖ 과정별로 정원이 정해져 있고, 선발 기준(수용 태도, 학업 의지 등)이 있을 수 있습니다.

> | 추가 팁 | · **학업 성취**: 학업 과정에서 좋은 성과를 거두는 것은 처우 등급이나 가석방 심사에도 긍정적인 영향을 줄 수 있습니다.
> · **장기적인 안목**: 수용 기간을 배움의 기회로 삼는 것은 출소 후 더 넓은 선택지를 갖게 되는 중요한 투자입니다.

> 교도소 안에서도 검정고시부터 대학 교육까지 다양한 학습 기회가 열려 있습니다.
> 배움에 대한 의지와 노력이 있다면, 수용 기간을 새로운 시작을 위한 지적 성장과 준비의 시간으로 만들 수 있습니다.

[section 7.2] 신청 절차와 주의점

Q1. 직업훈련을 받으려면 어떻게 신청하나요? 신청하면 다 할 수 있나요?

A. 직업훈련을 받으려면 먼저 교도소 내 직업훈련 담당 부서나 생활지도실을 통해 신청 절차를 밟아야 합니다. 하지만 신청한다고 해서 모두가 원하는 훈련을 받을 수 있는 것은 아닙니다.

일반적인 신청 절차는 다음과 같습니다:

1. **정보 확인:** 교도소 내 게시판, 안내 방송, 생활지도실 문의 등을 통해 현재 운영 중인 직업훈련 과정의 종류, 모집 기간, 자격 요건 등을 확인합니다.

2. **신청서 제출:** 정해진 기간 내에 직업훈련 신청서를 작성하여 제출합니다. 신청서에는 희망하는 훈련 과정, 훈련을 받고 싶은 이유, 관련 경험(있다면) 등을 기재하게 됩니다.

3. **상담 및 면접:** 신청자를 대상으로 개별 상담이나 면접을 실시합니다. 이를 통해 훈련에 대한 의지, 적성, 수용 태도 등을 파악합니다.

4. **선발:** 교도소는 훈련 과정의 정원, 신청자의 적성 및 의지, 수용 태도, 남은 형기, 건강 상태 등을 종합적으로 고려하여 훈련생을 선발합니다.

신청 시 고려해야 할 점 (선발 기준):

- ❖ **훈련 의지**: 가장 중요한 요소입니다. 배우고자 하는 열정과 성실한 태도를 보여주는 것이 중요합니다.
- ❖ **적성**: 해당 훈련 분야에 대한 관심과 소질이 있는지 고려됩니다.
- ❖ **수용 태도**: 평소 수용 생활 태도가 모범적인 수용자가 우선 선발될 가능성이 높습니다.
- ❖ **남은 형기**: 훈련 기간(보통 6개월~1년)을 충분히 마칠 수 있는 형기가 남아 있어야 합니다.
- ❖ **건강 상태**: 훈련을 받는 데 지장이 없는 건강 상태여야 합니다. (예: 특정 질환이 있는 경우 일부 훈련 제한)
- ❖ **과정별 정원**: 각 훈련 과정마다 정원이 정해져 있어 경쟁이 있을 수 있습니다. 인기 있는 과정은 선발되기 어려울 수 있습니다.
- ❖ **시설별 여건**: 교도소마다 운영하는 훈련 과정이 다르므로, 현재 있는 곳에서 제공하는 과정 내에서 선택해야 합니다.

만약 선발되지 않았다면?

- ❖ **이유 확인**: 가능하다면 담당 직원에게 선발되지 않은 이유를 정중하게 문의해 볼 수 있습니다.
- ❖ **재도전**: 다음 모집 기간에 다시 신청하거나, 다른 훈련 과정에 지원해 볼 수 있습니다.
- ❖ **태도 개선**: 만약 수용 태도 등이 문제였다면, 이를 개선하려는 노력을 보여주는 것이 다음 기회에 도움이 됩니다.

> 직업훈련 신청은 정해진 절차에 따라 이루어지며, 의지, 적성, 태도 등 여러 요소를 고려하여 선발됩니다. 원하는 훈련을 받기 위해서는 적극적인 정보 탐색과 성실한 수용 생활이 중요합니다.

Q2. 나이 많아도 훈련 받거나 자격증 딸 수 있을까요?

A. 네, 물론입니다! 나이는 직업훈련을 받거나 자격증을 취득하는 데 결코 장애물이 되지 않습니다. 오히려 풍부한 사회 경험과 연륜이 훈련 과정이나 향후 취업에 긍정적인 영향을 미칠 수도 있습니다.

나이가 많은 수용자를 위한 고려사항 및 장점:

1. **연령 제한 없음:** 대부분의 직업훈련 과정에는 특별한 연령 제한이 없습니다. 중요한 것은 배우려는 의지와 건강입니다.

2. **맞춤형 전략 가능:**
   - 체력 부담 적은 분야: IT·사무(컴퓨터 활용), 원예, 화훼장식, 바리스타 등 비교적 체력 소모가 적은 분야를 고려해볼 수 있습니다.
   - 경험 연계 분야: 과거 사회에서 했던 일과 관련된 분야(예: 조리 경험이 있다면 조리 기능사)를 선택하면 더 빠르게 적응하고 높은 성과를 낼 수 있습니다.
   - 사회적 수요: 출소 후 지역 사회나 복지 분야에서 필요로 하는 기술(예: 요양보호 관련 기초 지식 등, 만약 관련 교육이 있다면)을 배우는 것도 좋은 전략입니다.

3. **성실함과 인내심:** 젊은 사람들보다 뛰어난 성실함과 인내심을 보여줌으로써 훈련 과정에서 모범이 되고, 이는 긍정적인 평가로 이어질 수 있습니다.

4. **사회 경험의 가치:** 다양한 사람들을 만나고 여러 상황을 겪어본 경험은 문제 해결 능력이나 대인관계 기술에서 강점으로 작용할 수 있습니다.

<u>도전 과제 및 극복 방안:</u>

- ❖ 체력 문제: 만약 체력이 걱정된다면, 앞서 언급했듯 본인의 건강 상태에 맞는 훈련 분야를 신중하게 선택하는 것이 중요합니다.
- ❖ 새로운 기술 습득의 어려움: 특히 IT 분야 등 생소한 기술을 배울 때는 어려움을 느낄 수 있습니다. 하지만 꾸준히 노력하고, 모르는 것은 적극적으로 질문하며, 동료들과 서로 돕는다면 충분히 극복할 수 있습니다. '나이가 많아서 안돼'라는 생각 대신 '새로운 것을 배운다'는 긍정적인 마음가짐이 중요합니다.
- ❖ 취업 시장의 편견: 출소 후 취업 시 '나이'와 '전과'라는 이중의 어려움에 부딪힐 수 있습니다. 하지만 기술과 성실함, 그리고 긍정적인 태도를 갖춘다면 기회는 분명히 있습니다. 특히 소규모 자영업이나 지역 기반의 일자리에서는 나이보다 경험과 신뢰를 더 중요하게 여기는 경우도 많습니다.

> **추가 팁**
> - 건강 관리: 훈련을 성공적으로 마치기 위해서는 꾸준한 건강 관리가 필수입니다.
> - 긍정적인 마음: '이 나이에 뭘...'이라는 생각 대신 '지금이라도 시작할 수 있다'는 긍정적인 마음을 가지세요.

> 배움에는 나이가 없습니다. 중요한 것은 하고자 하는 의지입니다. 수용 기간 동안 새로운 기술을 익히는 것은 나이와 상관없이 출소 후 제2의 인생을 설계하는 데 큰 힘이 될 것입니다.

Q3. 훈련이나 공부할 때 주의해야 할 점은 무엇인가요?

A. 직업훈련이나 학습 과정에 참여하는 것은 매우 의미 있는 일이지만, 제한된 환경 속에서 이루어지는 만큼 몇 가지 주의해야 할 점이 있습니다. 이를 잘 지켜야 훈련을 성공적으로 마치고, 불필요한 문제를 피할 수 있습니다.

훈련·학습 시 주요 주의사항:

1. 규칙과 규율 준수:

- 출석 및 시간 엄수: 정해진 훈련(수업) 시간에 늦거나 무단으로 빠지지 않는 것은 기본입니다. 이는 성실성을 보여주는 가장 중요한 척도입니다.
- 훈련장(교실) 내 규칙 준수: 각 훈련장이나 교실마다 정해진 안전 수칙, 도구 사용법, 행동 지침 등이 있습니다. 이를 반드시 숙지하고 따라야 합니다. 특히 위험한 도구를 다루는 훈련에서는 안전 수칙 준수가 생명과 직결될 수 있습니다.
- 교도관 지시 순응: 훈련 지도 교사나 교도관의 지시에 잘 따라야 하며, 불손한 태도를 보이거나 지시를 어겨서는 안 됩니다.

2. 성실하고 적극적인 태도:

- 배우려는 자세: 모르는 것은 부끄러워하지 말고 적극적으로 질문하고, 배우려는 의지를 보여야 합니다.
- 과제 수행: 주어진 과제나 실습은 성실하게 수행해야 합니다. 이는 실력 향상은 물론, 평가에도 중요한 영향을 미칩니다.
- 부정행위 금지: 시험이나 평가에서 부정행위를 하는 것은 절대 금물입니다. 이는 훈련 중단은 물론, 징벌의 사유가 될 수 있습니다.

3. 원만한 대인 관계 유지:

- 협동과 배려: 함께 훈련받는 동료들과는 서로 돕고 배려하는 자세가 필요합니다. 불필요한 갈

등이나 다툼은 훈련 분위기를 해치고, 본인에게도 불이익이 될 수 있습니다.
- 시기·질투 금지: 다른 사람이 더 잘한다고 해서 시기하거나 방해하는 행동은 피해야 합니다. 각자의 속도에 맞춰 최선을 다하는 것이 중요합니다.
- 사적 물품 거래 금지: 훈련 물품이나 개인 물품을 동료와 허가 없이 거래하거나 주고받는 행위는 규율 위반입니다.

4. 훈련 물품 및 시설 관리:
- 아껴 쓰기: 훈련에 사용되는 도구나 재료는 모두 국민의 세금으로 마련된 것입니다. 아껴 쓰고 소중히 다뤄야 합니다.
- 정리 정돈: 훈련이 끝나면 사용한 도구와 주변을 깨끗하게 정리 정돈하는 습관을 들여야 합니다.
- 무단 반출·훼손 금지: 훈련 물품을 허가 없이 개인적으로 사용하거나, 훼손하거나, 외부로 반출하려는 시도는 엄격히 금지됩니다.

5. 건강 관리:
- 무리하지 않기: 훈련이나 공부에 대한 의욕이 앞서 건강을 해치지 않도록 주의해야 합니다. 충분한 휴식과 수면을 취하고, 몸에 이상이 느껴지면 즉시 담당 직원에게 알려야 합니다.

> 훈련이나 공부는 '특권'이자 '기회'입니다. 주어진 기회를 최대한 활용하고 성공적으로 마치기 위해서는 교도소 내 규칙을 철저히 지키고, 성실한 태도로 임하며, 동료들과 원만하게 지내는 것이 무엇보다 중요합니다.

[section 7.3] 자격증의 현실적 활용과 급여 정보

Q1. 출소 후 실제로 취업하기 좋은 자격증은 무엇인가요?

A. 어떤 자격증이 "취업하기 좋다"고 단정하기는 어렵습니다. 개인의 적성, 흥미, 그리고 출소 후 정착하려는 지역의 일자리 상황에 따라 달라질 수 있기 때문입니다. 하지만 일반적으로 다음과 같은 특징을 가진 자격증들이 출소 후 취업에 상대적으로 유리할 수 있습니다.

1. 수요가 꾸준한 기술 분야 자격증:

- 용접기능사, 특수용접기능사: 제조업, 건설 현장 등에서 꾸준히 수요가 있습니다. 특히 기술 숙련도에 따라 높은 보수를 받을 가능성도 있습니다.
- 전기기능사: 건물 관리, 공사 현장, 제조업체 등 다양한 곳에서 필요로 합니다. 안전과 직결되는 중요한 기술입니다.
- 건축목공기능사, 건축도장기능사, 타일기능사, 방수기능사: 건설 및 인테리어 분야는 일자리가 비교적 많은 편입니다. 몸은 고될 수 있지만, 기술을 익히면 안정적인 수입을 기대할 수 있습니다.
- 지게차운전기능사, 굴삭기운전기능사: 물류센터, 건설 현장 등에서 필수적인 자격증으로, 취업의 폭이 넓습니다.

2. 서비스업 및 소자본 창업 가능 자격증:

- 한식/양식/일식/중식 조리기능사, 제과/제빵기능사: 요식업계는 항상 인력이 필요하며, 경력을 쌓아 자신의 가게를 여는 꿈을 꿀 수도 있습니다.
- 미용사(일반/피부/네일/메이크업), 이용사: 기술만 있다면 비교적 쉽게 취업하거나 소자본으로 창업할 수 있는 분야입니다. 고객과의 관계 형성이 중요합니다.
- 바리스타: 커피전문점 증가로 수요가 있으며, 비교적 젊은층이 선호하는 직종입니다.

3. 기타 실용적인 자격증:

- 컴퓨터활용능력, ITQ (정보기술자격): 기본적인 사무 능력을 증명할 수 있어 어떤 직종이든 도움이 될 수 있습니다.
- 요양보호사: 고령화 사회로 접어들면서 수요가 계속 증가하고 있지만, 일부 범죄 경력에 따라 취업이 제한될 수 있으므로 확인이 필요합니다.

<u>**자격증 선택 시 고려사항:**</u>

❖ 나의 적성과 흥미: 아무리 취업이 잘 된다고 해도 내가 싫어하는 일이라면 오래 하기 어렵습니다.

❖ 교도소 내 훈련 과정: 현재 있는 곳에서 어떤 직업훈련을 제공하는지 확인하고, 그 안에서 선택하는 것이 현실적입니다.

❖ 출소 후 계획: 특정 지역에 정착할 계획이라면, 그 지역의 산업 특성과 구인 수요를 알아보는 것이 좋습니다.

> 남들이 좋다고 하는 자격증보다는, 나의 적성에 맞고 꾸준히 기술을 연마할 수 있는 분야를 선택하는 것이 중요합니다. 자격증은 시작일 뿐, 성실한 태도와 끊임없는 노력이 더해져야 진정한 자립으로 이어질 수 있습니다.

Q2. 자격증별 평균 급여 수준은 어떻게 되나요?

A. 자격증별 평균 급여를 정확한 숫자로 말씀드리기는 매우 어렵습니다. 급여는 다음과 같은 다양한 요인에 따라 크게 달라지기 때문입니다.

- ❖ **지역:** 대도시와 중소도시, 농어촌 지역 간에 임금 격차가 있습니다.
- ❖ **경력:** 이제 막 자격증을 취득한 초보자와 수년간 경력을 쌓은 숙련 기술자의 급여는 다를 수밖에 없습니다.
- ❖ **숙련도 및 능력:** 같은 자격증을 가지고 있어도 실제 업무 능력, 생산성, 문제 해결 능력 등에 따라 대우가 달라집니다.
- ❖ **회사의 규모 및 종류:** 대기업, 중소기업, 개인 사업체 등 어떤 곳에서 일하느냐에 따라 급여 수준과 복지 혜택이 다릅니다.
- ❖ **경제 상황:** 전반적인 경제 상황이나 해당 산업의 호황/불황 여부도 급여에 영향을 미칩니다.
- ❖ **근무 형태:** 정규직, 계약직, 일용직 등 고용 형태에 따라서도 급여가 달라질 수 있습니다.

일반적인 경향성 (참고용):

- ❖ **초임 급여:** 대부분의 기술 자격증 초임은 최저임금 수준이거나 그보다 약간 높은 수준에서 시작하는 경우가 많습니다. 처음부터 높은 급여를 기대하기보다는, 경력을 쌓고 기술을 인정받는 과정이 필요합니다.
- ❖ **기술 숙련도에 따른 상승 가능성:** 용접, 전기, 중장비 운전 등 전문 기술 분야는 경력과 숙련도가 쌓이면 상대적으로 높은 급여를 받을 가능성이 있습니다.
- ❖ **서비스업:** 요식업이나 미용업 등은 초기 급여는 낮을 수 있지만, 기술과 인지도가 높아지거나 창업을 통해 성공하면 높은 수입을 올릴 수도 있습니다.
- ❖ **IT/사무:** 일반 사무직의 경우, 경력과 직무에 따라 차이가 크며, 전문성을 갖추는 것이 중요합니다.

급여 정보 탐색 방법:

❖ **워크넷(Work.go.kr) 등 구인구직 사이트:** 유사 직종의 채용 공고에 제시된 급여 수준을 참고할 수 있습니다. (단, 이는 일반적인 경우이며, 출소자의 경우 다를 수 있음을 감안해야 합니다.)

❖ **주변 사람들의 조언:** 출소 후 먼저 자리 잡은 선배나 관련 분야 종사자의 이야기를 들어보는 것도 도움이 될 수 있습니다.

> 자격증 취득 후 첫 급여에 너무 연연하기보다는, 꾸준히 기술을 배우고 성실하게 일하며 경력을 쌓는 것이 장기적으로 더 나은 경제적 안정을 가져다줄 수 있습니다. 중요한 것은 일을 통해 사회에 기여하고 정당한 대가를 받는 경험을 시작하는 것입니다.

Q3. 자격증을 여러 개 따는 것이 좋을까요, 아니면 하나를 전문적으로 파는 게 좋을까요?

A. 이 질문에는 정답이 없습니다. 각자의 상황과 목표, 그리고 어떤 분야의 자격증을 고려하느냐에 따라 장단점이 있기 때문입니다.

1. 하나를 전문적으로 파는 것 (전문성 강화):

- **장점:**
  - 깊이 있는 기술 습득: 한 분야에 집중함으로써 더 높은 수준의 전문성과 숙련도를 갖출 수 있습니다.
  - 경쟁력 확보: 특정 분야의 전문가로 인정받으면, 취업 시장에서 더 나은 대우를 받거나 희소성 있는 기술자로 자리매김할 수 있습니다.
  - 경력 관리 용이: 한 우물을 파면 경력 경로가 명확해지고, 성과를 쌓아가기 좋습니다.

- **단점:**
  - 취업 분야 제한: 해당 전문 분야의 일자리가 줄어들거나, 자신과 맞지 않을 경우 다른 선택을 하기 어려울 수 있습니다.
  - 변화에 대한 유연성 부족: 산업 구조가 바뀌거나 새로운 기술이 등장했을 때 적응이 느릴 수 있습니다.

2. 여러 개를 따는 것 (다재다능함 추구):

- **장점:**
  - 넓은 취업 기회: 다양한 분야의 자격증을 가지고 있으면, 그만큼 선택할 수 있는 일자리의 폭이 넓어

집니다.

- 상황 변화에 대한 유연성: 한 분야가 어려워지더라도 다른 기술을 활용해 새로운 기회를 찾을 수 있습니다.
- 융합 능력 발휘 가능성: 서로 관련된 분야의 자격증은 시너지 효과를 내어 남다른 경쟁력이 될 수도 있습니다. (예: 전기 + 소방설비)

- **단점:**

  - 얕은 전문성: 여러 분야를 섭렵하려다 보면 각 분야의 전문성이 떨어질 수 있습니다. "이것저것 할 줄은 알지만, 제대로 하는 건 없는" 사람이 될 수도 있습니다.
  - 산만한 인상: 뚜렷한 방향성 없이 여러 자격증을 나열하는 것은 고용주에게 오히려 혼란을 주거나, 끈기가 부족하다는 인상을 줄 수도 있습니다.
  - 시간과 노력 분산: 여러 자격증을 준비하는 데 많은 시간과 노력이 필요합니다.

현실적인 조언:

- ❖ **우선순위 설정**: 가장 먼저, 자신이 가장 흥미를 느끼고 잘할 수 있으며, 출소 후 현실적으로 취업 가능성이 높은 핵심 자격증 하나를 정해 집중하는 것이 좋습니다. 이 자격증을 통해 첫 직장을 구하고 경력을 쌓는 것을 목표로 하세요.

- ❖ **관련성 있는 추가 자격증**: 핵심 자격증과 관련된 분야의 자격증을 추가로 취득하는 것은 전문성을 심화시키거나 업무 범위를 확장하는 데 도움이 될 수 있습니다. (예: 제빵기능사 + 제과기능사, 용접기능사 + 배관기능사)

- ❖ **단순히 개수 늘리기는 지양**: 단순히 이력서에 한 줄 더 채우기 위해 관련 없는 자격증을 여러 개 따는 것은 큰 의미가 없을 수 있습니다.

- ❖ **수용 기간 고려**: 남은 수용 기간이 짧다면 여러 개를 준비하기보다는 하나에 집중하는 것이 효율적입니다.

"하나를 깊게 파는 것"과 "여러 개를 넓게 아는 것" 사이에서 균형을 찾는 것이 중요합니다. 먼저 자신만의 확실한 '주 무기'를 만든 후, 필요에 따라 보조 무기를 갖추는 전략을 추천합니다. 중요한 것은 자격증의 개수가 아니라, 그것을 통해 실제로 자립할 수 있는 능력을 갖추는 것입니다.

Chapter 8 | 출역 - 일하며 적응하기

교도소 내 작업장 생활을 이해하고, 적극적으로 참여하여 생활의 리듬을 잡도록 돕는다. 주요 내용: 출역 종류, 작업장 신청법, 협업 팁

[section 8.1] 공장과 관용부 작업장의 차이

Q1. 교도소에서 할 수 있는 일(작업장)은 어떤 종류가 있나요?

A. 교도소 내에서 하는 일을 '출역'이라고 하며, 크게 몇 가지 종류로 나눌 수 있습니다. 어떤 작업을 하느냐에 따라 생활 환경이나 얻을 수 있는 경험이 다를 수 있습니다.

1. 생산 공장 작업 (외부 통근 작업 포함):

- **내용:** 교도소 내에 설치된 공장에서 외부 업체로부터 주문받은 물품을 생산하는 일입니다. 봉제, 조립, 인쇄, 목공, 제화 등 다양한 종류가 있습니다. 때로는 교도소 밖에 있는 협력업체로 출퇴근하며 작업하는 경우도 있습니다.
- **특징:** 정해진 생산 목표량이 있고, 비교적 반복적인 작업을 하는 경우가 많습니다. 기술을 배우거나 숙련도를 높일 기회가 될 수 있습니다.

2. 관용부 작업 (자체 작업):

- **내용:** 교도소 시설 운영에 필요한 각종 업무를 담당하는 일입니다.
  - **취사장:** 수용자들의 식사를 준비합니다.
  - **세탁장:** 수용자들의 옷이나 침구류를 세탁합니다.
  - **청소부:** 교도소 내 공공장소나 지정 구역을 청소합니다.
  - **보일러실, 전기실, 영선반:** 시설 유지보수 업무를 담당합니다. (주로 관련 기술이 있는 수용자)
  - **이발부:** 동료 수용자들의 이발을 담당합니다.
  - **도서부:** 도서실 운영 및 도서 대출/반납 업무를 돕습니다.
  - **접견실 보조, 서무 보조:** 행정 업무를 지원합니다.
- **특징:** 교도소 생활과 밀접하게 관련된 일을 하며, 일부 작업은 다른 수용자들보다 먼저 정보를 얻거나 약간의 편의를 누릴 수도 있다는 인식 때문에 선호되기도 합니다. (하지만 이는 공식적

인 혜택은 아닙니다.)

3. **직업훈련 연계 작업:**

    - **내용:** 직업훈련 과정의 일부로 실제 물건을 만들거나 서비스를 제공하는 작업을 할 수 있습니다. 예를 들어, 제빵 훈련을 받으면서 빵을 만들어 판매하거나, 목공 훈련을 받으며 가구를 제작하는 식입니다.
    - **특징:** 배운 기술을 바로 실습에 적용해 볼 수 있다는 장점이 있습니다.

4. **농장 작업 등 기타 작업:**

    - **내용:** 일부 교도소에서는 농작물을 재배하거나 가축을 기르는 농장 작업을 운영하기도 합니다.
    - **특징:** 자연과 가까이에서 일할 수 있다는 점이 다릅니다.

> 교도소 내 작업은 단순한 시간 보내기를 넘어, 기술을 익히고, 규칙적인 생활을 하며, 작은 보상(작업장려금)도 받을 수 있는 기회입니다. 어떤 작업이든 성실하게 임하는 자세가 중요합니다.

Q2. 공장 작업과 관용부 작업의 차이점과 각각의 장단점은 무엇인가요?

A. 공장 작업과 관용부 작업은 하는 일의 성격, 환경, 그리고 얻을 수 있는 경험 면에서 차이가 있습니다. 각각의 장단점을 이해하면 자신에게 어떤 작업이 더 맞을지 생각해 보는 데 도움이 될 것입니다.

1. **공장 작업 (생산 작업):**

    - **차이점:**
        - 주로 외부 업체의 주문을 받아 물품을 생산합니다.
        - 반복적인 공정이 많고, 생산량 목표가 있을 수 있습니다.
        - 작업장려금이 작업 성과에 따라 차등 지급될 수 있습니다.
    - **장점:**
        - **기술 습득 가능성:** 특정 생산 기술(봉제, 조립 등)을 배울 수 있고, 숙련되면 사회에 나가서도 활용할 여지가 있습니다.
        - **비교적 높은 작업장려금 기대:** 관용부 작업에 비해 작업장려금이 다소 높게 책정되는 경우가 있어, 영치금 마련에 유리할 수 있습니다.

- **'일하는' 느낌**: 실제 물건을 만들어낸다는 점에서 성취감을 느끼거나, 사회에서의 노동과 유사한 경험을 할 수 있습니다.

- **단점**:
  - **단조로움**: 반복 작업으로 인해 지루함을 느끼기 쉽습니다.
  - **육체적 피로도**: 작업 강도가 높거나 장시간 같은 자세로 일해야 해서 육체적으로 힘들 수 있습니다.
  - **생산 압박**: 정해진 시간 내에 목표량을 채워야 한다는 압박감을 느낄 수 있습니다.

2. 관용부 작업 (시설 운영 지원):

- **차이점**:
  - 교도소 자체 운영에 필요한 일을 합니다. (취사, 세탁, 청소, 시설 보수 등)
  - 작업 내용이 공장보다 다양할 수 있고, 다른 수용자들과의 접촉이 잦을 수 있습니다.
  - 작업장려금이 비교적 고정적이거나 공장 작업보다 낮을 수 있습니다.

- **장점**:
  - **덜 단조로운 업무**: 공장 작업에 비해 업무 내용이 다양하거나, 활동적인 경우가 많습니다.
  - **시설 내 이동 및 정보 접근성 (제한적)**: 일부 관용부 작업은 다른 수용자들보다 시설 내 이동이 비교적 자유롭거나, 시설 운영에 대한 정보를 조금 더 빨리 접할 수 있다는 인식이 있습니다. (이는 공식적인 혜택이 아니며, 오해나 갈등의 소지가 될 수 있으므로 주의해야 합니다.)
  - **책임감과 자부심**: 시설 운영에 기여한다는 점에서 책임감이나 자부심을 느낄 수 있습니다. 일부 "힘 있는" 자리로 인식되기도 합니다.

- **단점**:
  - **낮은 작업장려금**: 공장 작업에 비해 작업장려금이 적을 수 있습니다.
  - **다른 수용자들의 부탁이나 압력**: 특히 취사장, 세탁장 등 다른 수용자들의 생활과 밀접한 곳에서 일할 경우, 부당한 부탁이나 압력을 받을 가능성이 있습니다. 이를 잘 거절하고 원칙을 지키는 것이 중요합니다.
  - **경쟁 치열**: 일부 선호되는 관용부 작업은 경쟁이 치열하여 배정받기 어려울 수 있습니다.
  - **일부 궂은일 담당**: 청소부 등은 다른 사람들이 기피하는 궂은일을 해야 할 수도 있습니다.

어떤 작업이든 장단점은 있습니다. 중요한 것은 자신이 맡은 일에 최선을 다하고, 그 안에서 배울 점을 찾으려는 긍정적인 태도입니다. 작업 환경은 통제할 수 없지만, 그 환경에 어떻게 반응할지는 스스로 선택할 수 있습니다.

Q3. 작업은 꼭 해야 하나요? 하면 어떤 좋은 점이 있나요?

A. 네, 대한민국 「형의 집행 및 수용자의 처우에 관한 법률」에 따르면 징역형을 선고받은 수형자는 교정시설 내에서 작업을 해야 할 의무가 있습니다. 물론 건강상의 이유나 기타 특별한 사정이 있는 경우에는 작업이 면제되거나 가벼운 작업으로 변경될 수 있습니다.

작업을 하면 다음과 같은 여러 가지 좋은 점이 있습니다.

1. **시간을 의미 있게 활용**: 아무것도 하지 않고 시간을 보내는 것보다 규칙적으로 일하며 하루를 보내는 것이 심리적으로도 안정되고, 시간이 더 빨리 가는 것처럼 느껴질 수 있습니다. 무료함과 잡념을 줄여줍니다.

2. **작업장려금 수령**: 작업을 하면 작업장려금을 받을 수 있습니다. 액수가 크지는 않지만, 교도소 내에서 필요한 물품을 구매(영치금 사용)하거나, 출소 후 초기 정착금으로 모아갈 수 있는 소중한 돈입니다.

3. **기술 습득 및 유지**: 작업을 통해 새로운 기술을 배우거나, 기존에 가지고 있던 기술을 유지하고 발전시킬 수 있습니다. 이는 출소 후 취업에도 도움이 될 수 있습니다.

4. **규칙적인 생활 리듬 형성**: 정해진 시간에 일어나 일하고 쉬는 규칙적인 생활은 건강 유지에도 좋고, 사회 복귀 후에도 필요한 생활 습관을 형성하는 데 도움이 됩니다.

5. **성취감과 자기 효능감 증진**: 자신이 맡은 일을 해내고, 무언가를 만들어낸다는 경험은 성취감을 주고 "나도 무언가 할 수 있다"는 자기 효능감을 높여줍니다.

6. **긍정적인 처우 평가**: 성실하게 작업에 참여하는 모습은 가석방 심사나 분류 처우 등급 결정 시 긍정적인 요소로 고려될 수 있습니다.

7. **스트레스 해소 및 정신 건강**: 몸을 움직여 일하는 것은 스트레스 해소에 도움이 될 수 있으며, 일에 집중하는 동안 부정적인 생각에서 벗어날 수 있습니다.

8. **사회성 유지(제한적)**: 동료 수용자들과 함께 일하면서 최소한의 사회적 상호작용을 경험할 수 있습니다. (물론, 작업장 내에서의 대인관계는 신중해야 합니다.)

만약 작업을 하지 않게 되면?

건강 등 정당한 사유 없이 작업을 거부하거나 태만히 할 경우, 징벌을 받거나 처우에 불이익을 받을 수 있습니다. 또한, 무료한 시간을 보내며 부정적인 생각에 빠지기 쉽고, 경제적으로도 어려움을 겪을 수 있습니다.

> 작업은 수형자의 의무이기도 하지만, 동시에 자신에게 여러모로 도움이 되는 활동입니다. 주어진 작업 환경에서 최선을 다하고, 그 안에서 긍정적인 의미를 찾는 것이 다시, 삶의 이름으로의 한 부분입니다.

[section 8.2] 출역 지원과 배정 절차

Q1. 내가 원하는 작업을 할 수는 없나요?

A. 자신이 원하는 작업을 하고 싶은 마음은 충분히 이해됩니다. 하지만 교도소 내 작업 배정은 일반 사회의 취업처럼 자유롭게 선택하기는 어렵습니다.

원하는 작업을 하기 어려운 이유:

1. **교도소의 운영 필요 우선**: 작업 배정의 가장 큰 기준은 교도소 시설 운영에 필요한 인력 수요입니다. 특정 작업장에 일손이 부족하면 그곳에 우선적으로 인원이 배치됩니다.

2. **제한된 작업 종류와 인원**: 교도소마다 운영하는 작업장의 종류가 다르고, 각 작업장마다 수용할 수 있는 인원이 정해져 있습니다. 인기 있는 작업장은 경쟁이 치열할 수 있습니다.

3. **수용자의 적성 및 능력 고려**: 교도소 측에서는 수용자의 건강 상태, 기존 기술, 교육 수준, 성격 등을 고려하여 적합한 작업에 배치하려고 노력합니다. 하지만 모든 개인의 희망을 다 맞춰주기는 현실적으로 불가능합니다.

4. **보안 및 관리상의 문제**: 특정 수용자를 특정 작업에 배치하는 것이 교도소의 보안이나 관리에 문제를 일으킬 수 있다고 판단되면, 희망하더라도 배정되지 않을 수 있습니다.

5. 형기 및 수용 태도: 남은 형기, 평소 수용 생활 태도 등도 작업 배정에 영향을 미칠 수 있습니다.

그래도 희망을 전달해 볼 수는 있습니다:

❖ **상담 시 의견 제시:** 작업 배정 전 상담 과정이 있다면, 자신이 원하는 작업과 그 이유를 정중하게 이야기해 볼 수 있습니다.

❖ **생활지도관 면담:** 배정된 작업이 너무 힘들거나 적성에 맞지 않는다고 느껴지면, 생활지도관에게 면담을 신청하여 어려움을 설명하고 다른 작업으로 변경 가능한지 문의해 볼 수 있습니다.

> 원하는 작업을 바로 배정받기는 어려울 수 있지만, 자신의 상황과 희망을 적절한 절차를 통해 전달하는 것은 필요합니다. 어떤 작업이든 배정받으면 일단 성실히 임하면서 기회를 기다리는 자세가 중요합니다.

Q2. 출역 신청은 어떻게 하며, 배정은 어떤 기준으로 이루어지나요?

A. 교도소에서의 출역(작업) 신청 및 배정 절차는 일반 사회와는 다소 차이가 있습니다. 정해진 절차와 기준에 따라 이루어지며, 개인의 희망보다는 교정시설의 필요와 수용자 관리 측면이 더 중요하게 고려됩니다.

1. 출역 신청 (또는 의사 확인):

- **신입 수용자의 경우:** 교도소에 처음 입소하여 일정 기간의 신입 교육을 마친 후, 건강 상태, 기술 유무, 학력 등을 파악하는 과정을 거칩니다. 이때 작업 능력에 대한 평가도 이루어지며, 이를 바탕으로 초기 작업이 배정되는 경우가 많습니다. 별도의 '신청' 절차보다는 조사 및 평가에 가깝습니다.

- **기존 수용자의 경우:**
  - 결원 발생 시 공고: 특정 작업장에 결원이 생기면 게시판 등을 통해 알리고 희망자를 모집하는 경우가 있습니다. 이때 신청서를 제출하거나 구두로 신청 의사를 밝힐 수 있습니다.
  - 정기적인 작업 재배치: 일정 기간마다 작업 재배치가 이루어질 때, 희망 작업에 대한 조사를 하기도 합니다.
  - 생활지도실 문의: 자신이 원하는 작업이 있거나 현재 작업에 어려움이 있을 경우, 생활지도실 담당 직원에게 문의하여 작업 변경 가능성을 타진해 볼 수 있습니다.

2. 작업 배정 기준:

교도소에서 작업을 배정할 때는 다음과 같은 다양한 요소들을 종합적으로 고려합니다.

- **교정시설의 인력 수요**: 각 작업장별로 필요한 인원이 최우선적으로 고려됩니다.
- **수용자의 건강 상태**: 육체적으로 힘든 작업, 특정 질환자에게 부적합한 작업 등을 고려하여 건강에 무리가 가지 않도록 배정합니다.
- **기술 및 경력**: 해당 작업에 필요한 기술을 이미 가지고 있거나 관련 경력이 있는 경우 우선적으로 고려될 수 있습니다. (예: 용접 기술이 있는 수용자를 용접 작업장에 배치)
- **교육 및 직업훈련 이수 여부**: 교도소 내에서 관련 직업훈련을 이수한 경우 해당 작업에 배치될 가능성이 높습니다.
- **적성 및 지능**: 작업의 성격에 따라 수용자의 적성이나 지능 수준도 고려될 수 있습니다.
- **수용 생활 태도 (교정 성적)**: 평소 규칙을 잘 지키고 모범적인 수용 생활을 하는 경우, 좀 더 책임감이 요구되거나 선호도가 높은 작업에 배치될 가능성이 있습니다.
- **형기**: 남은 형기가 너무 짧거나 긴 경우, 특정 작업에 배정되기 어려울 수 있습니다.
- **공정성 및 형평성**: 특정 수용자에게만 유리하거나 불리하지 않도록 공정하게 배정하려고 노력합니다. (하지만 모든 사람이 만족하기는 어렵습니다.)
- **보안 및 관리상의 필요**: 교도소의 안전과 질서 유지에 문제가 없도록 작업 인원을 구성합니다.

> 작업 배정은 교도소의 필요와 여러 기준에 따라 결정됩니다. 자신이 원하는 작업이 있다면 적극적으로 알리되, 어떤 작업이든 주어진 환경에서 최선을 다하는 것이 중요합니다.

Q3. 작업 배정에 불만이 있을 때 어떻게 해야 하나요?

A. 배정된 작업이 마음에 들지 않거나, 건강상 또는 다른 이유로 수행하기 어렵다고 느껴질 때 불만이 생길 수 있습니다. 이럴 때 감정적으로 대처하거나 규율을 어기는 행동을 하는 것은 상황을 더 악화시킬 뿐입니다. 합법적이고 정당한 절차를 통해 어려움을 알리고 개선을 요청하는 것이 중요합니다.

작업 배정에 불만이 있을 때 대처하는 방법:

다시, 삶의 이름으로

1. **정확한 이유 파악:** 왜 이 작업에 불만이 있는지, 구체적으로 어떤 점이 힘든지 스스로 정리해 보세요. (예: "먼지가 너무 많아 호흡기가 힘들다", "기계를 다루는 것이 너무 위험하게 느껴진다", "허리 디스크가 있어 장시간 서서 하는 작업이 어렵다" 등)

2. **담당 직원과 상담:**
   - **작업장 담당 교도관:** 가장 먼저 작업 현장을 관리하는 담당 교도관에게 어려움을 이야기하고 상담을 요청할 수 있습니다.
   - **생활지도관 (처우담당관):** 자신의 수용 생활 전반을 담당하는 생활지도관에게 면담을 신청하여 작업 변경의 필요성을 설명할 수 있습니다. 이때, 불만의 이유를 구체적이고 정중하게 전달하는 것이 중요합니다.

3. **공식적인 고충 처리 절차 이용:**
   - **고충 청취함 (소원 수리함):** 교도소 내에 설치된 고충 청취함에 서면으로 어려움을 작성하여 제출할 수 있습니다. 익명성이 보장되지만, 구체적인 해결을 위해서는 실명을 밝히는 것이 좋을 수 있습니다.
   - **청원:** 법무부 장관이나 순회점검 공무원 등에게 청원을 통해 고충을 알릴 수도 있습니다. 청원은 정해진 양식과 절차에 따라야 합니다.

4. **의무과 진료 상담:** 만약 건강상의 문제로 작업이 어렵다면, 의무과에 진료를 신청하여 의사의 진단과 소견을 받는 것이 중요합니다. 의사의 소견은 작업 변경 요청 시 중요한 근거 자료가 될 수 있습니다.

주의해야 할 점:

- ❖ **감정적인 대응 금물:** 소리를 지르거나, 작업을 거부하거나, 다른 수용자들을 선동하는 등의 행동은 규율 위반으로 처벌받을 수 있으며, 문제 해결에 전혀 도움이 되지 않습니다.
- ❖ **객관적이고 구체적인 설명:** 단순히 "하기 싫다", "힘들다"고만 하기보다는, 왜 그런지 구체적인 이유와 근거를 제시해야 합니다.
- ❖ **인내심을 가지고 기다리기:** 상담이나 고충 처리를 요청했다고 해서 즉시 해결되는 것은 아닙니다. 교도소 측에서도 상황을 파악하고 조치하는 데 시간이 필요할 수 있습니다.
- ❖ **모든 요구가 수용되지는 않음:** 교도소의 사정이나 다른 수용자들과의 형평성 등을 고려해야 하

므로, 자신의 요구가 항상 받아들여지는 것은 아니라는 점을 이해해야 합니다.

> 작업 배정에 불만이 있다면, 합법적이고 정중한 방법으로 문제를 제기해야 합니다. 감정적으로 대응하기보다는 이성적으로 상황을 설명하고 도움을 요청하는 자세가 필요합니다. 설령 원하는 대로 즉시 바뀌지 않더라도, 성실한 태도를 유지하는 것이 결국 자신에게 이롭습니다.

[section 8.3] 작업 중 갈등 없이 지내는 법

Q1. 작업하면서 지켜야 할 기본 규칙은 어떤 게 있나요?

A. 작업장은 여러 사람이 함께 일하는 공간이므로, 안전하고 효율적인 작업을 위해 모두가 지켜야 할 기본 규칙들이 있습니다. 이러한 규칙을 잘 지키는 것은 자신과 동료의 안전을 지키고, 불필요한 문제를 예방하는 데 매우 중요합니다.

작업 중 지켜야 할 기본 규칙:

1. 안전 수칙 철저 준수:

- 작업 전 안전 교육 내용을 반드시 숙지하고 따릅니다.
- 지정된 안전 장비(안전모, 안전화, 장갑, 마스크 등)를 반드시 착용합니다.
- 기계나 도구는 정해진 사용법에 따라 안전하게 사용하고, 이상이 발견되면 즉시 담당 직원에게 보고합니다.
- 위험한 행동(장난, 부주의한 행동)은 절대 하지 않습니다.

2. 시간 엄수:

- 작업 시작 시간, 휴식 시간, 종료 시간을 정확히 지킵니다.
- 무단으로 작업장을 이탈하거나 늦게 복귀하지 않습니다.

3. 담당 직원의 지시 존중 및 이행:

- 교도관이나 작업 지도 교사의 정당한 지시에 따라야 합니다.
- 지시 내용이 이해되지 않으면 정중하게 다시 질문하여 확인합니다.

4. 작업 태만 금지 및 성실한 작업 수행:

- 고의로 작업을 지연시키거나, 불량품을 만들거나, 다른 사람에게 일을 떠넘기지 않습니다.

5. 작업 물품 및 시설물 보호:

- 작업에 사용되는 도구, 재료, 생산품 등을 아껴 쓰고 함부로 다루지 않습니다.
- 시설물을 고의로 훼손하거나 낙서하지 않습니다.
- 허가 없이 작업 물품을 개인적으로 소지하거나 외부로 반출하지 않습니다.

6. 청결 및 정리 정돈:

- 작업 공간을 항상 깨끗하게 유지하고, 작업 후에는 주변을 정리 정돈합니다.
- 쓰레기는 지정된 장소에 버립니다.

7. 동료 간 예의 및 상호 존중:

- 다른 수용자에게 욕설, 비방, 위협적인 언행을 하지 않습니다.
- 서로의 프라이버시를 존중하고, 불필요한 참견이나 시비를 걸지 않습니다. (자세한 내용은 다음 질문에서 다룹니다.)

8. 금지 물품 반입 및 사적 거래 금지:

- 허가되지 않은 물품(담배, 음식물, 개인 물품 등)을 작업장에 반입하거나 사용하지 않습니다.
- 수용자 간에 작업 물품이나 개인 물품을 이용한 사적인 거래나 도박 행위는 엄격히 금지됩니다.

> 작업장의 기본 규칙은 모두의 안전과 원활한 작업 진행을 위해 존재합니다. 규칙을 잘 지키는 것은 성숙한 시민 의식의 표현이며, 수용 생활을 문제없이 보내는 데 필수적입니다.

Q2. 다른 작업장 동료들과 잘 지내려면 어떻게 하면 좋을까요?

A. 작업장은 다양한 사람들이 모여 함께 일하는 곳인 만큼, 동료들과의 관계가 작업장 생활의 만족도에 큰 영향을 미칠 수 있습니다. 서로 존중하고 배려하며 갈등 없이 지내기 위한 몇 가지 방법을 소개합니다.

1. '내 일'에 집중하기:

- 가장 기본적이면서도 중요한 것은 각자 자기에게 주어진 일에 집중하는 것입니다. 남의 일에 사사건건 간섭하거나, 다른 사람의 작업 방식을 비판하는 것은 갈등의 원인이 되기 쉽습니다.
- 다른 사람의 사생활이나 과거에 대해 지나치게 궁금해하거나 캐묻지 않습니다.

2. 상호 존중의 자세:

- 나이, 배경, 죄명 등과 관계없이 모든 동료를 한 명의 인간으로서 존중해야 합니다.
- 비록 마음에 들지 않는 행동을 하는 사람이 있더라도, 공개적으로 비난하거나 무시하는 태도는 피해야 합니다.

3. 불필요한 말 아끼기 (특히 뒷담화 금지):

- 작업장에서는 말이 많아서 좋을 것이 별로 없습니다. 특히 다른 사람에 대한 험담이나 확인되지 않은 소문을 퍼뜨리는 것은 심각한 갈등을 유발할 수 있습니다.
- 들은 이야기도 함부로 옮기지 않는 것이 좋습니다.

4. 적절한 거리 유지:

- 너무 가깝게 지내려고 하기보다는 적절한 거리를 유지하는 것이 오히려 편안한 관계를 오래 지속하는 데 도움이 될 수 있습니다.
- 특정 소수와만 어울려 파벌을 만드는 것은 다른 동료들에게 위화감을 줄 수 있습니다.

5. 빌리거나 빌려주는 관계 만들지 않기:

- 작업 물품이든 개인 물품이든, 동료 간에 물건을 빌리거나 빌려주는 것은 피하는 것이 좋습니다. 작은 물건 하나가 오해와 다툼의 씨앗이 될 수 있습니다.
- 금전 거래는 절대 금물입니다.

6. 도움은 신중하게, 그러나 협력은 중요:

- 개인적인 부탁을 들어주거나 과도한 도움을 주는 것은 부담이 될 수 있으므로 신중해야 합니다.
- 하지만 공동으로 해야 하는 작업이나, 동료가 정말 어려움에 처했을 때 (예: 작업 중 부상) 서로 돕고 협력하는 모습은 필요합니다.

7. 감정 조절하기:

- 작업 중 스트레스를 받거나 화가 나는 일이 있더라도, 감정적으로 폭발하거나 폭력적인 행동을 해서는 안 됩니다. 잠시 심호흡을 하거나, 가능하다면 잠시 작업에서 벗어나 마음을 가라앉히는 것이 좋습니다.
- 문제가 해결되지 않으면 담당 직원에게 도움을 요청합니다.

8. "고맙습니다", "미안합니다" 표현하기:

- 작은 도움을 받았을 때는 "고맙습니다"라고 표현하고, 실수로 피해를 주었을 때는 "미안합니다"라고 사과하는 것은 기본적인 예의이며, 원만한 관계를 만드는 데 도움이 됩니다.

> 작업장 동료들과의 관계는 '적을 만들지 않는 것'이 가장 중요할 수 있습니다. 서로에게 피해 주지 않고, 각자의 일에 충실하며, 기본적인 예의를 지키는 것이 갈등 없이 지내는 가장 좋은 방법입니다.

Q3. 작업 중 실수했을 때 어떻게 대처하는 것이 좋을까요?

A. 누구나 작업 중에 실수를 할 수 있습니다. 중요한 것은 실수를 했을 때 어떻게 대처하느냐 입니다. 올바른 대처는 문제를 최소화하고, 오히려 신뢰를 얻는 계기가 될 수도 있습니다.

작업 중 실수했을 때의 바람직한 대처법:

1. 즉시 보고하기 (숨기지 않기):

- 실수를 발견했거나 저질렀다면, 가장 먼저 작업장 담당 교도관이나 책임자에게 즉시 알려야 합니다.
- 실수를 숨기거나 축소하려 하면 나중에 더 큰 문제로 번질 수 있으며, 발각될 경우 불성실한 태도로 간주되어 불이익을 받을 수 있습니다. 정직하게 보고하는 것이 최선입니다.

2. 정확하게 상황 설명하기:

- 언제, 어디서, 어떤 실수를 했는지, 그리고 그로 인해 어떤 결과가 발생했거나 예상되는지를 객관적이고 명확하게 설명해야 합니다.
- 변명하거나 다른 사람에게 책임을 떠넘기려는 태도는 좋지 않습니다.

3. 책임 인정하기 (핑계 대지 않기):

- 자신의 부주의나 잘못으로 실수가 발생했다면 솔직하게 인정하는 자세가 필요합니다.
- "몰랐다", "어쩔 수 없었다" 등의 핑계보다는 "제 부주의로 실수가 발생했습니다. 죄송합니다"라고 말하는 것이 좋습니다.

4. 지시에 따라 수습에 협조하기:

- 담당 직원이 실수를 바로잡기 위한 지시를 할 것입니다. 그 지시에 따라 문제를 해결하거나 피해를 최소화하기 위해 적극적으로 협조해야 합니다.
- 임의로 수습하려다가 상황을 더 악화시키지 않도록 주의해야 합니다.

5. 실수로부터 배우기 (반복하지 않기):

- 같은 실수를 반복하지 않는 것이 매우 중요합니다. 왜 그런 실수를 했는지 원인을 파악하고, 다음부터는 어떻게 해야 할지 교훈을 얻어야 합니다.
- 필요하다면 동료나 담당 직원에게 조언을 구해 개선하려는 노력을 보여주는 것이 좋습니다.

6. 과도한 자책은 금물, 긍정적으로 전환하기:

- 실수를 한 것에 대해 반성하는 것은 필요하지만, 너무 오랫동안 자책하거나 위축될 필요는 없습니다.
- 실수를 통해 배웠다는 긍정적인 마음으로 다시 작업에 성실히 임하는 모습을 보여주는 것이 중요합니다.

피해야 할 행동:

❖ 실수 사실을 숨기거나 은폐하는 행위
❖ 다른 사람에게 책임을 전가하는 행위
❖ 실수를 지적하는 담당 직원에게 반항하거나 불손한 태도를 보이는 행위
❖ 실수를 만회하겠다며 무리하거나 위험한 행동을 하는 행위

작업 중 실수는 누구에게나 일어날 수 있는 일입니다. 중요한 것은 실수를 정직하게 인정하고, 책임감 있게 대처하며, 같은 실수를 반복하지 않도록 배우는 자세입니다. 이러한 태도는 동료와 감독자에게 신뢰를 줄 수 있습니다.

Chapter 9 | 창업의 꿈 - 작은 씨앗 심기

출소 후 창업을 꿈꾸는 수용자에게 기초 정보와 준비 방법을 제시한다. 창업 아이템 구상, 예산 계획, 위험 관리

[section 9.1] 창업 전 준비할 네 가지

Q1. 출소 후에 가게를 차리고 싶은데, 어떤 준비부터 해야 하나요?

A. 출소 후 가게를 차리려면 몇 가지 중요한 준비 과정이 필요합니다. 먼저 어떤 업종의 가게를 열지 결정해야 합니다. 자신의 재능이나 경력을 살펴보고, 좋아하거나 자신있는 분야를 선택하는 것이 좋습니다. 예를 들어 교도소에서 요리나 이발 기술을 배우셨다면 그 기술을 살려 작은 음식점이나 이발소를 고려해볼 수 있습니다. 특별한 기술이 없더라도 시작하기 쉬운 중고품 가게나 노점상과 같은 업종도 생각해볼 수 있습니다. 음식점은 식품위생 교육 이수와 영업신고, 이발소나 미용실은 미용사 자격증 등 업종별로 필요한 자격이나 허가가 있으니, 미리 어떤 자격증이나 준비가 필요한지 확인해야 합니다. 필요하다면 출소 전에 교도소 내 직업훈련 프로그램을 통해 기술을 배우거나, 출소 후 국민내일배움카드 같은 제도를 이용해 직업훈련을 받아 자격증을 취득하는 것도 가능합니다.

또한 기본적인 사업 지식을 쌓는 것이 중요합니다. 중소벤처기업부나 소상공인시장진흥공단에서 제공하는 무료 창업 교육에 참여하여 사업계획서 작성법, 세무 지식, 매장 운영 방법 등을 배울 수 있습니다. 경험이 부족하다면 교육 프로그램이나 멘토의 도움을 받는 것을 권합니다. 앞서 언급한 소상공인 지식배움터와 같은 온라인 교육에서 사업계획 작성, 마케팅, 회계 기초 등의 강의를 무료로 들을 수 있습니다. 지방자치단체나 창업지원센터에서도 오프라인 창업 아카데미나 멘토 연결 프로그램을 운영하니, 시간을 내어 참여해보십시오. 예비 창업자를 위한 교육을 받으면 장사를 어떻게 해야 하는지 감을 잡을 수 있고, 성공 사례와 실패 사례를 배워볼 수도 있습니다. 멘토가 있다면 현실적인 조언을 얻고 시행착오를 줄이는 데 큰 힘이 됩니다.

정부의 다양한 창업 지원제도를 챙겨보시는 것도 좋습니다. 중소벤처기업부와 각 지자체

에서는 창업지원센터를 운영하며, 예비 창업자를 위해 컨설팅부터 자금 지원, 멘토링까지 다양한 프로그램을 제공합니다. 가까운 소상공인 지원센터나 창업 상담 창구를 방문하면 창업 절차를 안내받고, 필요한 정보를 얻을 수 있습니다. 고용노동부에서도 취업성공패키지나 내일배움카드를 통해 기술 교육을 지원하므로, 창업 전에 기술을 배우거나 자격증을 취득하는 데 활용할 수 있습니다. 또한 중소벤처기업부 산하 소상공인진흥공단에서 운영하는 '소상공인 지식배움터'라는 무료 온라인 교육 플랫폼이 있습니다. 여기서는 창업 단계별 필수 지식과 경영 노하우를 배울 수 있고, 수료증도 받을 수 있습니다.

소상공인시장진흥공단 운영 소상공인 지식배움터
https://edu.sbiz.or.kr/edu/main/main.do

가게를 시작하려면 초기 자본이 필요합니다. 임대보증금, 인테리어 비용, 장비 구입비 등을 고려하여 얼마나 자금이 필요한지 사업계획을 세워보세요. 규모를 너무 크게 잡기보다는 소자본으로 시작하는 것이 안전합니다. 출소 후 바로 큰 돈을 마련하기 어려우므로, 저축이나 가족의 도움, 출소 후 일자리를 잠시 구해 자금 모으기 등을 통해 천천히 준비하는 것이 좋습니다. 정부나 공공기관에서 제공하는 창업자금 대출 제도를 활용할 수도 있습니다. 예를 들어, 신용이 낮거나 담보가 없는 분들을 위해 미소금융 등의 소액대출 프로그램이 있고, 지방자치단체나 소상공인 지원센터에서도 창업자금을 저리로 빌려주는 경우가 있습니다. 특히 법무부 산하 기관에서는 일정 조건을 충족한 출소자에게 최대 5천만 원까지 창업 자금을 지원하는 제도도 운영하고 있습니다.

한국법무보호복지공단 지원사업 - 긴급지원
https://koreha.or.kr/sub/02_01_2.do?MN1=3&MN2=16&MN3=208&MN=208

한국법무보호복지공단 지원사업 - 창업지원
https://koreha.or.kr/sub/02_01_5.do?MN1=3&MN2=16&MN3=211&MN=211

가게를 열기 전에 반드시 거쳐야 할 행정 절차들이 있습니다. 우선 사업을 시작할 때는 사업자등록을 해야 합니다. 가게 임대를 했다면 임대차 계약서를 받고, 관할 세무서에 가서 사업자등록증을 발급받아야 합니다. 음식점의 경우 관할 구청에 영업신고를 하고, 영업신고 전에 식품위생 교육을 이수해야 합니다. 이 교육은 보통 6시간 정도의 과정으로, 수료증을 받아 제출하면 됩니다. 이발소나 미용실은 미용사 면허증이 필요하며, 이미 교도소 등에서 자격증을 취득했다면 이를 활용하면 됩니다. 노점상의 경우에는 지자체마다 허용 구역과 조건이 다르므로, 관할 구청에 노점 허가나 등록 절차가 있는지 알아봐야 합니다. 이처럼 업종별로 필요한 신고와 허가 절차를 미리 파악하여 준비 서류를 갖추는 것이 중요합니다. 또한 사업자등록 후에는 세금 신고 등 기본적인 의무도 생기니, 가까운 세무서나 소상공인 지원기관에 문의하여 세무 안내를 받아두면 좋습니다.

마지막으로 창업은 누구에게나 도전이지만, 출소 후 새로운 출발을 하시는 분께는 특히 더 신중한 접근이 필요합니다. 우선 너무 큰 욕심을 부리지 말고 작은 규모로 시작해서 점차 키워나가는 것이 좋습니다. 초기부터 큰 가게를 차리려고 무리하게 대출을 받거나 빚을 지는 것은 위험하니 피하는 게 좋습니다. 또한 사업 시작 후 당장 수익이 많이 나지 않을 수 있으므로, 생활비 등을 감안하여 충분한 예비비를 확보하거나 초기에 파트타임이나 부업으로 다른 일도 병행하는 방안을 고려해 보세요. 주변에 비슷한 업종을 먼저 시작한 선배나 친구가 있다면 솔직하게 조언을 구하는 것도 도움이 됩니다. 시장 조사도 중요합니다. 예를 들어, 가게를 열 지역에 어떤 경쟁 가게들이 있고 손님은 어떤 것을 원하는지 미리 알아보십시오. 이는 가게 입지 선정과 메뉴/서비스 구성에 큰 영향을 줍니다. 마지막으로, 절대로 혼자 고민하지 마시고 도움을 받을 수 있는 기관과 사람들을 최대한 활용하세요. 정부 기관, 창업지원센터, 한국법무보호복지공단(출소자 지원 기관) 등은 모두 창업과 사회복귀를 도와줄 준비가 되어 있습니다.

Q2. 창업하려면 돈이 얼마나 필요하나요?

A. 창업에 필요한 자금은 지역, 업종과 규모에 따라 크게 달라집니다. 소규모 노점이나 푸드트럭은 500만원에서 2,000만원 정도로 시작할 수 있습니다. 반면에 카페나 식당은 보통 3,000만원에서 1억 원 이상이 필요합니다. 편의점과 같은 프랜차이즈는 가맹비와 보증금까지 포함하여 대략 1억원에서 2억원 정도가 소요되는데, 프랜차이즈 본부의 정책에 따

라서는 초기 가맹비를 면제해주고 재료나 물품 구입비, 교육비, 인테리어비용을 지급하면 영업을 개시할 수 있도록 해주는 곳도 있습니다.

창업 비용은 크게 초기 투자비와 운영비로 나눌 수 있습니다. 초기 투자비에는 보증금, 인테리어 비용, 설비 및 기계 구입비, 가맹비(프랜차이즈의 경우) 등이 포함됩니다. 운영비는 재료비, 인건비, 월세, 공과금, 광고비 등 매달 지출되는 비용입니다. 특히 처음 3~6개월은 수익이 안정적이지 않을 수 있으므로, 이 기간의 운영비도 미리 준비해두는 것이 좋습니다.

예를 들어, 소규모 분식점을 창업한다면 보증금 1,000만원, 인테리어와 주방설비 1,500만원, 초기 재료비 300만원, 그리고 3개월 운영비 900만원 등 총 3,700만원 정도를 준비해야 합니다. 하지만 이는 평균적인 예시일 뿐, 실제 필요한 금액은 지역과 상권에 따라 달라질 수 있습니다.

자금이 부족하다면, 한국법무보호복지공단에서 제공하는 출소자 창업지원 대출을 활용할 수 있습니다. 또한 소상공인시장진흥공단의 정책자금 대출이나 지방자치단체의 창업 지원 프로그램도 확인해보세요. 거주 지역의 시청이나 구청에서 창업자에게 보조금 지급이나 창업 교육, 창업 공간 제공 등 다양한 지원을 해주고 있습니다. 이런 지원 제도는 일반 은행 대출보다 금리가 낮고 조건이 유리한 경우가 많습니다.

무엇보다 중요한 것은 충분한 사전 조사입니다. 관심 있는 업종의 실제 창업자들을 만나 정확한 비용을 알아보고, 여유 자금을 20% 정도 더 준비하는 것이 안전합니다. 처음부터 무리하게 큰 규모로 시작하기보다는 작게 시작해서 경험을 쌓아가며 확장하는 전략도 좋은 방법입니다.

Q3. 실패하지 않으려면 창업 전에 꼭 체크해야 할 것은 무엇이 있을까요?

A. 창업 실패를 줄이기 위해서는 사전에 여러 가지 중요한 사항을 꼼꼼히 체크해야 합니다. 먼저 자신의 적성과 역량을 정확히 파악하는 것이 중요합니다. 본인이 잘 할 수 있고 오래 지속할 수 있는 업종을 선택해야 실패 확률을 낮출 수 있습니다. 자신의 경험이나 지식이

전혀 없는 분야는 창업 전에 관련 교육을 받거나 경험을 쌓는 것이 좋습니다.

다음으로 철저한 시장조사가 필수입니다. 선택한 업종의 시장 규모와 경쟁 상황, 소비자 트렌드 등을 분석해야 합니다. 특히 입지 선정은 매우 중요한데, 유동인구, 주변 경쟁업체, 상권의 성장 가능성 등을 종합적으로 고려해야 합니다. 가능하다면 직접 해당 지역을 여러 시간대에 방문하여 관찰하는 것이 도움이 됩니다.

자금 계획도 현실적으로 세워야 합니다. 초기 투자비뿐만 아니라 최소 6개월에서 1년 정도의 운영비까지 준비하는 것이 안전합니다. 또한 예상 수익과 지출을 계산할 때는 낙관적인 전망보다는 보수적으로 접근하는 것이 현명합니다. 매출은 예상보다 적게, 비용은 예상보다 많게 잡아보세요.

창업에 필요한 법적 절차와 필수 서류도 미리 확인해야 합니다. 사업자등록, 영업허가, 위생교육 등 업종별로 필요한 절차가 다르므로 빠짐없이 준비해야 합니다. 법적 요건을 무시하면 나중에 큰 불이익을 받을 수 있습니다.

마지막으로 차별화 전략을 세우는 것이 중요합니다. 경쟁업체와 비교하여 자신만의 강점이나 특별한 서비스를 개발해야 합니다. 단순히 따라하기보다는 고객에게 새로운 가치를 제공할 수 있는 방법을 고민해보세요.

창업 전에 소상공인시장진흥공단이나 중소기업벤처지원부의 무료 컨설팅을 받아보는 것도 큰 도움이 됩니다. 전문가의 조언을 통해 놓치기 쉬운 부분을 발견하고 보완할 수 있습니다. 철저한 준비와 계획이 창업 성공의 첫걸음임을 기억하세요.

추가 팁

개인사업자와 법인사업자는 무엇이며, 어떤 차이가 있나요?

개인사업자는 개인이 자신의 이름으로 사업을 하고, 법인사업자는 별도의 회사를 설립하여 사업을 하는 형태입니다. 법인은 대표자와 별개의 법적 존재로서 회사의 이익과 부채가 법인에 귀속되고, 개인사업자의 이익과 부채는 대표 개인에게 귀속됩니다. 개인사업자는 무한 책임을 지지만 법인사업자는 출자금 한도로만 책임집니다.

세무/회계: 개인사업자는 세무·회계 관리가 간편하지만 소득이 커질수록 높은 세율(최고 42%)을 적용받고, 법인사업자는 세무·회계가 더 복잡하지만 세율(최고 25%)이 낮아 소득 규모가 클수록 유리합니다.

> **추가팁** 장단점: 개인사업자는 설립·운영이 쉽고 비용이 적게 들지만, 대표자가 모든 책임을 지고 소득이 커지면 세금 부담이 큽니다. 법인사업자는 책임이 제한되고 신뢰도가 높아 자금 조달에 유리하지만, 설립 절차가 복잡하고 유지 비용이 듭니다.

> 초기에는 개인사업자로 시작하는 것이 좋고, 사업이 성장하면 법인 전환을 고려할 수 있습니다. 반대로 시작부터 큰 자본이 필요하거나 공동 창업자가 있다면 처음부터 법인으로 시작하는 것이 바람직합니다.

Q4. 적은 자본으로 시작할 수 있는 사업은 무엇이 있나요?

A. 적은 자본으로 시작할 수 있는 사업은 여러 가지가 있습니다. 먼저 기술이나 경험을 활용한 서비스업이 대표적입니다. 예를 들어, 청소 서비스, 집수리, 전기수리, 도배, 이사도우미 등은 기본적인 도구와 기술만 있다면 500만원 이하의 자본으로도 시작할 수 있습니다. 이러한 업종은 사무실이 필수적이지 않고 초기에는 개인 작업자로 시작하여 점차 확장할 수 있는 장점이 있습니다.

소규모 푸드트럭이나 노점상도 1,000만원에서 2,000만원 정도의 자본으로 시작 가능합니다. 특히 특정 먹거리 한두 가지만 전문적으로 판매하는 방식은 초기 투자비용을 크게 줄일 수 있습니다. 다만 영업 위치에 대한 법적 제한이 있을 수 있으니 사전에 관련 규정을 확인해야 합니다.

온라인 판매도 적은 자본으로 시작하기 좋은 사업입니다. 개인 SNS나 오픈마켓을 통해 물건을 판매하는 방식은 초기에 500만원 이하로도 시작할 수 있습니다. 특히 자신만의 특별한 상품이나 지식을 판매하는 것이 경쟁력을 갖출 수 있는 방법입니다.

또한 창고나 매장 없이 공급업체에서 소비자에게 직접 배송하는 방식의 '드롭쉬핑' 사업은 재고 부담 없이 적은 자본으로 시작할 수 있습니다. 온라인 쇼핑몰 구축 비용과 홍보비만 있으면 시작할 수 있어 초기 자본 부담이 적습니다.

지역 사회에서 필요로 하는 간단한 서비스도 좋은 선택입니다. 예를 들어, 지역 내 배달

서비스, 애완동물 돌봄, 자전거 수리, 가사도우미 등은 특별한 시설 없이도 시작할 수 있습니다.

마지막으로 자신의 기술이나 지식을 활용한 교육 서비스도 고려해볼 만합니다. 컴퓨터 교육, 악기 레슨, 요리 강습 등은 특별한 시설 없이 자신의 능력만으로 시작할 수 있습니다.

어떤 사업이든 시작 단계에서는 불필요한 비용을 최소화하고, 점차 고객과 매출이 늘어나면 사업을 확장하는 전략이 현명합니다. 또한 한국법무보호복지공단이나 지역별 사회적기업지원센터에서 제공하는 출소자 창업지원 프로그램을 활용하면 더 적은 부담으로 사업을 시작할 수 있습니다.

[section 9.2] 가족과 함께 창업할 때 주의점

Q1. 혼자 창업하는 것보다 가족이나 친구와 같이 하는 게 좋을까요?

A. 가족이나 친구와 함께 창업하는 것과 혼자 창업하는 것은 각각 장단점이 있습니다. 함께 창업하는 경우, 자금을 공동으로 마련할 수 있어 초기 부담이 줄어들고, 서로 다른 기술과 경험을 활용할 수 있어 시너지 효과를 낼 수 있습니다. 또한 업무를 분담하면 개인의 부담이 줄어들고, 어려운 결정을 내릴 때 함께 상의할 수 있다는 장점이 있습니다.

그러나 공동 창업에는 신중한 접근이 필요합니다. 사업 방향성에 대한 의견 차이나 수익 배분, 책임 소재 등으로 인해 갈등이 발생할 수 있습니다. 특히 가족이나 친구 관계는 사업상 갈등이 생기면 기존 관계까지 손상될 수 있다는 점을 유의해야 합니다.

공동 창업을 고려한다면 다음 사항을 꼭 체크해야 합니다. 먼저 사업 목표와 가치관이 일치하는지 확인하세요. 단기적인 이익을 중시하는 사람과 장기적인 성장을 중요시하는 사람이 함께하면 갈등이 생길 수 있습니다. 또한 각자의 역할과 책임, 근무 시간, 급여, 수익 배분 등을 명확히 문서화하는 것이 중요합니다. 구두 약속은 나중에 분쟁의 원인이 될 수 있으니, 공증된 계약서를 작성하는 것이 안전합니다.

한편, 혼자 창업하는 경우에는 모든 결정을 신속하게 내릴 수 있고, 수익 배분에 대한 고민이 없다는 장점이 있습니다. 하지만 모든 책임과 업무를 혼자 감당해야 하므로 체력적, 정신적 부담이 크고, 자금 마련에도 한계가 있을 수 있습니다.

결론적으로, 공동 창업이 더 좋은지 혼자 창업이 더 좋은지는 개인의 상황과 성향에 따라 다릅니다. 공동 창업을 선택한다면 서로 신뢰할 수 있는 사람과 명확한 약속을 바탕으로 시작하는 것이 중요합니다. 또한 만약의 경우를 대비하여 사업 종료나 지분 정리에 대한 방안도 미리 논의해두는 것이 좋습니다. 어떤 선택을 하든, 사업의 성공은 철저한 준비와 계획, 그리고 끊임없는 노력에 달려 있다는 점을 기억하세요.

Q2. 가족과 함께 사업할 때 자주 생기는 문제는 무엇인가요?

A. 가족과 함께 사업을 할 때는 여러 가지 특별한 문제가 발생할 수 있습니다. 가장 흔한 문제는 업무와 가족 관계의 경계가 모호해지는 것입니다. 일과 가정생활이 분리되지 않아 24시간 내내 업무 이야기를 하게 되거나, 반대로 업무 시간에도 가족 문제가 끼어들어 효율성이 떨어질 수 있습니다. 이로 인해 스트레스가 쌓이고 가족 관계가 악화될 수 있습니다.

두 번째로 흔한 문제는 역할과 권한의 불명확성입니다. 가족 관계에서의 위계가 사업에도 그대로 적용되어 능력이나 전문성보다는 가족 내 서열에 따라 의사결정이 이루어질 수 있습니다. 예를 들어, 사업에 대한 전문 지식이 더 많은 자녀의 의견보다 부모의 의견이 우선시되거나, 형제간에도 나이 순서대로 결정권이 주어지는 경우가 많습니다.

수익 분배와 급여 문제도 자주 발생합니다. 가족이라는 이유로 정당한 보상 없이 일하게 되거나, 반대로 일의 기여도와 상관없이 가족이라는 이유만으로 동일한 급여를 받게 되면 불만이 쌓일 수 있습니다. 특히 일부 가족은 사업 자금을 개인 자금처럼 사용하는 경우도 있어 재정 관리에 혼란이 올 수 있습니다.

또한 가족 간 의사소통 방식의 차이도 문제가 됩니다. 가족 관계에서는 솔직한 피드백보다 감정을 우선시하는 경향이 있어, 사업상 필요한 비판적 의견이나 조언을 주고받기 어려울 수 있습니다. 반대로 가족이기 때문에 업무상 의견 차이가 개인적인 비난으로 변질

되기도 합니다.

세대 간 경영 방식의 차이도 갈등의 원인이 됩니다. 부모 세대는 안정적인 방식을 선호하는 반면, 자녀 세대는 혁신적인 방법을 시도하고 싶어 할 때 의견 충돌이 생깁니다. 특히 온라인 마케팅이나 디지털 기술 활용 등에서 세대 차이가 두드러지게 나타납니다.

이러한 문제들을 예방하기 위해서는 사업을 시작하기 전에 명확한 규칙과 역할을 문서화하고, 정기적인 공식 회의를 통해 업무적인 의사결정을 하는 것이 중요합니다. 또한 가족 관계와 업무 관계를 분리하려는 의식적인 노력과 함께, 필요하다면 외부 전문가의 조언을 구하는 것도 도움이 됩니다. 무엇보다 서로에 대한 존중과 이해를 바탕으로 열린 의사소통을 유지하는 것이 가족 사업의 성공 비결입니다.

Q3. 가족과 함께 사업하기 전에 꼭 정해둬야 할 규칙은 무엇인가요?

A. 가족과 함께 사업을 시작하기 전에는 몇 가지 중요한 규칙을 반드시 정해두어야 합니다. 이러한 규칙들은 향후 발생할 수 있는 갈등을 예방하고 사업과 가족 관계를 모두 건강하게 유지하는 데 도움이 됩니다.

먼저 각자의 역할과 책임을 명확히 정해야 합니다. 누가 어떤 업무를 담당할지, 최종 의사결정권은 누구에게 있는지 구체적으로 문서화하세요. 예를 들어, 한 사람은 재무와 회계를, 다른 사람은 마케팅과 영업을, 또 다른 사람은 운영과 관리를 담당하는 식으로 분업하면 효율적입니다. 이때 각자의 강점과 경험을 고려하여 적합한 역할을 배분하는 것이 중요합니다.

급여와 수익 분배 방식도 사전에 명확히 정해두어야 합니다. 투자 금액과 노동력 기여도에 따라 공정하게 분배하는 원칙을 세우고, 사업 수익의 일부는 반드시 재투자용으로 남겨두는 규칙도 필요합니다. 또한 개인 비용과 사업 비용을 철저히 구분하고, 가족이라도 사업 자금을 개인적으로 사용하지 않도록 약속해야 합니다.

업무 시간과 사적인 시간의 구분도 중요합니다. 언제부터 언제까지가 업무 시간인지, 휴일과 휴가는 어떻게 운영할지 정해두세요. 특히 가족 모임이나 식사 자리에서는 사업 이야기를 하지 않는 등의 규칙을 만들어 가족 관계와 사업 관계가 건강하게 분리될 수 있도록 합니다.

의사결정 방식과 갈등 해결 절차도 미리 정해두어야 합니다. 중요한 결정은 어떤 과정을 거쳐 내릴지, 의견 충돌이 있을 때는 어떻게 해결할지 구체적인 방법을 정해두면 도움이 됩니다. 필요하다면 중립적인 제3자(예: 회계사, 변호사, 경영 컨설턴트)의 조언을 구하는 절차도 포함시키는 것이 좋습니다.

또한 사업의 장기적인 방향성과 목표에 대해서도 공감대를 형성해야 합니다. 사업을 얼마나 키울 것인지, 어떤 가치를 중요시할 것인지, 장기적으로 어떤 모습을 지향하는지 등에 대해 함께 논의하고 합의해야 합니다.

마지막으로, 만약의 경우를 대비한 '출구 전략'도 미리 논의해두어야 합니다. 누군가 사업에서 빠지고 싶을 때 어떻게 할지, 사업을 정리해야 할 상황이 오면 어떻게 처리할지 등의 방안을 미리 정해두면 나중에 큰 갈등을 예방할 수 있습니다.

이러한 규칙들은 단순히 구두로 합의하는 것보다 문서화하여 모두가 서명하는 것이 좋습니다. 공증을 받거나 변호사의 도움을 받아 법적 효력이 있는 동업계약서 형태로 작성하면 더욱 안전합니다.

추가 팁

공동대표와 각자대표는 무엇이며, 운영 방식과 책임 구조는 어떻게 다른가요?

공동대표와 각자대표는 회사에 대표이사가 2인 이상인 경우의 체제입니다. 공동대표는 둘 이상의 대표가 중요한 결정을 함께 내리고, 각자대표는 각 대표가 단독으로 결정할 수 있는 형태입니다.

장단점: 공동대표는 한 사람의 독단을 막을 수 있지만 의사결정이 느립니다. 각자대표는 신속한 결정을 내릴 수 있지만 대표자 간 의견 충돌의 위험이 있습니다.

동업자와 창업할 때 결정을 함께 하고 싶으면 공동대표를, 각자 역할별로 독립 운영하고 싶으면 각자대표를 선택하면 됩니다. 다만 대표 체제는 나중에 변경할 수도 있습니다.

다시, 삶의 이름으로

[section 9.3] 교도소 안에서 가능한 창업 준비

Q1. 교도소 안에서 창업 준비를 어떻게 할 수 있나요?

A. 교도소 안에서도 출소 후 창업을 위한 준비를 할 수 있는 방법이 있습니다. 먼저 교정기관에서 제공하는 직업훈련 프로그램에 참여하는 것이 좋습니다. 요리, 제빵, 바리스타, 용접, 자동차 정비, 컴퓨터 수리 등 다양한 기술교육 과정이 운영되고 있으며, 이러한 기술은 출소 후 창업의 기반이 될 수 있습니다. 가능한 많은 자격증을 취득하는 것도 유리합니다.

또한 교도소 내 도서관을 적극 활용하여 창업 관련 서적을 읽는 것도 중요합니다. 경영, 마케팅, 회계, 세무 등의 기본 지식을 쌓을 수 있는 책들이 구비되어 있습니다. 특히 자신이 관심 있는 업종에 관한 전문 서적을 찾아 읽으면 해당 분야에 대한 이해도를 높일 수 있습니다. 도서관에 원하는 책이 없다면 가족이나 지인을 통해 도서를 신청할 수도 있습니다.

한국법무보호복지공단에서는 출소자의 창업을 돕기 위해 창업자금 대출 등을 제공합니다. 고용노동부의 고용지원센터를 통해 창업 상담과 교육을 받을 수 있고 소액 창업자금에 대한 정보도 얻을 수 있습니다. 소상공인시장진흥공단에서도 다양한 창업 지원 프로그램을 운영하니 출소 후 적극 활용해 보시기 바랍니다. 교도소 내 사회복지사나 상담사에게 이러한 프로그램에 대해 문의해보세요.

시간을 활용하여 창업 아이디어를 구상하고 사업계획서를 작성해보는 것도 유익합니다. 자신이 하고 싶은 사업의 구체적인 내용, 필요한 자금, 목표 고객층, 마케팅 방법 등을 상세히 계획해보면서 실현 가능성을 검토할 수 있습니다. 이 과정에서 발견되는 문제점들에 대해 미리 해결방안을 모색하면 출소 후 시행착오를 줄일 수 있습니다.

가족이나 신뢰할 수 있는 지인들과의 면회나 서신을 통해 외부 시장 동향을 파악하는 것도 중요합니다. 최신 트렌드나 사업 기회에 대한 정보를 얻고, 그들의 조언을 들어보는 것이 도움이 됩니다. 가능하다면 이들을 통해 잠재적인 사업 파트너나 멘토를 찾아보는 것도 좋은 방법입니다. 교도소 내에서 다양한 사람들과 교류하며 인적 네트워크를 형성하는 것도 중요합니다. 서로 다른 배경과 경험을 가진 사람들의 이야기를 듣고 배우면서 사업에 대한 시야를 넓힐 수 있습니다. 다만, 부정적인 영향을 주는 관계는 피하고 건설적인 관계 형성에 집중하는 것이 바람직합니다.

Q2. 창업 관련 정보는 어디서 얻을 수 있나요?

A. 창업 관련 정보는 다양한 곳에서 얻을 수 있습니다. 먼저 정부 기관과 공공 단체에서 제공하는 자료와 서비스를 활용하는 것이 좋습니다. 전국 단위로 이용할 수 있는 대표적인 기관과 방법에는 다음과 같은 것들이 있습니다.

한국법무보호복지공단(https://koreha.or.kr): 출소자를 돕는 법무부 산하기관으로, 전국에 지부가 있어 창업 상담과 지원을 받을 수 있습니다. 필요하면 전문 상담가와 사업계획을 논의하고, 가게 임차보증금 등 초기 창업자금을 저금리로 빌리는 지원도 가능합니다. 창업 교육 연계나 직업훈련 알선도 해주며, 출소자분들의 안정적인 창업 준비를 도와드립니다.

고용노동부 고용센터: 전국 고용센터에서는 기본적인 취업 상담과 함께 창업에 관한 정보도 안내받을 수 있습니다. 출소하신 분께서 직업훈련이나 정부 창업지원 프로그램을 찾을 때 고용센터에 문의하면, 담당자가 적합한 교육 과정이나 지원 제도를 소개해 주기도 합니다. 특히 국민취업지원제도 등 취업 지원 프로그램 내에서 창업 준비와 관련된 상담을 제공받을 수 있습니다.

소상공인시장진흥공단: 소상공인 지원 전문 기관으로서 예비 창업자를 위한 교육과 상담을 무료로 제공합니다. 전국에 있는 소상공인 지원센터를 방문하면 창업 절차, 상권 분석, 자금 조달 등에 대해 조언을 얻을 수 있고, 필요한 경우 멘토링도 받을 수 있습니다. 또한 온라인으로 '소상공인 e-러닝' 등의 교육 콘텐츠를 제공하여 어디서나 창업 지식을 쌓을 수 있도록 돕고 있습니다. 이를 통해 창업 기본기부터 경영 노하우까지 공부하실 수 있습니다.

중소기업 통합콜센터 ☎ 1357

https://mss.go.kr/site/smba/contents/view.do?menuCd=204010500000002024122900&siteCd=smba

---

전화 한 통으로 창업 관련 궁금증을 해결할 수 있는 정부 상담전화입니다. 국번 없이 1357번으로 전화하시면 정부의 각종 창업지원 제도, 정책자금 대출, 창업 교육 일정 등 궁금한 사항을 한꺼번에 안내받을 수 있습니다. 상담원이 궁금한 점을 듣고 적절한 기관이나 지

원책을 알려주므로, 직접 찾아가기 전에 전화로 편하게 정보를 얻을 수도 있습니다.

지방자치단체 창업지원센터: 거주 지역의 시·도 및 시·군·구에서도 자체적으로 창업지원센터나 일자리센터를 운영하고 있습니다. 관할 지자체를 통해 지역별 창업 교육 일정, 멘토 연결, 창업 공간 지원, 지방자금 지원 등 다양한 현지 정보를 얻을 수 있습니다. 예를 들어 주민센터나 시청에 문의하시면 해당 지역의 창업지원 담당 부서나 센터를 안내받을 수 있으며, 거기서 창업 상담과 도움을 받을 수 있습니다.

교정시설 내 자료 제공: 아직 수감 중인 분들은 교정시설 안에서도 창업 관련 정보를 접할 수 있습니다. 일부 교도소에서는 출소 예정자를 위해 창업 교육 프로그램을 운영하고, 소책자나 영상 등 자료를 제공하기도 합니다. 이를 통해 출소 전에 미리 창업에 대한 기초 지식을 배우고 사업 구상을 해볼 수 있으며, 교정시설과 연계된 창업 지원 정보를 이어서 활용하실 수도 있습니다.

이러한 기관들이 제공하는 정보는 온라인 홈페이지, 전화 상담, 직접 방문 상담은 물론이고 우편을 통해서도 받아보실 수 있습니다. 인터넷 이용이 어렵거나 거동이 불편한 경우에는 기관에 요청하여 안내 책자 등을 우편으로 받아볼 수도 있으니, 상황에 맞게 편한 방법으로 필요한 정보를 얻으시면 됩니다.

Q3. 교도소에서 배운 기술로 창업까지 이어진 사례가 있나요?

A. 교도소에서 배운 기술로 성공적인 창업을 이룬 사례는 실제로 다양하게 존재합니다.

사례 1: 조리 기술로 식당 창업하기

교도소 내 기술 습득: 교도소에서 조리 자격증을 취득한 사례가 있습니다. 한 수용자는 복역 중 한식 조리기능사 자격증을 따내는 등 열심히 기술을 익혔습니다.

창업 아이디어 구상: 그는 수감 기간 동안 요리책을 보며 출소 후 작은 음식점을 열겠다는 꿈을 키웠습니다. 어떤 분은 교도소에서 얻은 조리 지식을 바탕으로 출소 후 식당 창업을 계획했는데, 어려운 복어 조리사 자격증까지 취득하며 준비를 했습니다.

출소 후 실행 및 성공: 출소 후 처음에는 중국집 종업원으로 취업해 경력을 쌓았고, 마침내 자신의 중국음식점을 열어 성공적으로 운영하고 있습니다. 실제로 충청북도 한 소도시에서 큰 중국 음식점을 운영하며 지역 사회에 기여하고 있는 사례입니다. 또 다른 분도 요리 기술로 창업할 때 자금이 부족하자 정부 지원을 받아 복어요리 전문점을 열었고, 현재는 성실하게 가게를 꾸려나가고 있습니다. 이처럼 음식 조리 기술을 활용한 창업은 출소자의 사회 정착에 크게 이바지하고 있습니다.

사례 출처: 대구지방교정청, 출소자들의 '홈커밍데이'

사례 2: 이발 기술로 자영업 시작하기

교도소 내 기술 습득: 교정시설에서는 이용사(이발) 등 여러 직업훈련 기회를 제공합니다. 실제로 한 수형자는 교도소 안에서 이발 기술을 배워 관련 자격증을 취득하고, 동료 수용자들의 머리를 손질하며 솜씨를 길렀습니다.

창업 아이디어 구상: 그는 출소를 앞두고 배운 이발 기술로 작은 이발소를 열겠다고 결심했습니다. 미용실보다 자본이 적게 드는 동네 이용원 창업은 혼자서도 시작할 수 있어 현실적인 목표가 되었습니다.

출소 후 실행 및 성공: 출소 후 창업 지원 제도를 통해 실제로 이발소를 차린 사례가 있습니다. 한 출소자는 한국법무보호복지공단의 도움으로 'OOO 이용원'이라는 이발소를 개업하여 운영 중인데, 출소자의 새로운 시작을 응원하는 취지로 소개되기도 했습니다. 현재 그는 지역 주민들의 머리를 정성껏 손질하며 안정적인 생계를 이어가고 있습니다. 이처럼 이발 기술을 통한 1인 창업도 출소자에게 유망한 선택지입니다.

2010년에는 한 지원 프로그램을 통해 17명의 출소자가 각기 창업에 성공한 바 있습니다. 그들이 시작한 사업 분야는 음식점, 이발소, 옷수선집, 가구공방, 커피점 등 매우 다양했습니다. 이는 교도소 내에서 배운 여러 기술들이 출소 후 다양한 업종의 창업으로 이어질 수 있음을 보여줍니다.

사례 출처: 무지개 약속 - 어느 사형수의 창업이야기

이와 같은 실제 사례들은 "나도 배운 기술로 새 삶을 시작할 수 있다"는 희망을 줍니다. 교도소에서 성실히 기술을 익히고 출소 후 지원제도를 잘 활용한다면, 새로운 일자리의 주인이 될 수 있습니다. 중요한 것은 꾸준한 노력과 준비입니다. 교정시설에서 배운 기술을 밑거름 삼아 착실히 준비하신다면 여러분도 사회에서 당당히 창업에 성공할 수 있습니다. 힘내십시오. 여러분의 새로운 출발을 응원합니다.

Chapter 10 | 돈을 지키는 법 - 재정관리의 기술

수용 중 또는 출소 직후의 자금을 안전하고 효율적으로 활용할 수 있는 실질적 방법을 소개한다. 주요 내용: 영치금 관리, 소비 우선순위, 신용 회복, 정부 지원

[section 10.1] 교도소 안에서의 돈 관리법

Q1. 영치금은 무엇이며, 어떻게 관리하고 사용할 수 있나요?

A. 영치금은 수용자가 교도소나 구치소에 입소할 때 소지하고 있던 현금과 가족이나 지인이 송금한 돈, 그리고 교도소 내에서 작업을 통해 벌어들인 작업장려금 등을 모두 합쳐 교정기관에서 관리하는 개인 계좌를 말합니다. 이 돈은 수용자의 이름으로 교정기관이 관리하며, 수용자들은 이 영치금을 사용하여 생활에 필요한 물품을 구매하거나 각종 비용을 지불할 수 있습니다.

영치금의 관리는 교정기관의 회계부서에서 담당합니다. 수용자가 입소할 때 소지하고 있던 현금은 모두 영치금으로 예치되며, 가족이나 지인이 보내는 돈도 영치금 계좌로 입금됩니다. 외부에서 영치금을 보내는 방법은 주로 계좌이체를 통해 이루어지며, 각 교정기관마다 지정된 은행 계좌가 있습니다. 송금할 때는 반드시 수용자의 이름과 수용번호를 정확히 기재해야 합니다.

영치금은 주로 다음과 같은 용도로 사용할 수 있습니다. 첫째, 교도소 내 매점(PX)에서 생필품, 간식, 담배, 편지지 등을 구매하는 데 사용할 수 있습니다. 교도소마다 정해진 요일에 매점 이용이 가능하며, 1회 사용 금액에 제한이 있을 수 있습니다. 둘째, 전화카드 구매나 집필용품, 서적 구입 등 수용생활에 필요한 물품을 구매하는 데 사용할 수 있습니다. 또한 의료비, 재판 관련 비용, 가족에게 송금하는 용도로도 사용 가능합니다.

영치금 사용 방법은 일반적으로 신청서를 작성하여 담당 교도관에게 제출하는 형태로 이루어집니다. 매점 물품 구매를 원할 경우 구매 신청서를 작성하고, 기타 용도로 사용하고자 할 때는 영치금 사용 신청서를 제출해야 합니다.

영치금에는 일부 제한 사항이 있습니다. 한 번에 사용할 수 있는 금액이 제한될 수 있으며, 사용 목적에 따라 허가가 필요한 경우도 있습니다. 또한 일부 금액은 출소 후를 위해 적립되어야 하는 '준비금'으로 설정되어, 재소 중에는 사용이 제한될 수 있습니다.

출소할 때는 남아있는 영치금 전액을 돌려받게 됩니다. 이 돈은 출소 직후의 생활비나 숙식비, 교통비 등으로 사용할 수 있어 출소 초기 안정적인 사회 복귀에 도움이 됩니다.

영치금은 수용 생활 중 경제활동의 유일한 수단이므로 계획적으로 관리하는 것이 중요합니다. 필요한 물품 구매에 우선순위를 두고, 가능하다면 출소 후를 위해 일부는 저축하는 것이 바람직합니다. 또한 영치금 입출금 내역은 개인이 확인할 수 있으므로, 정기적으로 내역을 점검하여 관리하는 것이 좋습니다.

Q2. 교도소 안에서 받은 돈이나 모은 돈은 어떻게 관리하면 좋을까요?

A. 우선 영치금 통장을 정기적으로 확인하는 습관을 들이는 것이 중요합니다. 교정기관에서는 영치금 입출금 내역을 확인할 수 있는 방법을 제공하고 있으므로, 주기적으로 내역을 점검하여 자신의 재정 상황을 파악하세요. 특히 외부에서 송금된 금액이 정확히 입금되었는지, 사용한 금액이 제대로 차감되었는지 확인하는 것이 좋습니다.

지출 계획을 세우는 것도 매우 중요합니다. 한정된 금액으로 수용생활을 유지해야 하므로, 매점 이용, 의료비, 서신 작성용품 등 필수적인 항목에 우선순위를 두어 계획적으로 사용하세요. 감정적인 소비나 충동구매를 피하고, 실제로 필요한 물품만 구매하는 습관을 기르는 것이 좋습니다.

가능하다면 영치금의 일정 부분은 출소 후를 위해 저축하는 것이 바람직합니다. 일부 교정시설에서는 자발적으로 '출소준비금'을 설정할 수 있는 제도가 있습니다. 이 돈은 출소할 때까지 사용하지 않고 보관되어, 출소 직후 주거비, 식비, 교통비 등 초기 정착에 필요한 자금으로 활용할 수 있습니다.

또한 교도소 내 작업을 통해 벌어들인 작업장려금도 효율적으로 관리해야 합니다. 이 돈은 비록 금액이 크지 않더라도 꾸준히 모으면 상당한 액수가 될 수 있습니다. 작업장려금의 일부는 현재 생활비로 사용하고, 나머지는 저축하는 방식으로 균형 있게 관리하는 것이 좋습니다.

가족이나 지인에게 송금을 부탁할 때는 정확한 금액과 시기를 계획하는 것이 중요합니다. 필요 이상으로 자주 송금을 요청하면 가족에게 부담이 될 수 있으므로, 정말 필요한 금액만 요청하고 감사의 마음을 표현하는 것이 좋습니다.

수용 생활 중 다른 수용자에게 돈을 빌려주거나 빌리는 행위는 금지되어 있으며, 이로 인해 갈등이 발생할 수 있으므로 반드시 피해야 합니다. 자신의 영치금은 오직 자신을 위해 사용하는 것이 원칙입니다.

마지막으로, 출소 후 재정 계획도 미리 세워두는 것이 좋습니다. 수용 중에 배우는 재정 관리 습관은 출소 후에도 큰 도움이 됩니다. 수입과 지출을 기록하고, 저축 습관을 들이며, 계획적으로 소비하는 방법을 연습한다면, 이는 사회 복귀 후 안정적인 경제생활의 기반이 될 것입니다.

Q3. 교도소 안에서 필요한 물건을 사고 싶을 때는 어떻게 하나요?

A. 교도소 안에서 필요한 물건을 구매하는 방법에는 주로 두 가지가 있습니다. 첫 번째는 교도소 내 매점(PX)을 이용하는 것이고, 두 번째는 외부 구매 신청을 하는 것입니다.

교도소 매점은 일반적으로 주 1~2회 정해진 요일에 이용할 수 있습니다. 매점에서는 기본적인 생필품, 간식류, 음료, 담배, 편지지, 세면도구 등을 판매합니다. 매점을 이용하려면 먼저 매점 이용 신청서를 작성해야 합니다. 신청서에는 구매하고자 하는 물품의 종류와 수량을 정확히 기재하고, 담당 교도관에게 제출합니다. 승인이 나면 정해진 시간에 매점을 이용할 수 있으며, 구매 금액은 자신의 영치금에서 자동으로 차감됩니다.

매점 이용 시 주의할 점은 구매 한도가 있다는 것입니다. 시설마다 차이가 있지만, 보통 1회 이용 시 구매할 수 있는 최대 금액이 정해져 있으며, 일부 물품(예: 담배)은 수량 제한이 있을 수 있습니다. 또한 매점에서 구매한 물품은 개인적인 사용 목적으로만 사용해야 하며, 다른 수용자와 물품을 거래하는 것은 규정 위반에 해당합니다.

매점에서 판매하지 않는 물건이 필요하거나 특별한 물품을 구매하고 싶을 때는 외부 구매 신청을 할 수 있습니다. 이 경우, '외부물품구매신청서'를 작성하여 담당 교도관에게 제출합니다. 신청서에는 원하는 물품의 정확한 명칭, 수량, 예상 가격 등을 자세히 기재해야 합니다. 다만, 모든 물품이 승인되는 것은 아니며, 보안상의 이유로 허가되지 않는 품목들이 있습니다.

외부 구매가 승인되면, 교정기관 직원이 해당 물품을 구매하여 전달해 주거나, 특정 기관과 계약된 업체를 통해 물품이 배송됩니다. 구매 금액은 영치금에서 차감되며, 영수증이 함께 제공되어 정확한 금액을 확인할 수 있습니다.

또한 가족이나 지인이 면회 시 물품을 전달하는 방법도 있습니다. 다만 이 경우에도 허용되는 물품의 종류와 수량에 제한이 있으며, 반드시 사전에 허가를 받아야 합니다. 특히 식품류, 의류, 도서 등은 각 교정시설의 규정에 따라 반입 가능 여부가 결정됩니다.

마지막으로, 기본적인 생활용품(비누, 치약, 수건 등)은 교정시설에서 정기적으로 지급하므로, 이중 구매를 피하고 지급품을 활용하는 것도 영치금을 절약하는 방법입니다.

[section 10.2] 출소 직후 생계비 마련 전략

Q1. 출소 후 가장 먼저 필요한 생활비는 얼마나 될까요?

A. 출소 후 가장 먼저 필요한 생활비는 개인의 상황과 거주 지역에 따라 차이가 있지만, 일반적으로 초기 1~2개월 동안 최소 150만원에서 300만원 정도가 필요합니다. 이 금액은 기본적인 의식주와 사회 복귀에 필요한 필수 비용을 포함한 것입니다.

먼저 주거비가 가장 큰 비중을 차지합니다. 고시원이나 쉐어하우스의 경우 보증금 30만원에 월세 30만원 정도부터 시작하며, 원룸의 경우 보증금 500만원에 월세 40~50만원 정도가 필요합니다. 주거 형태에 따라 차이가 크지만, 초기에는 보증금이 적은 고시원이나 고용지원센터의 무료 쉼터를 활용하는 것도 방법입니다.

식비는 하루 세 끼 기준으로 한 달에 약 40~50만원 정도를 예상해야 합니다. 모든 식사를 외식으로 해결할 경우 더 많은 비용이 들 수 있으므로, 가능하면 직접 조리하는 것이 경제적입니다.

기초 생활용품 구입비도 필요합니다. 의류, 세면도구, 침구류 등 기본적인 생활용품을 새로 마련해야 하므로 약 30만원 정도의 비용이 발생합니다. 다만, 법무보호복지공단에서 기초 생활용품을 지원받을 수 있는 경우도 있으니 확인해보는 것이 좋습니다.

교통비와 통신비도 필수적입니다. 취업 활동이나 일상생활을 위한 교통비로 월 10만원 정도, 휴대폰 개통 및 요금으로 월 5~10만원 정도가 필요합니다. 특히 휴대폰은 취업이나 일상생활에 필수적이므로 우선적으로 준비해야 합니다.

취업 준비에 필요한 비용도 고려해야 합니다. 이력서 사진 촬영, 증명서 발급, 자격증 취득이나 면접 준비를 위한 의류 구입 등에 약 20~30만원 정도가 소요될 수 있습니다.

건강보험료와 같은 사회보험료도 출소 후 납부해야 하는 경우가 많습니다. 건강보험의 경우 지역가입자로 전환되면 월 7~10만원 정도의 보험료가 발생할 수 있습니다.

이 외에도 예상치 못한 비용이 발생할 수 있으므로, 가능하다면 여유 자금을 마련해두는 것이 좋습니다. 최소 생활비의 20% 정도를 비상금으로 준비하는 것이 안전합니다.

출소 후 경제적 부담을 줄이기 위해서는 한국법무보호복지공단, 지역 사회복지관 등에서 제공하는 지원 프로그램을 적극 활용하는 것이 좋습니다. 이들 기관에서는 숙식 제공, 취업 알선, 생활 안정 지원금, 직업훈련 등 다양한 지원을 받을 수 있습니다. 또한 국민기초생활보장제도와 같은 공공부조 제도의 혜택을 받을 수 있는지 확인해보는 것도 도움이 됩니다.

출소 초기에는 안정적인 일자리를 갖기까지 시간이 걸릴 수 있으므로, 가능한 빨리 일자리를 찾되 초기 생활비를 계획적으로 사용하는 것이 중요합니다.

Q2. 돈을 아끼면서도 잘 쓰는 방법이 있을까요?

A. 돈을 아끼면서도 효율적으로 사용하는 방법은 여러 가지가 있습니다. 가장 기본적인 방법은 수입과 지출을 명확히 파악하는 것입니다. 메모장이나 가계부 앱을 활용하여 매일 지출 내역을 기록하세요. 한 달 동안의 지출을 분석해보면 불필요한 지출이 어디에서 발생하는지 파악할 수 있습니다. 이를 통해 절약할 수 있는 부분을 찾아내는 것이 첫 단계입니다.

예산 계획을 세우는 것도 중요합니다. 월 수입이 확정되면, 주거비, 식비, 교통비, 통신비 등 필수 지출을 먼저 배정하고 남은 금액에서 저축과 여가 활동 비용을 계획하세요. 50-30-20 원칙(수입의 50%는 필수 지출, 30%는 개인 지출, 20%는 저축)을 참고하면 균형 잡힌 예산 설계가 가능합니다.

식비 절약을 위해서는 외식보다 직접 조리하는 것이 좋습니다. 일주일 치 식단을 미리 계획하고 필요한 식재료만 대량으로 구매하면 비용을 크게 줄일 수 있습니다. 또한 마트에서 쇼핑할 때는 항상 할인 정보를 확인하고, 가능하면 대형마트의 특별 할인일을 이용하거나 동네 시장을 활용하는 것이 좋습니다.

주거비 절약을 위해서는 처음부터 무리한 주거 환경을 선택하지 않는 것이 중요합니다.

출소 초기에는 고시원이나 쉐어하우스와 같이 보증금과 월세 부담이 적은 곳을 선택하고, 경제적 여유가 생기면 점차 주거 환경을 개선해 나가는 것이 현명합니다.

공과금 절약도 가능합니다. 전기는 사용하지 않는 전자제품의 플러그를 뽑고, 에너지 효율이 높은 LED 전구를 사용하세요. 물은 샤워 시간을 줄이고 세탁물을 모아서 한 번에 세탁하는 방식으로 절약할 수 있습니다.

통신비는 자신의 사용 패턴에 맞는 요금제를 선택하는 것이 중요합니다. 불필요하게 비싼 요금제를 사용하고 있다면, 저렴한 알뜰폰으로 변경하는 것도 고려해볼 만합니다.

교통비 절약을 위해서는 대중교통 이용 시 환승 할인을 적극 활용하고, 가능하면 도보나 자전거를 이용하는 것이 좋습니다. 또한 출퇴근 시간을 조정하여 교통 혼잡 시간대를 피하면 시간과 비용을 모두 절약할 수 있습니다.

의류나 생활용품은 필요할 때만 구매하고, 할인 기간이나 세일 시즌을 활용하세요. 브랜드보다는 실용성과 내구성을 중시하여 선택하는 것이 장기적으로 경제적입니다.

정부나 지자체에서 제공하는 복지 혜택과 지원 프로그램을 적극 활용하는 것도 중요합니다. 출소자를 위한 다양한 지원 제도가 있으므로, 주민센터나 법무보호복지공단을 방문하여 자신이 받을 수 있는 혜택을 확인해보세요.

마지막으로, 작은 금액이라도 정기적으로 저축하는 습관을 들이는 것이 중요합니다. '선 저축, 후 소비' 원칙을 세우고, 수입이 생기면 일정 금액을 먼저 저축한 후 나머지로 생활하는 습관을 기르면 장기적으로 재정 안정을 이룰 수 있습니다.

Q3. 긴급하게 돈이 필요할 때 도움을 받을 수 있는 곳은 어디인가요?

A. 긴급하게 돈이 필요할 때 도움을 받을 수 있는 곳은 여러 기관이 있습니다. 출소자의 경우 가장 먼저 한국법무보호복지공단을 찾아가는 것이 좋습니다. 이 기관에서는 출소자의 사회 복귀를 지원하기 위해 다양한 경제적 지원 프로그램을 운영하고 있습니다. 긴급 생계비 지원, 숙식 제공, 취업 지원, 창업 자금 대출 등의 도움을 받을 수 있으며, 상담을 통해

개인 상황에 맞는 지원 방법을 안내받을 수 있습니다.

한국법무보호복지공단 긴급지원

한국법무보호복지공단은 출소자에게 생계비·의료비·주거비 등 긴급 지원금을 지급하는 기관입니다. 1회 지원 금액은 생활비의 경우 최대 약 20만 원, 의료비·주거비는 약 30만 원 수준입니다. 신청은 지역 지부에서 할 수 있고, 대표전화 ☎1670-7004로 문의 가능합니다.

보건복지부 긴급복지지원 제도

정부의 긴급복지지원제도를 통해 갑작스러운 실직이나 질병 등 위기 상황에 처하면 생계비, 의료비, 주거비 등을 일시 지원받을 수 있습니다. 예를 들어 생계비는 가구 규모에 따라 월 수십만 원, 의료비는 수백만 원까지 지급됩니다. 신청은 거주지 시·군·구청(주민센터)에서 가능하며, 궁금한 사항은 국번없이 ☎129로 문의하시면 됩니다. 또한 복지로 웹사이트에서 자격 확인과 온라인 신청도 가능합니다.

서민금융 지원 (미소금융 등)

미소금융은 은행 이용이 어려운 분들께 정부 지원으로 담보나 보증인 없이 생활자금이나 창업자금을 빌려주는 제도입니다. 신용등급이 낮거나 소득이 적어도 자격만 되면 대출을 이용할 수 있습니다. 가까운 서민금융통합지원센터를 방문하거나 ☎1397로 상담할 수 있습니다.

지역 주민센터를 방문하여 긴급복지지원제도를 신청하는 방법도 있습니다. 이 제도는 갑작스러운 위기 상황에 처한 사람들에게 생계비, 의료비, 주거비 등을 지원하는 제도로, 최대 6개월까지 지원받을 수 있습니다. 출소 직후 경제적 어려움에 처한 경우 이 제도의 지원 대상이 될 수 있으므로, 주민센터의 사회복지 담당자와 상담해보는 것이 좋습니다.

국민기초생활보장제도도 활용할 수 있습니다. 소득과 재산이 일정 기준 이하인 경우, 생계급여, 주거급여, 의료급여 등을 지원받을 수 있습니다. 출소 후 소득이 없거나 매우 적은 경우 신청 가능하며, 역시 주민센터를 통해 신청할 수 있습니다.

지역 사회복지관이나 종교 단체에서도 긴급 지원을 제공하는 경우가 많습니다. 지역 사회 복지관에서는 식료품 지원, 의류 지원, 긴급 생계비 지원 등의 프로그램을 운영하고 있으며, 교회, 성당, 사찰 등의 종교 단체에서도 도움을 요청할 수 있습니다.

고용노동부의 취업성공패키지나 국민취업지원제도를 활용하는 방법도 있습니다. 이 프로그램에 참여하면 취업 활동 기간 동안 일정 금액의 구직활동지원금을 받을 수 있으며, 직업훈련에 참여할 경우 훈련 수당도 지급됩니다.

건강보험료나 전기요금, 가스요금 등의 공과금 납부가 어려운 경우에는 해당 기관에 분할 납부나 납부 유예를 신청할 수 있습니다. 상황을 설명하고 도움을 요청하면 일정 기간 납부를 미루거나 나누어 납부할 수 있는 방법을 안내받을 수 있습니다.

마지막으로, 무엇보다 중요한 것은 도움을 요청하는 데 주저하지 않는 것입니다. 어려운 상황에 처했을 때는 혼자 해결하려 하기보다 적극적으로 도움을 찾는 것이 더 빠른 해결책이 될 수 있습니다. 지원 기관에 방문하기 전에 미리 전화로 상담 예약을 하고 필요한 서류를 준비하면 더 원활하게 도움을 받을 수 있습니다. 단, 불법 사금융이나 대부업체의 고금리 대출은 절대 이용하지 않도록 주의해야 합니다. 일시적인 해결책처럼 보일 수 있지만, 장기적으로 더 큰 경제적 어려움을 초래할 수 있습니다.

[section 10.3] 신용 회복과 정부 지원금 활용

Q1. 신용이 안 좋을 때 다시 회복하려면 어떻게 해야 하나요?

A. 먼저 자신의 현재 신용 상태를 정확히 파악하는 것이 중요합니다. 한국신용정보원이나 신용평가회사(NICE, KCB 등)를 통해 본인의 신용보고서를 무료로 조회할 수 있습니다. 신용보고서에는 현재 신용점수와 부채 상황, 연체 이력 등이 기록되어 있어 자신의 신용 상태를 객관적으로 확인할 수 있습니다.

신용이 낮아지거나 신용불량이 되는 상황은 주로 ① 대출이나 공과금 연체, ② 신용카드 빚(카드 대금 연체), ③ 남의 빚을 보증섰다가 문제가 된 경우 등이 있습니다. 이러한 경우에도 포기하지 마시고 차근차근 빚을 정리하면 신용을 회복할 수 있습니다. 각 사례별로 어떻게 대응하면 좋은지 살펴보겠습니다.

1. **대출 연체로 인한 신용불량:** 은행 대출이나 휴대폰 요금 등 연체가 발생하면 신용정보에 기록되어 금융 거래에 제약이 생깁니다. 가장 우선은 연체된 금액을 최대한 빨리 갚는 것입니다. 연체금을 모두 상환하면 즉시 신용불량자 명단에서 벗어날 수 있지만, 그 연체 이력은 3~5년간 기록으로 남습니다. 만약 한 번에 갚기 어려워 계속 연체가 되는 상황이라면, 혼자 고민하지 말고 채무조정 제도(신용회복)를 이용하는 것이 좋습니다. 신용회복위원회의 채무조정 절차를 통해 상환 기간을 연장하고 분할 상환 계획을 세워 갚아나가면 신용을 지키면서 빚을 정리할 수 있습니다. 연체가 3개월 이상인 경우 등 요건을 충족하면 신용회복위원회가 채권자들과 협의하여 갚을 수 있는 계획을 만들어 주므로, 당장 갚을 돈이 부족하더라도 걱정하지 마십시오. 다만 채무조정 약정대로 일정 기간 성실히 상환하는 것이 중요합니다. 보통 조정 합의 후 1년 동안 꾸준히 변제하면 연체로 인한 신용불량 기록이 해제되어 금융거래 제한이 완화됩니다. 그러므로 조정된 계획에 따라 성실히 빚을 갚아나가시면 점차 신용이 회복될 것입니다.

2. **신용카드 빚 문제로 인한 신용 악화:** 신용카드 대금을 연체하면 카드 사용 정지 및 높은 연체이자가 발생하고, 3개월 이상 미납 시에는 신용불량 등록까지 이어질 수 있습니다. 카드빚으로 신용이 나빠졌다면 우선 카드사와 분할 납부나 상환 유예 상담을 해보는 것이 좋습니다. 카드사들은 일시적으로 납부가 어려운 고객을 위해 결제금액을 분할해서 갚는 제도 등을 운영하니, 연체가 심각해지기 전에 연락하여 대안을 찾으십시오. 이미 연체가 장기화되어 혼자 해결하기 어렵다면, 앞서 설명한 신용회복위원회의 채무조정을 고려해야 합니다. 신용카드 채무도 다른 대출과 마찬가지로 채무조정 대상이 됩니다. 신용회복위원회의 상담을 통해 카드빚 전체를 하나로 모아 조정받으면, 연체 이자 감면은 물론 최장 8년 (일부 경우 10년)까지 분할 상환이 가능합니다. 채무조정에 들어가면 채권사(카드사)의 독촉도 즉시 중단되어 심리적 부담을 줄일 수 있습니다. 이렇게 조정 절차를 밟고 정해진 금액을 성실히 갚아나가면 카드 연체 정보도 사라지고 신용점수가 회복됩니다. 또한 6개월 이상 변제를 꾸준히 하면 체크카드(후불교통 기능 포함) 이용이 다시 가능해지고, 1년 이상 성실 상환하면 신용카드 발급도 재도전할 수 있게 되

는 등 금융생활을 정상화할 수 있습니다.

3. 보증(연대보증) 문제로 인한 신용불량: 다른 사람의 빚을 보증 섰다가 그 사람이 갚지 않으면, 보증인이 대신 갚아야 하기 때문에 보증인 본인이 신용불량자가 될 수 있습니다. 이 경우 갑작스럽게 큰 빚을 안게 되어 혼자 해결하기 어려울 때가 많습니다. 일단 보증 채무에 대해 연체가 발생하면 앞서 말씀드린 채무조정 제도를 활용할 수 있습니다. 신용회복위원회 채무조정을 신청하면 보증으로 떠안은 빚도 다른 채무와 합쳐 조정을 받게 되며, 신청 다음 날부터 채권자의 추심 행위(독촉 전화 등)가 중지되어 더 이상의 독촉으로부터 보호받습니다. 조정 과정에서 채무 원금 상환 기간을 늘리고 이자를 낮추거나 탕감받을 수 있으므로, 보증 문제로 인한 채무도 충분히 갚아나갈 방안을 마련할 수 있습니다. 만약 보증 관련 채무액이 너무 커서 조정 후에도 갚기 어렵다면, 최후의 수단으로 법원의 개인회생이나 파산 절차를 고려할 수 있습니다. 그러나 개인회생·파산은 일정한 소득 요건을 충족해야 하고 신용회복위원회의 지원이 어려운 경우에 한정되므로, 우선은 신용회복위원회를 통한 채무조정부터 받아보시는 것을 권합니다.

위에서 여러 번 언급한 신용회복위원회는 과도한 빚으로 어려움을 겪는 분들을 위해 채무조정을 통해 신용회복과 경제적 재기를 돕는 기관입니다. 연체 기간이나 채무 상황에 따라 '신속채무조정'(단기 연체자 대상), '프리워크아웃'(연체 30일~90일 미만), '개인워크아웃'(3개월 이상 연체) 등 맞춤형 프로그램을 운영하고 있으며, 채무 감면, 이자율 조정, 장기 분할 상환 등의 방법으로 갚을 부담을 줄여 줍니다. 신용회복위원회의 지원을 받고자 한다면 먼저 전화나 방문으로 상담을 신청하면 됩니다. 전화 상담은 국번 없이 ☎1600-5500 번호로 가능하며, 가까운 신용회복위원회 지부(또는 서민금융통합지원센터)를 방문하여 대면 상담을 받을 수도 있습니다. 상담을 통해 현재 본인의 소득, 재산, 부채 상태를 설명하고 채무조정 신청을 하면, 위원회에서 각 채권자와 조정 협의를 진행합니다. 조정 절차에 들어가면 채권자들의 독촉은 즉시 중단되고, 이후 확정된 변제 계획에 따라 매월 상환액을 일정 기간(예를 들어 8년 이내) 납부하게 됩니다. 약정한 변제를 1년 정도 성실히 이행하면 앞서 말씀드린 대로 신용불량 등록이 해제되어 금융거래가 한결 수월해집니다. 최종적으로 채무를 모두 다 갚으면 신용점수도 정상 수준으로 올라가며, 신용회복이 완전히 이루어집니다. 이러한 공적 채무조정 절차는 본인이 채무를 해결할 의지가 있고 일정한 소득이 있을 때 가능하므로, 상담 시 현실적인 상환 능력을 정확히 알려주시는 것이 좋습니다.

> **신용회복을 위한 3가지 방법**
>
> 추가팁
>
> - **신용회복위원회의 채무조정**: 서민의 금융생활 지원에 관한 법률에 근거, 채무원금 감면, 이자 감면, 상환기간 연장 등의 방식으로 채무를 조정. 채무자가 변제계획을 이행하면 채무가 감면되고, 신용회복위원회 협약 제14조 제1항에 따라 변제계획 이행을 완료하거나 귀책사유 없이 상환해야 할 채무액의 3/4 이상을 상환한 경우 채무자의 변제책임이 면제됩니다. 법원을 통하지 않아 절차가 비교적 간단하고 비용이 적게 들며, 성실 상환 시 신용정보가 회복되는 장점이 있지만, 모든 채권자가 동의해야 하므로 요건이 까다롭고, 법원을 통한 절차가 아니므로 강제력이 상대적으로 약합니다. 채무자가 고의로 재산을 숨기거나 허위 사실을 기재한 경우 채무조정의 효력이 상실될 수도 있습니다.
>   (절차) 신용회복위원회에 신청 → 채무조정안 작성 → 채권금융회사 동의 → 채무조정 확정 → 변제계획 이행
>
> - **개인회생**: 채무자 회생 및 파산에 관한 법률에 근거, 채무자의 가용소득으로 3~5년간 변제 후 잔여 채무를 면책하는 효과가 있습니다. 법원의 결정으로 모든 채권자에게 구속력이 있고 개인회생 절차가 개시되면 모든 채권추심이 중지되는 장점이 있으나, 법원을 통한 절차로 시간과 비용이 소요되고, 안정적인 수입 증명을 요하는 등 엄격한 요건이 요구됩니다. 또한 일정 가치 이상의 재산을 처분해야 할 수 있고, 개인회생 기록이 신용정보에 남아 신용등급이 하락하게 됩니다.
>   (절차) 법원에 신청 → 개인회생절차 개시결정 → 변제계획안 제출 → 인가결정 → 변제계획 이행 → 면책결정
>
> - **개인파산**: 채무자 회생 및 파산에 관한 법률에 근거, 모든 재산을 채권자에게 배분하고 잔여 채무 전액을 면책시키는 제도입니다. 면책 결정이 나면 모든 채무에서 해방되고, 변제계획 이행 기간 없이 즉시 채무 문제 해결이 가능하며, 파산선고 시 모든 채권추심이 중지되는 장점이 있습니다. 그러나 면제재산 외 모든 재산을 처분해야 하고, 장기간 신용등급 회복이 어려운 단점을 고려하여 신중하게 결정하여야 합니다.
>   (절차) 법원에 신청 → 파산선고 → 면책심문 → 면책결정

신용 회복 중에는 새로운 연체가 발생하지 않도록 주의해야 합니다. 공과금이나 통신비와 같은 소액이라도 정기적으로 발생하는 비용은 반드시 제때 납부하세요. 이러한 납부 이력

도 신용평가에 반영되므로, 꾸준히 관리하면 신용점수 개선에 도움이 됩니다.

소액 예금이나 적금을 꾸준히 유지하는 것도 신용 회복에 도움이 됩니다. 비록 금액이 작더라도 정기적인 금융 거래 이력이 쌓이면 신용도 평가에 긍정적인 영향을 미칩니다. 가능하다면 금융기관에 소액 저축상품을 개설하고 정기적으로 입금하세요.

신용카드를 사용하는 경우에는 한도의 30% 이내로 사용하고 매월 결제일에 반드시 전액을 상환하는 습관을 들이는 것이 중요합니다. 신용카드 결제를 연체하면 신용점수가 급격히 하락할 수 있으므로 특히 주의해야 합니다.

무분별한 대출 신청도 피해야 합니다. 여러 금융기관에 동시에 대출을 신청하면 신용조회 기록이 많이 남게 되어 신용점수가 하락할 수 있습니다. 대출이 필요한 경우에는 충분히 검토한 후 한 곳에만 신청하는 것이 좋습니다.

장기적으로는 안정적인 직업과 소득을 유지하는 것이 신용 회복에 큰 도움이 됩니다. 같은 직장에서 오래 근무하거나 꾸준한 소득이 발생한다면 신용평가에 긍정적인 요소로 작용합니다.

신용 회복은 하루아침에 이루어지지 않습니다. 보통 연체 정보는 5년간 신용기록에 남게 되므로, 꾸준한 관리와 인내가 필요합니다. 하지만 체계적인 계획과 실천을 통해 점차 신용을 회복하고 건강한 금융 생활을 영위할 수 있습니다.

Q2. 출소 후 받을 수 있는 정부 지원금이나 보조금에는 어떤 것이 있나요?

A. 출소 후에는 다양한 정부 지원금과 보조금을 받을 수 있습니다. 이러한 지원은 사회 복귀를 돕고 경제적 안정을 찾는 데 큰 도움이 됩니다. 가장 대표적인 지원으로는 한국법무보호복지공단에서 제공하는 '출소자 자립지원금'이 있습니다. 이 지원금은 출소 직후 기본적인 생활을 유지하는 데 필요한 비용으로, 주거비, 식비, 교통비 등으로 사용할 수 있습니다. 지원 금액은 개인 상황에 따라 다르며, 출소 후 즉시 신청하는 것이 좋습니다. 신청은 주소지 주민센터나 복지로를 통해 가능합니다.

주거 지원도 중요한 부분입니다. 법무보호복지공단에서는 '희망의 집'과 같은 주거지원시설을 운영하고 있어, 최대 1년까지 무료 또는 저렴한 비용으로 숙식을 제공받을 수 있습니다. 또한 LH(한국토지주택공사)를 통해 '주거취약계층 주거지원 사업'을 신청하면 임대주택 입주 기회를 얻을 수도 있습니다.

취업 관련 지원도 다양합니다. 고용노동부의 '국민취업지원제도'에 참여하면 최대 6개월간 월 50만원 내외의 구직촉진수당을 받을 수 있으며, 취업 알선과 직업훈련 기회도 제공받습니다. 또한 '취업성공패키지'를 통해 직업훈련에 참여할 경우 월 최대 40만원의 훈련 장려금도 지원됩니다.

창업을 희망하는 경우, 법무보호복지공단의 '출소자 창업지원 프로그램'을 통해 최대 2,000만원까지의 창업 자금을 저금리로 대출받을 수 있습니다. 또한 중소벤처기업부의 '소상공인 정책자금'도 신청 가능하며, 창업 교육과 컨설팅도 지원받을 수 있습니다.

기초생활이 어려운 경우에는 '국민기초생활보장제도'를 신청할 수 있습니다. 소득과 재산이 일정 기준 이하인 경우, 생계급여(월 평균 50만원 내외), 주거급여, 의료급여 등을 받을 수 있습니다. 이 제도는 주민센터에서 신청 가능합니다.

건강보험료 지원도 있습니다. 출소 후 재정적 어려움이 있는 경우, 건강보험공단에 '건강보험료 경감' 신청을 하면 최대 50%까지 보험료를 감면받을 수 있습니다. 또한 의료급여 수급자로 선정되면 의료비 부담을 크게 줄일 수 있습니다.

직업훈련을 통한 자격증 취득을 원한다면, 고용노동부의 '국민내일배움카드'를 발급받아 훈련비 지원(1인당 최대 300~500만원)과 함께 훈련 기간 동안 월 최대 40만원의 훈련 장려금도 받을 수 있습니다.

특수한 상황에 따라 '긴급복지지원제도'를 통해 일시적인 생계비, 의료비, 주거비 등의 지원을 받을 수도 있습니다. 갑작스러운 위기 상황에 처했을 때 주민센터나 보건복지 상담센터(129)를 통해 신청할 수 있습니다.

이러한 지원을 받기 위해서는 출소 후 가까운 법무보호복지공단이나 주민센터를 방문하여 상담을 받는 것이 좋습니다. 각 지원 프로그램마다 신청 자격과 필요 서류가 다르므로,

전문가의 안내를 받아 자신에게 맞는 지원을 찾는 것이 중요합니다. 또한 대부분의 지원은 신청 시기가 중요하므로, 출소 후 가능한 빨리 정보를 수집하고 신청하는 것이 유리합니다.

Q3. 경제적으로 안정되기까지 어떤 단계를 밟아가는 것이 좋을까요?

A. 출소 후 경제적으로 안정되기까지는 단계적인 접근이 필요합니다. 첫 번째 단계는 기본적인 생존 요건을 확보하는 것입니다. 당장의 주거지와 식사, 기초 생활용품을 마련하는 데 집중해야 합니다. 이 단계에서는 법무보호복지공단의 자립지원금, 긴급복지지원제도, 국민기초생활보장제도 등 정부 지원을 적극 활용하세요. 법무보호복지공단의 숙식 제공 시설이나 LH 임대주택 지원 등 주거 지원 프로그램을 이용하면 초기 주거 부담을 크게 줄일 수 있습니다.

두 번째 단계는 안정적인 소득원을 확보하는 것입니다. 취업이 가장 기본적인 방법이며, 초기에는 조건을 너무 까다롭게 하기보다 우선 일자리를 얻는 것에 집중하는 것이 좋습니다. 법무보호복지공단이나 고용센터의 취업 알선 서비스, 취업성공패키지, 국민취업지원제도 등을 활용하여 적합한 일자리를 찾아보세요. 동시에 직업훈련을 통해 기술을 습득하는 것도 중요합니다. 국민내일배움카드를 발급받아 직업훈련에 참여하면 취업 가능성을 높일 수 있고, 훈련 기간 동안 월 최대 40만원의 훈련 장려금도 받을 수 있습니다.

세 번째 단계는 부채 관리와 신용 회복입니다. 출소 전 발생한 부채나 미납 요금이 있다면 이를 파악하고 해결 계획을 세워야 합니다. 감당하기 어려운 부채가 있다면 신용회복위원회의 채무조정 프로그램이나 법원의 개인회생 제도를 활용하는 것이 좋습니다. 또한 공과금, 통신비 등의 정기적인 비용은 반드시 제때 납부하여 신용 점수가 더 하락하지 않도록 관리해야 합니다.

네 번째 단계는 재정 계획 수립과 저축 습관 형성입니다. 안정적인 수입이 생기면 월 수입의 10%라도 저축하는 습관을 들이는 것이 중요합니다. 처음에는 소액이라도 긴급 상황에 대비한 비상금을 마련하고, 이후에는 중장기 목표를 위한 저축을 시작하세요. 이 단계에서는 가계부를 작성하여 수입과 지출을 철저히 관리하고, 불필요한 지출을 줄여나가는 노력이 필요합니다.

다섯 번째 단계는 직업 안정성 강화와 소득 증대입니다. 초기 취업 후에도 지속적으로 자기 개발을 통해 직무 능력을 향상시키고, 자격증 취득이나 교육 참여를 통해 더 나은 일자리로 이동할 준비를 해야 합니다. 주 직업 외에도 부업이나 투잡을 통해 추가 수입을 창출하는 방법도 고려해볼 수 있습니다.

여섯 번째 단계는 자산 형성과 미래 대비입니다. 일정 기간 경제적 안정을 유지한 후에는 장기적인 자산 형성을 위한 계획을 세우세요. 주택 구입을 위한 저축, 노후 대비를 위한 연금 가입, 적절한 보험 가입 등을 통해 미래의 경제적 안전망을 구축하는 것이 중요합니다.

마지막으로, 지속적인 금융 교육과 정보 습득이 필요합니다. 재정 관리, 투자, 세금 등에 관한 기본 지식을 쌓아 현명한 경제적 결정을 내릴 수 있는 능력을 키우세요. 금융교육 프로그램이나 무료 강의, 관련 도서 등을 통해 꾸준히 학습하는 것이 도움이 됩니다.

PART 4

자유로의 귀환,
다시 삶을 살아가다

Chapter 11 | 출소 절차와 가석방 이해하기

출소 직전 수용자가 준비해야 할 절차와 선택 가능한 제도를 이해하고 계획을 세울 수 있도록 한다. 주요 내용: 출소 준비, 가석방 조건과 절차, 전자감독

[section 11.1] 출소 전 준비물과 행정 절차

Q1. 출소 전 준비해야 할 서류는 무엇인가요?

A. 가장 기본적으로 필요한 서류는 주민등록증입니다. 만약 수감 중에 주민등록증을 분실했다면, 출소 후 즉시 주민센터를 방문하여 재발급 받아야 합니다. 재발급을 위해서는 신분을 증명할 수 있는 다른 서류나 지문 확인 절차가 필요할 수 있으니, 가능하다면 출소 전에 가족이나 지인에게 부탁하여 필요한 정보를 미리 확인해두는 것이 좋습니다.

주민등록등본과 초본도 꼭 필요한 서류입니다. 이 서류들은 주거지 확인, 각종 지원 신청, 취업 등에 필수적으로 사용됩니다. 주민등록이 말소되었다면 출소 후 즉시 주민등록 재등록 절차를 밟아야 하므로, 이에 대한 정보를 미리 확인해두세요.

가족관계증명서도 중요한 서류입니다. 이 서류는 가족과의 관계를 증명하는 데 필요하며, 각종 행정 절차나 복지 서비스 신청 시에도 요구됩니다. 특히 가족과 함께 생활할 계획이라면 더욱 중요합니다.

건강보험 자격확인서와 건강보험납부증명서도 준비해두면 좋습니다. 출소 후 건강보험 가입 상태를 확인하고, 미납된 보험료가 있는지 확인하기 위해 필요합니다. 건강보험료 체납이 있는 경우 분할납부 신청 등의 조치를 취할 수 있도록 미리 정보를 파악해두세요.

국민연금 가입 이력이 있다면 국민연금 가입증명서도 준비하는 것이 좋습니다. 이전 납부 이력을 확인하고 향후 연금 관련 계획을 세우는 데 도움이 됩니다.

범죄경력증명서나 수형자 출소증명서도 필요할 수 있습니다. 이 서류들은 법무보호복지공단의 지원을 받거나 특정 취업 프로그램에 참여할 때 필요할 수 있습니다. 출소 시 교도

소에서 발급받을 수 있으므로 반드시 챙기세요.

직업훈련이나 교육 이수 증명서도 중요합니다. 수감 중에 받은 직업훈련이나 교육 이수 증명서는 취업 시 유용하게 활용될 수 있으므로, 출소 전에 발급받아 보관하세요.

또한 은행 통장과 관련 정보도 확인해야 합니다. 기존에 사용하던 통장의 상태를 확인하고, 필요시 가족에게 부탁하여 출소 전에 새 통장을 개설해두는 것도 좋은 방법입니다. 이는 지원금 수령이나 급여 입금 등에 필요합니다.

취업을 위한 자격증이나 경력증명서가 있다면 이 역시 중요한 서류입니다. 수감 전 취득한 자격증이나 경력 관련 서류를 가족에게 미리 준비해달라고 부탁하거나, 관련 기관에 재발급 방법을 문의해보세요.

마지막으로, 군 전역자의 경우 병적증명서가 필요할 수 있습니다. 이 서류는 병무청 홈페이지에서 발급받을 수 있으며, 취업 시 제출해야 하는 경우가 많습니다.

이러한 서류들은 출소 후 즉시 필요한 것도 있고, 나중에 필요한 것도 있습니다. 가능한 한 출소 전에 가족이나 지인에게 필요한 서류 목록을 전달하고 준비를 부탁하거나, 출소 직후 어떻게 발급받을 수 있는지 절차를 미리 파악해두는 것이 사회 복귀를 원활하게 하는 데 큰 도움이 됩니다.

Q2. 출소 당일 어떤 절차를 거치게 되나요?

A. 출소 당일에는 여러 단계의 절차를 거치게 됩니다. 먼저 출소 예정일이 되면, 아침 일찍 담당 교도관으로부터 출소 통지를 받게 됩니다. 이때 대략적인 출소 시간과 준비해야 할 사항들을 안내받게 됩니다. 출소는 보통 오전 중에 이루어지지만, 교도소의 상황이나 당일 출소자 수에 따라 시간이 다소 달라질 수 있습니다.

출소 통지를 받은 후에는 개인 물품을 정리하는 시간이 주어집니다. 수용 중 사용하던 물품 중 교도소에 반납해야 할 것과 개인석으로 가져갈 수 있는 것을 구분하여 정리해야 합니다. 교도소에서 지급받은 의류, 침구류 등은 반납해야 하며, 개인 서신이나 사진, 교육 자료 등은 가지고 갈 수 있습니다.

다음으로 출소 절차를 위한 대기실로 이동하게 됩니다. 여기서 출소 서류 작성과 확인 절차가 진행됩니다. 출소증명서, 신분증 반환, 개인 물품 확인서 등 여러 서류에 서명해야 합니다. 특히 출소증명서는 중요한 서류로, 법무보호복지공단의 지원을 받거나 기타 행정 절차를 밟을 때 필요할 수 있으니 잘 보관해야 합니다.

이후 입소 당시 영치되었던 개인 물품을 돌려받게 됩니다. 현금, 신분증, 휴대폰, 시계, 반지 등 입소 당시 소지하고 있던 개인 물품과 수용 기간 동안 가족이나 지인이 보관해 준 물품이 있다면 함께 돌려받습니다. 또한 수용 중에 작업장려금으로 모은 영치금도 이때 지급받게 됩니다.

건강검진이나 의료 확인 절차가 진행되는 경우도 있습니다. 이는 출소자의 건강 상태를 확인하고, 필요한 의료 정보나 약품을 제공하기 위한 과정입니다. 특히 만성질환이 있거나 정기적인 약물 치료가 필요한 경우라면, 필요한 약품이나 의료 정보를 받게 됩니다.

출소 안내 및 상담도 중요한 절차입니다. 출소 후 지원받을 수 있는 서비스나 프로그램에 대한 정보를 제공받으며, 법무보호복지공단이나 주민센터 등 도움을 받을 수 있는 기관의 연락처와 위치도 안내받습니다. 이때 질문이 있거나 도움이 필요한 사항이 있다면 적극적으로 문의하는 것이 좋습니다.

모든 절차가 완료되면, 최종 확인 후 교도소를 나가게 됩니다. 가족이나 지인이 마중 나온 경우에는 만남의 시간이 이어지며, 그렇지 않은 경우에는 미리 안내받은 교통편을 이용하여 목적지로 이동하게 됩니다.

출소 당일에는 심리적으로나 상황적으로 혼란스러울 수 있으므로, 필요한 서류와 개인 물품을 잘 챙기고 안내받은 정보를 메모해두는 것이 좋습니다. 또한 당일 연락할 수 있는 가족이나 지인의 연락처, 머물 숙소 정보 등을 미리 확인해두는 것도 중요합니다.

Q3. 출소 직후 가장 먼저 해결해야 할 법적 문제는 무엇인가요?

A. 출소 직후 가장 먼저 해결해야 할 법적 문제는 주민등록 정비입니다. 수감 기간이 길었거나 주소지가 변경된 경우, 주민등록이 말소되었거나 주소가 정확하지 않을 수 있습니다.

출소 후 14일 이내에 실제 거주하는 곳의 주민센터를 방문하여 주민등록을 재등록하거나 주소를 변경해야 합니다. 주민등록은 신분 확인, 취업, 각종 지원 신청 등 모든 행정 절차의 기본이 되므로 최우선으로 해결해야 합니다.

두 번째로 중요한 것은 신분증 재발급입니다. 주민등록증이 없거나 만료된 경우, 주민센터에서 재발급 신청을 해야 합니다. 신분증은 은행 업무, 취업, 계약 체결 등 일상생활의 거의 모든 영역에서 필요하므로 빠르게 재발급 받는 것이 중요합니다.

보호관찰 대상자인 경우, 출소 후 정해진 기간(보통 10일) 내에 관할 보호관찰소에 반드시 출석하여 신고해야 합니다. 이를 지키지 않으면 법적 제재를 받을 수 있으므로 출소 당일 또는 다음 날 바로 보호관찰소를 방문하는 것이 좋습니다. 보호관찰소에서는 준수사항을 안내받고 정기적인 면담 일정 등을 조율하게 됩니다.

미납된 벌금이나 과태료가 있는 경우 이를 확인하고 납부 계획을 세워야 합니다. 벌금 미납으로 인한 노역(노역장 유치)을 피하기 위해서는 가능한 빨리 납부하거나, 분할납부 신청을 고려해야 합니다. 관할 법원이나 검찰청을 방문하여 미납 벌금 내역을 확인하고 납부 방법을 상담받을 수 있습니다.

건강보험 자격을 확인하고 정비하는 것도 중요합니다. 수감 중에는 건강보험료가 면제되지만, 출소 후에는 다시 건강보험에 가입하고 보험료를 납부해야 합니다. 국민건강보험공단에 방문하거나 전화하여 자신의 건강보험 상태를 확인하고, 경제적 어려움이 있을 경우 보험료 경감 신청을 할 수 있습니다.

미해결된 민사 소송이나 채무 문제가 있다면 이에 대한 상황을 확인하고 대응 방안을 마련해야 합니다. 특히 채무로 인한 압류나 추심 문제가 있을 경우, 법률구조공단이나 법무보호복지공단의 법률 상담을 받아 해결 방법을 모색하는 것이 좋습니다.

범죄피해자에 대한 손해배상 의무가 있는 경우, 이에 대한 상환 계획을 세우는 것도 중요합니다. 손해배상 의무를 이행하지 않으면 추가적인 법적 문제가 발생할 수 있으므로, 가능한 빨리 손해배상 합의나 분할 상환 계획을 세우는 것이 좋습니다.

자녀가 있는 경우, 친권이나 양육권 관련 법적 문제를 확인해야 합니다. 수감 중에 이혼이나 친권 변동 등이 있었다면, 현재의 법적 상태를 정확히 파악하고 필요한 조치를 취해야 합니다.

마지막으로, 전과 기록으로 인한 각종 자격 제한이 있는지 확인하고 대응 방안을 마련해야 합니다. 특정 직업이나 자격증에 제한이 있을 수 있으므로, 이에 대한 정보를 미리 파악하여 진로 계획을 세우는 것이 중요합니다.

이러한 법적 문제들은 출소 직후 바로 해결하기 어려울 수 있으므로, 한국법무보호복지공단이나 대한법률구조공단의 도움을 받는 것이 좋습니다. 이들 기관에서는 출소자를 위한 무료 법률 상담을 제공하고 있으며, 필요한 경우 소송 지원도 받을 수 있습니다.

Q4. 신분증과 건강보험 등 필수 서류는 어떻게 다시 발급받나요?

A. 우선 주민등록증은 가장 기본이 되는 신분증으로, 실제 거주지의 주민센터를 방문하여 재발급 신청을 할 수 있습니다. 필요한 서류는 재발급 신청서와 사진 1장(최근 6개월 이내 촬영)이며, 수수료는 5,000원입니다. 주민등록이 말소된 경우에는 먼저 주민등록 재등록 절차를 밟은 후 신분증을 발급받아야 합니다. 발급에는 보통 5~7일 정도 소요되며, 이 기간 동안 임시 신분증을 발급받아 사용할 수 있습니다.

주민등록등본과 초본은 주민센터를 직접 방문하거나 정부24 웹사이트를 통해 온라인으로 발급받을 수 있습니다. 온라인 발급을 위해서는 공인인증서나 네이버 또는 카카오 인증이 필요합니다. 주민센터 방문 시에는 신분증만 지참하면 되며, 수수료는 각각 400원이지만 출소자의 경우 수수료 면제를 받을 수 있는 경우도 있으니 문의해보세요.

가족관계증명서는 전국 어느 주민센터나 구청에서 발급 가능하며, 대법원 전자가족관계등록시스템을 통해 온라인으로도 발급받을 수 있습니다. 기본증명서, 혼인관계증명서 등 다양한 증명서가 있으니 필요에 맞게 신청하면 됩니다. 수수료는 1통당 1,000원이며, 주민센터 방문 시 신분증이 필요합니다.

건강보험 관련 서류는 국민건강보험공단 지사를 방문하거나 건강보험공단 웹사이트, 모바일 앱을 통해 발급받을 수 있습니다. 건강보험자격확인서, 보험료납부확인서 등이 주로 필요하며, 방문 시 신분증이 필요합니다. 건강보험은 출소 후 지역가입자로 자동 전환되며, 경제적 어려움이 있을 경우 보험료 경감 신청도 가능합니다. 건강보험 자격득실확인서는 취업 시 꼭 필요한 서류이므로 미리 발급받아두는 것이 좋습니다.

국민연금 가입증명서는 국민연금공단 지사 방문이나 국민연금공단 웹사이트를 통해 발급받을 수 있습니다. 연금 납부 이력과 가입 기간을 확인할 수 있으며, 향후 연금 수령 계획을 세우는 데 도움이 됩니다. 방문 시 신분증이 필요하며, 온라인 발급을 위해서는 공인인증서가 필요합니다.

출소증명서는 출소 당일 교도소에서 발급받게 되지만, 추가로 필요한 경우 법무부 인터넷 교정시스템이나 출소한 교도소에 방문하여 발급받을 수 있습니다. 이 서류는 법무보호복지공단의 지원을 받거나 취업 지원 프로그램에 참여할 때 필요합니다.

범죄경력증명서(범죄경력회보서)는 필요한 경우 관할 경찰서나 민원24를 통해 발급받을 수 있습니다. 취업이나 각종 자격증 취득 시 필요할 수 있으며, 발급 시 사용 목적을 명시해야 합니다.

은행 통장은 신분증과 도장(서명 가능)을 지참하고 은행 창구를 방문하여 개설할 수 있습니다. 일부 은행에서는 전과 기록이 있는 경우 계좌 개설에 제한을 둘 수 있으나, 대부분의 시중은행에서는 정상적으로 개설이 가능합니다. 인터넷뱅킹이나 모바일뱅킹 서비스도 함께 신청해두면 편리합니다.

이동통신 서비스(휴대폰)는 신분증과 통장을 지참하고 통신사 대리점을 방문하여 개통할 수 있습니다. 신용등급이 낮은 경우 선불요금제나 알뜰폰을 고려하는 것도 좋은 방법입니다.

이러한 서류들은 취업, 주거 계약, 각종 지원 신청 등에 반드시 필요하므로, 출소 후 가능한 빨리 발급받는 것이 좋습니다. 기관 방문 시 혼잡 시간을 피하고, 필요한 서류와 신분증을 반드시 지참하여 원활하게 처리할 수 있도록 준비하는 것이 중요합니다.

[section 11.2] 가석방의 기준과 심사 과정

Q1. 가석방 자격 요건은 무엇이며 어떻게 신청하나요?

A. 가석방은 형기의 일정 부분을 채우고 교정시설 내에서 모범적인 생활을 보인 수형자에게 형기 만료 전에 조건부로 석방하는 제도입니다. 가석방의 기본 자격 요건은 형법 제72조와 형의 집행 및 수용자의 처우에 관한 법률에 따라 정해져 있으며, 가장 중요한 조건은 형기의 일정 부분을 이행한 것입니다.

무기징역은 20년, 유기징역은 형기의 3분의 1 이상을 복역해야 가석방 대상자로 고려될 수 있습니다. 벌금형이 병과된 수형자는 벌금을 완납해야 가석방 대상이 될 수 있습니다. 과태료도 마찬가지로 완납해야 합니다.

가석방 심사에서는 형기 이행 외에도 여러 요소가 종합적으로 고려됩니다. 교정시설 내에서의 행동과 태도, 죄에 대한 반성, 피해자와의 화해 여부, 출소 후 재범 위험성, 사회 적응 가능성, 출소 후 주거지와 취업 계획 등이 중요한 심사 요소입니다. 특히 교도소 내에서 징벌을 받은 이력이 많거나 규율 위반이 잦은 경우에는 가석방이 어려울 수 있습니다.

> **추가팁**
> **가석방심사위원회의 고려 요소**
> (형의 집행 및 수용자의 처우에 관한 법률 제121조 제2항)
> 수형자의 나이, 범죄동기, 죄명, 형기, 교정성적, 건강상태, 가석방 후의 생계능력, 생활환경, 재범의 위험성, 그 밖에 필요한 사정

가석방 신청 절차는 다음과 같습니다. 가석방은 교정시설의 추천에 의해 진행되므로, 별도의 신청서를 제출하지 않아도 됩니다. 교도소장은 가석방에 필요한 형 집행 기간을 경과한 수형자 중 교정성적이 우수하고 뉘우치는 빛이 뚜렷하여 재범의 위험성이 없다고 인정하는 수형자를 분류처우위원회의 의결을 거쳐 가석방 적격심사신청 대상자로 선정합니다. 선정된 날로부터 5일 이내에 가석방심사위원회에 가석방 적격심사를 신청합니다.

하지만 본인이 가석방 심사를 적극적으로 준비하고 싶다면, 담당 교도관이나 분류심사관

에게 가석방 의사를 표현하고 상담을 요청할 수 있습니다. 이 과정에서 가석방 후 주거지, 취업 계획, 생활 계획 등을 구체적으로 제시하는 것이 중요합니다.

법무부 가석방심사위원회에서 최종 심사를 거쳐 가석방 여부가 결정됩니다. 가석방심사위원회는 가석방 적격결정을 한 경우 5일 이내에 법무부장관에게 가석방 허가를 신청하고, 법무부장관이 허가하면 가석방의 효력이 발생합니다.

가석방이 결정되면, 보호관찰이 조건으로 부과됩니다. 보호관찰 기간은 남은 형기와 동일하며, 이 기간 동안 정기적으로 보호관찰소에 출석하고 준수사항을 지켜야 합니다. 준수사항을 위반하거나 새로운 범죄를 저지르면 가석방이 취소되고 교정시설로 재수용될 수 있습니다.

가석방 가능성을 높이기 위해서는 교정시설 내에서 모범적인 생활을 유지하고, 교육이나 직업훈련에 적극적으로 참여하는 것이 중요합니다. 또한 피해자와의 화해나 손해배상 노력, 사회봉사활동 참여 등도 긍정적인 요소로 작용할 수 있습니다.

가석방은 법적 권리가 아니라 특별한 혜택이므로, 모든 조건을 충족하더라도 반드시 허가되는 것은 아닙니다. 하지만 성실한 수용생활과 진정한 반성, 구체적인 출소 계획을 통해 가석방 가능성을 높일 수 있습니다.

Q2. 가석방 심사에서 어떤 요소가 중요하게 평가되나요?

A. 가석방 심사에서는 여러 요소가 종합적으로 평가되며, 단순히 형기를 채웠다는 사실만으로 가석방이 결정되지는 않습니다. 가장 중요하게 평가되는 요소들을 살펴보겠습니다.

첫째, 교정시설 내에서의 행동과 태도가 매우 중요합니다. 규율을 잘 준수하고 징벌 받은 이력이 적을수록 유리합니다. 특히 최근 1년 이내에 징벌을 받은 경우 가석방 심사에 부정적인 영향을 미칠 수 있습니다. 교도관이나 다른 수형자들과의 관계, 일상생활에서의 태도, 시설 내 질서 유지에 대한 기여도 등이 모두 평가 대상이 됩니다.

둘째, 범죄에 대한 진정한 반성과 피해자에 대한 태도가 중요합니다. 자신의 범죄를 인정하고 깊이 반성하는 모습, 피해자에게 사과하고 용서를 구하는 노력, 가능한 경우 손해배상을 통한 피해 회복 노력 등이 긍정적으로 평가됩니다. 피해자와의 화해가 이루어진 경우 가석방 가능성이 크게 높아집니다.

셋째, 교정 프로그램 참여도와 성과가 중요합니다. 교도소 내 교육 프로그램, 직업훈련, 상담 프로그램, 취미활동, 종교활동 등에 적극적으로 참여하고 성과를 보인 경우 긍정적으로 평가됩니다. 특히 자신의 범죄 성향과 관련된 교정 프로그램(예: 분노 조절, 약물 중독 치료, 성범죄 치료 등)에 성실히 참여한 것이 중요합니다.

넷째, 출소 후 구체적인 생활 계획과 재범 방지 노력이 평가됩니다. 안정적인 주거 계획, 취업 계획 또는 직업훈련 계획, 가족이나 지인의 지원 여부 등이 중요합니다. 특히 출소 후 취업이 확정되어 있거나, 가족의 적극적인 지원이 있는 경우 가석방 가능성이 높아집니다.

다섯째, 재범 위험성에 대한 평가가 중요합니다. 범죄 전력, 범죄의 심각성, 범행 동기, 범행 당시 상황, 교정시설 내에서의 변화 등을 종합적으로 고려하여 재범 가능성을 평가합니다. 재범 위험성이 낮다고 판단될수록 가석방 가능성이 높아집니다.

여섯째, 사회 적응 능력과 출소 후 지원 체계가 평가됩니다. 사회생활에 필요한 기술이나 자격을 갖추고 있는지, 가족이나 지인의 지원이 있는지, 지역사회 내 지원 네트워크가 있는지 등이 중요합니다. 출소 후 안정적으로 사회에 적응할 수 있다는 확신을 심사위원에게 줄 수 있어야 합니다.

일곱째, 형벌의 목적 달성 여부가 평가됩니다. 수형자가 이미 충분히 반성하고 교화되었다고 판단되면, 더 이상의 구금이 필요하지 않다고 볼 수 있습니다. 교정교화의 목적이 달성되었다고 판단될수록 가석방 가능성이 높아집니다.

여덟째, 건강 상태나 연령 등의 개인적 사정도 고려됩니다. 심각한 질병이 있거나 고령인 경우, 인도적 차원에서 가석방이 고려될 수 있습니다. 단, 이 경우에도 다른 요소들이 함께 고려됩니다.

가석방 심사를 준비할 때는 이러한 요소들을 고려하여 교정시설 내에서 모범적인 생활을 유지하고, 적극적으로 프로그램에 참여하며, 출소 후 계획을 구체적으로 세우는 것이 중요합니다. 또한 가석방 면담에서는 진정성 있는 태도로 자신의 변화와 계획을 명확하게 전달할 수 있어야 합니다. 모든 요소가 완벽해야 하는 것은 아니지만, 여러 영역에서 긍정적인 평가를 받을수록 가석방 가능성이 높아진다는 점을 기억하세요.

> **추가팁**
>
> **수형자에게는 가석방 신청권이나 요구권이 없다**
> (서울고등법원 2024. 2. 14. 선고 2023누41156 판결, 서울고등법원 2019. 11. 27. 선고 2019누50696 판결)
>
> 가석방은 수형자의 권리가 아닌 행정처분입니다. 가석방 요건을 갖추었다고 하더라도 교정당국에 가석방을 요구할 권리를 취득하거나 교정당국이 가석방을 해야 할 법률상 의무는 없습니다. 특히 형기가 지나면 가석방 심사를 해야 한다고 오해하는 경우가 있는데, 형기가 지났다고 해서 모든 수형자를 가석방 적격심사의 대상으로 삼아야 하는 것은 아닙니다.

Q3. 가석방 이후 준수해야 할 조건과 규칙은 무엇인가요?

A. 가석방 기간은 일반적으로 남은 형기와 동일하며, 가석방 기간이 무사히 종료되면 형 집행이 종료된 것으로 간주됩니다. 가석방 기간 동안에는 여러 조건과 규칙을 준수해야 합니다. 이러한 규칙을 위반할 경우 가석방이 취소되어 다시 교정시설로 돌아가게 될 수 있으므로 반드시 숙지하고 지켜야 합니다.

모든 법규를 준수하는 것은 기본이며, 가장 중요한 조건은 보호관찰을 받는 것입니다. 가석방자는 남은 형기 동안 일반적으로 보호관찰 대상자가 되며, 지정된 보호관찰소에 정기적으로 출석하여 면담을 받아야 합니다. 출석 주기는 개인별 상황에 따라 다르지만, 일반적으로 초기에는 월 1~2회, 이후 안정적으로 생활하면 2~3개월에 1회 정도로 조정됩니다. 출석 일정을 지키지 않을 경우 가석방 취소 사유가 될 수 있으므로 반드시 지켜야 합니다. 보호관찰관의 지시사항을 성실히 이행해야 합니다. 보호관찰관은 가석방자의 재범 방지와 사회 적응을 돕기 위해 다양한 지시를 내릴 수 있으며, 이를 따르지 않을 경우 가석방이 취소될 수 있습니다. 지시사항에는 교육 이수, 상담 참여, 취업 활동, 생활 방식 개선 등이 포함될 수 있습니다.

주거지와 직업 변경 시 사전 신고 의무도 중요합니다. 주소지나 연락처가 변경될 경우 반드시 사전에 보호관찰관에게 보고하고 승인을 받아야 합니다. 직업을 변경하거나 새로운 직장을 구할 때도 마찬가지입니다. 이는 가석방자의 소재와 생활 상태를 파악하기 위한 조치입니다.

재범 금지는 가장 중요한 조건입니다. 가석방 기간 중 새로운 범죄를 저지를 경우 즉시 가석방이 취소되고, 남은 형기뿐만 아니라 새로운 범죄에 대한 형벌까지 추가로 받게 됩니다. 경미한 범죄라도 가석방 취소 사유가 될 수 있으므로 법규를 철저히 준수해야 합니다.

특정 장소 출입 금지나 특정인 접촉 금지, 특정 시간 이후 외출 제한과 같은 추가 조건이 부여될 수도 있습니다. 예를 들어, 음주 관련 범죄자에게는 유흥업소 출입 금지, 성범죄자에게는 아동·청소년 관련 시설 접근 금지 등의 조건이 부과될 수 있습니다. 이러한 특별 조건은 개인의 범죄 유형과 재범 위험성에 따라 다르게 적용됩니다.

전자감독(전자발찌)을 부착해야 하는 경우도 있습니다. 특히 성폭력 범죄, 미성년자 대상 범죄, 강도 등 특정 범죄자의 경우 전자감독 대상이 될 수 있으며, 이 경우 장치의 정상 작동을 위한 충전, 관리 등의 의무를 철저히 이행해야 합니다.

취업, 교육, 봉사활동 등 재사회화 프로그램에 참여해야 하는 경우도 있습니다. 이는 가석방자의 사회 적응과 재범 방지를 돕기 위한 것으로, 성실히 참여해야 합니다. 프로그램 참여 실적은 보호관찰 평가에 중요한 요소가 됩니다.

약물 검사나 알코올 검사를 받아야 하는 경우도 있습니다. 특히 약물 범죄나 음주 관련 범죄자의 경우, 정기적인 검사를 통해 약물이나 알코올 사용 여부를 확인받아야 할 수 있습니다.

이러한 조건들은 가석방 시 서면으로 고지되며, 가석방자는 이에 대해 숙지하고 서약해야 합니다. 조건과 규칙을 성실히 준수하면 남은 형기를 사회 내에서 보낼 수 있지만, 위반할 경우 가석방이 취소되어 남은 형기를 다시 교정시설에서 복역해야 함을 명심해야 합니다. 대표적인 가석방 취소 사유인 가석방 기간 중 새로운 범죄 행위, 준수사항 위반, 보호관찰관의 지시 불이행, 보호관찰관과의 연락 두절 등을 특히 조심하세요. 가석방 기간이 무사히 끝나면 형 집행이 종료된 것으로 간주하지만, 일부 범죄(특히 성범죄)의 경우 집행 종료 후에도 신고의무나 전자감독 등의 조치는 계속될 수 있습니다.

Q4. 가석방 심사에서 좋은 인상을 주기 위한 방법은 무엇인가요?

A. 가석방 심사에서 좋은 인상을 주기 위해서는 진실성과 준비성을 보여주는 것이 중요합니다. 먼저, 외모와 태도에 신경 쓰는 것이 기본입니다. 청결한 복장과 단정한 머리 상태를 유지하고, 심사 위원들과 눈을 마주치며 예의 바른 태도로 대화하세요. 너무 긴장하거나 과장된 행동은 피하고, 자연스럽고 진솔한 모습을 보여주는 것이 좋습니다.

자신의 범죄에 대한 인정과 진정한 반성의 태도가 매우 중요합니다. 자신의 범행을 부인하거나 변명하기보다는 범죄 사실을 솔직히 인정하고, 그로 인한 피해와 결과를 깊이 이해하고 있음을 보여주세요. 피해자에 대한 공감과 미안함을 표현하는 것도 중요합니다. 다만, 형식적인 사과나 과장된 반성은 오히려 신뢰를 떨어뜨릴 수 있으므로 진정성 있는 태도가 필요합니다.

수용 생활 동안의 변화와 성장을 구체적으로 설명하는 것이 좋습니다. 교정 프로그램 참여, 직업훈련, 학업 등을 통해 어떤 변화가 있었는지, 그리고 이러한 활동이 자신의 사고방식과 행동에 어떤 영향을 미쳤는지 구체적인 예를 들어 설명하세요. 단순히 프로그램에 참여했다는 사실보다는, 그 과정에서 무엇을 배우고 깨달았는지가 중요합니다.

출소 후 구체적이고 현실적인 계획을 제시하는 것도 필수적입니다. 주거 계획, 취업 계획, 가족 관계 회복 계획 등을 명확하게 설명하세요. 특히 재범 방지를 위한 구체적인 전략(예: 중독 문제 치료, 특정 환경 회피, 지원 그룹 참여 등)을 제시하는 것이 중요합니다. 계획은 현실적이고 실현 가능해야 하며, 가능하다면 이미 취업이 약속되어 있거나 주거가 마련되어 있음을 보여주는 증빙 자료를 준비하는 것도 도움이 됩니다.

가족이나 지인의 지원 체계를 강조하는 것도 효과적입니다. 출소 후 안정적인 생활을 유지하는 데 도움을 줄 수 있는 가족, 친구, 멘토, 종교 단체 등의 지원 네트워크가 있다면 이를 구체적으로 언급하세요. 가능하다면 이들로부터 지지 편지나 보증서를 받아두는 것도 좋은 방법입니다.

질문에 대한 답변은 간결하고 명확하게 하되, 솔직함을 유지하는 것이 중요합니다. 심사위원의 질문에 대해 정직하게 답변하고, 모르는 부분이 있다면 솔직히 인정하세요. 거짓

말이나 과장은 쉽게 발각될 수 있으며, 이는 신뢰도를 크게 떨어뜨립니다.

자신의 장점과 변화 의지를 표현하되, 과도한 자신감보다는 겸손한 태도를 보여주는 것이 좋습니다. 재범하지 않겠다는 단순한 약속보다는, 어떻게 변화했고 앞으로 어떻게 살아갈 것인지에 대한 진지한 고민과 계획을 보여주세요.

심사 전에 충분히 준비하는 것도 중요합니다. 예상 질문에 대한 답변을 미리 생각해보고, 필요한 서류나 증빙 자료를 준비해두세요. 너무 외운 듯한 답변은 피하되, 핵심 내용은 명확히 전달할 수 있도록 연습하는 것이 좋습니다.

마지막으로, 심사에서 좋은 인상을 주는 것도 중요하지만, 평소 수용생활에서의 태도와 행동이 더 중요하다는 점을 명심하세요. 심사 당일의 인상만으로는 가석방이 결정되지 않으며, 일상적인 수용생활에서의 평가가 더 큰 비중을 차지합니다. 따라서 평소에 규율을 준수하고 프로그램에 성실히 참여하며 모범적인 생활을 유지하는 것이 가장 효과적인 방법입니다.

[section 11.3] 전자감독 대상자의 생활 요령

Q1. 전자발찌 착용 대상과 규정은 어떻게 되나요?

A. 전자발찌(전자장치)는 특정 범죄자의 재범 방지와 사회 안전을 위해 「전자장치 부착 등에 관한 법률」에 따라 운영되는 제도입니다. 이 제도는 대상자의 위치를 실시간으로 파악하여 재범을 방지하고 피해자를 보호하는 것을 목적으로 합니다.

전자발찌 착용 대상자는 크게 세 가지 경우로 나뉩니다. 첫째, 법원의 부착명령에 따라 착용하는 경우로, 성폭력범죄자, 미성년자 대상 유괴범죄자, 살인범죄자, 강도범죄자, 스토킹범죄자 중 재범 위험성이 인정되는 사람이 이에 해당합니다. 특히 과거 같은 범죄로 실형을 선고받고 10년 이내에 재범한 경우, 이미 전자발찌를 착용한 전력이 있는 사람이 다시 범죄를 저지른 경우, 같은 범죄를 2회 이상 반복한 경우에는 부착 대상이 됩니다.

둘째, 가석방 시 전자발찌를 착용하는 경우입니다. 특정 범죄자가 가석방될 때는 원칙적으로 가석방 기간 동안 전자발찌를 착용해야 합니다. 다만 심사위원회가 필요하지 않다고 결정하면 예외가 될 수 있습니다. 일반 범죄자도 가석방 시 범죄내용과 개별적 특성을 고려하여 전자발찌 착용이 결정될 수 있습니다.

셋째, 보석으로 석방되는 피고인에게 법원이 보석 조건으로 전자발찌 착용을 명할 수 있습니다.

전자발찌 착용자는 다음과 같은 의무를 갖습니다. 장치를 분리하거나 손상시키는 행위를 해서는 안 되며, 위치추적 및 이동경로 기록을 수용해야 합니다. 또한 보호관찰관의 정당한 지시를 따르고, 출입금지 구역에 들어가서는 안 됩니다.

이러한 규정을 위반할 경우 가석방 취소, 형사처벌, 보석 취소 등의 제재를 받을 수 있습니다. 특히 전자발찌를 훼손하거나 임의로 제거하는 행위는 별도의 형사처벌 대상이 됩니다.

전자발찌 부착 기간은 집행한 날부터 계산되며, 장치를 훼손하거나 정당한 사유 없이 부착하지 않은 기간은 부착 기간에 포함되지 않습니다. 보석 시 부착된 전자발찌는 구속영장의 효력이 소멸하거나 보석이 취소된 경우, 또는 보석조건이 변경되어 더 이상 필요가 없게 된 경우에 종료됩니다.

Q2. 보호관찰 기간 중 어떤 의무를 이행해야 하나요?

A. 보호관찰은 범죄자의 재범을 방지하고 사회 복귀를 돕기 위한 제도로, 「보호관찰 등에 관한 법률」에 근거하고 있습니다. 보호관찰 대상자는 기간 동안 일반준수사항과 특별준수사항을 반드시 이행해야 합니다.

일반준수사항은 모든 보호관찰 대상자가 공통적으로 지켜야 하는 기본 의무입니다. 주요 내용으로는 주거지 변경 시 지체 없이 보호관찰관에게 신고해야 하고, 보호관찰관의 지시에 따라 정기적으로 출석하여 생활 상황을 보고해야 합니다. 또한 범죄를 저지르지 않고 선행하며 생활해야 하며, 보호관찰관의 지도와 감독을 따르고 정당한 지시를 준수해야 합니다.

특별준수사항은 개별 대상자의 범죄 유형, 재범 위험성, 환경 등을 고려하여 추가로 부과되는 의무입니다. 대표적으로 야간 외출 제한(예: 24:00부터 06:00까지 외출 금지), 범죄 유발 가능성이 있는 특정 장소 출입 제한, 피해자나 공범자 등 특정인에 대한 접근 금지 등이 있습니다.

또한 혈중알코올농도 0.03% 이상의 술을 마시지 않도록 하고 음주 여부 확인을 위한 검사에 응하도록 하거나, 약물중독, 알코올중독, 정신질환 등의 치료나 교육 프로그램에 참여하도록 할 수 있습니다. 사회봉사활동이나 교육 프로그램 수강을 명하거나, 흉기나 위험한 물건 소지를 금지하는 조건도 부과될 수 있습니다.

전자장치(전자발찌)를 부착한 대상자는 추가적인 의무가 있습니다. 전자장치를 임의로 분리하거나 손상시키는 행위를 해서는 안 되며, 보호관찰관이 지시한 대로 장치를 충전, 휴대, 관리해야 합니다. 특히 전력이 30% 이하가 되어 저전력 경보가 발생하거나 전원이 차단되어 정상적인 위치 추적이 불가능해지는 경우 의무 위반으로 간주될 수 있습니다. 또한 전자장치를 통한 위치추적 및 이동경로 기록을 수용해야 합니다.

보호관찰 준수사항을 위반할 경우에는 여러 제재가 가해질 수 있습니다. 경미한 위반의 경우 보호관찰소장이 서면으로 경고할 수 있으며, 필요시 보호관찰관은 대상자를 구인할 수도 있습니다. 위반이 반복될 경우 보호관찰 기간이 연장될 수 있고, 정당한 사유 없이 준수사항을 위반하여 경고를 받은 후 다시 위반한 경우에는 벌금형이나 징역형 등의 형사처벌을 받을 수 있습니다. 가석방 중인 대상자가 준수사항을 심각하게 위반한 경우에는 가석방이 취소되어 남은 형기를 다시 교도소에서 복역해야 할 수도 있습니다.

Q3. 전자감독 위반 시 어떤 법적 결과가 발생하나요?

A. 전자감독(전자장치 부착) 위반 시에는 여러 가지 심각한 법적 결과가 발생할 수 있습니다. 「전자장치 부착 등에 관한 법률」에 따라 크게 세 가지 유형의 위반과 그에 따른 제재로 나눌 수 있습니다.

첫째, 전자장치 효용 훼손 관련 위반입니다. 이는 전자장치를 신체에서 임의로 분리하거나 손상시키는 행위, 전파 방해 또는 수신자료를 변조하는 행위, 그 밖의 방법으로 전자장치의 효용을 해치는 행위를 말합니다. 구체적인 사례로는 절단기를 이용해 전자장치의 스트랩을 절단하거나, 장치를 충전하지 않아 작동이 중단되게 하는 경우 등이 있습니다. 이러한 위반 행위는 7년 이하의 징역 또는 2천만원 이하의 벌금이라는 중한 처벌을 받을 수 있습니다. 또한 효용을 해친 기간은 전자장치 부착기간에 산입되지 않아, 그만큼 부착기간이 연장됩니다.

둘째, 준수사항 위반 관련 제재가 있습니다. 피부착자는 보호관찰관의 지도·감독에 따라야 하며 준수사항을 지켜야 합니다. 보호관찰관의 출석 지시 불응, 보호관찰관에 대한 모욕·협박, 야간외출제한 위반, 주류과도음용금지 위반 등이 대표적인 준수사항 위반입니다. 준수사항 위반 시 보호관찰소장은 서면으로 경고할 수 있으며, 경고 후 다시 준수사항을 위반하거나 특별준수사항을 위반한 경우에는 1년 이하의 징역 또는 1천만원 이하의 벌금에 처해질 수 있습니다.

셋째, 공무집행방해 및 관련 범죄에 대한 제재가 있습니다. 전자감독 업무를 수행하는 보호관찰관에 대한 폭행이나 협박은 공무집행방해죄로 5년 이하의 징역 또는 1천만원 이하의 벌금에 처해질 수 있습니다. 상해를 입힌 경우에는 상해죄가 추가로 적용되어 더 무거운 처벌을 받을 수 있습니다.

이외에도 중요한 제재로는 가석방 취소가 있습니다. 가석방 중인 자가 전자장치 관련 규정을 위반할 경우 가석방이 취소되어 남은 형기를 다시 교정시설에서 복역해야 합니다. 보석 조건으로 전자장치를 부착한 자가 관련 규정을 위반할 경우에는 보석이 취소될 수 있습니다.

또한, 전자감독 위반으로 처벌받은 전력이 있는 경우, 이후 범죄에서 누범으로 가중처벌될 수 있다는 점도 유념해야 합니다.

Q4. 전자발찌를 착용하고 일상생활을 할 때 주의할 점은 무엇인가요?

A. 전자발찌를 착용하고 일상생활을 할 때는 여러 가지 주의사항을 반드시 지켜야 합니다. 이는 법적 의무이며, 위반 시 심각한 제재를 받을 수 있습니다.

가장 중요한 것은 전자발찌의 정상 작동을 유지하는 것입니다. 전자발찌는 하루에 최소 두 번(아침, 저녁) 약 1~2시간씩 충전해야 합니다. 특히 배터리 잔량이 30% 이하로 떨어지면 저전력 경보가 발생하므로, 이 상태가 되기 전에 미리 충전하는 습관을 들여야 합니다. 충전 중에도 발찌는 계속 착용한 상태여야 하므로, 충전기 근처에서 움직임이 제한된다는 점을 감안하여 일상 계획을 세워야 합니다.

전자발찌는 절대로 임의로 제거하거나 손상시켜서는 안 됩니다. 이는 7년 이하의 징역이라는 중한 처벌을 받을 수 있는 범죄입니다. 발찌에 물리적 충격을 주거나 날카로운 물체로 긁는 행위, 물에 장시간 노출시키는 행위도 금지됩니다. 샤워나 목욕 시에는 발찌에 물이 직접 닿지 않도록 비닐 등으로 보호하는 것이 좋습니다.

보호관찰관의 모든 지시와 연락에 즉시 응해야 합니다. 보호관찰관이 전화나 문자로 연락할 경우 신속하게 응답해야 하며, 출석 지시가 있을 때는 반드시 정해진 시간에 방문해야 합니다. 연락이 되지 않거나 출석 지시를 무시하면 준수사항 위반으로 처벌받을 수 있습니다.

주거지나 직장 변경 시에는 반드시 사전에 보호관찰관에게 보고하고 승인을 받아야 합니다. 갑작스러운 주소 변경이나 무단 이전은 위치추적 시스템에 이상 신호로 감지될 수 있습니다. 또한 장기 여행이나 출장도 사전에 보고하고 허가를 받아야 합니다.

법원이나 보호관찰소에서 지정한 특별준수사항을 철저히 지켜야 합니다. 야간 외출 제한(보통 밤 10시부터 아침 6시까지), 특정 장소 출입 금지(유흥업소, 학교 주변 등), 알코올 섭취 제한 등이 주요 준수사항입니다. 이를 위반하면 경고를 받게 되며, 경고 후 재위반 시 형사처벌을 받을 수 있습니다.

일상생활에서 전자발찌가 다른 사람에게 노출되지 않도록 관리하는 것도 중요합니다. 긴 바지나 양말 등으로 가리는 것이 좋으며, 이는 사회적 낙인을 줄이고 정상적인 재사회화를 돕는 데 필요합니다. 다만 부착 사실 자체를 숨기기 위해 거짓말을 하는 것은 바람직하지 않습니다.

마지막으로, 정기적인 기기 점검에 협조해야 합니다. 보호관찰관은 정기적으로 전자발찌의 상태를 점검하게 되며, 이때 최대한 협조하여 기기의 정상 작동을 확인받아야 합니다. 전자발찌 착용은 일상생활에 제약이 따르지만, 이러한 주의사항을 잘 지키면 법적 문제 없이 사회 복귀 과정을 성공적으로 진행할 수 있습니다.

Chapter 12 | 새 둥지 틀기 - 주거와 일자리 마련

출소 후 가장 시급한 주거와 취업 문제를 현실적으로 해결할 수 있도록 돕는다. 주요 내용: 임시 주거, 공공임대, 취업 지원 기관 및 전략

[section 12.1] 출소자 주거지 확보 방법

Q1. 출소 직후 갈 곳이 없다면 어디서 지낼 수 있을까요?

A. 출소 직후 머무를 곳이 없을 경우, 단기 보호시설부터 찾아야 합니다. 예를 들어 교정시설·종교단체 등이 운영하는 출소자 쉼터(일시보호시설)는 오갈 데 없는 출소자를 일정 기간 임시 보호하면서 숙식과 상담·자활 지원을 제공합니다. 이 밖에도 지자체에서 운영하는 노숙인 일시보호시설에서도 출소자를 수용해 기본적인 숙식과 샤워·의료지원을 해 줍니다. 거주지 동사무소나 주민센터, 보건소·노숙인 상담소 등을 통해 거주 신청할 수 있으며, 필요하면 법무보호복지공단(☎1670-7004)이나 교정시설 담당자에게 문의해 가까운 쉼터를 안내받을 수 있습니다.

한편 법무부 산하 한국법무보호복지공단은 전국 지부·지소에서 무주택 출소자에게 숙식 제공 공간(생활관)을 운영합니다. 이곳에서는 숙소와 식사뿐 아니라 직업훈련·취업알선·

주거지원 등 종합적 지원을 받을 수 있습니다. 입소 대상은 보호관찰 대상자나 기초생활수급자 등으로, 담당 보호관찰관이나 공단 지부에 신청하면 심사를 거쳐 입소 여부를 결정합니다. 일반적으로 입소 기간은 몇 개월 단위로 운영되며, 자립 능력이 향상되면 퇴소 후 연계를 지원받을 수 있습니다.

장기 거주는 주거지원 제도를 통해 해결할 수 있습니다. 소득·자산 기준을 충족하는 저소득·무주택 출소자는 LH공사나 지자체가 공급하는 공공임대주택(영구임대·매입임대 등)이나 전세임대주택에 신청할 수 있습니다. 기초생활수급자·차상위계층·보호대상자 등은 입주 우대 대상이며, 주민센터나 LH청약센터(☎1600-1004)에서 신청 자격과 절차를 안내받으십시오. 또한 각 지자체에서 운영하는 자활주택·자활근로주택은 자립의지가 있는 취약계층에게 공급되므로, 거주지 주민센터나 일자리센터에 문의하여 참여 조건을 확인해 보시기 바랍니다.

긴급 상황에서는 긴급복지주거지원을 신청할 수 있습니다. 가사·경제 위기나 의료급여 수급 등 긴급복지대상자는 동주민센터나 구청, 보건복지상담센터(☎129) 등을 통해 긴급 주거지원을 신청할 수 있으며, 필요시 임시주거비 등을 지원받을 수 있습니다. 특히 거처가 당장 필요한 경우 129나 주민센터를 통해 상담 신청하면 임시 숙소, 주거 안내 등을 받을 수 있습니다.

출소 후 당황하지 않도록 주민센터·법무보호공단·LH 등 관련 기관에 미리 연락해 상담받고, 위 안내기관을 통해 실제 입소 절차를 진행하시기 바랍니다.

Q2. 출소 후 임시 주거 시설을 이용할 수 있는 방법은 무엇인가요?

A. 출소 후 임시 주거 시설을 이용하는 방법에는 여러 가지가 있습니다. 가장 대표적인 것은 한국법무보호복지공단에서 운영하는 '희망의 집'입니다. 이 시설은 전국 38개 지역에 설치되어 있으며, 출소자에게 최대 6개월(특별한 경우 1년까지 연장 가능)동안 무료 또는 월 5~10만원의 저렴한 비용으로 숙식을 제공합니다.

희망의 집을 이용하려면 두 가지 방법이 있습니다. 첫째, 출소 전에 미리 신청하는 방법입니다. 교정시설 내 사회복지사나 분류심사관에게 이용 의사를 밝히면, 출소 전에 미리 연계해 주어 출소 당일부터 입소할 수 있습니다. 둘째, 출소 후 직접 신청하는 방법입니다. 가까운 법무보호복지공단 지부나 지소를 방문하여 신청하면 됩니다. 신청 시 필요한 서류는 출소증명서, 신분증, 주민등록등본(있는 경우)이며, 건강진단서가 추가로 요구될 수 있습니다.

법무보호복지공단에서는 '희망의 집' 외에도 '여성지원센터'를 서울, 대전, 부산 등 7개 지역에 운영하고 있습니다. 이 시설은 여성 출소자와 그 자녀들에게 특화된 서비스를 제공하며, 직업훈련, 심리치료, 자녀 양육 지원 등의 프로그램도 함께 운영합니다.

종교 단체에서 운영하는 출소자 쉼터도 있습니다. 기독교계에서 운영하는 '한마음쉼터선교회'가 대표적입니다. 이런 시설들은 종교 활동 참여가 권장되거나 필수인 경우가 많으며, 이용 기간은 보통 3개월에서 1년 사이입니다.

각 지자체에서 운영하는 노숙인 일시보호시설도 긴급 상황에서 이용할 수 있습니다. 서울시의 경우 '다시서기종합지원센터', '브릿지종합지원센터' 등이 있습니다. 주민센터나 보건복지 상담센터(129)를 통해 지역별 시설 정보를 얻을 수 있습니다.

고용노동부의 '국민취업지원제도'에 참여하면 '긴급 주거지원'을 받을 수도 있습니다. 신청은 가까운 고용센터를 방문하거나 워크넷 홈페이지를 통해 할 수 있습니다.

모든 임시 주거 시설은 입소 규칙이 엄격합니다. 일반적으로 음주, 폭력, 외박 등이 금지되며, 대부분 공동생활 규칙을 위반할 경우 퇴소 조치될 수 있습니다. 또한 대부분의 시설이 한시적 이용만 가능하므로, 입소 기간 동안 자립을 위한 준비를 적극적으로 해야 합니다.

임시 주거 시설 정보는 법무보호복지공단 홈페이지(www.koreha.or.kr)나 전화(1670-7004)를 통해 더 자세히 알아볼 수 있습니다. 출소 전이라면 교정시설 내 사회복지사나 상담사에게 미리 문의하는 것이 가장 효과적입니다.

Q3. 출소자를 위한 주택 지원 프로그램에는 어떤 것이 있나요?

A. 출소자를 위한 다양한 주택 지원 프로그램이 있습니다. 이러한 프로그램들은 출소자의 안

정적인 주거 환경 확보를 통해 성공적인 사회 복귀를 돕는 것을 목적으로 합니다.

가장 대표적인 프로그램은 법무보호복지공단에서 운영하는 '중장기 주거지원' 사업입니다. 한국법무보호복지공단은 LH(한국토지주택공사)와 연계하여 '주거지원 사업'을 통해 출소자에게 임대주택을 제공합니다. 계약 기간은 2년이고 2년씩 4회 연장하여 최대 10년까지 거주가 가능합니다.

보건복지부의 '주거급여'도 출소자가 신청할 수 있는 주택 지원 프로그램입니다. 소득과 재산이 기준 이하인 가구에게 매월 임대료를 지원하며, 주택 수리비도 지원받을 수 있습니다. 신청은 주민센터에서 할 수 있으며, 소득·재산 조사를 거쳐 지원 여부가 결정됩니다.

각 지자체에서도 자체적인 주거 지원 사업을 운영하고 있습니다. 예를 들어, 서울시는 '지원주택' 사업을 통해 취약계층에게 주거와 복지서비스를 함께 제공하고 있습니다. 지역에 따라 지원 내용과 자격 요건이 다르므로, 해당 지역 주민센터나 복지기관에 문의하는 것이 좋습니다.

Q4. 임대차 계약 시 전과 기록으로 인한 불이익을 최소화하는 방법은 무엇인가요?

A. 전과 기록이 있는 사람은 공공·민간 임대주택 신청 시 해당 사업의 세부 조건에 따라 거절 당할 가능성이 있습니다. 그러나 출소자·전과자를 위한 주거 지원 제도와 절차를 활용하면 대비할 수 있습니다. 예를 들어, 한국법무보호복지공단은 출소자에게 임시 주거시설을 제공하고, LH 임대주택 연계 지원(최장 10년)을 하기도 합니다. 자세한 내용은 이 장의 다른 질문에 대한 답변을 참고하십시오.

일반 임대차 계약에서 임대인이 전과 기록을 임의로 조회할 법적 근거는 없습니다. 범죄경력회보서는 보육·교육·간호 등 특정 분야 취업용이므로 주택 계약에는 필요하지 않습니다. 임대인에게 재직증명서나 보증금 마련 능력 등을 강조하여 신뢰를 쌓으십시오.

흔히 형 집행 종료 후 일정 기간(징역 3년 초과형은 10년, 3년 이하형은 5년, 벌금형은 2년) 동안 자격정지 이상의 형을 받지 않고 지내면 형이 실효되고 전과를 말소할 수 있다는 오해가 있습니다. 하지만 형의 실효 등에 관한 법률 제7조 제1항에 따른 형의 실효는 전과 기록 자체를 완전히 말소하는 것이 아니라, 누범 가중이나 집행유예 결격사유 등 형의 법률 효과가 적용되지 않는 것을 의미합니다.

계약 전에는 집주인과 충분히 소통하고 조건을 확인하세요. 위 방법들을 활용하면 전과가 있어도 임대차 계약을 진행할 수 있습니다.

[section 12.2] 구직 시 겪는 편견 대응법

Q1. 이력서와 면접에서 전과 기록을 어떻게 설명하는 것이 효과적인가요?

A. 이력서와 면접에서 전과 기록을 설명하도록 하는 경우는 자주 일어나는 일은 아닙니다. 전과 기록은 일반적으로 개인정보 보호법에 따라 보호되는 민감한 개인정보이므로, 의무적으로 공개해야 하는 경우는 법률에 명시된 특정 상황에 한정됩니다.

가장 대표적인 의무적 공개 직종은 아동·청소년 관련기관 종사자입니다. 「아동·청소년의 성보호에 관한 법률」에 따라 유치원, 학교, 학원, 어린이집, 청소년 활동시설, 체육시설, 의료기관 등에 취업하려는 사람은 성범죄 경력 조회에 응해야 합니다. 또한 「장애인복지법」에 의해 장애인복지시설 운영자나 취업자도 성범죄 경력 조회 대상이 됩니다. 이러한 시설에 취업하려면 성범죄 경력에 관한 정보를 제공해야 합니다. 공개되는 전과 기록은 주로 성범죄에 한정되며, 등록대상 성범죄 경력정보, 죄명과 횟수, 전자장치 부착 여부, 취업제한명령 여부 등이 포함됩니다. 이러한 정보는 해당 기관장이 관할 경찰서에 요청하여 조회합니다. 또한 일반적으로 공무원 임용 시 범죄경력조회가 이루어지며, 특정 범죄 전력이 있는 경우 임용이 제한될 수 있습니다.

이력서에서는 전과 기록을 먼저 언급하기보다는 자신의 기술, 역량, 경험을 먼저 강조하는 것이 좋습니다. 이력서의 목적은 면접 기회를 얻는 것이므로, 자신의 강점을 부각시키는 데 집중하세요. 교도소에서 배운 기술이나 자격증, 교육 이수 내용 등을 포함시키되, 교정시설임을 직접적으로 언급할 필요는 없습니다.

면접에서는 전과 기록에 대해 질문받을 경우를 대비해 사전에 답변을 준비해두는 것이 중요합니다. 설명할 때는 세 가지 요소를 포함하는 것이 효과적입니다. 첫째, 과거 실수에 대한 책임을 인정하고 진솔한 반성의 태도를 보여주세요. 둘째, 그 경험을 통해 배운 점과 어떻게 변화했는지 구체적으로 설명하세요. 셋째, 현재와 미래에 초점을 맞추어 일에 대한 열정과 헌신을 강조하세요.

예를 들어, "과거에 잘못된 판단으로 법을 어기게 되었고, 그에 대한 대가를 치렀습니다. 그 시간 동안 저는 진지하게 반성하고 제 행동의 결과에 대해 깊이 생각했습니다. 또한 용접 기술을 배우고 자격증을 취득하여 제 미래를 준비했습니다. 이제는 성실하게 일하며 사회에 기여하고 싶습니다. 이 일에 필요한 기술과 책임감을 갖추었으며, 기회가 주어진다면 제 능력을 증명해 보이겠습니다."와 같이 말할 수 있습니다.

면접관의 우려를 이해하고 신뢰를 쌓는 것이 중요합니다. 따라서 교정시설에서의 긍정적인 경험(교육, 직업훈련, 봉사활동 등)을 언급하고, 출소 후의 안정적인 생활상(주거, 가족 지원, 지역사회 활동 등)을 보여주는 것이 도움이 됩니다.

무엇보다 꾸준히 노력하고 좌절하지 않는 태도가 중요합니다. 거절을 당하더라도 포기하지 말고 계속해서 기회를 찾아보세요. 첫 취업이 가장 어렵지만, 일단 직장 경력이 쌓이면 점차 더 나은 기회를 얻을 수 있습니다.

> **추가 팁**
>
> ### 성범죄와 취업제한명령
>
> 성범죄로 취업제한명령을 받게 되면 일정 기간 동안 특정 시설이나 기관에 취업할 수 없게 됩니다. 이 제도는 「아동·청소년의 성보호에 관한 법률」과 「장애인복지법」에 근거하며, 법원이 성범죄 판결을 선고할 때 함께 부과합니다.
>
> 취업제한명령의 적용 범위는 아동·청소년 관련 기관과 장애인복지시설에 한정됩니다. 구체적으로는 유치원, 학교, 학원, 어린이집, 청소년수련시설, 아동복지시설, 장애인복지시설 등이 해당됩니다. 중요한 점은 이러한 기관이 아닌 일반 민간 기업에는 취업이 가능하다는 것입니다. 취업제한명령은 특정 시설에만 적용되므로, 모든 직업 선택을 제한하는 것은 아닙니다.
>
> 취업제한 기간은 최대 10년을 초과하지 못합니다. 과거에는 일률적으로 10년이 적용되었으나, 현재는 법원이 피고인의 연령, 전력, 재범 위험성, 범행의 경위 및 방법 등을 종합적으로 고려하여 적절한 기간을 결정합니다. 법원은 재범 위험성이 현저히 낮거나 취업을 제한하지 말아야 할 특별한 사정이 있다고 판단할 경우, 취업제한명령을 선고하지 않을 수도 있습니다.

> **추가 팁**
>
> 취업제한명령을 받은 경우 대비책은 다음과 같습니다. 첫째, 취업 가능한 분야를 파악하여 진로를 재설정해야 합니다. 제조업, 건설업, 운송업, IT 업계 등 아동·청소년이나 장애인과 직접 접촉하지 않는 분야로의 취업을 고려해 보세요. 둘째, 판결이 확정되기 전이라면 법률 전문가와 상담하여 취업제한명령의 기간 조정이나 면제 가능성을 검토해 볼 수 있습니다. 재범 위험성이 낮고 특별한 사정이 있는 경우, 법원의 판단에 따라 예외가 인정될 수 있습니다. 셋째, 법무보호복지공단이나 취업지원 기관을 통해 취업 가능한 일자리를 알아보는 것이 좋습니다. 이러한 기관들은 출소자의 상황을 이해하고 적합한 일자리를 연계해 줄 수 있습니다. 넷째, 자격증 취득이나 직업훈련을 통해 새로운 분야에서의 경쟁력을 키우는 것도 중요합니다. 취업제한 기간을 자기 계발의 시간으로 활용하여 미래를 준비하세요.

취업제한명령으로 취업 시 어려운 상황에 처할 수 있지만, 가능한 분야에서 새 출발을 하고 성실히 살아가는 것이 중요합니다. 적절한 도움을 찾고 미래를 위한 준비를 차근차근 해나가시기 바랍니다.

Q2. 취업 거절을 여러 번 받았을 때 어떻게 마음을 다잡아야 할까요?

A. 취업 거절을 여러 번 경험하면 좌절감과 자괴감이 커질 수 있습니다. 이는 출소자뿐 아니라 누구에게나 어려운 경험입니다. 우선 이러한 감정이 자연스러운 것임을 인정하고, 스스로를 너무 몰아붙이지 않는 것이 중요합니다.

거절이 자신의 가치나 변화 가능성을 부정하는 것은 아님을 기억하세요. 많은 기업들이 현재의 경기 상황이나 회사 사정으로 인해 채용을 제한하는 경우도 많습니다. 거절은 개인에 대한 판단이 아닌 시스템적 장벽인 경우가 많습니다.

마음을 다잡기 위해서는 작은 목표 설정이 도움이 됩니다. 하루에 몇 군데 이력서를 제출할지, 어떤 기술을 배울지 등 달성 가능한 작은 목표를 세우고 이를 이루어가는 과정에 집중하세요. 성취감이 자신감 회복에 도움이 됩니다.

한국법무보호복지공단이나 취업지원센터에서 제공하는 상담 서비스를 활용하는 것도 좋은 방법입니다. 이런 기관들은 출소자 취업에 대한 전문적인 지식과 네트워크를 갖추고 있어 적합한 일자리를 연계해줄 수 있습니다. 또한 같은 경험을 한 사람들과의 소통도 큰 위로가 됩니다.

취업의 경로를 다양화하는 것도 고려해보세요. 정규직 취업뿐 아니라 계약직, 아르바이트, 자원봉사 등으로 경력을 쌓거나, 소규모 창업이나 기술 자격증 취득을 통한 전문직종 진출도 가능합니다. 특히 건설업, 제조업, 서비스업 등은 상대적으로 전과 기록에 대한 편견이 적은 편입니다.

많은 출소자들이 초기의 어려움을 극복하고 안정적인 직장을 갖게 됩니다. 첫 취업이 가장 어렵지만, 일단 경력이 쌓이면 다음 기회는 더 넓어집니다. 지금 당장의 거절이 아닌, 앞으로의 가능성에 초점을 맞추고 꾸준히 노력하다 보면 반드시 기회가 찾아올 것입니다.

[section 12.3] 취업을 위한 현실적 전략

Q1. 출소자 취업 지원 프로그램은 어떻게 이용할 수 있나요?

A. 한국법무보호복지공단 지원 프로그램

출소자는 한국법무보호복지공단과 고용노동부, 지방자치단체 등이 운영하는 다양한 취업 지원 제도를 통해 상담부터 훈련, 면접 지원, 사후관리까지 단계별 지원을 받을 수 있습니다. 예를 들어 한국법무보호복지공단의 '허그일자리' 프로그램은 전문상담사와 함께 진로설계·직업훈련·면접동행·사후관리 등을 종합 지원합니다. 지역별로 취업박람회를 개최하기도 합니다.

1단계 (상담·설계): 심리·진로 상담을 통해 취업 계획을 수립합니다.

2단계 (훈련): 필요 기술·자격 교육을 받고 훈련비 및 훈련참여수당(월 최대 약28만~30만 원)을 지원받습니다.

3단계 (면접 지원): 이력서 작성과 면접 준비를 도와주고, 고용 가능 업체를 조사하여 동행 면접을 실시합니다.

4단계 (사후관리): 취업 후에도 직장 적응을 지원하며 취업안정수당(6개월·12개월 근속에 따른 장려금)을 지급합니다.

이 프로그램은 출소증명서 등 서류를 지참해 가까운 공단 지부 또는 보호관찰소를 통해 신청합니다. 대표전화(☎1670-7004)로 문의할 수 있으며, 신청 후 보호심사를 거쳐 지원이 시작됩니다.

고용노동부 지원 제도

취업성공패키지(국민취업지원제도): 구직등록 후 일대일 상담과 훈련을 받는 국가 프로그램입니다. 출소예정자는 법무부 장관이나 법무보호복지공단의 추천을 받아 참여할 수 있으며, 취업 성공 시 첫 달 20만원, 3개월 후 30만원, 6개월 후 50만원 등 최대 100만원의 취업성공 수당이 지급됩니다.

고용센터 상담·알선: 지역 고용센터(고용복지+센터)를 방문하면 1:1 취업상담, 직업심리검사, 취업특강 등 서비스를 받을 수 있습니다. 워크넷(www.work24.go.kr)을 통한 구인정보 이용과 고용센터 동행면접 등 취업알선 지원도 가능합니다. 주민등록지 인근 고용센터에 방문하여 구직신청을 하고 상담을 받습니다. 가까운 고용센터 위치는 고용노동부 고객센터(☎1350)나 고용복지플러스센터 웹사이트(www.workplus.go.kr)에서 확인할 수 있습니다.

내일배움카드: 고용센터에서 카드를 발급받아 원하는 직업훈련에 등록할 수 있습니다. 훈련비와 훈련참여수당이 지원되어 자비 부담 없이 기술·자격교육을 받을 수 있습니다.

고용촉진장려금: 한국법무보호복지공단의 허그일자리 지원 프로그램이나 직업교육원 직업훈련프로그램 이수자, 취업성공패키지 이수자를 6개월 이상 고용 유지한 사업주에게는 근로자 1인당 연간 최대 720만원의 고용장려금을 받을 수 있습니다.

지방자치단체·사회복귀 지원기관

지방자치단체에서는 일자리센터, 복지관 등을 통해 취업상담, 직업훈련, 창업교육 등을 운영하기도 합니다. 예를 들어 시·도 일자리센터에서 출소자 대상 직업훈련 프로그램이나 창업 지원 정보를 제공받을 수 있습니다. 또한 법무보호복지공단 산하 사회복귀지원기관(예: 여성출소자 지원센터)에서는 숙식·주거 지원과 함께 직업훈련, 취업알선 등의 복합 서비스를 제공합니다.

이처럼 출소자는 법무부 산하 기관과 고용노동부, 지자체의 지원제도를 적극 이용하여 단계별 상담과 훈련, 면접 연계 등을 받을 수 있습니다. 전화(1350 또는 1670-7004)나 직접 방문을 통해 신청하고, 전문상담사의 안내에 따라 관련 프로그램에 참여하면 됩니다.

Q2. 출소자 채용에 우호적인 업종과 기업은 어디인가요?

A. 출소자 채용에 상대적으로 우호적인 업종으로는 먼저 건설업을 들 수 있습니다. 건설 현장은 기술과 노동력을 중심으로 평가하며, 전과 기록보다 현재의 성실함과 작업 능력을 더 중요시하는 경향이 있습니다. 특히 전기, 용접, 배관 등 기술직은 자격증만 있다면 취업 기회가 더 넓습니다.

제조업 분야, 특히 공장 생산직도 비교적 진입장벽이 낮습니다. 중소 제조업체나 산업단지 내 공장들은 인력 부족 문제를 겪는 경우가 많아 출소자 채용에 개방적인 편입니다. 또한 물류·운송업(택배, 화물운송, 창고관리 등)도 운전면허나 지게차 자격증만 있으면 취업이 가능한 경우가 많습니다.

요식업과 서비스업 중에서는 주방 보조, 조리사, 청소, 시설관리 등의 직종이 출소자에게 기회를 제공하는 경우가 많습니다. 특히 프랜차이즈 매장보다는 개인이 운영하는 소규모 식당이나 카페가 더 유연한 채용 정책을 가진 경우가 많습니다.

농업, 어업, 임업과 같은 1차 산업도 인력 부족으로 출소자 채용에 개방적인 편입니다. 계절 근로자나 정규직으로 취업할 수 있는 기회가 있으며, 숙식이 제공되는 경우도 있어 출소 초기에 안정을 찾는 데 도움이 됩니다.

기업 특성으로 보면, 사회적 기업이나 자활기업은 취약계층 고용을 목적으로 하는 경우가 많아 출소자 채용에 우호적인 곳도 찾아볼 수 있습니다.

한국법무보호복지공단에서 운영하는 '법무부 일자리 우수기업 인증' 제도는 한국법무보호복지공단이 출소자 고용에 적극적인 기업을 발굴하고 지원하기 위해 운영하는 제도입니다. 이 제도는 2019년부터 시행되었으며, 출소자 채용에 대한 사회적 인식 개선과 출소자의 안정적인 사회 복귀를 촉진하는 것을 목적으로 합니다. 인증 대상은 출소자를 일정 기간 이상 고용하고 있거나, 출소자 채용 실적이 우수한 기업입니다. 구체적으로는 ①최근 3년간 일정 수 이상의 출소자를 고용한 기업, ②출소자 고용 유지율이 높은 기업, ③출소자에게 안정적인 근로 환경을 제공하는 기업 등이 인증 대상이 됩니다. 인증 신청은 기업이 직접 하거나 한국법무보호복지공단의 추천을 통해 이루어집니다. 신청 후에는 서류심사와 현장실사를 거쳐 심사위원회에서 최종 인증 여부를 결정합니다. 인증 기준에는 출소자 고용 실적, 고용 안정성, 근로 환경, 기업의 사회적 책임 이행 등이 포함됩니다. 인증을 받은 기업 현황은 인터넷 검색을 통해서도 기업 자체 홍보문, 언론 보도 기사 등을 쉽게 확인할 수 있습니다.

고용노동부의 '취업성공패키지'나 '국민취업지원제도'에 참여하는 기업들도 취약계층 채용에 관심을 가지고 있습니다. 지역 고용센터를 통해 이러한 프로그램에 참여하면 취업 연계뿐만 아니라 직업훈련, 취업 장려금 등의 지원도 받을 수 있습니다.

Q3. 취업이 어렵다면 일용직이나 임시 일자리는 어떻게 구할 수 있나요?

A. 건설 현장 일용직은 비교적 진입장벽이 낮은 일자리입니다. 지역 건설인력소개소나 새벽 인력시장을 방문하면 당일 일자리를 구할 수 있습니다. 최근에는 '일당백', '일용이', '벼룩시장 구인구직' 같은 모바일 앱을 통해서도 건설 일용직을 구할 수 있어 편리합니다.

물류센터나 택배 분류장의 단기 아르바이트도 좋은 선택입니다. 쿠팡, 마켓컬리, CJ대한통운 등의 물류센터는 상시 인력을 모집하고 있으며, 야간 근무의 경우 시급이 더 높은 편입니다. 직접 방문하거나 '알바몬', '알바천국' 같은 앱을 통해 지원할 수 있습니다.

농촌 일손돕기나 계절 근로자도 좋은 기회입니다. 농번기에는 많은 농가에서 인력을 필요로 하며, 숙식이 제공되는 경우도 많습니다. 지역 농협이나 '워크넷' 사이트의 '농촌인력중개센터' 메뉴를 통해 정보를 얻을 수 있습니다.

식당이나 주방 보조 일자리도 비교적 구하기 쉬운 편입니다. 음식점 밀집 지역을 직접 방문하여 구인 공고를 확인하거나, '알바천국', '알바몬' 같은 구직 앱을 활용할 수 있습니다.

청소, 경비, 시설관리 분야의 대체 인력도 자주 모집됩니다. 건물관리업체나 용역업체에 직접 문의하거나, 구직 앱을 통해 지원하는 방법이 있습니다.

일용직이나 임시 일자리를 구직할 때의 유의사항은 다음과 같습니다.

첫째, 합법적인 구인 경로를 이용하세요. 불법 소개소나 검증되지 않은 경로를 통한 취업은 임금 체불이나 사기의 위험이 높습니다. 법무보호복지공단, 고용센터, 공식 구인구직 앱(알바몬, 일당백 등), 지역 자활센터 등 신뢰할 수 있는 경로를 통해 일자리를 찾는 것이 안전합니다.

둘째, 일당 지급 방식과 시기를 명확히 확인하세요. 일용직은 가급적 당일 현금 지급이 원칙입니다. 만약 계좌이체로 받기로 했다면, 정확한 지급일을 확인하고 약속된 날짜에 입금되지 않을 경우 즉시 조치를 취해야 합니다. 일한 날짜, 시간, 금액을 항상 기록해두는 습관도 중요합니다.

셋째, 근로계약서 작성을 요청하세요. 일용직이라도 가능한 근로계약서를 작성하는 것이 좋습니다. 계약서에는 업무 내용, 근로시간, 임금, 지급 방법 등이 명시되어야 합니다. 구두 계약만으로 일하게 될 경우, 최소한 문자나 메신저로 근로 조건을 확인하고 증거를 남겨두세요.

넷째, 4대보험 적용 여부를 확인하세요. 하루만 일하더라도 법적으로는 4대보험 가입 대상이나, 현실적으로 가입되지 않는 경우가 많습니다. 특히 산재보험은 일용직에게 중요하므로, 작업 전 산재보험 가입 여부를 확인하는 것이 좋습니다. 건설업 일용직의 경우 '건설근로자공제회' 가입 여부도 체크하세요.

다섯째, 안전에 각별히 주의하세요. 특히 건설현장, 공장, 이삿짐 등 위험요소가 있는 일자리는 적절한 안전교육과 보호장비 없이 일하지 마세요. 본인의 안전이 위협받는다고 느끼면 즉시 작업을 중단하고 문제를 제기할 권리가 있습니다.

여섯째, 급여 외 추가 비용 발생 여부를 확인하세요. 교통비, 식비, 작업복 등이 제공되는지, 아니면 본인이 부담해야 하는지 미리 확인해야 합니다. 때로는 이러한 추가 비용이 상당할 수 있어 실제 수령하는 금액에 영향을 미칩니다.

일곱째, 불법 파견이나 중간착취를 주의하세요. 일부 인력소개소나 중간업체는 법정 수수료(취업알선 수수료는 임금의 1/10 이하)보다 과도한 금액을 요구하거나, 임금에서 불법적으로 공제하는 경우가 있습니다. 이런 불법행위를 발견하면 고용노동부(1350)나 경찰에 신고할 수 있습니다.

여덟째, 노동 강도와 업무 내용을 정확히 파악하세요. 모호하게 설명된 업무가 실제로는 매우 힘들거나 위험한 일인 경우가 있습니다. 구체적인 업무 내용, 필요한 기술이나 체력, 근무 환경 등을 미리 질문하고 확인하세요.

아홉째, 출소자의 경우 불필요한 신상정보 노출에 주의하세요. 법적으로 고지 의무가 없는 경우 전과 기록을 자발적으로 공개할 필요는 없습니다. 단, 법률에 따라 전과 공개가 의무화된 직종(아동·청소년 관련기관 등)은 제외입니다.

마지막으로, 일용직 수입 관리를 위한 계획을 세우세요. 일용직은 수입이 불규칙하므로, 수입이 있을 때 일부를 저축하여 일이 없는 기간을 대비해야 합니다. 일용근로자 실업급여 제도를 잘 활용하는 것도 중요합니다.

불공정한 대우를 받았을 경우, 고용노동부 신고센터(1350), 대한법률구조공단(132), 또는 한국법무보호복지공단에 도움을 요청할 수 있습니다. 증거 자료(사진, 녹음, 문자 등)를 확보하는 것이 문제 해결에 도움이 됩니다.

임시 일자리를 통해 경험과 인맥을 쌓으면서 점차 더 안정적인 일자리로 옮겨갈 수 있습니다. 성실하게 일하고 좋은 평판을 쌓는다면, 일용직에서 시작하더라도 정규직으로 전환되는 기회를 얻을 수 있음을 기억하세요.

Q4. 구직 활동 중에 지원받을 수 있는 생계 지원은 무엇이 있나요?

A. 출소 후 구직 활동을 시작하면서 가장 걱정되는 부분 중 하나는 생계 유지일 것입니다. 일을 구하는 동안 당장 생활비가 부족하다면 막막할 수밖에 없죠. 다행히도 출소자를 대상으로 한 다양한 생계 지원 제도가 마련되어 있어, 어려운 시기에 도움을 받을 수 있습니다.

이제 어떤 제도가 있고, 어떻게 신청할 수 있는지 차근차근 알려드리겠습니다.

출소 후 당장 생계비나 의료비가 필요할 때는 한국법무보호복지공단의 지원을 받을 수 있습니다. 공단에서는 긴급생계비와 의료비를 지급하여 기본적인 생활을 유지할 수 있도록 도와줍니다. 예를 들어, 3인 이상 가구일 경우 생계비는 월 최대 20만 원, 의료비는 최대 30만 원까지 지원됩니다. 직업 훈련에 참여하는 경우에는 훈련장려금(20만 원)과 취업활동지원금(20만 원)도 받을 수 있습니다.

또한 공단에서는 무의탁 출소자에게 식사와 의복을 제공하고, 기본적인 생활비도 일정 기간 동안 지원합니다. 취업 전까지 임시로 머무를 곳이 없는 경우에는 공단의 보호시설을 통해 숙식도 해결할 수 있습니다.

직업훈련도 중요한 지원 중 하나입니다. 공단은 허그일자리 프로그램을 통해 취업을 돕고, 직업훈련 참여자에게는 교통비와 식비도 지원하여 훈련에 집중할 수 있도록 돕습니다. 훈련을 통해 기술을 배우고, 일정 기간 성실히 참여하면 취업 알선까지 연결됩니다.

이 모든 지원을 받기 위해서는 먼저 한국법무보호복지공단(☎1670-7004)으로 연락하거나 가까운 지부를 방문해 상담을 받아야 합니다. 신청할 때는 출소증명서와 신분증을 준비하면 좋습니다.

출소 후 취업을 준비하는 과정에서는 고용노동부 산하 고용센터를 통해 다양한 지원을 받을 수 있습니다. 먼저 국민취업지원제도를 이용하면 구직활동을 돕는 다양한 프로그램에 참여할 수 있습니다. 이 제도에 참여하면 구직촉진수당을 최대 6개월 동안 월 50만 원씩 받을 수 있어, 취업 준비를 하면서도 생활비를 마련할 수 있습니다. 이 수당은 취업 지원 상담과 직업 훈련에 꾸준히 참여할 경우에만 지급되므로, 성실히 참여하는 것이 중요합니다.

취업 후에도 지원이 이어집니다. 일을 시작한 후 6개월 동안 근속하면 취업성공수당으로 최대 100만 원을 받을 수 있습니다. 또한 직업훈련수당으로 교통비(2,500원)와 식비(3,300원)도 지원받을 수 있습니다. 고용센터 방문이 어려운 경우 고용노동부 고객센터(☎1350)로 문의하면 자세한 안내를 받을 수 있습니다.

출소자 중에서도 기초생활수급자, 차상위계층, 고령자 등은 추가 지원을 받을 수 있습니다.

기초생활수급자: 기본 생계급여 외에도 구직활동비를 추가로 받을 수 있습니다.

차상위계층: 취업 지원과 생계비를 함께 받을 수 있으며, 취업성공패키지에 참여하면 별도의 장려금도 지급됩니다.

고령자(65세 이상): 노인일자리 사업을 통해 소일거리와 함께 일당 형태의 급여를 받을 수 있습니다.

이러한 특별 지원은 지역 주민센터나 복지로(www.bokjiro.go.kr)를 통해 확인하고 신청할 수 있습니다.

어려운 상황에 혼자 고민하지 마시고, 도움을 받을 수 있는 기관에 적극적으로 연락해 보세요. 출소자 지원을 위해 여러 제도가 마련되어 있으며, 성실히 참여하면 일자리를 찾고 생계를 유지하는 데 큰 도움이 될 것입니다. 필요할 때는 한국법무보호복지공단(☎1670-7004)이나 고용센터(☎1350)로 상담을 요청하여, 자신에게 맞는 지원을 받으세요. 출소 후 힘든 상황에서도 꾸준히 노력하면 새로운 기회를 잡을 수 있습니다.

Chapter 13 | 다시 세상 속으로 - 일상 회복의 첫걸음

제한된 수용 생활을 마치고 사회에 복귀한 후 겪을 수 있는 심리적 혼란과 외부 환경에 대한 적응을 돕기 위한 실질적인 방안을 제시합니다. 궁극적으로 수용자가 사회의 변화를 이해하고, 건강한 마음으로 새로운 일상을 설계하며 안정적인 삶을 회복할 수 있도록 안내하는 데 목표를 둡니다. 주요 내용: 사회 적응 스트레스를 다루는 방법, 가족과의 재회 및 관계 재건 전략, 건강한 일상 루틴 설계 및 실천법을 다룹니다.

[section 13.1] 사회 변화에 대한 두려움 다루기

Q1. 세상이 많이 바뀌었을까 봐 두려운데, 어떻게 적응해야 할까요?

A. 교정시설에 수감된 기간 동안 사회는 놀랍도록 빠르게 변화합니다. 특히 디지털 기술의 발전과 소셜 미디어의 확산은 일상생활의 많은 부분을 바꾸어 놓았고, 이는 출소 후 낯선 환경에 대한 두려움과 불안감을 야기할 수 있습니다. 이러한 감정은 지극히 자연스러운 것이므로, 스스로를 너무 몰아붙이기보다 변화를 인정하고 받아들이는 자세가 중요합니다.

- ❖ **단계적 정보 습득 및 실생활 적용**: 스마트폰 사용법, 키오스크(무인 주문기) 주문 방식, 대중교통 이용 시스템(모바일 결제 등) 등 실생활에 필요한 정보들을 적극적으로 배우고 익히는 노력이 필요합니다. 처음에는 어렵게 느껴지겠지만, 작은 것부터 차근차근 시도해 보세요. 가족이나 지인의 도움을 받아 함께 실습해 보는 것이 효과적입니다.
- ❖ **공신력 있는 정보 채널 활용**: 뉴스나 신문, 신뢰할 수 있는 인터넷 매체를 통해 사회 트렌드를 파악하고, 온라인 교육 플랫폼(예: 정부24, K-MOOC, 소상공인 지식배움터 등)을 활용하여 변화에 대한 이해도를 높이는 것도 도움이 됩니다.
- ❖ **지원 기관의 적극적인 활용**: 한국법무보호복지공단, 고용센터, 주민센터 등은 출소자의 사회 적응을 돕는 다양한 프로그램을 운영하고 있습니다. 이러한 기관들은 변화된 사회 환경에 대한 교육, 취업 알선, 주거 지원 등 실질적인 도움을 제공하므로 주저하지 말고 상담을 요청해야 합니다.

Q2. 사회 복귀 초기에 흔히 느끼는 불안감을 어떻게 다룰 수 있을까요?

A. 사회 복귀 초기에는 낯선 환경, 사람들의 시선, 미래에 대한 불확실성 등으로 인해 불안감을 느끼기 쉽습니다. 이러한 불안감은 자연스러운 반응이므로 스스로를 너무 몰아붙이지 않는 것이 중요합니다.

- ❖ **감정 인정 및 자기 수용**: 불안감이나 두려움이 들 때, "지금 이런 감정을 느끼는 것은 당연하다"고 스스로를 인정하고 받아들이세요. 감정을 억지로 억누르기보다는 솔직하게 마주하는 것이 중요합니다.
- ❖ **마음 안정화 기법 활용**: 심호흡, 명상, 요가 등 마음을 안정시키는 방법을 꾸준히 실천하세요. 짧은 시간이라도 매일 반복하면 불안감을 효과적으로 관리하는 데 도움이 됩니다.
- ❖ **작은 목표 설정 및 달성 경험**: 거창한 계획보다는 '오늘 하루 무사히 보내기', '주민센터 방문하

기', '새로운 정보 하나 배우기' 등 구체적이고 달성 가능한 작은 목표를 설정하고 이를 이루어가는 과정에 집중하세요. 작은 성공 경험들이 쌓이면 무력감을 줄이고 자신감을 회복하는 데 큰 도움이 됩니다.

- ❖ **전문가와의 상담:** 불안감이 지속되거나 일상생활에 지장을 줄 정도라면, 한국법무보호복지공단이나 정신건강복지센터, 종합사회복지관 등 전문 기관의 심리 상담을 받는 것이 좋습니다. 혼자 감당하기 어려운 감정은 전문가의 도움을 받는 것이 현명합니다.

Q3. 출소 직후 첫 한 달을 어떻게 보내는 것이 중요할까요?

A. 출소 직후 첫 한 달은 성공적인 사회 복귀를 위한 중요한 전환기이자, 향후 삶의 방향을 결정하는 핵심적인 시기입니다. 이 시기에는 무엇보다 심리적 안정과 기본적인 생활 기반을 다지는 데 집중해야 합니다.

- ❖ **주거지 확보 및 안정:** 가장 우선적으로 안정적인 주거지를 마련하는 것이 중요합니다. 한국법무보호복지공단의 '희망의 집'이나 각 지자체에서 운영하는 노숙인 쉼터, 자활주택 등 지원 프로그램을 적극 활용하여 일시적인 거처라도 확보해야 합니다.

- ❖ **필수 행정 절차 신속 처리:** 주민등록 재등록 및 전입신고, 신분증 재발급, 은행 계좌 개설, 휴대폰 개통 등 필수적인 행정 절차를 출소 직후 가능한 한 빨리 처리해야 합니다. 이러한 절차는 취업, 지원금 신청 등 모든 사회생활의 기본이 됩니다.

- ❖ **생계 및 취업 활동 시작:** 경제적 자립은 사회 복귀의 핵심입니다. 한국법무보호복지공단의 '허그일자리' 프로그램이나 고용노동부의 '국민취업지원제도' 등을 통해 취업 상담 및 알선을 받고, 가능한 한 빨리 일자리를 구하는 것이 좋습니다. 당장 안정적인 일자리를 찾기 어렵더라도, 일용직이나 단기 아르바이트를 통해 생활비를 마련하고 경력을 쌓는 노력이 필요합니다.

- ❖ **지원 기관과의 연계 강화:** 출소 후 받을 수 있는 정부 지원금, 주거 지원, 취업 지원 등 다양한 제도를 확인하고 한국법무보호복지공단, 주민센터, 고용센터 등 관련 기관과 긴밀하게 연계하여 필요한 도움을 받으세요.

- ❖ **가족 및 지인과의 소통:** 출소 후 가족이나 신뢰할 수 있는 지인들과 꾸준히 소통하며 정서적인 지지를 받는 것이 중요합니다. 그동안의 부재에 대해 진심으로 사과하고, 앞으로의 삶에 대한 긍정적인 의지를 보여주며 관계를 회복해나가세요.

[section 13.2] 자녀, 부모와의 관계 다시 맺기

Q1. 오랜 부재 후 가족과의 첫 만남을 어떻게 준비해야 하나요?

A. 오랜 부재 후 가족과의 첫 만남은 모두에게 중요한 순간이지만, 동시에 긴장감과 부담감을 동반할 수 있습니다. 가족, 특히 자녀에게는 수감이라는 경험이 혼란과 상처로 남아있을 수 있음을 이해하는 것이 중요합니다.

- ❖ **진심 어린 사과와 반성 표현:** 가장 먼저 가족에게 진심으로 사과하고, 그동안 소홀했던 점과 자신의 잘못으로 인해 가족이 겪었을 고통에 대해 깊이 반성하는 모습을 보여주는 것이 중요합니다. 말뿐이 아닌 행동으로 변화를 증명하겠다는 의지를 전달해야 합니다.

- ❖ **자녀 중심의 접근:** 자녀에게는 부모의 부재가 결코 자녀의 잘못이 아님을 명확히 설명하고, 변함없는 사랑과 지지를 표현해야 합니다. 자녀의 연령과 이해 수준을 고려하여 솔직하면서도 안정감을 줄 수 있는 방식으로 상황을 설명하고, 자녀가 느끼는 혼란, 슬픔, 분노 등 다양한 감정을 비난하지 않고 수용하며 위로해주는 것이 중요합니다. 아동복지실천회 '세움'과 같은 단체의 전문가 및 지원 프로그램을 활용하여 자녀의 심리 상태를 이해하고 적절한 대처법에 대한 조언을 얻는 것이 좋습니다.

- ❖ **배우자와의 관계 재건:** 배우자와의 만남에서는 솔직하게 자신의 감정을 표현하고, 배우자가 겪었을 경제적, 정서적, 사회적 어려움에 깊이 공감하며 진심으로 감사하는 마음을 전달해야 합니다. '가족만남의 집'이나 '부부 접견'과 같은 제도를 적극 활용하여 관계 개선의 계기로 삼을 수 있습니다.

- ❖ **기대치 조절 및 인내심:** 만남 전에 완벽한 회복을 기대하기보다는, 조급해하지 않고 천천히 신뢰를 쌓아가는 과정임을 인지하는 것이 중요합니다. 관계 회복은 시간이 필요한 노력임을 받아들이고 인내심을 가지세요.

Q2. 자녀가 저를 어색해하거나, 거부감을 보일 때 어떻게 해야 할까요?

A. 수감 기간 동안의 부재로 인해 자녀가 부모를 어색해하거나 거부감을 보이는 것은 충분히 예상할 수 있는 반응입니다. 이러한 자녀의 감정을 비난하거나 강요하지 말고, 있는 그대로 수용하고 이해하려는 태도가 중요합니다.

- ❖ **시간과 공간 제공:** 자녀에게 충분한 시간과 공간을 주고, 스스로 다가올 때까지 인내심을 가지고 기다려주세요. 강압적인 태도는 오히려 역효과를 낼 수 있습니다.
- ❖ **꾸준한 사랑과 소통:** 자녀에게 편지를 통해 꾸준히 사랑을 표현하고, 자녀의 학교생활, 친구 관계, 관심사 등 일상적인 질문을 통해 소통의 끈을 이어가세요. 편지나 전화 통화 시 긍정적인 메시지를 전달하고, 자녀가 이해할 수 있는 수준에서 자신의 수용 생활 중 긍정적인 변화를 공유하는 것도 좋습니다.
- ❖ **함께하는 즐거운 경험 만들기:** 만남의 기회가 생긴다면, 자녀가 좋아하는 활동을 함께 하거나, 짧은 시간이라도 함께 산책하거나 식사하는 등 편안하고 즐거운 추억을 만드는 데 집중하는 것이 좋습니다. 거창한 선물보다는 진심을 담은 관심과 시간을 제공하는 것이 중요합니다.
- ❖ **전문가의 도움:** 아동복지실천회 '세움'과 같은 전문가의 도움을 받아 자녀의 심리 상태를 이해하고, 연령별 특성에 맞는 적절한 대처법을 배우는 것이 효과적입니다. 자녀를 위한 심리 상담이나 치료 프로그램을 적극적으로 활용하세요.

Q3. 노부모님께 출소 후 어떻게 다가가는 것이 좋을까요?

A. 연로하신 부모님께는 자신의 수감 사실이 큰 걱정과 고통이었을 수 있음을 이해하고, 진심을 담아 다가가는 것이 중요합니다.

- ❖ **직접적인 사과와 안심:** 출소 후 가능한 한 빨리 부모님을 직접 찾아뵙고, 그동안의 불효에 대해 진심으로 사과하며 안심시켜 드리는 것이 중요합니다. 자신의 건강한 모습과 변화된 태도를 보여드려 걱정을 덜어드리세요.
- ❖ **건강과 안부 확인:** 부모님의 건강을 최우선으로 염려하고, 식사는 잘하시는지, 잠은 편히 주무시는지 등 구체적으로 안부를 여쭤보세요. 몸은 떨어져 있지만 마음은 항상 함께하고 있음을 전달합니다.
- ❖ **감사와 존경 표현:** 그동안 키워주신 은혜에 깊이 감사하고, 과거 함께했던 좋은 추억을 언급하며 부모님에 대한 존경과 사랑을 표현하세요.
- ❖ **긍정적인 미래 다짐:** 자신이 수용 생활에 잘 적응했고, 현재 건강하게 지내고 있으며, 앞으로는 부모님께 효도하고 새로운 삶을 살겠다는 긍정적인 다짐을 보여드리는 것이 좋습니다.
- ❖ **꾸준한 소통 약속:** 정기적으로 편지를 드리거나 다른 가족을 통해 안부를 전하며 꾸준히 소통하겠다는 약속을 통해 부모님과의 연결고리를 확인시켜 드립니다. 전화 통화 시에도 부모님의 안부를 최우선으로 묻는 것이 중요합니다.

Q4. 오랜 기간 연락이 끊긴 가족과 다시 관계를 맺고 싶다면 어떻게 해야 할까요?

A. 오랜 기간 연락이 끊긴 가족과 다시 관계를 맺는 것은 매우 어려운 일이지만, 진심을 담아 꾸준히 노력한다면 가능성이 있습니다.

- ❖ **편지를 통한 첫 시도:** 직접적인 접촉보다는 편지를 통해 먼저 진심을 전달하는 것이 좋은 시작이 될 수 있습니다. 편지에는 과거의 잘못에 대한 진심 어린 반성과 사과, 가족에 대한 그리움, 그리고 앞으로의 삶에 대한 긍정적인 계획과 변화 의지를 담으세요. 가족이 어떤 어려움을 겪었을지 깊이 공감하는 내용을 담는 것이 중요합니다.
- ❖ **조급해하지 않는 인내심:** 답장이 오지 않거나 부정적인 반응을 보이더라도 조급해하지 말고 인내심을 가지고 기다려주세요. 관계 회복은 시간이 필요한 과정임을 받아들여야 합니다.
- ❖ **지원 기관의 활용:** 한국법무보호복지공단 등 출소자 지원 기관의 도움을 받아 가족을 위한 상담을 요청하거나, 가족관계 회복 프로그램을 활용하는 것도 고려해볼 수 있습니다. 이들 기관은 가족과의 연결을 돕는 데 전문적인 지식과 경험을 가지고 있습니다.
- ❖ **작은 만남부터 시작:** 가족이 다시 연락을 해올 경우, 모든 것을 즉시 해결하려 하기보다는 짧고 부담 없는 만남부터 시작하여 천천히 신뢰를 쌓아가는 것이 중요합니다.
- ❖ **변화된 모습 보여주기:** 과거의 잘못을 반복하지 않겠다는 확고한 의지를 말뿐 아니라 행동으로 증명해야 합니다. 성실한 삶의 모습을 보여주는 것이 가장 강력한 설득력이 됩니다.

[section 13.3] 일상을 회복하는 루틴 만들기

Q1. 출소 후 건강한 일상 루틴을 만드는 방법은 무엇인가요?

A. 교정시설에서의 규칙적인 생활은 사회 복귀 후의 일상 루틴 형성에도 긍정적인 영향을 미칠 수 있습니다. 건강한 일상 루틴은 심리적 안정, 신체 건강 유지, 그리고 사회 적응에 필수적인 요소입니다.

- ❖ **규칙적인 기상 및 취침 시간 설정:** 교정시설에서 익숙해진 일정한 기상 및 취침 시간을 사회에서도 최대한 유지하는 것이 중요합니다. 이는 생체 리듬을 안정화하고 수면의 질을 높이는 데 도움이 됩니다.
- ❖ **매일의 루틴 계획:** 아침에는 간단한 스트레칭이나 제자리 걷기 등의 운동을 시작하고, 영양가 있

는 아침 식사를 하는 습관을 들이세요. 낮 동안에는 취업 활동이나 자기 계발(독서, 직업훈련 등)에 시간을 할애하고, 저녁에는 가족과의 대화, 휴식, 일기 쓰기 등 차분한 활동으로 하루를 마무리합니다.

- ❖ **작은 목표 설정 및 달성:** 처음에는 완벽하게 지키기 어렵더라도, '오늘은 제자리 걷기 15분 하기', '독서 30분 하기' 등 구체적이고 달성 가능한 작은 목표를 설정하고 이를 이루어가는 과정에 집중하세요. 작은 성공들이 쌓이면 무력감을 줄이고 자기 효능감을 높일 수 있습니다.

- ❖ **긍정적인 습관 형성:** 규칙적인 운동, 건강한 식습관, 충분한 수분 섭취, 개인 위생 관리 등 기본적인 건강 습관을 꾸준히 실천하는 것이 중요합니다.

- ❖ **계획 및 점검:** 스마트폰 알람이나 달력을 활용하여 계획을 지키고, 매일 밤 그날의 활동을 점검하며 다음 날을 계획하는 습관을 들이면 더욱 효과적입니다. 가족이나 멘토에게 자신의 루틴을 공유하고 지지를 받는 것도 도움이 됩니다.

Q2. 자유로운 환경에 적응하기 위한 첫 단계는 무엇일까요?

A. 교정시설에서 모든 것이 정해져 있었던 삶을 살다가 자유로운 사회에 적응하는 것은 큰 도전이 될 수 있습니다. '선택의 자유'를 연습하고 점진적으로 사회와 재연결되는 것이 첫 단계입니다.

- ❖ **'선택의 자유' 연습:** 처음에는 사소한 선택(예: 오늘 저녁 메뉴, 입을 옷, 어떤 길로 갈지)부터 스스로 결정하며 연습하고, 점차 더 큰 선택(예: 어떤 직업을 가질지, 어떤 주거지에 살지)에 대한 책임감을 키워나가야 합니다. 모든 선택이 완벽할 수 없음을 인정하고 시행착오를 통해 배우는 과정을 겪는 것이 중요합니다.

- ❖ **정보 탐색 및 활용:** 혼자 고민하기보다는 주변 사람들과 소통하며 필요한 정보나 조언을 구하세요. 주민센터, 한국법무보호복지공단, 고용센터 등 다양한 지원 기관을 방문하여 사회생활에 필요한 정보(예: 대중교통 이용법, 스마트폰 사용법, 은행 업무 등)를 습득하고 활용해야 합니다.

- ❖ **능동적인 태도:** 수동적으로 기다리기보다는 새로운 환경을 탐색하고 배우려는 능동적인 태도를 가지세요. 새로운 기술이나 문화에 대한 호기심을 가지고 접근하면 적응이 더 쉬워집니다.

- ❖ **작은 활동부터 시작:** 처음부터 많은 것을 하려고 하기보다, 하루에 한 가지씩 외부 활동을 늘려나가는 것이 좋습니다. 동네 산책, 도서관 방문, 마트 이용 등 일상적인 활동부터 시작하며 자신감을 키우세요.

Q3. 사회에서 다시 규칙적인 생활을 시작하는 방법은 무엇인가요?

A. 사회에서 다시 규칙적인 생활을 시작하려면, 교정시설에서의 경험을 바탕으로 현실적인 계획을 세우고 꾸준히 실천하는 것이 중요합니다.

- ❖ **구체적인 계획 수립:** 매일의 일과를 시간 단위로 나누어 계획하고, 각 활동에 필요한 시간을 할당하세요. 출소 후 첫 주, 첫 달의 목표를 구체적으로 설정하고, 이를 달성하기 위한 세부 계획을 세웁니다.
- ❖ **핵심 루틴 유지:** 교정시설에서 익숙해졌던 규칙적인 기상 및 취침 시간, 식사 시간을 사회에서도 중심으로 잡고 유지하는 것이 좋습니다.
- ❖ **목표 지향적 활동 포함:** 직업훈련이나 구직 활동을 통해 낮 동안의 활동 시간을 확보하고, 퇴근 후나 휴일에도 운동, 독서, 취미 활동 등 건설적인 시간을 보내는 계획을 세우세요. 이러한 활동들은 생활에 목표 의식을 부여하고 성취감을 느끼게 합니다.
- ❖ **도구 활용 및 점검:** 스마트폰 알람, 달력, 플래너 등을 활용하여 계획을 지키고, 매일 밤 그날의 활동을 점검하며 다음 날을 계획하는 습관을 들이면 더욱 효과적입니다.
- ❖ **타인과의 공유 및 지지:** 가족이나 멘토, 또는 지원 기관의 상담사에게 자신의 루틴을 공유하고 지지를 받는 것도 동기 부여에 도움이 됩니다. 혼자만의 노력이 아니라 주변 사람들과 함께 하는 과정으로 생각하면 더욱 힘을 얻을 수 있습니다.

Q4. 출소 후 스트레스를 건강하게 해소하는 방법은 무엇인가요?

A. 출소 후 스트레스는 새로운 환경에 적응하는 과정에서 필연적으로 발생할 수 있습니다. 이를 건강하게 해소하는 것은 재범 방지와 안정적인 사회 복귀를 위해 매우 중요합니다.

- ❖ **규칙적인 운동:** 산책, 조깅, 맨몸 운동 등 자신이 좋아하는 신체 활동을 꾸준히 생활화하세요. 운동은 스트레스 호르몬을 감소시키고 기분을 좋게 하는 효과가 있습니다.
- ❖ **건설적인 취미 활동:** 독서, 그림 그리기, 음악 감상, 글쓰기, 뜨개질 등 자신이 즐길 수 있는 취미 활동을 찾거나 다시 시작하세요. 이러한 활동에 몰두하면 부정적인 생각의 고리를 끊고, 스트레스를 완화하는 데 도움이 됩니다. 특히 글쓰기는 자신의 감정을 밖으로 풀어내는 데 매우 효과적입니다.
- ❖ **사회적 소통:** 신뢰할 수 있는 사람들과 소통하세요. 가족이나 친구에게 자신의 어려움을 털어놓

고 공감과 지지를 받는 것이 중요합니다. 자조 모임이나 회복 커뮤니티에 참여하여 비슷한 경험을 가진 사람들과의 교류를 통해 고립감을 해소하고 위안을 얻을 수도 있습니다.

- **충분한 휴식과 영양**: 충분한 수면을 취하고, 균형 잡힌 식사를 통해 신체 건강을 유지하세요. 건강한 신체는 건강한 정신의 기반이 됩니다.
- **전문가의 도움**: 스트레스가 과도하여 스스로 감당하기 어렵거나 일상생활에 지장을 줄 정도라면, 한국법무보호복지공단이나 정신건강복지센터 등 전문 기관의 심리 상담을 받는 것이 효과적입니다. 전문가의 지도를 통해 스트레스 관리 능력을 향상시키고, 건강한 대처 전략을 배울 수 있습니다.

Chapter 14 | 낙인을 넘어서 - 편견과 싸우는 법

자신의 과거에 대한 자기 낙인을 극복하고, 타인의 편견에 현명하게 대처하는 방법을 익혀 자기 존중감을 회복하고 당당하게 사회 구성원으로서 살아갈 수 있도록 돕습니다. 수치심과 죄책감을 건강하게 해석하고 극복하는 심리적 전략을 제시하여 내적 치유를 촉진합니다. 주요 내용: 자기 낙인과 수치심을 다루는 방법, 타인의 편견에 효과적으로 대응하는 말과 태도, 새로운 관계에서 과거를 현명하게 공개하는 전략을 다룹니다.

[section 14.1] 나 자신을 용서하는 첫걸음

Q1. 자신의 과거를 어떻게 받아들이는 것이 건강할까요?

A. 자신의 과거를 건강하게 받아들이는 것은 단순히 잊는 것이 아니라, 그 경험을 통해 배우고 성장하는 것입니다. 이 과정은 고통스러울 수 있지만, 자신을 진정으로 용서하고 앞으로 나아가기 위한 필수적인 단계입니다.

- **잘못과 존재의 분리**: 자신이 저지른 '잘못된 행동'과 '자신'이라는 존재를 구분하는 것이 중요합니다. 범죄는 당신의 행동이지, 당신의 전체 인격이나 가치를 규정하는 것은 아닙니다. "나는 나쁜 사람이 아니라, 잘못된 행동을 한 사람이다. 그리고 나는 이 잘못을 통해 배우고 성장할 수 있

다"는 생각을 반복하며 스스로에게 긍정적인 메시지를 전달하세요.

- ❖ **반성과 성찰의 시간:** 과거의 잘못을 회피하거나 부정하기보다는, 그로 인해 발생한 피해와 자신의 책임을 깊이 성찰하는 시간을 가져야 합니다. 무엇을 잘못했고, 왜 그런 행동을 했는지, 그리고 그 결과가 타인과 자신에게 어떤 영향을 미쳤는지를 진지하게 되돌아보세요. 이러한 성찰은 진정한 변화의 시작점이 됩니다.

- ❖ **교훈 도출 및 미래 지향:** 과거는 바꿀 수 없지만, 과거를 통해 얻은 교훈을 바탕으로 미래를 만들어나갈 수 있습니다. 자신의 실수에서 무엇을 배우고 성장할 수 있었는지에 초점을 맞추고, 앞으로는 같은 실수를 반복하지 않겠다는 확고한 다짐을 하세요. 이 다짐은 새로운 삶의 강력한 동기가 됩니다.

- ❖ **인내심과 자기 격려:** 스스로를 용서하는 과정은 시간이 걸리며, 때로는 다시 죄책감과 수치심이 밀려올 수 있습니다. 조급해하지 말고, 작은 변화에도 스스로를 칭찬하며 긍정적인 자기 인식을 형성하는 것이 필요합니다. "나는 실수했지만, 다시 시작할 수 있다"는 메시지를 자신에게 꾸준히 전달하세요.

Q2. 죄책감과 수치심이 너무 클 때 어떻게 마음을 다스려야 할까요?

A. 죄책감과 수치심은 수용 생활과 출소 후에도 가장 많은 심리적 고통을 유발하는 감정 중 하나입니다. 이 감정을 건강하게 다스리지 못하면 자기 비하로 이어져 무기력감에 빠질 수 있습니다.

- ❖ **감정 인정 및 수용:** 죄책감이나 수치심이 들 때, "이런 감정을 느끼는 것은 당연하다. 나는 여전히 가족을 소중히 여기기 때문에 미안한 마음이 드는 것이다"라고 스스로 인정하고 받아들이세요. 감정을 억지로 없애려 하거나 억누르려고 하면 오히려 더 심해질 수 있습니다.

- ❖ **자기 대화 조정:** "나는 쓰레기야", "살 가치가 없어"와 같이 스스로에게 가혹한 말을 던지는 내면의 목소리를 의식적으로 중단시키세요. 대신 "나는 실수했지만, 다시 시작할 수 있다", "나는 충분히 좋은 사람이다"와 같이 긍정적인 메시지로 대체하는 연습을 반복해야 합니다.

- ❖ **감정 표현 및 공유:** 혼자 감당하기 어려운 감정은 신뢰할 수 있는 사람(가족, 친구)이나 전문가(심리 상담사, 보호관찰관)에게 솔직하게 털어놓는 것이 좋습니다. 말로 표현하는 것만으로도 마음이 한결 가벼워질 수 있습니다.

- ❖ **활동을 통한 전환:** 독서, 글쓰기, 운동, 봉사활동 등 건설적인 활동에 몰두하여 부정적인 생각의

고리를 끊는 것도 효과적입니다. 글쓰기는 자신의 감정을 밖으로 풀어내는 데 특히 유용합니다.

- ❖ **전문가의 도움**: 죄책감과 수치심이 너무 커서 일상생활에 지장을 주거나 극단적인 생각이 든다면, 교정시설 내 심리상담 프로그램이나 출소 후 정신건강복지센터 등 전문 기관의 도움을 받는 것을 주저하지 마세요.

Q3. 스스로를 용서하는 과정에서 도움이 되는 생각이나 행동은 무엇인가요?

A. 스스로를 용서하는 것은 과거에 대한 자기 비난에서 벗어나 새로운 삶을 살아갈 힘을 얻는 과정입니다.

- ❖ **진심 어린 사과와 책임**: 자신의 잘못을 인정하고 그로 인해 피해를 본 사람들에게 진심으로 사과하려는 노력을 하세요. 직접적인 사과가 어렵다면 편지를 통해서라도 마음을 전할 수 있습니다. 사과하는 행위 자체가 자신을 용서하는 데 도움이 됩니다.
- ❖ **피해 회복 노력**: 가능한 범위 내에서 피해 회복을 위한 노력을 지속하세요. 금전적인 배상이 어렵더라도, 반성문 작성, 봉사활동 참여 등을 통해 자신의 책임감을 보여주는 것이 중요합니다.
- ❖ **긍정적인 자기 대화**: 자신을 비난하거나 죄책감에 빠지기보다는, 스스로를 격려하고 긍정적인 자기 대화를 통해 자존감을 높이세요. "나는 충분히 변할 수 있다", "나는 나를 용서할 자격이 있다"와 같은 긍정적인 확언을 반복합니다.
- ❖ **의미 있는 기여**: 다른 사람을 돕는 봉사활동에 참여하거나, 자신의 경험을 통해 다른 사람들에게 긍정적인 영향을 주는 활동을 하는 것도 도움이 됩니다. 이는 자신의 존재 가치를 재확인하고, 새로운 정체성을 형성하는 데 기여합니다. '세움'과 같은 단체에 동참하여 자신의 경험을 나누는 것도 좋은 방법입니다.
- ❖ **전문가와의 상담**: 심리 상담을 통해 자기 용서의 과정을 겪고, 죄책감과 수치심을 건강하게 다루는 방법을 배우는 것이 효과적입니다.

Q4. 과거의 실수를 미래의 성장으로 바꾸는 마음가짐은 무엇일까요?

A. 과거의 실수를 미래의 성장으로 바꾸는 마음가짐은 '실패는 끝이 아니라 배움의 과정'이라는 인식을 갖는 것입니다.

다시, 삶의 이름으로

- ❖ **성찰을 통한 교훈 도출**: 자신의 잘못을 회피하거나 부정하지 않고, 그로부터 어떤 교훈을 얻을 수 있는지 깊이 성찰해야 합니다. 이 경험을 통해 얻은 지혜와 인내심을 바탕으로 앞으로의 삶에서 더 나은 선택을 하겠다고 다짐하고, 이를 실천하는 데 집중하세요.
- ❖ **목표 설정과 꾸준한 노력**: 어려움 속에서도 작은 희망을 찾고, 긍정적인 변화를 향해 나아가겠다는 의지를 다지는 것이 중요합니다. 건설적인 목표를 설정하고, 그 목표를 향해 꾸준히 노력하는 과정 자체가 성장이 될 것입니다.
- ❖ **자기 개발과 학습**: 수용 기간 동안 직업훈련, 학업, 독서 등을 통해 자신을 발전시키는 노력을 꾸준히 해야 합니다. 이러한 노력은 출소 후 새로운 기회를 만들고, 스스로의 가치를 높이는 데 기여합니다.
- ❖ **긍정적인 관계 형성**: 부정적인 영향을 주는 관계는 단호하게 끊어내고, 자신에게 긍정적인 영향을 주는 사람들과 새로운 관계를 형성하는 데 집중하세요. 이러한 관계들은 당신의 성장을 지지하고 격려해줄 것입니다.
- ❖ **회복 탄력성 강화**: 좌절과 실패를 경험하더라도 다시 일어설 수 있는 회복 탄력성을 키우는 것이 중요합니다. 이는 삶의 어려움에 대처하고 긍정적인 방향으로 나아갈 수 있는 힘이 됩니다.

[section 14.2] 타인의 편견에 대처하는 말과 태도

Q1. 타인의 편견에 어떻게 대응하는 것이 현명한가요?

A. 타인의 편견에 현명하게 대응하는 것은 자신의 감정을 보호하고, 동시에 사회적 인식을 긍정적으로 변화시키는 데 기여할 수 있는 중요한 기술입니다.

- ❖ **감정적 대응 자제**: 편견에 직면했을 때 감정적으로 맞서거나 분노를 표출하는 것은 상황을 악화시킬 수 있습니다. 침착하고 이성적인 태도를 유지하며, 불필요한 논쟁이나 설득에 에너지를 낭비하기보다는 자신의 변화된 모습을 행동으로 보여주는 데 집중하세요.
- ❖ **행동으로 증명**: 가장 강력한 메시지는 말보다는 행동입니다. 성실하게 일하고, 주변 사람들에게 친절하며, 사회 구성원으로서 책임감을 다하는 모습을 꾸준히 보여준다면, 시간이 지남에 따라 편견은 자연스럽게 줄어들 것입니다.
- ❖ **긍정적이고 자신감 있는 태도**: 타인의 시선에 휘둘리지 않고, 자신의 가치와 변화 가능성을 믿으며 긍정적인 태도를 유지하는 것이 중요합니다. 당당하고 자신감 있는 모습은 편견을 약화시키

는 데 도움이 됩니다.

- ❖ **경계 설정 및 단호함**: 부당한 대우나 모욕적인 언행에 대해서는 단호하게 자신의 입장을 표현하고 경계를 설정하는 것이 필요합니다. "그런 말씀은 불쾌합니다", "저는 그런 대우를 받을 이유가 없습니다"와 같이 침착하지만 분명하게 자신의 권리를 주장할 수 있어야 합니다.
- ❖ **지원 네트워크 활용**: 편견으로 인한 어려움을 혼자 감당하려 하지 말고, 가족, 친구, 멘토, 또는 한국법무보호복지공단 등 지원 기관의 도움을 받아 정서적인 지지를 받고 해결 방안을 모색하세요.

Q2. 주변 사람들이 저를 다르게 대할 때 어떻게 말하는 것이 좋을까요?

A. 주변 사람들이 자신을 다르게 대할 때, 직접적인 불만을 표출하기보다는 자신의 감정을 솔직하지만 침착하게 표현하고, 동시에 자신의 변화 의지를 어필하는 것이 좋습니다.

- ❖ **감정 표현 및 요구**: "저를 불편해하시는 것 같아서 말씀드리는데, ~하게 대해주시면 감사하겠습니다"와 같이 정중하지만 분명하게 자신의 입장을 전달하세요. 상대방의 행동이 자신에게 어떤 영향을 미치는지 구체적으로 설명하는 것이 좋습니다.
- ❖ **변화 의지 어필**: "제 과거에 대해 걱정하시는 마음은 이해하지만, 저는 이제 새로운 삶을 살기 위해 노력하고 있습니다. 저에게 기회를 주시면 감사하겠습니다"와 같이 자신의 변화와 노력을 간결하게 어필합니다.
- ❖ **오해 해소**: 상대방의 의도를 미리 판단하기보다는, 궁금한 점이 있다면 직접 질문하여 오해를 푸는 것도 중요합니다. "혹시 제가 오해한 부분이 있다면 설명해주실 수 있을까요?"와 같이 대화의 문을 열 수 있습니다.
- ❖ **긍정적인 관계 유지 노력**: 부정적인 대우를 받았더라도, 가능한 한 상대방에게 감정적으로 대응하지 않고 긍정적인 관계를 유지하기 위해 노력하는 모습을 보여주는 것이 장기적으로는 더 좋은 결과를 가져올 수 있습니다.

Q3. 사회의 부정적 시선과 편견에 어떻게 하면 건강하게 대응할 수 있을까요?

A. 사회의 부정적인 시선과 편견은 출소자가 겪는 현실적인 어려움입니다. 이에 건강하게 대응하려면 내적인 강인함과 외적인 노력이 병행되어야 합니다.

- ❖ **강한 자아 존중감 형성**: 타인의 시선에 휘둘리지 않고, 자신의 가치와 변화 가능성을 믿는 강한

자아 존중감을 가지는 것이 중요합니다. 자기 비하적인 생각에서 벗어나 스스로를 긍정하고 존중하는 연습을 꾸준히 해야 합니다.

- ❖ **지지 기반 강화:** 자신을 지지하고 격려해주는 가족, 친구, 멘토 등 긍정적인 영향을 주는 사람들과의 관계를 강화하고, 그들의 지지를 적극적으로 받아들이세요.
- ❖ **긍정적인 사회 참여:** 지역사회 활동, 자원봉사, 자조 모임, 직업훈련 프로그램 등에 적극적으로 참여하여 사회와 재연결되고, 스스로 사회에 기여할 수 있는 존재임을 확인하는 것이 중요합니다.
- ❖ **전문가의 도움:** 필요한 경우 심리 상담이나 정신 건강 전문가의 도움을 받아 편견으로 인한 스트레스를 관리하고, 건강한 대처 방법을 배우는 것도 효과적입니다.
- ❖ **장기적인 관점 유지:** 사회의 인식을 변화시키는 것은 오랜 시간이 걸리는 일입니다. 단기적인 좌절에 너무 연연하지 말고, 자신의 성공적인 사회 복귀를 통해 사회의 인식을 긍정적으로 변화시키는 데 기여하겠다는 장기적인 관점을 유지하세요.

Q4. 거절이나 차별을 경험했을 때 어떻게 극복할 수 있을까요?

A. 취업 거절이나 사회적 차별을 여러 번 경험하면 좌절감과 자괴감이 커질 수 있습니다. 이러한 감정은 지극히 자연스러운 것이므로, 스스로를 너무 몰아붙이지 않는 것이 중요합니다.

- ❖ **감정 인정 및 자기 위로:** 거절이나 차별을 경험했을 때 느끼는 실망감, 분노, 슬픔 등의 감정을 억누르기보다는 인정하고 스스로를 위로하세요. "나는 최선을 다했고, 이 거절은 나 자신에 대한 판단이 아니다"라고 생각하며 스스로를 다독여야 합니다.
- ❖ **객관적 분석 및 재평가:** 거절의 원인을 객관적으로 분석하려 노력하세요. 때로는 회사의 상황이나 경제적 요인 등 개인적인 문제와 무관하게 거절당할 수도 있습니다. 자신의 부족한 점이 있었다면 이를 개선하기 위한 계획을 세우고, 다음 기회를 준비하는 발판으로 삼으세요.
- ❖ **작은 목표 설정 및 성취:** 취업 거절로 인해 무기력해질 때는 하루에 몇 군데 이력서를 제출할지, 어떤 기술을 배울지 등 달성 가능한 작은 목표를 세우고 이를 이루어가는 과정에 집중하세요. 작은 성취감은 자신감 회복에 큰 도움이 됩니다.
- ❖ **지원 네트워크 활용:** 한국법무보호복지공단이나 취업지원센터에서 제공하는 상담 서비스를 적극 활용하세요. 이들 기관은 출소자 취업에 대한 전문적인 지식과 네트워크를 갖추고 있어 적합한 일자리를 연계해줄 수 있습니다. 또한 같은 경험을 한 사람들과의 소통(자조 모임 등)도 큰 위로가 됩니다.

- ❖ **취업 경로 다양화:** 정규직 취업뿐 아니라 계약직, 아르바이트, 자원봉사 등으로 경력을 쌓거나, 소규모 창업이나 기술 자격증 취득을 통한 전문직종 진출도 고려해볼 수 있습니다. 특히 건설업, 제조업, 서비스업 등은 상대적으로 전과 기록에 대한 편견이 적은 편입니다.
- ❖ **끈기와 인내:** 많은 출소자들이 초기의 어려움을 극복하고 안정적인 직장을 갖게 됩니다. 첫 취업이 가장 어렵지만, 일단 경력이 쌓이면 다음 기회는 더 넓어집니다. 지금 당장의 거절이 아닌, 앞으로의 가능성에 초점을 맞추고 꾸준히 노력하다 보면 반드시 기회가 찾아올 것입니다.

[section 14.3] 과거가 아닌 현재로 말하기

Q1. 새로운 사람들에게 제 과거를 이야기해야 할까요?

A. 새로운 사람들에게 자신의 과거를 이야기할지 여부는 매우 신중하게 결정해야 합니다. 이는 개인의 선택이자 권리이며, 모든 상황에서 의무적으로 공개해야 하는 것은 아닙니다.

- ❖ **법적 의무 여부 확인:** 먼저 자신이 지원하는 직종이나 관계에서 법적으로 전과 기록 공개 의무가 있는지 확인해야 합니다. 예를 들어, 「아동·청소년의 성보호에 관한 법률」에 따라 아동·청소년 관련기관(유치원, 학교, 학원, 어린이집 등)에 취업하려는 사람은 성범죄 경력 조회에 응해야 합니다. 이러한 특정 직종을 제외하고는 일반적으로 의무적으로 공개해야 하는 경우는 드뭅니다.
- ❖ **개인정보 보호:** 전과 기록은 개인정보 보호법에 따라 보호되는 민감한 개인정보입니다. 따라서 굳이 먼저 자신의 전과 기록을 밝힐 필요는 없으며, 공개하지 않을 권리가 있습니다.
- ❖ **관계의 특성 고려:** 새로운 관계의 특성과 깊이를 고려하여 판단해야 합니다. 가벼운 만남이나 업무적인 관계에서는 굳이 개인적인 과거사를 밝힐 필요가 없습니다.

Q2. 언제, 어떻게 말하는 것이 좋을까요?

A. 자신의 과거를 공개하기로 결정했다면, 그 시기와 방법에 대한 전략적인 접근이 필요합니다.

- ❖ **신뢰 형성 후 공개:** 상대방과의 신뢰 관계가 충분히 형성되고, 그 사람이 내 과거를 이해하고 받아들일 준비가 되었다고 판단될 때 공개하는 것이 가장 좋습니다. 성급하게 과거를 밝히기보다는 시간을 두고 상대방을 알아가는 과정이 중요합니다.

- ❖ **솔직하지만 간결하게:** 공개할 때는 감정적으로 호소하기보다는 솔직하지만 간결하게 설명하는 것이 중요합니다. 과거의 잘못을 인정하고, 그 경험을 통해 무엇을 배우고 어떻게 변화했는지에 초점을 맞춰 이야기하세요.
- ❖ **변화와 성장에 집중:** 현재의 삶에 대한 열정과 앞으로의 긍정적인 계획을 강조하는 것이 좋습니다. 과거의 잘못에 대한 변명보다는, 그것을 통해 성장하고 변화된 자신의 모습을 보여주는 데 집중해야 합니다.
- ❖ **상대방의 반응 존중:** 이야기를 들은 상대방의 반응을 존중하고, 추가적인 질문이나 불편함이 있다면 대화의 기회를 제공해야 합니다. 용서받기 어렵더라도, 상대방의 감정을 이해하려는 태도를 보이는 것이 중요합니다.

Q3. 제 과거에 대해 물어볼 때 어떻게 대답하는 것이 좋을까요?

A. 자신의 과거에 대해 직접적으로 질문받을 경우를 대비해 사전에 답변을 준비해두는 것이 중요합니다. 이는 면접이나 중요한 만남에서 당황하지 않고 침착하게 대응하는 데 도움이 됩니다.

- ❖ **책임 인정 및 반성:** 자신의 범행을 부인하거나 변명하기보다는 범죄 사실을 솔직히 인정하고, 그로 인해 발생한 피해와 결과에 대해 깊이 이해하고 있음을 보여주세요. 진솔한 반성의 태도가 중요합니다.
- ❖ **배운 점과 변화 강조:** 과거의 경험을 통해 무엇을 배우고 어떻게 변화했는지 구체적으로 설명하세요. 예를 들어, "과거에 잘못된 판단으로 법을 어기게 되었고, 그에 대한 대가를 치렀습니다. 그 시간 동안 저는 진지하게 반성하고 제 행동의 결과에 대해 깊이 생각했습니다"와 같이 말할 수 있습니다.
- ❖ **현재와 미래에 집중:** 현재의 자신과 미래의 계획에 초점을 맞추어 일에 대한 열정과 헌신을 강조하세요. "이제는 성실하게 일하며 사회에 기여하고 싶습니다. 이 일에 필요한 기술과 책임감을 갖추었으며, 기회가 주어진다면 제 능력을 증명해 보이겠습니다"와 같이 구체적인 의지를 밝히는 것이 좋습니다.
- ❖ **신뢰 형성 노력:** 질문자의 우려를 이해하고 신뢰를 쌓으려는 태도를 보여주는 것이 중요합니다. 교정시설에서의 긍정적인 경험(교육, 직업훈련, 봉사활동 등)을 언급하고, 출소 후의 안정적인 생활상(주거, 가족 지원, 지역사회 활동 등)을 보여주는 것이 도움이 될 수 있습니다.

Q4. 면접이나 새로운 만남에서 저를 어떻게 소개하는 것이 좋을까요?

A. 면접이나 새로운 만남에서는 자신의 과거에 얽매이기보다는 현재의 자신과 미래의 비전을 중심으로 소개하는 것이 좋습니다.

- ❖ **강점과 역량 강조**: 자신의 이름, 강점, 경험, 그리고 지원하는 역할이나 관계에서 발휘할 수 있는 능력에 초점을 맞추세요. 예를 들어, "저는 ~한 경험을 바탕으로 ~한 능력을 키웠고, 앞으로 ~한 목표를 가지고 있습니다"와 같이 긍정적이고 자신감 있는 태도로 자신을 소개하세요.

- ❖ **직업훈련 및 자격증 활용**: 교도소에서 배운 기술이나 취득한 자격증, 교육 이수 내용 등을 언급하여 자신의 노력과 역량을 보여줄 수 있습니다. 다만, 교정시설임을 직접적으로 언급할 필요는 없습니다.

- ❖ **미래 지향적 태도**: 과거의 실수에 대한 언급보다는, 앞으로 어떤 사람이 될 것이며, 사회에 어떻게 기여할 것인지에 대한 긍정적이고 희망적인 메시지를 전달하는 데 집중하세요.

Q5. 과거보다 현재의 나를 보여주는 효과적인 방법은 무엇인가요?

A. 과거보다 현재의 자신을 효과적으로 보여주는 가장 강력한 방법은 말보다는 행동으로 증명하는 것입니다.

- ❖ **일관된 긍정적 행동**: 꾸준히 성실하게 생활하고, 약속을 지키며, 주변 사람들에게 신뢰를 주는 모습을 보여주세요. 작은 행동 하나하나가 쌓여 현재의 당신을 보여주는 중요한 증거가 됩니다.

- ❖ **전문성 및 책임감**: 자신의 직업에서 전문성을 키우고, 맡은 바 역할에 최선을 다하며 책임감 있는 모습을 보여주세요. 이는 당신이 믿고 의지할 수 있는 사람임을 증명합니다.

- ❖ **사회적 기여**: 지역사회 활동에 참여하거나, 자원봉사 활동을 통해 공동체에 긍정적인 기여를 하는 것도 좋은 방법입니다. 이는 당신이 사회의 일원으로서 책임감을 다하고 있음을 보여줍니다.

- ❖ **건강한 인간관계 형성**: 부정적인 영향을 주는 관계는 단호하게 정리하고, 자신에게 긍정적인 영향을 주는 사람들과 건강한 인간관계를 형성하는 데 집중하세요.

- ❖ **지속적인 자기 계발**: 취미 활동이나 학습을 통해 지속적으로 자기 계발을 하고, 새로운 모습을 보여주는 것도 현재의 자신을 보여주는 데 도움이 됩니다.

Chapter 15 | 다시 맺는 인연 - 관계의 회복과 선택

수용 생활로 인해 멀어진 가족, 친구, 지역사회와의 관계를 건강하게 재건하고, 새로운 긍정적인 관계를 형성하는 데 필요한 실질적인 지침을 제공합니다. 과거의 부정적인 인연을 정리하고 사회 속에서 신뢰를 회복하는 전략을 다룹니다. 주요 내용: 멀어진 가족 및 지인 관계를 회복하는 구체적인 방법, 건강한 인간관계를 형성하고 유지하는 전략, 그리고 사회적 신뢰를 쌓아가는 과정을 포함합니다.

[section 15.1] 멀어진 관계를 다시 이어보려면

Q1. 오랜 부재 후 배우자와 자녀와의 신뢰를 회복하기 위한 구체적인 방법은 무엇인가요?

A. 배우자와 자녀와의 신뢰 회복은 오랜 시간이 걸리는 섬세한 과정입니다. 진정성 있는 노력과 꾸준한 행동이 뒷받침되어야 합니다.

- ❖ **진심 어린 사과와 책임 인정**: 배우자와 자녀에게 자신의 잘못으로 인해 겪었을 고통에 대해 진심으로 사과하고, 자신의 행동에 대한 책임을 회피하지 않는 태도를 보여주세요. 말뿐이 아닌 행동으로 변화를 증명하겠다는 의지를 일관되게 보여주는 것이 중요합니다.

- ❖ **꾸준하고 일관된 소통**: 편지, 접견, 전화 통화 등 허용된 모든 방법을 통해 꾸준히 소통하는 것이 기본입니다. 연락의 빈도만큼 중요한 것은 진심을 담아 소통하려는 자세입니다. 배우자와 자녀의 이야기에 귀 기울이고 공감하며, 그들의 감정을 존중하는 태도를 보이세요.

- ❖ **변함없는 사랑과 관심 표현**: 배우자를 향한 변함없는 사랑과 관심을 지속적으로 표현하고, 그들이 혼자 겪고 있을 어려움을 이해하고 지지하고 있음을 알려주세요. 자녀에게는 부모의 부재가 결코 자녀의 잘못이 아님을 명확히 설명하고, 변함없는 사랑과 지지를 표현해야 합니다.

- ❖ **가족 지원 프로그램 적극 활용**: '가족만남의 집'이나 '가족사랑캠프', '부부 접견' 등 교정시설에서 운영하는 가족관계 회복 프로그램을 적극 활용하여 깊이 있는 만남의 기회를 만들어야 합니다. 이러한 프로그램은 관계 치료의 과정으로 여기고 진지하게 임하는 것이 중요합니다.

- ❖ **미래에 대한 긍정적인 계획 공유**: 출소 후 가족과 함께 만들어갈 긍정적이고 건강한 미래에 대한 구체적인 계획과 희망을 공유하며, 가족에게 신뢰를 주어야 합니다.

- ❖ **인내심과 존중**: 신뢰 회복은 오랜 시간이 걸리는 과정임을 이해하고 조급해하지 마세요. 가족이 용서하고 받아들일 준비가 될 때까지 인내심을 가지고 기다려주는 것이 중요합니다.

Q2. 가족 갈등이 발생했을 때 건강하게 해결하는 방법은 무엇인가요?

A. 가족 갈등은 수감 생활로 인한 상처, 경제적 어려움, 소통 부재 등으로 인해 발생할 수 있습니다. 갈등을 건강하게 해결하는 것은 관계를 재건하는 데 필수적입니다.

- ❖ **침착하고 솔직한 대화 시도**: 갈등이 발생했을 때는 감정적으로 대응하기보다 침착하게 상황을 파악하고, 자신의 생각과 감정을 '나'를 주어로 솔직하게 전달하세요. 예를 들어, "저는 ~한 상황에서 ~한 감정을 느꼈습니다"라고 표현하는 것이 좋습니다.
- ❖ **적극적인 경청과 공감**: 상대방의 말을 중간에 끊지 않고 끝까지 주의 깊게 들어주며, 그들이 느끼는 감정과 입장을 이해하려는 노력을 보여주세요. '이마고 대화법'과 같은 구체적인 소통 기법의 원리(반영하기, 인정하기, 공감하기)를 적용하여 상대방의 관점을 이해하고 타당성을 인정해 주는 것이 도움이 됩니다.
- ❖ **비난 지양 및 문제 해결 초점**: 과거의 잘못이나 현재의 어려움에 대해 서로를 비난하기보다는, 문제 자체에 초점을 맞춰 함께 해결 방안을 모색하는 대화를 시도하세요.
- ❖ **미래 지향적 대화**: 갈등 상황에서 부정적인 감정에 매몰되기보다는, 함께 만들어갈 긍정적인 미래에 초점을 맞춰 대화하는 것이 바람직합니다.
- ❖ **전문가 도움 요청**: 가족 구성원 간의 노력만으로 해결하기 어려운 갈등이라면, 가족 상담 전문가나 한국법무보호복지공단의 상담 프로그램을 통해 도움을 받는 것이 현명합니다. 중립적인 전문가의 개입은 갈등의 실타래를 풀고 관계 회복의 실마리를 찾는 데 큰 도움이 됩니다.

Q3. 오해나 갈등으로 멀어진 사람과 다시 관계를 맺고 싶다면 어떻게 시작해야 할까요?

A. 가족 외의 멀어진 지인과의 관계 회복은 더욱 조심스럽고 신중한 접근이 필요합니다.

- ❖ **진심 어린 사과와 반성 표현**: 먼저 그 사람에게 어떤 상처를 주었는지 깊이 성찰하고, 진심으로 반성하는 마음을 갖는 것이 중요합니다. 직접 찾아가기 어렵다면 편지를 통해 자신의 잘못을 인정하고 사과하며, 상대방에 대한 그리움과 함께 앞으로의 변화된 모습을 보여주겠다는 의지를

전달하는 것으로 시작해볼 수 있습니다.

- ❖ **조급해하지 않는 인내심**: 상대방이 반응이 없거나 부정적인 반응을 보이더라도 조급해하지 말고 인내심을 가지고 기다려주세요. 관계 회복은 시간이 필요한 과정임을 받아들여야 합니다.
- ❖ **상대방의 의사 존중**: 다시 관계를 맺기 위한 노력은 일방적이지 않으며, 상대방의 의사를 존중하는 것이 중요합니다. 상대방이 아직 준비되지 않았다면 억지로 강요해서는 안 됩니다.
- ❖ **작은 만남부터 시작**: 만약 상대방이 관계 회복의 여지를 보인다면, 짧고 부담 없는 만남부터 시작하여 천천히 신뢰를 쌓아가는 것이 중요합니다.
- ❖ **변화된 모습 보여주기**: 과거의 잘못을 반복하지 않겠다는 확고한 의지를 말뿐 아니라 행동으로 증명해야 합니다. 성실한 삶의 모습을 보여주는 것이 가장 강력한 설득력이 됩니다.

[section 15.2] 피해야 할 사람과 다가가야 할 사람

Q1. 옛 친구들과의 관계를 어떻게 회복하거나 정리해야 하나요?

A. 옛 친구들과의 관계는 출소 후 매우 중요한 문제이며, 자신의 재범 방지 및 건강한 사회 복귀에 직접적인 영향을 미칩니다. 신중한 판단과 단호한 결단이 필요합니다.

- ❖ **부정적 인연 단호히 정리**: 과거에 범죄에 영향을 주었거나, 부정적인 생활 습관(음주, 약물, 도박 등)을 유발했던 친구들이라면 단호하게 거리를 두는 것이 중요합니다. 이들과의 관계를 회복하려 하기보다는 과감히 정리하고 새로운 출발을 위한 환경을 조성해야 합니다. 직접적인 대면이 어렵거나 위험할 경우, 연락처 변경, 사회 관계망 서비스(SNS) 차단 등 물리적인 거리를 두는 것이 효과적입니다. 이러한 관계는 재범으로 이어질 수 있는 위험 신호 중 하나임을 명심해야 합니다.
- ❖ **긍정적 인연 회복 시도**: 자신에게 긍정적인 영향을 주었던 친구들과는 솔직하게 자신의 변화된 모습을 이야기하고 관계 회복을 시도할 수 있습니다. 그러나 이때도 과거의 잘못을 반복하지 않겠다는 확고한 의지를 보여주는 것이 중요하며, 상대방의 삶에 피해를 주지 않도록 주의해야 합니다. 진심 어린 사과와 반성을 전달하고, 앞으로의 삶에 대한 긍정적인 계획을 공유하는 것이 좋습니다.

Q2. 범죄에 영향을 주었던 관계는 어떻게 끊는 것이 좋을까요?

A. 범죄에 영향을 주었던 관계는 단호하게 끊어내는 것이 재범 방지와 건강한 삶을 위해 필수적입니다.

- ❖ **위험 인식 및 단절 의지**: 먼저 그 관계가 자신에게 어떤 부정적인 영향을 주었는지 명확하게 인식하고, 이를 끊어내겠다는 확고한 의지를 다지는 것이 중요합니다.
- ❖ **물리적 거리 두기**: 직접적인 대면이 어렵거나 위험할 경우, 연락처를 변경하거나 사회 관계망 서비스(SNS)를 차단하는 등 물리적인 거리를 두는 것이 효과적입니다. 이사 등으로 거주지를 변경하는 것도 도움이 될 수 있습니다.
- ❖ **주변에 알리고 지지 구하기**: 가족, 멘토, 보호관찰관 등 신뢰할 수 있는 주변 사람들에게 이러한 관계를 정리하겠다는 의지를 알리고 지지를 구하는 것이 좋습니다. 혼자서 감당하기 어려운 싸움이 될 수 있으므로, 도움을 요청하는 것을 주저하지 마세요.
- ❖ **지원 기관 활용**: 한국법무보호복지공단이나 보호관찰소 등 지원 기관의 도움을 받아 관계 단절을 위한 현실적인 조언과 지원을 받을 수 있습니다. 필요하다면 법적 조언을 구하는 것도 고려할 수 있습니다.
- ❖ **새로운 관계 형성**: 부정적인 관계를 정리하는 동시에, 건전한 새로운 인간관계를 형성하는 데 집중해야 합니다. 이는 심리적인 공허감을 채우고 긍정적인 사회적 지지를 받을 수 있도록 돕습니다.

Q3. 도움이 될 수 있는 새로운 인간관계는 어디서 어떻게 만들 수 있을까요?

A. 도움이 될 수 있는 새로운 인간관계는 재범 방지와 안정적인 사회 복귀를 위한 중요한 자산입니다.

- ❖ **전문 지원 기관 활용**: 한국법무보호복지공단, 고용센터, 지역사회 복지관, 정신건강복지센터 등 출소자 지원 기관의 프로그램을 적극적으로 활용하세요. 이러한 기관들은 직업훈련, 교육, 상담, 자조 모임 등을 운영하며, 비슷한 목표를 가진 사람들과 건강하게 교류할 수 있는 기회를 제공합니다.
- ❖ **긍정적인 공동체 참여**: 종교활동(교회, 성당, 사찰)이나 지역사회 자원봉사활동에 참여하여 긍정적인 가치관을 가진 사람들과 자연스럽게 관계를 맺을 수 있습니다. 이는 사회적 소속감을 높이고, 자신이 타인에게 기여할 수 있는 존재임을 확인하게 합니다.
- ❖ **취미 및 학습 모임**: 자신이 관심 있는 분야의 취미 동호회나 학습 모임에 참여하는 것도 좋은 방

법입니다. 공통의 관심사를 가진 사람들과는 자연스럽게 대화하고 유대감을 형성하기 쉽습니다.

- ❖ **능동적인 태도:** 중요한 것은 적극적으로 문을 두드리고, 열린 마음으로 새로운 사람들과 소통하려는 자세입니다. 먼저 다가가 인사를 건네고, 경청하며, 진정성 있는 모습을 보여주는 것이 좋습니다.

Q4. 건전하고 새로운 인간관계를 형성하는 효과적인 방법은 무엇인가요?

A. 건전하고 새로운 인간관계를 형성하기 위해서는 몇 가지 핵심 원칙을 지키는 것이 중요합니다.

- ❖ **자기 존중과 솔직함:** 먼저 자신을 존중하고 사랑하는 마음을 가지세요. 자신을 솔직하게 드러내되, 과거의 잘못을 과도하게 강조하거나 자기 연민에 빠지지 마세요.
- ❖ **경청과 공감:** 상대방의 이야기에 귀 기울이고 공감하며, 존중하는 태도를 보이세요. 일방적인 대화보다는 서로의 생각과 감정을 주고받는 것이 중요합니다.
- ❖ **신뢰와 일관성:** 약속을 잘 지키고, 매사에 성실하며 책임감 있는 모습을 보여주세요. 신뢰는 꾸준한 노력과 일관된 행동을 통해 쌓여갑니다.
- ❖ **물질보다는 정신적 교류:** 관계를 형성할 때 물질적인 교류에 초점을 맞추기보다는, 서로에게 긍정적인 영향을 주고받는 정신적인 교류에 집중하세요.
- ❖ **상호 존중과 책임:** 상대방에게 일방적으로 기대하거나 의존하기보다는, 서로에게 긍정적인 영향을 주고받는 상호적인 관계를 지향해야 합니다. 자신의 감정과 행동에 대한 책임감을 가지세요.
- ❖ **경계 설정:** 부정적인 영향을 주거나 재범 위험을 높이는 관계는 단호하게 피하고, 자신에게 긍정적인 영향을 주는 사람들과 어울리세요.

[section 15.3] 사회 속에서 신뢰 쌓는 방법

Q1. 지역사회에서 받아들여지기 위한 첫걸음은 무엇인가요?

A. 지역사회에서 받아들여지기 위한 첫걸음은 스스로 변화하려는 의지를 행동으로 보여주고, 공동체에 기여하려는 태도를 가지는 것입니다.

- ❖ **성실한 생활과 책임감:** 먼저 자신의 거주지 주민센터에 주민등록을 재등록하고, 지역 사회의 법규와 규범을 존중하며 성실하게 생활하는 것이 중요합니다. 맡은 바 역할에 최선을 다하며 책임감 있는 모습을 보여주는 것이 신뢰를 얻는 기본입니다.

- ❖ **경제적 자립 노력:** 취업을 통해 경제적으로 자립하고, 스스로의 힘으로 생활을 영위하려는 노력을 보여주는 것이 중요합니다. 이는 사회 구성원으로서의 책임감을 보여주는 가장 확실한 방법 중 하나입니다.

- ❖ **지역사회 참여:** 지역사회 행사나 자원봉사 활동에 적극적으로 참여하여 이웃과 교류하고 공동체에 기여하려는 노력을 하세요. 작은 봉사라도 꾸준히 참여한다면 긍정적인 인식을 심어줄 수 있습니다.

- ❖ **개방적이고 긍정적인 태도:** 처음부터 모든 사람에게 환영받지 못하더라도, 인내심을 가지고 꾸준히 노력하는 모습을 보여준다면 점차 신뢰를 얻을 수 있을 것입니다. 긍정적인 태도로 주변 사람들에게 먼저 다가가는 것이 중요합니다.

Q2. 사회 구성원으로서 소속감과 책임감을 회복하는 구체적인 방법은 무엇인가요?

A. 사회 구성원으로서 소속감과 책임감을 회복하는 것은 재범 방지와 안정적인 삶을 위해 매우 중요합니다.

- ❖ **안정적인 직업 활동:** 안정적인 직업을 갖고 경제적으로 자립하는 것은 스스로의 역할을 다하고 사회에 기여한다는 느낌을 줍니다. 이는 소속감과 책임감을 높이는 가장 기본적인 방법입니다.

- ❖ **법규 준수 및 시민의 의무 이행:** 투표 등 시민의 권리와 의무를 다하고, 법규를 철저히 준수하는 모범적인 생활을 해야 합니다. 사소한 규칙이라도 지키는 것이 사회 질서에 기여하는 길입니다.

- ❖ **지역사회 활동 참여:** 지역사회의 다양한 모임이나 활동(예: 자원봉사, 주민자치위원회 등)에 참여하여 이웃과 교류하고 공동체에 기여하는 것입니다. 이는 사회와의 유대감을 강화하고 소속감을 느끼게 합니다.

- ❖ **타인 돕기:** 자신이 겪었던 어려움을 바탕으로 다른 사람들을 돕는 자원봉사 활동에 참여하는 것도 큰 의미가 있습니다. 이는 자신의 경험이 타인에게 긍정적인 영향을 줄 수 있음을 깨닫게 하여 소속감과 책임감을 높여줍니다.

Q3. 이웃이나 직장 동료와 좋은 관계를 맺는 방법은 무엇인가요?

A. 이웃이나 직장 동료와 좋은 관계를 맺는 것은 사회 복귀의 중요한 부분이며, 정서적인 지지와 안정감을 얻는 데 기여합니다.

- ❖ **기본적인 예의와 존중:** 먼저 기본적인 예의와 존중을 갖추는 것이 중요합니다. 먼저 인사를 건네고, 긍정적인 태도로 대화에 참여하며, 상대방의 이야기에 귀 기울이세요.
- ❖ **경청과 공감:** 자신의 어려움을 과도하게 드러내기보다는, 상대방의 감정에 공감하고 필요한 경우 도움을 주는 친절한 모습을 보여주는 것이 좋습니다.
- ❖ **성실한 태도와 신뢰:** 공동의 목표를 위해 협력하고, 맡은 바 역할에 성실히 임하며 신뢰를 쌓는 것이 중요합니다. 작은 감사 표현이나 칭찬은 관계를 더욱 돈독하게 만들 수 있습니다.
- ❖ **경계 존중:** 사적인 영역을 존중하고, 불필요한 뒷담화나 편 가르기 등은 피해야 합니다. 업무와 사생활의 경계를 명확히 하는 것도 중요합니다.
- ❖ **긍정적인 태도:** 항상 긍정적이고 밝은 태도를 유지하려고 노력하세요. 당신의 긍정적인 에너지는 주변 사람들에게도 좋은 영향을 미칩니다.

Q4. 신뢰를 잃은 후 다시 쌓아가는 데 얼마나 시간이 걸리나요?

A. 신뢰를 잃은 후 다시 쌓아가는 데는 상당한 시간과 꾸준한 노력이 필요하며, 이는 개인과 관계의 특성, 그리고 과거에 발생했던 문제의 심각성에 따라 매우 달라질 수 있습니다.

- ❖ **인내심과 일관성:** 짧게는 수개월에서 길게는 수년, 혹은 그 이상이 걸릴 수도 있습니다. 중요한 것은 조급해하지 않고 인내심을 가지고 꾸준히 노력하는 것입니다. 한 번의 잘못으로 신뢰를 잃는 것은 쉽지만, 다시 신뢰를 얻기 위해서는 말뿐이 아닌 행동으로 진심을 보여주는 일관된 노력이 필요합니다.
- ❖ **작은 약속 지키기:** 사소한 약속이라도 반드시 지키고, 매사에 성실하고 책임감 있는 모습을 보여준다면, 시간이 지남에 따라 점차 신뢰를 회복할 수 있을 것입니다.
- ❖ **꾸준한 소통:** 가족, 친구, 동료 등 관계를 회복하고 싶은 사람들과 꾸준히 소통하며 자신의 변화와 노력을 보여주세요.
- ❖ **과거 성찰 및 미래 지향:** 과거의 잘못을 진심으로 성찰하고 인정하되, 과거에 얽매이지 않고 현재의 삶에 최선을 다하며 긍정적인 미래를 만들어나가는 모습을 보여주는 것이 중요합니다.

Chapter 16 | 새로운 나를 지키기: 재범 위험 요소 인식과 극복 방법

수용 생활을 마친 후 재범의 유혹을 이겨내고, 자신을 보호하며 사회의 건강한 일원으로서 당당하게 살아가기 위한 내적 변화와 실질적인 재범 방지 전략을 제시합니다. 위기 신호를 인식하고, 스트레스를 건강하게 해소하며, 필요한 경우 도움을 요청하는 방법을 안내합니다. 주요 내용: 재범으로 이어질 수 있는 위험 신호를 인식하는 방법, 스트레스와 충동을 통제하는 나만의 해소법, 위기 시 도움을 요청할 수 있는 지원 시스템 구축 방법, 그리고 장기적인 목표 설정과 동기 유지 전략을 포함합니다.

[section 16.1] 내가 흔들릴 때 나타나는 신호들

Q1. 재범으로 이어질 수 있는 주요 위험 신호는 무엇인가요?

A. 재범으로 이어질 수 있는 위험 신호를 미리 파악하고 대처하는 것은 성공적인 사회 복귀에 매우 중요합니다. 이러한 신호는 개인마다 다를 수 있지만, 일반적으로 다음과 같은 특징을 보입니다.

- ❖ **과거 범죄 환경 및 인물 노출**: 과거 범죄에 연루되었던 장소에 다시 방문하거나, 부정적인 영향을 주었던 인물들과 다시 연락하거나 만나는 상황은 가장 큰 위험 신호입니다.
- ❖ **스트레스 관리 능력 저하**: 심한 스트레스나 분노, 좌절감을 건강하게 해소하지 못하고 쌓아두면서 충동적인 행동을 할 가능성이 높아지는 상황입니다.
- ❖ **과거 유발 요인 의존**: 약물, 알코올 중독, 도박 중독 등 과거 범죄의 직접적인 원인이 되었던 요소들에 다시 의존하려는 경향을 보이는 것이 매우 위험한 신호입니다.
- ❖ **부정적 감정 및 사고 심화**: 죄책감, 수치심, 우울감, 무기력감, 세상에 대한 불공평함이나 피해 의식 등 부정적인 감정이 심화되거나, "나는 안 될 거야", "세상은 나를 받아주지 않아"와 같은 부정적인 사고 패턴이 지배적이 될 때도 경계해야 합니다.
- ❖ **위기 상황 대처 능력 상실**: 문제가 발생했을 때 혼자 해결하려 하거나, 도움을 요청하는 것을 주저하는 등 건강한 대처 방법을 사용하지 않으려는 태도도 위험 신호입니다.

Q2. 과거의 범죄 패턴을 어떻게 분석하고 이해할 수 있을까요?

A. 과거의 범죄 패턴을 분석하고 이해하는 것은 재범 방지를 위한 자기 성찰의 핵심입니다. 이는 자신의 취약점을 파악하고, 재범 위험을 미리 인지하여 예방하는 데 도움이 됩니다.

- ❖ **솔직한 회고와 기록:** 자신의 범죄가 발생했던 당시의 상황, 감정 상태, 주변 인물, 유발 요인(예: 음주, 특정 장소, 특정 인물과의 관계, 경제적 어려움, 스트레스 등)을 솔직하게 되돌아보고 구체적으로 기록하는 것이 중요합니다. 언제, 어디서, 누구와 함께, 왜 그런 행동을 했는지 육하원칙에 따라 정리해 보세요.

- ❖ **전문가의 도움:** 심리 상담사, 보호관찰관, 또는 교정시설 내 상담관 등 전문가와의 상담을 통해 객관적인 관점에서 자신의 범죄 패턴을 파악하고, 재범으로 이어질 수 있는 취약점을 이해하는 것이 필요합니다. 전문가는 당신이 미처 깨닫지 못했던 패턴을 발견하는 데 도움을 줄 수 있습니다.

- ❖ **'위기 상황 대처 계획' 수립:** 이러한 분석을 바탕으로 재범을 유발할 수 있는 '고위험 상황'을 파악하고, 각 상황에 대한 구체적인 '위기 상황 대처 계획'을 수립해야 합니다. 예를 들어, '술을 마시고 싶을 때'는 '즉시 멘토에게 전화하기' 또는 '자조 모임에 참석하기'와 같은 구체적인 행동 계획을 세우는 것입니다.

- ❖ **꾸준한 자기 점검:** 출소 후에도 자신의 생각, 감정, 행동을 꾸준히 점검하고, 과거의 위험 신호가 나타나지는 않는지 주기적으로 확인하는 습관을 들이는 것이 중요합니다.

Q3. 스트레스와 위기 상황에서 충동을 통제하는 방법은 무엇인가요?

A. 스트레스와 위기 상황은 충동적인 행동으로 이어져 재범을 유발할 수 있습니다. 이러한 상황에서 충동을 효과적으로 통제하는 방법을 익히는 것이 중요합니다.

- ❖ **'멈춤' 신호 보내기:** 충동적인 생각이 들 때, 즉시 그 생각을 멈추고 잠시 그대로 멈추는 것이 최선입니다. 눈을 감고 깊게 숨을 들이마신 후, 천천히 내쉬면서 "괜찮아, 지금은 멈춰도 돼"라고 속으로 말해보세요. 이 간단한 '멈춤'이 불안을 진정시키고 충동을 조절하는 첫 단계입니다.

- ❖ **심호흡 및 근육 이완:** 깊게 들이쉬고 천천히 내쉬는 심호흡을 반복합니다. 동시에 발가락부터 머리까지 몸의 힘을 하나씩 빼보는 근육 이완 연습을 하면 몸의 긴장을 풀어주고 마음을 가라앉히는 데 도움이 됩니다.

- ❖ **일시적인 회피 및 주의 전환:** 충동을 유발하는 상황이나 장소에서 잠시 벗어나 안전한 곳으로 이

동하고, 다른 곳으로 주의를 돌리세요. 좋아하는 음악을 듣거나, 짧은 산책을 하는 등 기분 전환을 위한 활동을 하는 것이 좋습니다.

- ❖ **생각 노트 활용:** 잠자리에 들었는데 계속 생각이 떠오르거나 충동적인 생각이 반복될 때는, 작은 노트에 그 생각들을 끄적여보세요. 머릿속에 맴도는 생각이 정리되면서 충동 조절에 도움이 됩니다.

- ❖ **전문가 또는 지지자의 도움 요청:** 충동을 혼자 통제하기 어렵다고 느껴질 때는 주저하지 말고 보호관찰관, 심리 상담사, 멘토, 또는 신뢰할 수 있는 가족이나 친구에게 즉시 도움을 요청하세요. 미리 비상 연락망을 구축해두는 것이 중요합니다.

[section 16.2] 다시 무너지지 않기 위한 구조 요청법

Q1. 위기 시 도움을 요청할 수 있는 지원 네트워크를 어떻게 만들 수 있나요?

A. 재범의 유혹이나 심리적 위기 상황에 처했을 때, 혼자서 감당하기보다는 도움을 요청할 수 있는 강력한 지원 네트워크를 구축하는 것이 매우 중요합니다.

- ❖ **신뢰할 수 있는 '핵심 지지자' 선정:** 가족, 친구, 멘토, 종교 지도자 중 한두 명을 '핵심 지지자'로 선정하고, 자신의 어려움을 솔직하게 이야기하며 위기 시 도움을 요청할 수 있음을 미리 합의해 두세요. 이들은 당신의 변화를 가장 가까이에서 지지하고 응원해줄 사람들입니다.

- ❖ **전문 지원 기관과의 연계:** 한국법무보호복지공단, 보호관찰소, 정신건강복지센터, 종합사회복지관 등 출소자 지원 기관의 연락처를 미리 확보하고, 필요시 즉시 도움을 요청할 수 있도록 비상 연락망을 구축해야 합니다. 이들 기관은 법률, 주거, 취업, 심리 등 다방면의 전문적인 지원을 제공합니다.

- ❖ **자조 모임 및 회복 커뮤니티 참여:** 단주 모임, 마약 중독자 익명 모임, 도박 중독자 모임 등 자신의 문제에 특화된 자조 모임이나 회복 커뮤니티에 꾸준히 참여하세요. 비슷한 경험을 가진 사람들과의 교류는 고립감을 해소하고, 서로에게 지지와 격려를 주고받으며 위기 상황 대처법을 배우는 데 큰 도움이 됩니다.

- ❖ **공식적인 도움 요청 채널 숙지:** 112(경찰), 119(응급), 1397(서민금융콜센터), 1350(고용노동부 고객센터), 129(보건복지상담센터), 1670-7004(한국법무보호복지공단) 등 위기 시 즉시 연락할 수 있는 공식적인 도움 요청 채널을 숙지하고, 휴대폰에 저장해두는 것이 좋습니다.

Q2. 전문적인 상담이나 치료 프로그램은 어떻게 이용할 수 있나요?

A. 자신의 문제를 근본적으로 해결하고 재범을 방지하기 위해서는 전문적인 상담이나 치료 프로그램의 도움이 필수적입니다.

- ❖ **교정시설 내 프로그램 활용:** 수용 기간 동안 교정시설 내에서 운영하는 심리상담 프로그램이나 특정 범죄 유형에 특화된 심리치료 프로그램(예: 분노 조절, 약물 중독 치료, 성범죄 치료 등)에 적극적으로 참여하세요. 이는 출소 후의 성공적인 삶을 위한 중요한 준비 과정입니다.
- ❖ **한국법무보호복지공단:** 출소 후에는 한국법무보호복지공단에서 제공하는 심리 상담 및 가족관계 향상 프로그램을 이용할 수 있습니다. 전국 지부 및 지소에서 상담 서비스를 제공합니다.
- ❖ **지역사회 정신건강복지센터:** 각 지역의 정신건강복지센터에서는 심리 상담, 정신과 진료 연계, 사례 관리 등 다양한 서비스를 제공합니다. 스트레스 관리, 우울증, 불안 장애 등 심리적 어려움을 겪을 때 큰 도움을 받을 수 있습니다.
- ❖ **종합사회복지관 및 전문 상담센터:** 지역의 종합사회복지관이나 사설 상담센터에서도 상담 서비스를 이용할 수 있습니다. 일부 기관은 출소자를 위한 특화된 프로그램을 운영하기도 합니다.
- ❖ **이용 방법 및 비용:** 이러한 기관에 직접 방문하거나 전화하여 상담을 신청할 수 있습니다. 대부분의 경우 비용 부담 없이 이용 가능하거나, 저렴한 비용으로 이용할 수 있습니다. 자신의 상황을 솔직하게 이야기하고, 필요한 도움을 요청하는 것이 중요합니다.

Q3. 자조 모임과 회복 커뮤니티가 재범 방지에 어떻게 도움이 되나요?

A. 자조 모임과 회복 커뮤니티는 재범 방지를 위한 매우 효과적인 지원 시스템입니다.

- ❖ **고립감 해소 및 공감대 형성:** 비슷한 경험을 가진 사람들과의 교류를 통해 자신의 어려움을 공유하고 공감대를 형성하며, "나 혼자가 아니다"라는 안정감을 느낄 수 있습니다. 이는 고립감을 해소하고 심리적 안정에 기여합니다.
- ❖ **실질적인 지지와 정보 교환:** 모임 구성원들로부터 지지와 격려를 받고, 위기 상황 대처법이나 재범을 예방하는 실제적인 전략(예: 구직 정보, 생활 노하우, 법률 정보 등)을 배울 수 있습니다.
- ❖ **책임감 및 동기 부여:** 서로에게 자신의 회복 과정을 보고하고, 목표 달성을 위해 서로를 격려하며 책임감을 높일 수 있습니다. 다른 구성원들의 성공 사례를 통해 희망을 얻고, 재범의 유혹을 이겨내는 강력한 동기 부여가 됩니다.
- ❖ **익명성 보장:** 많은 자조 모임은 익명성을 보장하므로, 자신의 취약점을 솔직하게 드러내고 도움

을 요청하기 용이합니다. 이는 외부에 말하기 어려운 문제를 터놓고 이야기할 수 있는 안전한 공간을 제공합니다.

- ❖ **주요 모임:** 단주 모임(AA), 마약 중독자 익명 모임(NA), 도박 중독자 모임(GA) 등 자신의 문제에 특화된 다양한 자조 모임이 있습니다. 인터넷 검색이나 지원 기관을 통해 가까운 모임을 찾아 참여할 수 있습니다.

Q4. 재범 없는 새 삶을 위한 장기적인 목표 설정과 동기 유지 방법은?

A. 재범 없는 새 삶을 살아가기 위해서는 명확한 장기적인 목표 설정과 이를 달성하기 위한 꾸준한 동기 유지가 필수적입니다.

- ❖ **구체적이고 현실적인 목표 설정:** 추상적인 목표("착하게 살겠다")보다는 구체적이고 현실적인 목표를 설정하세요. 예를 들어, "○○ 분야에서 일자리를 구하고, ~한 자격증을 취득하여 경제적으로 자립하겠다", "가족과의 관계를 회복하고, 매주 ~시간을 함께 보내겠다", "월별 일정 금액을 저축하겠다"와 같이 명확한 목표를 세우는 것이 중요합니다.

- ❖ **목표 세분화 및 실행 계획:** 장기적인 목표를 달성하기 위한 구체적인 단기 목표와 실행 계획을 세우세요. 큰 목표를 작은 단계로 나누어 하나씩 실천해 나가는 것이 중요합니다. 예를 들어, '직업훈련 수료 → 자격증 취득 → 이력서 작성 → 면접 → 취업'과 같이 단계별 계획을 세우는 것입니다.

- ❖ **꾸준한 노력과 자기 점검:** 매일 또는 매주 자신의 목표 달성 과정을 점검하고, 작은 성취에도 스스로 보상하여 동기를 유지합니다. 일기 쓰기, 계획표 작성 등을 통해 자신의 노력을 기록하고 시각적으로 확인하는 것이 좋습니다.

- ❖ **긍정적인 자기 대화:** 어려움에 직면했을 때 부정적인 생각에 빠지기보다는, "나는 할 수 있다", "나는 충분히 변화할 수 있다"와 같이 긍정적인 자기 대화를 통해 스스로를 격려하고 동기를 부여해야 합니다.

- ❖ **지지 기반 활용:** 가족, 친구, 멘토, 또는 지원 기관(한국법무보호복지공단, 보호관찰소 등)의 도움을 받아 지속적인 지지와 격려를 받는 것도 중요합니다. 이들과 목표를 공유하고 정기적으로 상담하는 것이 도움이 됩니다.

- ❖ **위기 상황 대처 계획 상기:** 재범의 유혹이 들 때마다 미리 세워둔 '위기 상황 대처 계획'을 상기하고, 즉시 도움을 요청할 수 있는 네트워크를 활용하세요.

- ❖ **성찰과 감사:** 과거의 잘못을 교훈 삼아 미래를 향해 나아가겠다는 긍정적인 마음가짐을 유지하고, 현재 자신이 누리는 작은 행복이나 성취에 감사하는 마음을 가지는 것이 중요합니다.

Appendix

부록

1. 각종 서식 및 양식
2. 반성문 및 탄원서(유형별 및 항목별 통합기재례)
3. 형의 집행 및 수용자의 처우에 관한 법률(인용조문 3단비교)
4. 교정시설 외부 지원기관 목록 및 연락처

각종 서식 및 양식

제1부: 수사 및 재판 준비 단계 (미결수용자)

[양식] 구속적부심사청구서 (拘束適否審査請求書)

구 속 적 부 심 사 청 구 서

사 건 : [사건번호 입력 필요] (예: 2025 형제 12345)
피 의 자 : [피의자 성명 입력 필요]
청 구 인 : [청구인 성명 및 피의자와의 관계 입력 필요]
(예: 변호인 법무법인 OOO, 담당변호사 OOO)

청 구 취 지

피의자에 대한 구속영장의 집행을 취소하고 피의자를 석방하여 주시기 바랍니다.

청 구 이 유

[구체적인 청구 이유 기재 필요]
(예시)
가. 범죄 혐의의 소명이 부족합니다.
나. 도망할 염려가 없습니다. (주거 일정, 가족관계 등 기재)
다. 증거를 인멸할 염려가 없습니다. (증거 수집 상황 등 기재)
라. 따라서 피의자에 대한 구속은 부당하므로 조속히 석방하여 주시기 바랍니다.

첨 부 서 류

1. [소명자료 목록 기재]

20 . . .

위 청구인 이 몽 룡 (인)

[관할 법원명 입력 필요] 귀중 (예: 서울중앙지방법원)

【유의사항】

1. 청구권자: 체포 또는 구속된 피의자 또는 그 변호인, 법정대리인, 배우자, 직계친족, 형제자매나 가족, 동거인 또는 고용주는 관할 법원에 체포 또는 구속의 적부심사를 청구할 수 있습니다(형사소송법 제214조의2 제1항).

2. 청구 사유: 체포 또는 구속의 위법성 또는 부당성을 주장할 수 있습니다. 구체적으로는 ① 구속의 요건(범죄의 중대성, 재범의 위험성, 피해자 및 중요 참고인 등에 대한 위해 우려)이 없거나, ② 구속 사유(주거부정, 증거인멸 염려, 도망 염려)가 없음에도 구속된 경우, ③ 구속 과정에 위법이 있었던 경우 등을 주장할 수 있습니다.

3. 심문 및 결정: 법원은 청구서가 접수된 때부터 48시간 이내에 피의자를 심문하고 수사관계서류와 증거물을 조사하여 그 청구가 이유 없다고 인정한 때에는 결정으로 이를 기각하고, 이유 있다고 인정한 때에는 결정으로 체포 또는 구속된 피의자의 석방을 명하여야 합니다(형사소송법 제214조의2 제4항).

4. 재청구의 제한: 법원의 기각결정 또는 석방결정에 대하여는 항고할 수 없으며, 구속적부심사청구가 기각된 경우, 청구권자는 동일한 체포영장 또는 구속영장의 발부에 대하여 다시 심사를 청구하지 못합니다(형사소송법 제214조의2 제8항, 제10항).

[양식] 국선변호인 선정 청구서

국선변호인 선정 청구서

사 건 : [사건번호 입력 필요] (예: 2025 고단 1234)
피 고 인 : [피고인 성명 입력 필요]
주민등록번호 : [주민등록번호 입력 필요]
주 소 : [피고인 주소 입력 필요]
연 락 처 : [피고인 연락처 입력 필요]

위 피고인은 아래와 같은 사유로 변호인을 선임할 수 없어 국선변호인 선정을 청구하오니 허가하여 주시기 바랍니다.

청 구 이 유
(해당 사유에 ■ 또는 V 표시)

☐ 피고인이 구속된 때
☐ 피고인이 미성년자인 때
☐ 피고인이 70 세 이상인 때
☐ 피고인이 농아자인 때
☐ 피고인이 심신장애의 의심이 있는 때
☐ 피고인이 빈곤 그 밖의 사유로 변호인을 선임할 수 없는 때 (※ 소명자료 첨부 필요)

첨 부 서 류

[소명자료 목록 기재] (예: 국민기초생활수급자 증명서 1 통)

20   .   .   .

위 청구인 이 몽 룡 (인)

[관할 법원명 입력 필요] 귀중 (예: 서울중앙지방법원)

【유의사항】

1. 선정 사유: 국선변호인 선정 사유는 형사소송법 제 33 조에 규정되어 있습니다.

   ❍ 필요적 변호사건 (법원 직권 선정): ① 피고인이 구속된 때, ② 미성년자일 때, ③ 70 세 이상일 때, ④ 농아자일 때, ⑤ 심신장애의 의심이 있을 때, ⑥ 사형, 무기 또는 단기 3 년 이상의 징역이나 금고에 해당하는 사건으로 기소된 때에는 변호인이 없는 경우 법원이 직권으로 국선변호인을 선정합니다.

   ❍ 청구에 의한 선정: 위 사유에 해당하지 않더라도 피고인이 빈곤이나 그 밖의 사유로 변호인을 선임할 수 없을 때에는 법원에 국선변호인 선정을 청구할 수 있습니다. 이 경우 법원은 사정을 심사하여 선정 여부를 결정합니다.

2. 소명자료: '빈곤'을 사유로 청구하는 경우에는 국민기초생활수급자 증명서, 차상위계층 확인서, 한부모가족 증명서, 장애인등록증 등 경제적 어려움을 소명할 수 있는 자료를 첨부해야 합니다.

3. 제출 시기: 피고인으로 공소가 제기된 이후 언제든지 법원에 제출할 수 있습니다.

4. 영장실질심사 단계: 피의자에 대한 구속영장이 청구되고 피의자가 변호인이 없는 경우, 판사는 직권으로 국선변호인을 선정하여야 합니다(형사소송규칙 제 99 조 제 2 항). 이 경우 별도의 선정 청구가 필요 없습니다.

[양식] 보석허가청구서

보 석 허 가 청 구 서

사 건 : [사건번호 입력 필요] (예: 2025 고합 123)
피 고 인 : [피고인 성명 입력 필요]
청 구 인 : [청구인 성명 및 피고인과의 관계 입력 필요]
(예: 변호인 법무법인 OOO, 담당변호사 OOO)

청 구 취 지

피고인에 대한 보석을 허가하여 주시기 바랍니다.

청 구 이 유

[구체적인 청구 이유 기재 필요]
(예시) 가. 피고인은 자신의 범죄사실에 대하여 깊이 뉘우치고 반성하고 있습니다.
나. 피고인은 주거가 일정하고, 부양해야 할 가족이 있어 도망할 염려가 없습니다.
다. 본건의 주요 증거는 모두 수집되어 증거를 인멸할 염려가 없습니다.
라. 피고인은 고령(또는 지병)으로 장기간의 구금 생활을 감내하기 어려운 건강 상태에 있습니다.
마. 피고인은 불구속 상태에서 재판을 받으며 피해자의 피해 회복을 위해 최선의 노력을 다하고자 합니다.
바. 따라서 피고인에게 보석보증금 납부 등 적당한 조건을 붙여 보석을 허가하여 주시기 바랍니다.

첨 부 서 류

[소명자료 목록 기재] (예: 가족관계증명서, 재직증명서, 진단서 등)

20 . . .

위 청구인 이 몽 룡 (인)

[관할 법원명 입력 필요] 귀중 (예: 서울중앙지방법원)

【유의사항】

1. **청구권자**: 피고인, 변호인, 법정대리인, 배우자, 직계친족, 형제자매, 가족, 동거인 또는 고용주는 법원에 피고인의 보석을 청구할 수 있습니다(형사소송법 제 97 조 제 1 항).

2. **보석의 종류**:

   ○ **필요적 보석**: 보석 청구가 있는 때에는 법은 아래의 예외사유에 해당하지 않는 한 보석을 허가하여야 합니다(형사소송법 제 95 조).
      피고인이 사형, 무기 또는 장기 10 년이 넘는 징역이나 금고에 해당하는 죄를 범한 때
      피고인이 누범에 해당하거나 상습범인 죄를 범한 때
      피고인이 죄증을 인멸하거나 인멸할 염려가 있다고 믿을 만한 충분한 이유가 있는 때
      피고인이 도망하거나 도망할 염려가 있다고 믿을 만한 충분한 이유가 있는 때
      피고인의 주거가 분명하지 아니한 때
      피고인이 피해자, 당해 사건의 재판에 필요한 사실을 알고 있다고 인정되는 자 또는 그 친족의 생명·신체나 재산에 해를 가하거나 가할 염려가 있다고 믿을만한 충분한 이유가 있는 때

   ○ **임의적 보석**: 위 필요적 보석의 예외사유에 해당하더라도, 법원은 상당한 이유가 있는 때에는 직권 또는 청구에 의하여 결정으로 보석을 허가할 수 있습니다(형사소송법 제 96 조).

3. **보석의 조건**: 법원은 보석을 허가하는 경우 피고인의 자력 또는 자산 정도 등을 고려하여 다양한 조건을 정할 수 있습니다(형사소송법 제 98 조). 예컨대, 법원이 정하는 보증금 납부, 주거 제한, 피해 회복 노력, 특정인 접근금지 등이 있습니다.

4. **제출 시기**: 공소 제기 후 구속된 피고인에 대하여 판결 선고 전까지 청구할 수 있습니다.

5. **보석의 취소**: 법원은 피고인이 도망한 때, 도망하거나 죄증을 인멸할 염려가 있다고 믿을 만한 충분한 이유가 있는 때, 정당한 사유 없이 출석하지 아니한 때, 주거의 제한 기타 법원이 정한 조건을 위반한 때 등에는 직권 또는 검사의 청구에 의하여 결정으로 보석을 취소할 수 있습니다(형사소송법 제 102 조 제 2 항).

[양식] 공판기일 연기신청서

공 판 기 일 연 기 신 청 서

사 건 : [사건번호 입력 필요] [죄명 입력 필요] (예: 2025 고단 1234 사기)
피고인 : [피고인 성명 입력 필요]
(현재 [구치소명 입력 필요]에 수감 중)

위 사건에 관하여 [원래 공판기일 날짜 및 시간 입력 필요]으로 지정된 공판기일을 추후 지정하여 주시기 바랍니다.

신 청 이 유

1. 존경하는 재판장님. 피고인은 현재 [구치소명 입력 필요]에 구금되어 재판을 받고 있습니다.
2. 피고인은 아직 변호인을 선임하지 못하였습니다. 구금된 상태에 있어 가족과의 접견이나 외부와의 소통이 자유롭지 못하여 변호인 선임을 위한 상담이나 조력을 받기에 어려움이 많습니다. 현재 가족들을 통하여 변호인 선임을 알아보고 있으나, 적합한 변호인을 선임하기까지 시간이 조금 더 필요한 상황입니다.
3. 피고인으로서는 변호인의 충분한 법적 조력을 받아 충실히 재판에 임하고 싶습니다. 변호인 선임 없이 공판기일이 진행된다면 피고인의 방어권이 실질적으로 보장받기 어려울 수 있다는 점을 부디 헤아려 주시기 바랍니다.
4. 이에 존경하는 재판장님께서는 피고인의 사정을 참작하시어, 다가오는 공판기일을 한 차례 연기하여 주시길 간곡히 부탁드립니다.

20 . . .

위 청구인 이 몽 룡 (인)

[관할법원명 입력 필요] 제 O 형사부(단독) 귀중

【유의사항】

1. 신청이유의 구체성 및 설득력

    ○ 단순히 '준비가 필요하다'는 추상적인 사유보다는, 재판부가 납득할 수 있는 구체적이고 타당한 이유를 제시해야 합니다.

    ○ 특히 수감 중인 피고인의 경우, '피해자와의 합의 시도'는 주장 가능한 연기 사유 중 하나입니다. 합의는 실형 가능성을 낮추는 중요한 양형 요소이므로 재판부에서 기회를 주는 경우가 많습니다.

    ○ 합의 진행 상황을 구체적으로 기재하면(예: "가족을 통해 피해자와 연락하여 합의금 조율 중입니다") 설득력이 높아집니다.

2. 소명자료의 활용

    ○ 신청이유를 뒷받침할 수 있는 객관적인 자료가 있다면 반드시 첨부하는 것이 좋습니다.

    ○ 예를 들어, 건강 악화가 사유라면 의사 소견서나 진단서를, 증인 신청을 준비 중이라면 증인의 사정을 설명하는 자료 등을 첨부할 수 있습니다.

3. 신속한 제출

    ○ 공판기일이 임박해서 신청서를 제출하면 재판부에 좋지 않은 인상을 줄 수 있으며, 신청이 받아들여지지 않을 가능성이 높습니다.

    ○ 연기 필요성이 발생한 즉시, 늦어도 공판기일 3~5일 전에는 제출하는 것이 바람직합니다.

4. 정중하고 간곡한 어조

    ○ 기일 연기는 재판부의 재량에 속하는 사항이므로, 명령조나 당연한 권리를 주장하는 듯한 표현은 피해야 합니다.

    ○ '~주시길 간곡히 청합니다', '~너그러이 헤아려 주시기 바랍니다' 등 정중하고 간곡한 표현을 사용하여 재판부의 허가를 구하는 자세를 보이는 것이 중요합니다.

5. 수감 사실의 강조

    ○ 피고인이 수감 중이라는 특수한 상황을 적절히 언급하여 방어권 행사에 제약이 있음을 부각하는 것이 좋습니다. 예를 들어, "구금 상태에 있어 증거 수집에 어려움이 많습니다"와 같이 기재할 수 있습니다.

제2부: 재판 불복단계

[양식] 항소장 (控訴狀)

항 소 장

사 건 : [사건번호 입력 필요] (예: 2025 고단 1234)

죄 명 : [죄명 입력 필요] (예: 사기)

피 고 인 : [피고인 성명 입력 필요]

주민등록번호 : [주민등록번호 입력 필요]

주 소 : [피고인 주소 입력 필요]

연 락 처 : [피고인 연락처 입력 필요]

위 피고인에 대한 위 사건에 관하여 제1심 법원은 **[1심 판결 선고일자 입력 필요]** 피고인에 대하여 **[1심 선고 형량 입력 필요]**(예: 징역 1년)을 선고하였는바, 피고인은 위 판결에 **전부 불복**하므로 이에 항소를 제기합니다.

20 . . .

위 청구인 이 몽 룡 (인)

[항소심 법원명 입력 필요] 귀중 (예: 서울고등법원)

【유의사항】

1. 제출 법원: 항소장은 **판결을 선고한 1심 법원**에 제출해야 합니다(형사소송법 제359조).

2. 제출 기한: 판결 선고일로부터 **7일 이내**에 제출해야 합니다(형사소송법 제358조). 이 기간은 불변기간이므로 반드시 준수해야 합니다.

3. 불복의 범위:

전부 불복: 판결 주문(유/무죄, 형량) 및 판결 이유(사실인정, 법리판단) 전체에 대해 다투는 경우입니다. 위 양식은 전부 불복을 전제로 작성되었습니다.

일부 불복: 판결의 일부에 대해서만 다투는 경우(예: 유죄는 인정하나 양형부당만을 주장하는 경우)에는 불복의 범위를 명확히 기재할 수 있습니다.

(기재례) "...피고인에 대하여 징역 1년을 선고하였는바, 피고인은 위 판결 중 **양형에 관하여만 불복**하므로 이에 항소를 제기합니다."

4. 항소이유서 제출: 항소장에는 구체적인 항소 이유를 기재하지 않아도 됩니다. 항소 법원으로부터 **소송기록접수통지**를 받은 날로부터 **20일 이내**에 상세한 이유를 기재한 **항소이유서를 항소 법원**에 제출해야 합니다(형사소송법 제361조의3 제1항). 이 기간 내에 항소이유서를 제출하지 않으면 항소 기각 결정을 받을 수 있으므로 기한을 반드시 준수해야 합니다(형사소송법 제361조의4 제1항).

[양식] 상고장 (上告狀)

상 고 장

사 건 : [사건번호 입력 필요] (예: 2025 고단 1234)

죄 명 : [죄명 입력 필요] (예: 사기)

피 고 인 : [피고인 성명 입력 필요]

주민등록번호 : [주민등록번호 입력 필요]

주 소 : [피고인 주소 입력 필요]

연 락 처 : [피고인 연락처 입력 필요]

위 피고인에 대한 위 사건에 관하여 항소심 법원([원심 법원명 입력 필요], 예: 서울고등법원)은 [항소심 판결 선고일자 입력 필요] 피고인에 대하여 [항소심 선고 형량 입력 필요](예: 징역 10월)을 선고하였는바, 피고인은 위 판결에 **전부 불복**하므로 이에 상고를 제기합니다.

20 . . .

위 청구인 이 몽 룡 (인)

대법원 귀중

【유의사항】

1. 제출 법원: 상고장은 **판결을 선고한 원심 법원(항소심 법원)**에 제출해야 합니다(형사소송법 제376조).

2. 제출 기한: 항소심 판결 선고일로부터 **7일 이내**에 제출해야 합니다(형사소송법 제374조). 이 기간은 불변기간이므로 반드시 준수해야 합니다.

3. 상고이유서 제출: 상고 법원으로부터 **소송기록접수통지**를 받은 날로부터 **20일 이내**에 상세한 이유를 기재한 **상고이유서를 대법원**에 제출해야 합니다(형사소송법 제379조 제1항). 이 기간 내에 상고이유서를 제출하지 않으면 상고 기각 결정을 받게 됩니다(형사소송법 제380조).

4. 상고이유의 제한: 형사소송법 제383조는 상고이유를 엄격히 제한하고 있습니다. 단순한 사실오인이나 양형부당(단, 사형, 무기 또는 10년 이상의 징역이나 금고가 선고된 사건 제외)은 적법한 상고이유가 될 수 없습니다. 적법한 상고이유는 다음과 같습니다.

- 판결에 영향을 미친 헌법·법률·명령 또는 규칙의 위반이 있는 때
- 판결 후 형의 폐지나 변경 또는 사면이 있는 때
- 재심청구의 사유가 있는 때
- 사형, 무기 또는 10년 이상의 징역이나 금고가 선고된 사건에 있어서 중대한 사실의 오인이 있어 판결에 영향을 미친 때 또는 형의 양정이 심히 부당하다고 인정할 현저한 사유가 있는 때

다시, 삶의 이름으로

제3부 기타

[양식] 압수물 환부/가환부 신청서

압 수 물 환 부 · 가 환 부 신 청 서

사 건 : [사건번호 입력 필요] (예: 2025 고단 1234)
죄 명 : [죄명 입력 필요] (예: 절도, 사기 등)
피고인(피의자) : [피고인(피의자) 성명 입력 필요]
신 청 인 : [신청인 성명 입력 필요]
주 소 : [주소 입력 필요]
연 락 처 : [연락처 입력 필요]
피고인(피의자)과의 관계 : [관계 입력 필요] (예: 피해자, 소유자)

위 사건에 관하여 귀 원(청, 서)에서 증거품으로 압수 중인 아래 기재 물건에 대하여 환부(또는 가환부)하여 주시기 바랍니다.

【환부·가환부를 신청하는 압수물】

압수목록 순번	품 명	수 량	특 징	비 고
[번호 입력]	[품명 입력]	[수량 입력]	[특징 입력]	[비고 입력]
[번호 입력]	[품명 입력]	[수량 입력]	[특징 입력]	[비고 입력]
[번호 입력]	[품명 입력]	[수량 입력]	[특징 입력]	[비고 입력]

신 청 이 유

1. 압수 경위

신청인은 위 사건의 피해자(또는 소유자)로서, [압수일자]경 수사기관(또는 법원)은 피고인(피의자) [피고인(피의자) 성명 입력 필요]으로부터 위 압수물 목록 기재 물건(이하 '이 사건 압수물'이라 합니다)을 압수하여 현재까지 보관하고 있습니다.

2. 신청인의 권리 및 환부·가환부의 필요성

    가. 이 사건 압수물은 신청인의 정당한 소유물로서, [소유 경위 또는 피해 사실 등 구체적 사유 기재]입니다.
    나. 형사소송법은 압수를 계속할 필요가 없다고 인정되는 압수물 및 증거에 사용할 압수물에 대하여 공소제기 전이라도 소유자, 소지자, 보관자 또는 제출인의 청구가 있는 때에는 환부 또는 가환부하여야 한다고 규정하고 있습니다(형사소송법 제218조의2). 또한, 압수한 장물로서 피해자에게 환부할 이유가 명백한 것은 판결로써 피해자에게 환부하는 선고를 하여야 합니다(형사소송법 제333조 제1항).
    다. 이 사건 압수물은 증거로서의 가치에 대한 조사가 충분히 이루어졌거나 사본 확보 등으로 그 목적이 달성되어 더 이상 압수를 계속할 실익이 없습니다.
    라. (가환부가 필요한 경우) 특히 이 사건 압수물은 신청인의 생계유지 또는 일상생활에 필수적인 물건으로서, 압수가 계속됨으로 인하여 신청인이 겪는 불편과 손해가 막심한 상황입니다.
    마. 따라서 신청인에게 이 사건 압수물을 조속히 환부(또는 가환부)하여 주시기 바랍니다.
    바.

소 명 자 료

1. 소갑 제1호증 [소유권 증빙 서류(예: 구매영수증, 보증서 등) 입력 필요]
1. 소갑 제2호증 [신분증 사본 등 신청인 자격 증빙 서류 입력 필요]

첨 부 서 류

1. 위 소명자료 각 1통

20 . . .

위 신청인 이 몽 룡 (인)

[제출 입력 필요] 귀중

【유의사항】

압수물 가환부 청구서를 작성하실 때에는 다음 사항들을 유의하여 청구가 인용될 가능성을 높이는 것이 중요합니다.

1. 청구 주체 및 시기 확인

   ○ 청구권자 ☞ 압수물의 「소유자, 소지자, 보관자 또는 제출인」이 청구할 수 있습니다. 피의자나 피고인이 아니더라도 실질적인 권리자라면 청구 가능합니다.

   ○ 청구 시점 및 대상 기관:

   ➢ 공소제기 전 (수사 단계): 검사에게 청구해야 합니다. 사법경찰관이 압수한 경우에도 검사의 지휘를 받아 처리되므로, 최종 처분 권한은 검사에게 있습니다. (형사소송법 제 218 조의 2)

   ➢ 공소제기 후 (재판 단계): 사건이 계속 중인 법원에 청구해야 합니다. 제공된 양식의 '법원 귀중'이라는 문구는 공소제기 후 법원에 제출하는 경우를 상정한 것입니다. (형사소송법 제 133 조)

2. 가환부 대상 압수물 특정

   ○ 가환부의 대상은 원칙적으로 증거에 사용할 압수물에 한정됩니다.

   ○ '몰수' 대상이 되는 압수물은 원칙적으로 가환부가 허용되지 않습니다. (대법원 1966. 1. 28. 선고 65 모 21 결정) 따라서 청구 대상 물건이 몰수 대상이 아님을 명확히 주장하는 것이 중요합니다.

   ○ 다만, 몰수 여부가 법원의 재량에 맡겨진 '임의적 몰수' 대상물의 경우, 가환부가 허용될 여지가 있습니다.

3. 청구 이유의 구체적이고 설득력 있는 기재

법원이나 검사는 여러 사정을 종합하여 가환부 여부를 결정하므로, 아래와 같은 내용을 구체적으로 작성하여 가환부의 필요성을 적극적으로 주장해야 합니다(대법원 2017. 9. 29. 선고 2017 모 236 결정, 대법원 1994. 8. 18. 선고 94 모 42 결정)

  가. 압수 계속의 불필요성: 해당 압수물이 증거로서의 가치가 낮거나, 이미 사진 촬영, 사본 확보, 디지털 포렌식 등으로 증거 조사가 완료되어 더 이상 실물을 유치할 필요가 없다는 점을 강조합니다. (형사소송법 제 133 조 제 2 항)

  나. 피압수자의 불이익: 압수가 계속됨으로 인해 청구인이 입는 경제적, 신분상, 생활상의 불이익(예: 생계유지 곤란, 업무 중단 등)을 구체적으로 설명하여 설득력을 높입니다.

  다. 증거 인멸·은닉·훼손 위험 부존재: 가환부 받더라도 압수물을 선량하게 보관하고, 법원이나 수사기관의 요구 시 즉시 제출할 것임을 명확히 하여 증거 인멸 등의 우려가 없음을 밝힙니다.

  라. 범죄의 경중 및 태양: 사건 자체가 비교적 경미하고, 압수물이 범죄의 핵심 증거가 아니라는 점을 부각하는 것도 좋은 전략이 될 수 있습니다.

4. 반환받을 물건의 정확한 표시

수사기관으로부터 교부받은 '압수목록'을 참고하여, 반환을 원하는 물건의 명칭, 모델명, 수량, 특징 및 압수목록상의 순번 등을 정확하고 상세하게 기재해야 합니다(대법원 2024. 1. 5. 선고 2021 모 385 결정) 이는 신속하고 정확한 처리를 위해 필수적입니다.

5. 가환부의 법적 효력에 대한 이해

가환부는 압수의 효력이 소멸되는 '환부'와 달리, 압수의 효력은 그대로 유지되면서 잠정적으로 물건의 점유만 돌려받는 것입니다. 따라서 가환부 받은 물건을 임의로 처분(매각, 폐기 등)해서는 안됩니다.

6. 불복 절차

검사가 가환부 청구를 거부하는 처분을 한 경우, 그 검사가 소속된 검찰청에 대응하는 법원에 준항고를 제기하여 다툴 수 있습니다(헌법재판소 2015. 05. 28 선고 2014 헌마 926 결정).

[양식] 국가인권위원회 진정서

진 정 서

진 정 인

성 명: [진정인 성명 입력 필요]

주민등록번호: [주민등록번호 입력 필요]

주 소: [수용기관명 및 수용번호 입력 필요] (예: ○○구치소, 수용번호 1234)

연 락 처: [연락 가능한 연락처 입력 필요] (변호인 또는 가족 등)

피진정인

[피진정 기관장 또는 개인의 성명 입력 필요] (예: ○○교도소장)

소 속: [피진정인의 소속 기관명 입력 필요] (예: 법무부 교정본부 ○○교도소)

주 소: [피진정 기관의 주소 입력 필요]

진정의 제목

교도소 내에서의 부당한 처우 및 의료조치 미비로 인한 인권침해

진정의 취지

피진정인이 진정인에게 행한 인권침해 행위에 대하여 철저히 조사하여, 이에 상응하는 구제조치 및 재발방지 대책을 마련하도록 권고하여 주시기를 바랍니다.

진정의 이유

1. 당사자 관계

진정인은 현재 [수용기관명 입력 필요]에 수용 중인 수형자(또는 미결수용자)이고, 피진정인은 위 수용시설의 관리·운영을 총괄하는 책임자입니다.

2. 인권침해 사실

가. 사건의 경위

- 진정인은 [사건 발생일] [사건 발생 장소(예: 수용동 복도, 운동장 등)]에서 동료 수용자 [관련자 성명 입력 필요]와 사소한 시비가 붙었습니다.
- 당시 주변에 있던 교도관 [교도관 성명 입력 필요]은(는) 양측의 주장을 제대로 듣지 않고, 일방적으로 진정인에게 폭언과 위압적인 태도를 보였습니다.
- 이후 진정인은 위 사건과 관련하여 조사를 받는 과정에서 자신의 입장을 충분히 소명할 기회를 보장받지 못했으며, [조사 일시 및 장소]에 진행된 조사에서 교도관 [교도관 성명 입력 필요]은(는) 진정인에게 반말과 모욕적인 언사를 사용하였습니다.
- 또한, 진정인은 당시 [구체적인 부상 또는 질병 내용 입력 필요]으로 인해 심한 고통을 느끼고 있어 의료과 진료를 요청하였으나, 담당 교도관은 "꾀병 부리지 말라"며 이를 묵살하고 어떠한 의료적 조치도 취해주지 않았습니다.
- 결국 진정인은 [징벌 내용 입력 필요](예: 금치 10일)의 징벌 처분을 받았으며, 징벌 집행 중에도 건강 상태가 악화되어 여러 차례 의료 조치를 요청하였으나 계속하여 거부당했습니다.

나. 침해된 권리

- 인간의 존엄과 가치 및 신체의 자유 침해: 헌법 제10조 및 제12조는 모든 국민의 인간으로서의 존엄과 가치, 신체의 자유를 보장하고 있습니다. 피진정인 소속 교도관은 진정인에게 폭언, 모욕적인 언사를 사용하고 정당한 사유 없이 의료 접근권을 제한함으로써 진정인의 인격권과 신체의 안전을 침해하였습니다.

- 적법절차 원칙 위반: 징벌 절차에서 진정인에게는 자신의 행위를 방어하고 충분히 소명할 기회가 보장되어야 합니다. 그러나 피진정인 측은 일방적인 조사와 판단으로 징벌을 결정하여 적법절차 원칙을 위반하였습니다.
- 건강권 및 의료 접근권 침해: 「형의 집행 및 수용자의 처우에 관한 법률」 제 30 조는 수용자의 건강 유지를 위한 적절한 보건의료 및 요양의 조치를 보장하고 있습니다. 진정인이 명백히 신체적 고통을 호소하며 진료를 요청하였음에도 이를 거부한 행위는 진정인의 건강권과 기본적인 의료 접근권을 심각하게 침해한 것입니다.

3. 결론

이상과 같이 피진정인 및 그 소속 직원의 위법·부당한 직무집행으로 인하여 진정인은 인간으로서의 존엄과 가치를 심각하게 침해당하였고, 적절한 의료 조치를 받지 못하여 신체적, 정신적으로 큰 고통을 겪고 있습니다.

따라서 국가인권위원회에서는 이 사건의 진상을 명백히 밝혀 주시고, 진정인의 침해된 권리 구제를 위하여 피진정인에게 재발 방지 대책 마련 등을 포함한 합당한 조치를 취하도록 강력히 권고하여 주시기 바랍니다.

입증자료

1. [진단서 또는 소견서 (발급 가능한 경우) 1 부]
2. [목격자(동료 수용자 등)의 사실확인서 (확보 가능한 경우) 1 부]
3. [기타 진정인의 주장을 입증할 수 있는 자료]

첨부서류

1. 위 입증자료 각 1 통

20 . . .

위 진정인 이 몽 룡 (인)

국가인권위원회 위원장 귀중

[유의사항]

1. 사실관계의 구체적 서술: 진정 내용은 감정적인 호소보다는 사실관계를 중심으로 육하원칙(누가, 언제, 어디서, 무엇을, 어떻게, 왜)에 따라 구체적이고 명확하게 작성하는 것이 중요합니다. 시간 순서에 따라 정리하면 이해하기 쉽습니다.

2. 피진정인의 특정: 인권침해 행위를 한 교도관 개인을 특정하거나, 해당 교도관을 관리·감독할 책임이 있는 교정시설의 장(교도소장, 구치소장 등)을 피진정인으로 지정할 수 있습니다. 가해 직원의 인적사항을 모를 경우 '성명불상 교도관'으로 기재하고, 소속과 당시 상황을 구체적으로 서술하면 됩니다.

3. 객관적인 입증자료 확보: 주장을 뒷받침할 수 있는 객관적인 자료가 많을수록 좋습니다. 진료기록, 진단서, 동료 수용자의 사실확인서, 관련 내용이 기재된 서신 등을 최대한 확보하여 첨부하십시오. 자료 확보가 어렵다면, 진정서에 어떤 자료가 어디에 있는지 등을 명시하여 위원회가 직권으로 조사하도록 요청할 수 있습니다.

4. 침해된 권리와 피해 내용 명시: 어떤 권리를 침해당했으며, 그로 인해 어떤 신체적·정신적 피해를 입었는지 명확하게 기재해야 합니다. 예시의 '침해된 권리' 부분을 참고하여, 헌법, 「형의 집행 및 수용자의 처우에 관한 법률」 등 관련 법규를 언급하면 주장의 설득력을 높일 수 있습니다.

5. 제출 방법 및 비밀 보장: 작성된 진정서는 수용기관 내 비치된 인권위 진정함을 이용하거나, 교도관에게 봉인하여 제출하면 외부로 발송됩니다. 교정시설의 장은 진정서를 개봉할 수 없으며, 즉시 국가인권위원회로 보내야 할 법적 의무가 있습니다. 가족이나 변호인을 통해 대리로 제출하는 것도 가능합니다.

6. 비용 및 불이익 금지: 국가인권위원회 진정은 별도의 비용이 들지 않으며, 진정인의 신분과 진정 내용은 비밀이 보장됩니다. 진정을 이유로 한 불이익 처우는 법으로 금지되어 있습니다.

반성문 및 탄원서
(유형별 및 항목별 통합기재례)

반성문 기재례

[항목별]

반성문 작성의 원칙에 대해서는 [section 1.4] 재판의 흐름과 핵심 절차 이해하기에 있는 "Q10. 반성문은 어떻게 작성하는 것이 효과적인가요?" 부분을 참고하세요

[선처를 목표로 하는 반성문에 담길 필수적인 내용]

- 범행(비위)을 왜 저질렀는가?
- 본인이 해당 범행을 시인하는가?
- 어떤 부분이 잘못되었다고 생각하는가(반성과 후회의 내용)
- 피해자에 대한 사과
- 동일한 범행(잘못)을 반복하지 않기 위해 어떠한 노력을 하고 있는가?
- 어떠한 근거로 어떠한 선처를 요청하는 것인가(불기소, 벌금형, 집행유예 등) 등
-

[반성문에 들어갈 필요가 없거나 유해한 내용]

- 검사나 판사에 대한 사과(사과의 상대방이 아니라 판단의 주체임)
- 가족, 지인들에 대한 사과(본인이 직접 하면 되는 것임)
- 자신에 대한 걱정(직업상실·소득감소·정신적 고통 등 개인의 푸념을 나열하는 것이 아님)

◆ 범행(비위)을 저지른 이유 ◆

○ 순간적인 욕심과 충동을 제어하지 못하고 범행을 저질렀습니다.

☞ 그날 따라 마음이 조급했고, 남들보다 더 이익을 보고 싶다는 생각이 앞섰습니다. 평소에는 하지 않을 행동이었지만, 순간적으로 머릿속을 스치는 충동에 이성을 잃고 잘못을 저질렀습니다. 지금 생각하면 아주 짧은 순간의 욕심이 인생을 송두리째 흔들어 놓았다는 점에 후회와 자책을 멈출 수 없습니다.

◯　판단력이 부족하여 주변의 잘못된 권유에 휩쓸렸습니다.

☞　주변 사람들이 '별일 아니니 따라 해도 된다'며 부추겼을 때, 분별력을 잃고 그 말을 그대로 받아들였습니다. 나중에 돌이켜보니 제 의지로 거절 했어야 했는데, 그 순간에는 잘못된 선택임을 인지하지 못하고 저도 모르게 따라하게 됐습니다. 결국 저의 미숙함과 우유부단함이 범행으로 이어진 점을 깊이 반성합니다.

◯　금전적 어려움을 핑계 삼아 옳지 않은 선택을 했습니다.

☞　최근 갑작스런 실직과 생활고로 인해 경제적 압박이 심했습니다. 정상적인 방법이 아님을 알면서도 당장의 돈에 눈이 멀어 불법적인 방법을 택하고 말았습니다. 지금은 그 어떤 사정도 저의 범행을 정당화할 수 없다는 점을 절실히 깨닫고 있습니다.

◯　스트레스로 인한 판단력 저하로 경솔한 행동을 했습니다.

☞　직장에서의 과도한 업무와 가족 문제로 스트레스를 많이 받고 있던 시기였습니다. 심신이 지쳐 있었던 탓에, 평소라면 하지 않았을 실수를 무심코 저지르고 말았습니다. 그때는 모든 것을 빨리 끝내고 싶다는 생각에 올바른 판단을 하지 못해 지금 이 자리에 서게 되었습니다.

◯　상황을 가볍게 여긴 나머지 잘못을 범하고 말았습니다.

☞처음에는 이 정도 일은 큰 문제가 되지 않을 것이라고 안이하게 생각했습니다. 법의 무게를 충분히 인식하지 못하고, 타인에게 피해가 가지 않을 것이라는 착각에 빠져 경솔하게 행동했습니다. 지금은 그때의 무책임함이 얼마나 위험한 결과를 불러왔는지 뼈저리게 후회하고 있습니다.

◆ 본인이 해당 범행을 시인하는지 여부 ◆

◯　저는 제가 저지른 범행을 명백히 인정하며 깊이 반성합니다.

☞　사건 당일 저의 경솔한 행동으로 인해 법을 어기게 된 점을 인정합니다. 모든 사실을 숨김없이 밝히며, 저의 잘못에 대해 한 치의 변명도 하지 않겠습니다. 제 행동으로 인해 발생한 모든 결과를 받아들이고 진심으로 뉘우치고 있습니다.

❍   모든 혐의를 인정하며, 처벌을 감수할 준비가 되어 있습니다.

☞ 조사 과정에서 밝혀진 모든 사실과 혐의를 부정하지 않고 인정합니다. 저의 불찰로 인해 벌어진 일에 대해 어떠한 처벌도 달게 받겠습니다. 이번 일을 계기로 인생을 다시 돌아보며 성찰하고 있습니다.

❍   제가 행한 잘못에 대해 전적으로 인정하고 있습니다.

☞ 이번 사건은 저의 명백한 잘못임을 부인하지 않습니다. 사회적 규범과 법을 위반한 점에 대해 한없이 부끄럽고 죄송한 마음입니다. 더 이상 핑계나 변명을 대지 않고 모든 책임을 감수하겠습니다.

❍   제 행동에 대한 책임을 피하지 않고 진심으로 인정합니다.

☞ 저의 잘못된 선택으로 인해 여러 사람에게 피해를 끼쳤다는 점을 무겁게 받아들이고 있습니다. 저 자신이 저지른 행동에 대해 책임을 회피하지 않고 정직하게 인정합니다. 반성과 후회의 시간을 보내며 다시는 같은 실수를 반복하지 않겠다고 다짐합니다.

❍   혐의 사실 모두를 솔직히 인정하고 깊이 뉘우치고 있습니다.

☞ 수사 과정에서 밝혀진 모든 사실을 숨기지 않고 인정하였습니다. 저의 행위가 법과 사회질서를 위반한 일임을 통감하며, 깊은 후회와 반성을 거듭하고 있습니다. 앞으로 더 나은 사람이 되기 위해 성실히 살아가겠습니다.

◆ 잘못되었다고 생각하는 점 (반성과 후회의 내용)◆

❍   범죄의 심각성을 충분히 인지하지 못한 점이 가장 잘못되었습니다.

☞ 저는 제 행동이 법을 어기는 것이라는 점을 충분히 인식하지 못한 채 경솔하게 행동했습니다. 단순한 실수로 여기고 가볍게 넘긴 것이 얼마나 큰 잘못이었는지 지금에서야 깨닫고 있습니다. 이제는 저의 무지와 안일함이 가져온 결과에 대해 깊이 반성하고 있습니다.

❍   피해자에게 큰 상처를 입혔다는 사실에 깊이 후회합니다.

☞ 제가 저지른 잘못으로 인해 피해자분께서 정신적·신체적으로 큰 고통을 겪고 계시다는 사실을 알게 되었습니다. 시간이 지날수록 피해자분의 아픔이 얼마나 클지 생각하며 매일 괴로움과 죄책감에 시달리고 있습니다. 저로 인해 씻을 수 없는 상처를 남겼다는 점을 깊이 뉘우치고 있습니다.

○ 저의 이기적 행동으로 사회적 규범과 신뢰를 훼손했습니다.

☞ 저는 오로지 제 이익만을 생각하며 타인과 사회의 규범을 가볍게 여겼습니다. 그 결과 저를 믿어준 주변 사람들과 사회의 신뢰를 져버리는 결과가 되었음을 뼈저리게 깨닫고 있습니다. 이기적인 선택이 얼마나 큰 파장을 낳을 수 있는지 반성하고 있습니다.

○ 순간의 잘못된 선택으로 인해 인생에 큰 오점을 남겼습니다.

☞ 그날의 경솔한 선택이 저의 인생에 지울 수 없는 오점으로 남게 되었습니다. 제 가족과 가까운 사람들에게도 실망과 상처를 안겼다는 사실에 매일 후회하고 있습니다. 앞으로 평생 이 잘못을 반성하며 살아가겠습니다.

○ 범행 당시 피해자의 고통을 생각하지 못한 점을 뼈저리게 반성합니다

☞ 행동에 앞서 피해자가 느낄 고통과 충격을 조금이라도 생각했다면 이런 일은 없었을 것입니다. 저의 이기심과 무분별한 행동으로 누군가에게 큰 아픔을 주었다는 사실을 잊지 않겠습니다. 다시는 같은 실수를 반복하지 않겠다는 다짐으로 매일 반성하고 있습니다.

◆ 피해자에 대한 사과 표현 ◆

○ 피해자분께 진심으로 머리 숙여 사죄 드립니다.

☞ 저의 잘못된 행동으로 인해 피해자분께 예상치 못한 고통과 불편을 드렸다는 사실을 생각할수록 마음이 무겁습니다. 어떠한 말로도 용서를 구하기 부족하다는 것을 알지만, 다시 한 번 진심으로 고개 숙여 사죄 드립니다. 앞으로 피해자분께 조금이나마 보답할 수 있도록 계속해서 반성하고 책임을 다하겠습니다.

○ 피해자분께 큰 고통을 드려 진심으로 죄송합니다.

☞ 저의 부주의한 행동이 피해자분의 일상에 큰 상처와 불안을 남겼다는 점을 깊이 뉘우치고 있습니다. 이로 인해 피해자분께서 겪으신 심적 고통에 대해 마음 아프게 생각하며, 다시는 이런 일이 반복되지 않도록

하겠습니다. 진심으로 사과 드리며, 기회가 된다면 직접 찾아 뵙고 사죄의 뜻을 전하고 싶습니다.

○ 피해자분의 마음에 깊은 상처를 드린 점, 진심으로 사과 드립니다.

☞ 저의 이기적인 판단과 행동이 피해자분께 씻을 수 없는 상처로 남았다는 사실을 자책하며 밤잠을 이루지 못하고 있습니다. 어떤 변명도 하지 않고 제 잘못을 온전히 인정하며, 피해자분께 다시 한 번 깊이 사과의 말씀을 드립니다. 앞으로 반성의 삶을 살며 피해자분께 조금이라도 위로가 될 수 있도록 노력하겠습니다.

○ 피해 회복을 위해 제가 할 수 있는 최선의 노력을 다하겠습니다.

☞ 피해자분께 입힌 손해를 조금이라도 회복할 수 있도록 사과의 말씀을 드리는 것뿐만 아니라, 실질적인 보상 방안도 마련하였습니다. 현재 피해자분과 연락을 시도하며 피해 복구에 필요한 모든 협조를 아끼지 않고 있습니다. 피해자분께서 겪으신 상처가 조금이나마 아물 수 있도록 마지막까지 최선을 다하겠습니다.

○ 제 잘못으로 피해를 입으신 분께 진심 어린 사과의 말씀을 올립니다.

☞ 저의 잘못된 행동으로 인해 아무런 잘못이 없는 분께 큰 피해를 끼쳤다는 사실을 뼈저리게 반성하고 있습니다. 피해자분의 일상과 평온을 해친 점에 대해 깊은 책임감을 느끼며, 앞으로 이런 일이 재발하지 않도록 각별히 주의하겠습니다. 다시 한 번 마음 깊이 사과드리며, 용서해 주시길 간절히 바랍니다.

◈ 재발 방지 노력의 구체적 내용 ◈

○ 전문 상담 및 치료 프로그램에 참여하여 잘못된 행동을 교정하겠습니다.

☞ 저는 현재 지역 상담센터에서 정기적으로 심리상담을 받고 있으며, 이번 사건을 계기로 충동 조절 훈련과 자기 성찰 프로그램에 적극적으로 참여하고 있습니다. 전문가의 조언에 따라 잘못된 습관과 사고방식을 하나씩 교정하고 있습니다. 앞으로도 계속 상담을 이어가며 자신의 문제점을 깊이 이해하고 재발 방지에 힘쓰겠습니다.

○ 정기적으로 교육을 받고 정신적, 심리적 관리에 힘쓰겠습니다.

☞ 사건 이후 관련 법률 교육과 인성 교육을 주기적으로 수강하며, 스스로를 되돌아보고 있습니다. 특히, 감정 조절과 윤리의식을 높이는 과정에 적극적으로 참여하고 있습니다. 앞으로도 다양한 교육 기회를 활용하여 같은 실수를 반복하지 않도록 항상 주의를 기울이겠습니다.

◯ 범행과 관련된 유혹이 있을 시 이를 즉시 주변에 알리고 도움을 청하겠습니다.

☞ 만약 비슷한 상황이나 유혹이 다시 찾아온다면, 혼자 고민하지 않고 가족이나 가까운 지인에게 솔직하게 알리고 조언을 구하겠습니다. 이미 이번 일로 주변에 저의 문제를 털어놓았고, 앞으로도 지속적으로 도움을 요청할 계획입니다. 이를 통해 스스로를 통제하고 더 이상 잘못된 길로 가지 않겠습니다.

◯ 봉사활동 등 사회적 책임을 다하는 생활을 지속적으로 해 나가겠습니다.

☞ 최근 지역 복지관에서 자원봉사를 시작하며, 남을 돕는 경험을 통해 삶의 소중함과 책임감을 다시 느끼고 있습니다. 앞으로도 지속적으로 사회에 기여하는 활동에 참여함으로써, 바른 시민으로 거듭나고자 합니다. 봉사를 통해 자신을 돌아보고, 올바른 행동을 실천하며 살아가겠습니다.

◯ 건전한 취미 활동과 자기계발을 통해 올바른 삶을 유지하겠습니다.

☞ 저는 사건 이후 운동과 독서 등 건전한 취미를 새로 시작하였고, 자기계발을 위한 목표도 세웠습니다. 하루의 일정에 규칙적인 생활 습관을 더하며 스스로를 관리하고 있습니다. 앞으로도 취미 활동과 자기계발을 통해 심신을 건강하게 유지하고 올바른 사회인으로 살아가겠습니다.

◈ 선처 요청의 근거와 희망하는 처분 ◈

◯ 깊은 반성의 태도와 피해자와의 합의 및 보상 노력을 고려하여 집행유예를 간곡히 요청드립니다.

☞ 저는 이번 잘못을 계기로 지난 행동을 깊이 반성하며, 피해자분께 진심으로 사과드리고 합의에 이르기 위해 최선을 다했습니다. 피해 회복을 위해 경제적 보상뿐 아니라 직접 찾아뵙고 용서를 구한 바 있습니다. 다시는 이와 같은 잘못을 반복하지 않겠다는 굳은 다짐과 함께 집행유예로 사회에 다시 설 수 있는 기회를 간절히 부탁드립니다.

◯ 초범이고 재범 위험성이 없는 점을 고려하여 선처를 요청합니다.

☞ 저는 이번 사건이 인생에서 처음으로 형사절차에 연루된 일임을 부끄럽게 생각하고 있습니다.

이전까지 성실하게 살아왔으나, 한순간의 잘못된 판단으로 범죄를 저질렀습니다. 앞으로는 어떠한 유혹에도 흔들리지 않고, 사회 구성원으로 책임 있게 살아갈 것을 약속드리오니 관대한 처분을 부탁드립니다.

○ 사회 복귀 후 성실히 살아갈 준비와 노력을 인정하여 벌금형으로 선처를 부탁드립니다.

☞ 저는 가족의 생계를 책임지고 있어 수감될 경우 가족이 극심한 경제적 고통을 겪게 됩니다. 현재 일터에서도 책임을 다하기 위해 성실히 일하고 있고, 재범 방지를 위해 상담 및 교육에도 적극적으로 참여하고 있습니다. 벌금형 등 사회생활을 지속할 수 있는 선처를 베풀어 주신다면 더 나은 삶으로 보답하겠습니다.

○ 적극적인 반성과 실질적인 피해 회복 노력을 참작하여 집행유예 처분을 간절히 부탁드립니다.

☞ 저는 범행 직후 곧바로 잘못을 인정하고, 피해자분과 연락하여 진심 어린 사과와 함께 실질적인 손해배상을 완료하였습니다. 재판과정에서도 책임을 회피하지 않고 모든 사실을 있는 그대로 밝혔습니다. 사회에 해악을 끼친 점을 깊이 뉘우치며, 집행유예로 한 번만 더 기회를 주신다면 사회에 기여하는 삶을 살아가겠습니다.

○ 잘못을 깊이 반성하며 재범방지 노력을 다짐하오니 최대한의 관대한 처분을 청합니다.

☞ 저는 지난 시간을 통해 잘못의 뿌리를 철저히 돌아보고, 재범을 막기 위한 실질적 노력을 계속하고 있습니다. 정기적으로 상담치료를 받고, 자원봉사 활동에도 참여하면서 자신의 행동을 반성하고 있습니다. 저의 진심 어린 반성과 변화 의지를 믿어 주시고, 관대한 처분을 내려주시면 평생을 두고 보답하겠습니다.

[유형별]

[양식] 사기 범죄 반성문 예시

반 성 문

사건번호: [사건번호 입력]
피 고 인: [이름 입력]

존경하는 재판장님께,

저는 [사건번호] 사기 사건의 피고인 [이름]입니다. 먼저 저의 어리석고 이기적인 행동으로 인해 크나큰 정신적, 물질적 피해를 입으신 피해자 [피해자명]님께 머리 숙여 사죄드립니다. 또한, 법의 심판대 앞에서 저의 잘못을 돌아보고 반성할 기회를 주신 재판장님께 이 글을 올립니다.

1. 저의 잘못을 모두 인정하며 깊이 반성합니다.

저는 피해자님을 기망하여 재산상의 이익을 편취하였습니다. 그 과정에서 했던 모든 거짓말과 행동이 피해자님께 얼마나 큰 상처와 배신감을 드렸을지 생각하면 가슴이 미어지고 제 자신이 한없이 부끄러워집니다. 순간의 욕심과 잘못된 판단이 다른 사람의 소중한 재산을 앗아가고 마음에 깊은 상처를 남겼다는 사실을 뒤늦게 깨닫고 매일 밤 후회와 자책 속에서 잠 못 이루고 있습니다.

2. 범행에 이르게 된 경위에 대한 성찰

(아래 내용 중 자신의 상황에 맞게 구체적으로 작성)

(사업 실패 등 경제적 어려움) 당시 저는 [구체적인 상황, 예: 운영하던 가게의 경영 악화, 갑작스러운 실직 등]으로 인해 극심한 경제적 압박에 시달리고 있었습니다. 어떻게든 위기를 벗어나야 한다는 조급함에 눈이 멀어 해서는 안 될 생각을 하게 되었습니다. 하지만 그 어떤 이유도 저의 범행을 정당화할 수 없음을 잘 알고 있습니다. 저의 무능과 잘못된 판단이 범죄로 이어졌을 뿐입니다.

(단순한 욕심) 솔직히 말씀드리면, 특별한 어려움 없이 더 쉽고 편하게 돈을 벌고 싶은 그릇된 욕심이 있었습니다. 땀 흘려 정직하게 돈을 버는 것의 가치를 잊고, 다른 사람을 속여 이익을 얻으려는 저의 비뚤어진 마음이 이 모든 일의 시작이었습니다.

3. 피해자에 대한 죄송한 마음과 피해 회복 노력

무엇보다 저로 인해 평생 모은 소중한 재산을 잃고 고통받고 계실 피해자님을 생각하면 죄스러운 마음에 고개를 들 수 없습니다. 돈의 문제가 아니라, 사람에 대한 믿음을 잃고 느끼셨을 배신감과 상실감은 감히 제가 헤아릴 수 없을 것입니다.

(합의에 이른 경우) 다행히 피해자님께서 저의 뒤늦은 사죄를 받아주시고 합의에 이르러 주셨습니다. 하지만 합의가 저의 죄를 덜어주는 것이 아님을 명심하고 있습니다. 평생 빚을 갚는 마음으로 살아가겠습니다.

(합의에 이르지 못한 경우) 아직 피해자님께 용서를 구하지 못했습니다. 저의 행동이 남긴 상처가 너무나 깊어 용서받기 어렵다는 것을 압니다. 하지만 포기하지 않고 앞으로도 계속해서 사죄의 뜻을 전하고, 제가 할 수 있는 모든 방법을 동원하여 피해를 회복시켜 드릴 수 있도록 최선을 다하겠습니다. 설령 법의 처벌을 받더라도 피해 변제는 저의 평생의 과업으로 삼겠습니다.

4. 재범 방지를 위한 구체적인 계획

저는 이번 일을 계기로 제 삶을 완전히 바꾸기로 결심했습니다.

첫째, 다시는 그릇된 욕심에 흔들리지 않도록 정직하게 땀 흘려 일하는 삶을 살겠습니다. 어떤 일이든 가리지 않고 성실하게 일하여 빚을 갚고 사회의 일원으로 책임감을 다하겠습니다.

둘째, 저의 잘못된 가치관을 바로잡기 위해 관련 서적을 읽고, [필요시 심리 상담 등]을 받으며 꾸준히 저를 성찰하겠습니다.

셋째, 저를 믿고 지지해주는 가족들을 생각하며 다시는 그들을 실망시키는 어리석은 행동을 하지 않겠습니다.

존경하는 재판장님,

저의 죄는 백번 변명해도 부족함이 없습니다. 어떤 처벌이든 달게 받겠습니다. 다만, 부디 저에게 마지막으로 한 번만 기회를 주시어 피해자님께 진심으로 사죄하고 피해를 회복할 수 있는 길을 열어주시길 간절히 소망합니다. 사회에 나가 성실한 시민으로 살아갈 기회를 주신다면, 평생 감사하며 오늘의 다짐을 잊지 않고 살아가겠습니다.

20   년   월   일

피고인 이 몽 룡 (인)

[양식] 폭행 범죄 반성문 예시

반 성 문

사건번호: [사건번호 입력]
피 고 인: [이름 입력]

존경하는 재판장님께,

　저는 [사건번호] 폭행 사건의 피고인 [이름]입니다. 먼저, 저의 순간적인 감정을 참지 못하고 저지른 폭력적인 행동으로 인해 씻을 수 없는 육체적, 정신적 상처를 입으신 피해자 [피해자명]님께 진심으로 사죄의 말씀을 드립니다.

1. 저의 끔찍한 잘못을 인정하고 뉘우칩니다.

　저는 그 어떤 이유로도 폭력이 정당화될 수 없다는 사실을 알면서도, 어리석게 주먹을 휘둘렀습니다. 저의 폭력은 피해자님의 몸뿐만 아니라 마음에도 깊은 흉터를 남겼습니다. 사건 이후, 고통스러워하시는 피해자님의 모습을 떠올릴 때마다 제 자신이 얼마나 끔찍하고 이기적인 행동을 했는지 깨닫게 됩니다. 매일 밤 후회와 죄책감으로 잠을 이루지 못하고 있습니다.

2. 순간의 분노를 다스리지 못한 저 자신을 성찰합니다.

　당시 저는 [사건의 구체적인 경위, 예: 사소한 시비, 음주 상태 등] 상황에서 이성을 잃고 감정적으로 행동했습니다. 제 안의 분노를 조절하지 못하는 미성숙함이 결국 폭력이라는 최악의 결과로 이어졌습니다. 돌이켜보면 대화로 충분히 풀 수 있었던 문제였음에도, 폭력적인 방법을 선택한 것은 전적으로 저의 잘못입니다.

　(누범인 경우) 이전에도 비슷한 잘못으로 처벌을 받은 경험이 있음에도 또다시 같은 잘못을 반복한 제 자신이 너무나 한심하고 부끄럽습니다. 법이 주신 기회를 저버리고 또다시 피해자를 만든 저의 죄가 얼마나 무거운지 뼈저리게 느끼고 있습니다.

3. 피해자에 대한 사죄와 피해 회복 노력

　저의 폭력으로 인해 피해자님께서 겪으셨을 신체적 고통과 정신적 충격, 그리고 두려움을 생각하면 죄송한 마음뿐입니다.

　(합의에 이른 경우) 다행히 피해자님과 가족분들을 찾아뵙고 무릎 꿇고 사죄드렸고, 너그러이 저의 사과를 받아주시고 합의에 이르러 주셨습니다. 이 감사함을 평생 잊지 않고, 다시는 폭력적인 성향으로 다른 이에게 상처 주는 일이 없도록 살겠습니다.

　(합의에 이르지 못한 경우) 피해자님을 찾아뵙고 사죄드리려 했으나, 저를 마주하는 것조차 고통스러워하셔서 뜻을 이루지 못했습니다. 피해자님의 상처가 얼마나 깊은지 알기에 더욱 죄송한 마음입니다. 재판이 끝나더라도, 꾸준히 사죄의 뜻을 전하고 치료비 등 피해 회복을 위해 제가 할 수 있는 모든 노력을 다하겠습니다.

4. 재범 방지를 위한 구체적인 계획

저는 이번 일을 계기로 폭력적인 성향을 뿌리 뽑고 새로운 사람으로 태어나고자 합니다.

첫째, 분노조절장애 상담 및 치료를 시작하겠습니다. 전문가의 도움을 받아 제 안의 분노를 건강하게 해소하는 방법을 배우고 실천하겠습니다.

둘째, 술을 마시면 감정 조절이 어려워지는 문제를 알기에, 앞으로 금주하며 건전한 생활 습관을 유지하겠습니다.

셋째, 항상 역지사지의 자세로 상대방의 입장을 먼저 생각하고, 갈등 상황에서 대화와 이해를 통해 문제를 해결하는 성숙한 인간이 되겠습니다.

존경하는 재판장님,

저의 잘못에 대해서는 어떠한 처벌도 달게 받겠습니다. 다만, 저의 진심 어린 반성과 변화의 의지를 헤아려 주시어, 피해자님께 용서를 구하고 제 잘못을 바로잡을 마지막 기회를 허락하여 주시길 간절히 부탁드립니다. 다시 한번 사회의 일원이 될 기회를 주신다면, 평생 감사하는 마음으로 성실하고 바르게 살아가겠습니다.

20   년   월   일

피고인 이몽룡 (인)

[양식] 교통사고 범죄 (음주운전 등) 반성문 예시

반 성 문

사건번호: [사건번호 입력]
피 고 인: [이름 입력]

존경하는 재판장님께,

저는 [사건번호] 교통사고처리특례법위반(치상) 및 도로교통법위반(음주운전) 사건의 피고인 [이름]입니다. 저의 안일하고 무책임한 음주운전으로 인해 피해자 [피해자명]님께 씻을 수 없는 고통을 안겨드린 점, 머리 숙여 깊이 사죄드립니다.

1. 저의 범행은 잠재적 살인 행위였음을 인정합니다.

저는 '한두 잔은 괜찮겠지', '가까운 거리니까 괜찮겠지'라는 끔찍하고 이기적인 생각으로 운전대를 잡았습니다. 음주운전이 타인의 생명과 신체를 위협하는 중대한 범죄임을 알면서도 이를 무시한 저의 행동은 그 어떤 변명으로도 용서받을 수 없는 잠재적 살인 행위였습니다. 사고 당시의 끔찍한 기억과 고통스러워하시던 피해자님의 모습이 매일 저를 괴롭히고 있습니다.

(초범인 경우) 처음 저지른 잘못이지만, 그 결과가 너무나 참혹하기에 제 자신이 원망스럽습니다. 단 한 번의 실수가 한 사람의 인생을 망가뜨릴 수 있다는 사실을 뼈저리게 깨달았습니다.

(누범인 경우) 이전에도 음주운전으로 처벌을 받았음에도 불구하고 또다시 운전대를 잡은 저는 사회에 대한 책임을 완전히 저버린 사람입니다. 법의 관용을 배신하고 더 큰 잘못을 저지른 저의 죄를 매우 무겁게 통감하고 있습니다.

2. 안일했던 저의 삶의 태도를 반성합니다.

이번 사건은 단순히 술을 마시고 운전한 행위를 넘어, 제 삶 전반에 걸친 안일함과 무책임함이 빚어낸 결과입니다. '나 하나쯤은 괜찮겠지'라는 생각이 얼마나 위험하고 이기적인지 깨달았습니다. 저의 잘못된 행동으로 인해 피해자님과 그 가족분들이 겪고 계실 고통을 생각하면 죄책감에 고개를 들 수 없습니다.

3. 피해자에 대한 사죄와 회복을 위한 노력

사고 직후 병원으로 찾아가 피해자님과 가족분들께 무릎 꿇고 사죄드렸습니다. 저의 사과가 피해자님의 고통을 덜어드릴 수는 없겠지만, 평생 죄인의 마음으로 살아가겠습니다.

(합의에 이른 경우) 다행히 피해자님께서 저의 진심 어린 사죄를 받아주시고 원만히 합의에 이르러 주셨습니다. 이 은혜를 잊지 않고, 피해자님의 빠른 쾌유를 매일 기도하며 제가 도울 수 있는 일이 있다면 무엇이든 하겠습니다.

(합의에 이르지 못한 경우) 아직 피해자님과 합의에 이르지 못했습니다. 피해자님의

상처가 아물지 않았고, 저에 대한 원망이 크신 것을 당연하게 생각합니다. 앞으로도 계속해서 찾아뵙고 용서를 구하며, 치료와 간병에 필요한 모든 지원을 아끼지 않겠습니다.

4. 재범 방지를 위한 구체적인 계획

저는 이번 일을 계기로 뼈를 깎는 심정으로 다시 태어나고자 합니다.

첫째, 제 명의의 차량을 즉시 처분하였으며, 앞으로 평생 운전대를 잡지 않겠습니다. 이는 저 자신과 사회에 대한 약속입니다.

둘째, 알코올 의존 문제의 심각성을 깨닫고, 전문 기관에서 상담 및 치료를 받겠습니다. 또한, 관련 자조 모임에 참석하여 저와 같은 잘못을 저지른 사람들과 함께 경각심을 일깨우고 단주의 의지를 다지겠습니다.

셋째, 교통사고 피해자들을 돕는 단체에 정기적으로 후원하고 봉사활동에 참여하며 평생 속죄하는 마음으로 살겠습니다.

존경하는 재판장님,

저의 죄는 그 무게를 헤아릴 수 없을 만큼 무겁습니다. 법이 정하는 어떠한 처벌도 겸허히 받아들이겠습니다. 다만, 재판장님의 너그러운 선처를 통해 제가 피해자님께 조금이나마 더 사죄하고 피해 회복에 힘쓸 수 있는 기회를 주시길 간절히 바랍니다. 다시 한번 사회에 기여할 기회를 주신다면, 음주운전의 위험성을 알리는 데 앞장서며 성실하게 살아가겠습니다.

20   년   월   일

피고인   이 몽 룡 (인)

[양식] 마약 범죄 반성문 예시

반 성 문

사건번호: [사건번호 입력]
피 고 인: [이름 입력]

존경하는 재판장님께,

　저는 [사건번호] 마약류관리에관한법률위반 사건의 피고인 [이름]입니다. 한순간의 호기심과 잘못된 판단으로 마약이라는 결코 손대지 말아야 할 것에 손을 댄 저의 어리석음을 깊이 반성하며 이 글을 씁니다. 저의 범행은 저 자신과 제 가족의 삶을 파괴했을 뿐만 아니라, 사회 전체에 해악을 끼치는 용서받을 수 없는 행위였음을 통감합니다.

1. 마약의 중독성과 폐해를 뼈저리게 깨달았습니다.

　처음에는 단순한 호기심이었습니다. '한 번쯤은 괜찮겠지'라는 안일한 생각이 저를 돌이킬 수 없는 길로 이끌었습니다. 하지만 마약은 저의 몸과 마음을 순식간에 병들게 했고, 정상적인 사고와 생활을 불가능하게 만들었습니다. 마약에 취해 있던 시간들을 돌이켜보면 끔찍하고 후회스러울 뿐입니다. 저의 범죄가 단순히 법을 어긴 것을 넘어, 저 자신과 사랑하는 가족, 그리고 우리 사회를 병들게 하는 행위였음을 뼈저리게 느끼고 있습니다.

2. 마약에 손을 대게 된 자신을 성찰합니다.

　저는 [마약에 손을 댄 계기, 예: 힘든 현실로부터의 도피, 주변의 유혹, 그릇된 호기심 등] 때문에 마약의 유혹을 뿌리치지 못했습니다. 제 삶의 문제들을 정면으로 마주하고 해결하려 노력하기보다, 쉽고 잘못된 방법으로 회피하려 했던 저의 나약함과 어리석음이 너무나 부끄럽습니다. 마약의 위험성에 대해 무지했고, 그 중독성을 너무나 가볍게 생각했던 제 자신을 깊이 원망하고 있습니다.

3. 단약을 위한 굳은 결심과 구체적인 재활 계획

　저는 마약의 늪에서 벗어나 완전히 새로운 사람으로 다시 태어나고자 합니다.
　첫째, 저는 저의 마약 문제를 인정하고, 이를 극복하기 위해 모든 노력을 다할 것을 굳게 약속합니다. 구금 기간 동안 마약사범 재활 교육 프로그램에 누구보다 성실히 참여하며 단약의 의지를 다지고 있습니다.
　둘째, 만약 사회로 돌아갈 기회가 주어진다면, 즉시 한국마약퇴치운동본부나 관련 병원 등 전문 기관을 찾아가 꾸준히 상담과 치료를 받겠습니다. 또한, 과거 마약과 관련된 모든 인연을 완전히 끊어내고 건강한 인간관계를 맺기 위해 노력하겠습니다.
　셋째, 저의 경험을 바탕으로, 혹시라도 저와 같은 잘못된 길을 가려는 사람이 있다면 마약의 위험성을 알리고 그들을 막는 데 제 남은 생을 바치고 싶습니다.

존경하는 재판장님,

    저의 죄는 매우 무겁고, 그에 따른 처벌을 받는 것이 마땅합니다. 하지만 부디 저의 진심 어린 반성과 굳은 단약 의지를 헤아려 주시어, 제가 마약의 굴레에서 벗어나 사회에 봉사하는 건강한 시민으로 살아갈 수 있는 마지막 기회를 주시길 간절히 청합니다.

20   년   월   일

피고인 이 몽 룡 (인)

[양식] 성범죄 반성문 예시

※ 주의: 성범죄 반성문은 피해자에 대한 2차 가해를 방지하기 위해, 범행의 구체적인 묘사를 철저히 피하고, 자신의 왜곡된 성인식에 대한 반성과 전문적인 치료 의지를 중심으로 진솔하게 작성해야 합니다.

반 성 문

사건번호: [사건번호 입력]
피 고 인: [이름 입력]

존경하는 재판장님께,

저는 [죄명] 사건의 피고인 [이름]입니다. 먼저 저의 끔찍하고 이기적인 범죄로 인해 평생 씻을 수 없는 상처를 입으신 피해자님께 온 마음을 다해, 머리 숙여 사죄드립니다. 저의 잘못을 변명하거나 정당화할 생각은 추호도 없으며, 오직 참회하는 마음으로 이 글을 씁니다.

1. 저의 죄악을 모두 인정하며 뼈저리게 참회합니다.

저는 피해자님의 인격과 존엄성을 무참히 짓밟는 용서받을 수 없는 죄를 저질렀습니다. 저의 한순간의 잘못된 욕망이 피해자님께 얼마나 큰 공포와 수치심, 그리고 지울 수 없는 정신적 고통을 안겨드렸을지 생각하면, 살아있다는 사실조차 죄스럽게 느껴집니다. 저의 행동은 그 어떤 이유로도 정당화될 수 없는 명백한 범죄 행위이며, 저의 죄가 얼마나 무거운지 매일 밤 되새기며 고통 속에서 반성하고 있습니다.

2. 저의 왜곡된 성인식과 가치관을 깊이 성찰합니다.

이번 사건을 겪으며, 저는 제 안에 얼마나 깊이 뿌리 박힌 왜곡된 성인식과 타인에 대한 존중 부족이 있었는지 비로소 깨닫게 되었습니다. 상대방의 동의와 인격적 존중이 무엇보다 중요하다는 가장 기본적인 사실을 망각한 채, 오직 저의 이기적인 욕망만을 앞세웠습니다. 이러한 저의 잘못된 생각과 가치관이 이번 범죄의 근본적인 원인이었음을 통감하며, 저 자신이 너무나 부끄럽고 혐오스럽습니다.

3. 피해자에 대한 사죄와 2차 가해 방지를 다짐합니다.

무엇보다 피해자님께 진심으로 죄송한 마음뿐입니다. 저의 존재 자체가 피해자님께는 끔찍한 기억을 떠올리게 하는 고통일 것이기에, 섣불리 용서를 구하는 것조차 또 다른 가해가 될까 두렵습니다.

(합의에 이른 경우) 그럼에도 불구하고 피해자님께서 저의 사죄를 받아주시고 합의에 이르러 주신 것에 대해 평생 감사하고 죄송한 마음으로 살겠습니다. 합의가 저의 죄를 덜어주는 것이 아님을 명심하고, 피해자님의 온전한 일상 회복을 멀리서나마 평생 기도하겠습니다.

(합의에 이르지 못한 경우) 재판 과정은 물론, 앞으로 제 삶의 모든 과정에서 저의 말이나

행동으로 인해 피해자님께 아주 작은 2차 가해라도 발생하는 일이 없도록 모든 것을 조심하고 또 조심하겠습니다. 피해 회복을 위해 제가 할 수 있는 모든 것을 다하겠으며, 그 방법을 끊임없이 고민하겠습니다.

4. 재범 방지를 위한 전문적인 치료 및 교육 계획

저는 다시는 이와 같은 끔찍한 죄를 저지르지 않기 위해, 저의 근본적인 문제를 바로잡고자 합니다.

첫째, 저의 왜곡된 성인식을 교정하고 충동을 조절하기 위해, 출소 후 즉시 성범죄 재활 치료 전문기관에서 상담과 치료를 받겠습니다.

둘째, 재판부에서 명하시는 수강명령이나 치료명령이 있다면, 그 누구보다 성실한 자세로 이행하여 저 자신을 바꾸는 계기로 삼겠습니다.

셋째, 관련 서적과 교육 자료를 통해 올바른 성 가치관을 학습하고, 평생에 걸쳐 저 자신을 성찰하며 살아가겠습니다.

존경하는 재판장님,

저의 죄는 결코 가볍지 않으며, 그에 합당한 엄중한 처벌을 받는 것이 마땅합니다. 다만, 저의 진심 어린 참회와 변화에 대한 굳은 의지를 헤아려 주시어, 제가 저지른 죄를 평생 속죄하며 살아갈 기회를 부디 허락하여 주시길 간절히 소망합니다.

20   년   월   일

피고인 이 몽 룡 (인)

탄원서 기재례

[항목별]

양형에 유리한 기준 등에 대해서는 [SECTION 1.4] 재판의 흐름과 핵심 절차 이해하기에 있는
"Q9. 양형에 유리한 자료를 준비하는 방법과 시기는 언제인가요?" 부분을 참고하세요. 아래 내용은
대법원 양형위원회 양형기준 및 각종 판례·실무상 자료를 분석하여,
형을 감경하거나 집행유예에 유리하게 작용하는 주요 요소를 항목별로 정리한 것입니다.

1. 피고인의 반성과 태도

- 범행 일체를 솔직히 인정하고 진심으로 뉘우치고 있음
- 피해자에 대한 진지한 사과와 용서, 화해, 실질적 피해회복(배상 등) 노력
- 자발적 재범방지 노력(상담·교육 이수, 치료 참여 등)
- 수사 및 재판 과정에서 성실하게 협조(허위진술·증거인멸 시도 없음)
- 여러 차례 반성문, 진술서 등으로 반성의 진정성을 반복적으로 표현

2. 피해 회복 및 합의

- 피해자와 원만한 합의(합의서, 합의금 지급 등)
- 피해자가 처벌불원 의사를 명확히 표시(탄원서, 불처벌의사표시 등)
- 피해의 정도가 경미하거나 피해 회복이 완전히 이루어짐
- 범행 후 지속적으로 피해자와 관계 개선, 사후 추가적인 피해 구제 노력

3. 범행의 경위와 동기

- 우발적 범행(계획적·상습적이지 않음)
- 타인의 강요, 위협, 압력, 불가피한 사정 등에서 비롯된 범행
- 경제적 곤궁, 생계형 등 현실적 불가피성
- 심신미약, 일시적 충동, 정신적·심리적 취약 상황 등
- 범행의 수단, 방법, 결과가 비폭력적이고 중대하지 않음

4. 피고인의 전과 및 재범 위험성

- 초범, 동종범죄 전과 없음
- 오래전 전과(재범 경력 없음), 이후 성실한 사회생활
- 재범 위험성이 낮음을 뒷받침하는 객관적 자료 제출

5. 피고인의 연령, 환경, 건강 등

- 고령, 만성질환 등 건강상 특별한 사정

- 미성년 자녀, 고령 부모 등 가족의 부양 책임
- 사회적·경제적 약자 또는 열악한 생활환경
- 교육수준, 성장과정 등 특별히 정상참작할 환경·배경

6. 공범 및 연루 상황

- 공범 중 가담 정도가 경미(주범이 아님, 소극적·수동적 참여)
- 타인에 의해 이용, 범행 전후 사정 참작 필요

7. 자수·사후 대처 및 범행 중단

- 범행 후 즉시 자수, 자발적으로 범행 중단
- 피해 구제 등 적극적인 사후 조치

8. 기타 정상참작 사유

- 수사기관, 재판부에 적극적으로 협조(사실 자진 자백 등)
- 사회봉사, 자선활동 등 선행 및 지역사회 내 긍정적 평판
- 가족·이웃·지인 등 주변인의 탄원서 제출 및 사회복귀 지원 의사
- 사건 이후 지속적 자선활동, 사회 기여 노력
- 경제적 궁핍, 생활고 등 특별한 사정
- 사회복귀 시 직장·지역사회 등 환영, 재정착 지원 환경 존재
- 자발적 교정·치료 의지, 사회복귀 의지, 재활계획 등 미래지향적 다짐
- 피고인이 사회적 약자임을 보여주는 자료·사정

★ 양형기준상 특별감경/집행유예에 특히 유리한 요소 ★

- 진지한 반성 및 피해 회복(특별감경사유)
- 피해자와의 합의, 피해자의 처벌불원 의사
- 범행 동기나 경위상 참작할 만한 사정(우발, 궁박 등)
- 초범, 재범 위험성 낮음, 사회복귀 시 부양가족 존재
- 건강·연령 등 참작 사유
- 기타 개별적 사정(자수, 자백, 실질적 피해회복, 사회적 약자 등)

◈ 피고인의 반성과 태도 ◈

① 진심 어린 반성

수감 생활 동안 하루하루 저지른 잘못을 떠올리며 괴로워했고, 피해자와 가족에게 씻을 수 없는 상처를 남긴 점을 뼈저리게 느끼고 있습니다. 범행을 결코 부정하지 않으며, 모든 사실을 인정하고 깊이 뉘우치고 있습니다. 앞으로 어떤 상황에서도 다시는 이와 같은 실수를 반복하지 않겠다고 다짐합니다.

② 재범 방지 의지와 노력

☞ 저는 구치소 내에서 상담 프로그램과 교육을 꾸준히 이수하며, 재범 위험성을 스스로 점검하고 있습니다. 심리상담사와의 정기 상담을 통해 충동조절 능력을 기르고 있으며, 형기 후에도 관련 치료를 지속할 계획입니다. 사회에 복귀한 뒤에도 봉사활동에 참여하고, 건전한 인간관계를 맺으며 책임감 있게 살아갈 것을 약속드립니다.

③ 수사·재판 과정에서의 성실한 협조

☞ 저는 수사기관 조사 및 재판 과정에서 어떠한 허위진술이나 증거인멸 시도 없이 사실대로 모든 진술을 했습니다. 재판부의 질문에 진솔하게 답변하며, 제 잘못을 감추거나 회피하지 않았습니다. 수사기관의 요청에도 적극적으로 협조하여 사건이 신속하게 진행될 수 있도록 최선을 다하였습니다.

④ 사건 후 피고인의 일상 변화와 자기성찰

☞ 사건 이후 저는 일상의 모든 순간을 반성의 기회로 삼고 있습니다. 종교서적을 읽으며 마음을 다스리고, 매일 일기를 쓰면서 제 생각과 태도를 되돌아보고 있습니다. 이 과정을 통해 스스로의 부족함을 인식하고, 앞으로 바른 삶을 살아가겠다는 각오를 다지고 있습니다.

⑤ 피해자와의 직접적 소통 및 용서 구함

☞ 저는 피해자분께 직접 연락을 드려 진심으로 용서를 구하였고, 저로 인해 입은 피해를 보상하고자 최선을 다하였습니다. 피해자분의 마음을 조금이나마 돌릴 수 있도록 여러 차례 찾아뵈었으며, 용서를 받기 위해 노력하였습니다. 피해자께서 여전히 힘들어하시는 모습을 볼 때마다 제 행동에 깊은 죄책감을 느끼고 있습니다.

⑥ 사회적 책임에 대한 인식과 반성

☞ 저는 이번 사건을 계기로 사회 구성원으로서의 책임감을 무겁게 느끼고 있습니다. 저의 행동이 사회 질서를 어지럽히고, 타인에게 크나큰 상처를 남길 수 있음을 절감하였습니다. 앞으로는 성실히 살아가며, 공동체에 보탬이 되는 삶을 살겠다고 약속드립니다.

⑦ 반성문, 진술서 등 꾸준한 제출 및 반성의 구체적 행위

☞ 저는 재판이 진행되는 동안 총 세 차례에 걸쳐 반성문을 제출하였고, 반성문 작성 과정에서 스스로의

잘못을 다시 한 번 뉘우칠 수 있었습니다. 피해자에게도 저의 잘못을 고백하고 용서를 구하며, 앞으로 올바르게 살아가겠다는 다짐을 전했습니다. 이런 실천적 노력을 통해 조금이라도 저의 진정성을 보여드리고자 합니다.

◈ 피해 회복 및 합의 ◈

① 피해자와의 합의

☞ 저는 사건 이후 수차례 피해자분을 찾아 뵙고 진심으로 사과드렸습니다. 상호 간 여러 차례 대화를 거쳐 저의 잘못을 인정하고, 피해자분과 원만하게 합의에 이르게 되었습니다. 합의과정에서 피해자분의 요구를 최대한 반영하여 경제적·정신적 피해가 회복될 수 있도록 힘썼습니다.

② 피해자의 처벌불원 의사

☞ 피해자분께서 저의 진심 어린 반성과 피해회복 노력을 이해해 주시고, 더 이상 저를 처벌하지 않기를 원한다는 의사를 명확히 밝혀 주셨습니다. 이에 따라 피해자분이 직접 처벌불원서와 탄원서를 제출해 주셨습니다. 저 역시 이러한 피해자분의 너그러움에 보답할 수 있도록 평생 반성하며 살 것을 다짐합니다.

③ 피해 회복의 정도(완전/부분/경미성 등)

☞ 피해자분께 실제로 발생한 손해액 전액을 현금으로 배상하였으며, 물적·정신적 피해가 모두 해소될 수 있도록 노력하였습니다. 치료비, 위자료 등 현실적으로 필요한 비용을 모두 지급하였고, 피해자분의 일상 회복을 위해 추가 지원도 아끼지 않았습니다. 현재 피해자분은 사건 전과 다름없이 일상생활을 영위하고 있습니다.

④ 피해자에 대한 지속적 사과와 배려 노력

☞ 저는 그저 한두번의 사과에 그치지 않고, 시간이 지나도 꾸준히 피해자분께 용서를 구하고 사과의 마음을 전달하고 있습니다. 명절, 기념일 등에도 문안 인사를 드리며, 피해자분의 심리적 안정을 위해 도움이 필요하다면 언제든 돕겠다는 입장을 전달하였습니다. 피해자분의 감정이 회복될 때까지 끝까지 책임을 다할 생각입니다.

⑤ 피해 회복을 위한 구체적 행동(치료비·위자료 지급, 생활지원 등)

☞ 사건 발생 즉시 피해자분이 입은 신체적·정신적 고통을 덜어드리고자 치료비 및 위자료를

선지급하였고, 피해자분 가정의 생계에 차질이 없도록 임시 생활비도 지원하였습니다. 피해자분이 요청한 바에 따라 사건 관련 불편사항을 모두 해소해 드렸으며, 필요하다면 추가적으로 지원할 의향도 있습니다.

⑥ 피해자의 용서 및 감정의 변화

☞ 처음에는 피해자분께서 많이 상심하고 분노하셨으나, 반복적인 사과와 성의 있는 회복 노력 끝에 저를 용서해 주시게 되었습니다. 최근에는 피해자분과의 관계도 점차 회복되어 서로 안부를 전할 수 있을 만큼 신뢰가 생겼습니다. 저는 이 은혜를 절대 잊지 않고, 앞으로 피해자분께 누가 되지 않도록 더욱 조심하며 살아가겠습니다.

⑦ 범행 후 즉각적이고 적극적인 회복 노력

☞ 저는 범행 직후 곧바로 피해자분께 연락하여 사과의 뜻을 전하고, 필요한 모든 지원을 아끼지 않았습니다. 피해자분이 겪는 불편을 최소화하기 위해 매사에 신속하게 대응하였고, 경제적 손실뿐 아니라 심리적 충격까지 해소할 수 있도록 전문 상담도 연계하였습니다. 향후에도 피해자분의 요청이 있으면 언제든 성심껏 도울 예정입니다.

◆ 범행의 경위와 동기 ◆

① 우발적이고 계획적이지 않은 범행

☞ 저는 범행을 미리 계획하거나 사전에 준비한 적이 없으며, 단순히 순간적인 충동에 휩쓸려 잘못된 선택을 하게 되었습니다. 평소 성실하게 살아왔으나, 그날 따라 판단력이 흐려진 상태에서 우발적으로 범행이 이루어진 점을 깊이 후회하고 있습니다. 이로 인해 피해자 및 가족, 사회에 큰 실망을 안겨드린 점을 다시 한번 사과드립니다.

② 궁박한 처지, 타인의 강요 등

☞ 가족의 생계를 책임지면서 경제적으로 극심한 어려움에 직면하게 되었고, 그 과정에서 정상적인 판단을 내리지 못해 잘못된 결정을 하게 되었습니다. 또한 가까운 지인의 반복된 권유와 압박을 끝내 거절하지 못하고 범행에 가담하게 된 점을 깊이 반성하고 있습니다. 앞으로는 어떠한 상황에서도 옳지 않은 선택을 하지 않도록 제 자신을 철저히 단속하겠습니다.

③ 심신미약 상태

☞ 범행 당시 극심한 우울증과 불안장애를 앓고 있었고, 치료를 받으면서도 감정 조절이 쉽지 않았습니다. 정신적 고통에 시달리던 중 이성을 잃고 순간적으로 충동적인 행동을 하게 된 점을 진심으로 후회합니다. 현재도 전문 의료진의 도움을 받으며 치료에 전념하고 있습니다.

④ 타인을 도와주려다 범행에 연루됨

☞ 지인의 부탁을 거절하지 못해 도와주려던 것이 의도치 않게 범행에 연루되는 결과로 이어졌습니다. 제 행위가 범죄임을 인지하지 못한 채 무심코 참여했다가, 큰 잘못임을 뒤늦게 깨닫고 깊이 반성하고 있습니다. 이제는 어떠한 부탁이라도 신중하게 판단하고 법과 원칙을 최우선으로 삼을 것을 다짐합니다.

⑤ 사회·직장에서의 압박 또는 극심한 스트레스

☞ 최근 직장에서의 지속적인 업무 스트레스와 인간관계 갈등 등으로 인해 심신이 매우 지쳐 있는 상태였습니다. 그 과정에서 판단력이 흐려져 잘못된 행동을 하게 된 점을 깊이 뉘우치고 있습니다. 앞으로는 스트레스 관리와 자기 성찰에 더욱 힘쓰겠습니다.

⑥ 범행 후 즉시 자수 및 협조

☞ 범행의 심각성을 곧바로 인식하고, 즉시 경찰서에 자진 출두하여 모든 사실을 솔직하게 진술하였습니다. 수사 과정에서도 사실을 숨기거나 회피하지 않고, 책임을 다하려 노력했습니다. 앞으로는 어떤 유혹이나 실수도 반복하지 않도록 자신을 철저히 관리하겠습니다.

◆ 피고인의 전과 및 재범 위험 ◆

① 초범임을 강조

☞ 저는 이번 사건이 제 인생에서 처음으로 범한 죄입니다. 그동안 법을 어기는 일 없이 살아왔으며, 이번 일을 계기로 더욱 신중하고 바르게 살 것을 다짐하고 있습니다. 처음이자 마지막 실수임을 깊이 반성하며, 앞으로 어떠한 일이 있어도 다시는 이런 실수를 반복하지 않겠습니다.

② 동종 및 타종 전과가 없음

☞ 지금까지 살면서 어떠한 종류의 범죄에도 연루된 적이 없습니다. 동종 범죄는 물론이고, 이전까지 법적 처벌을 받은 이력도 전혀 없습니다. 이러한 점을 감안하시어 저의 선처를 간곡히 부탁드립니다.

③ 전과가 오래전이고, 그 후 범죄 없이 살아옴

☞ 과거에 한 번 실수로 처벌을 받은 적이 있으나, 그 이후로 오랜 기간 동안 사회의 일원으로 성실하게 살아왔습니다. 그간 재범이나 불법행위 없이 살아온 것을 보면 재범 위험성이 낮다고 자부할 수 있습니다. 이번 일을 계기로 더욱 책임 있는 삶을 살아가겠습니다.

④ 재범 위험성이 객관적으로 낮음(생활태도, 환경, 주변 평가 등)

☞ 저는 현재 가족과 직장에서 모두 신뢰받는 위치에 있으며, 주변에서도 저의 성실함과 책임감을 인정받아 왔습니다. 이번 범행 이후로도 스스로를 깊이 돌아보며 재범 방지를 위한 생활 습관을 꾸준히 실천하고 있습니다. 가족과 지인들 또한 저의 재범 위험성이 매우 낮다고 말해주고 있습니다.

⑤ 범행 이후 뉘우치며 꾸준히 재범방지 노력을 하고 있음

☞ 저는 범행 이후 자발적으로 상담을 받고, 반성문을 수차례 작성하면서 스스로를 단속하고 있습니다. 재판을 받는 동안 사회봉사 등 의미 있는 활동을 하며 사회 복귀 후 올바른 삶을 살아가기 위해 준비하고 있습니다. 앞으로도 지속적으로 이러한 노력을 멈추지 않을 것입니다.

◈ 피고인의 연령, 환경, 건강 ◈

① 고령 또는 연소자(연령)

☞ 저는 올해 68세로, 일반적인 사회활동이나 경제활동이 매우 어려운 고령입니다. 연령상 기억력이나 판단력도 현저히 저하되어 있으며, 작은 병치레에도 회복이 더딘 상태입니다. 노년기에 이처럼 형사처벌을 받게 된 것이 가족에게도 큰 고통이 되고 있습니다.

② 심신 또는 건강상 취약

☞ 저는 다년간 만성질환(고혈압, 당뇨, 협심증 등)으로 지속적인 약물치료와 병원 진료가 필수적인 상황입니다. 최근 들어 건강상태가 더 악화되어 혼자 일상생활을 영위하는 데도 많은 어려움이 있습니다.

수감 생활이 길어질 경우 건강이 심각하게 위협받을 수 있습니다.

③ 가족 부양책임

☞ 저는 미성년 자녀 둘과 80세가 넘은 노모를 부양하고 있습니다. 현재 저의 구속으로 인해 가족의 생계가 끊기다시피 하였고, 아이들 학업이나 노모의 건강 관리도 제대로 이뤄지지 못하고 있습니다. 저로 인해 가족 모두가 극심한 정신적·경제적 고통을 겪고 있습니다.

④ 사회적 약자, 열악한 경제·사회적 환경

☞ 저는 평생을 최저임금 일용직이나 단순노무직으로 생계를 이어오며, 기초생활수급자로 살아왔습니다. 경제적 형편이 매우 어렵고, 정부와 지역사회의 지원 없이는 기본적인 생활조차 힘든 처지입니다. 이러한 상황이 범행에 영향을 미친 점을 깊이 반성하고 있습니다.

⑤ 장애(지체장애, 정신장애 등)

☞ 저는 10여 년 전 사고로 인해 지체장애 2급 판정을 받아 거동에 많은 제약이 있습니다. 장애로 인해 경제활동이 극히 제한되고 있으며, 여러 복지시설의 도움으로 생활하고 있습니다. 수감 시 장애인으로서의 특수 상황에 따른 어려움이 너무 클 것으로 우려됩니다.

⑥ 중병(암, 희귀질환 등) 또는 지속적 치료 필요

☞ 저는 최근 암 진단을 받아 항암치료를 받고 있으며, 주기적으로 병원에 내원하여 치료를 받고 있습니다. 치료를 중단하게 되면 생명에 직접적인 위협이 될 수 있는 상황입니다. 이러한 건강상 이유로 최대한의 선처를 간절히 부탁드립니다.

⑦ 극심한 생활고(실직, 노숙, 기초생활수급 등)

☞ 최근 몇 년간 실직이 반복되어 생활이 극도로 어려워졌고, 현재는 지인의 도움으로 간신히 임시거주를 하고 있습니다. 일정한 수입원이 전혀 없는 상황에서 기초생활수급에 의존하고 있으며, 실질적인 생활비 마련조차 힘든 형편입니다.

⑧ 학력·교육·성장환경상 불리한 사정

☞ 저는 어린 시절부터 가정형편이 어려워 초등학교도 중퇴한 채 노동을 시작해야 했습니다. 학력이 낮고, 사회적 지식과 경험이 부족해 잘못된 선택을 했던 점을 깊이 반성합니다. 불우한 성장환경이 제 삶에 많은 영향을 주었음을 고백합니다.

⑨ 가족구성원 중 중증 환자 또는 장애인 부양

☞ 제 아내는 5년 전 뇌출혈로 쓰러져 현재 반신불수 상태이고, 돌봄이 없으면 일상생활이 불가능합니다. 저의 부재로 가족이 병원과 복지기관을 전전하고 있어, 가족 전체의 삶이 심각한 위기에 처해 있습니다.

⑩ 기타 개별적 환경(이혼, 한부모, 보호자 부재 등)

☞ 저는 몇 해 전 이혼 후 홀로 아이들을 양육하고 있습니다. 배우자의 부재로 인해 가족의 경제적·정서적 부담이 저 혼자에게 집중되고 있는 상황입니다. 저의 형사사건으로 인해 아이들에게 미칠 피해가 너무 커 염려스럽습니다.

◈ 범행의 수단, 방법, 결과 ◈

① 비폭력적이고 계획적이지 않은 범행

☞ 저의 범행은 사전에 치밀하게 계획된 것이 아니라, 우발적이고 충동적으로 이루어진 것이었습니다. 신체적 폭력이나 위협을 가한 사실이 전혀 없으며, 상대방의 의사에 반하는 물리력 행사 없이 사건이 마무리되었습니다. 그 과정에서 누구에게도 상해나 중대한 피해를 입힌 사실이 없음을 다시 한번 밝힙니다.

② 경미하거나 일시적·한시적 결과

☞ 범행의 결과로 실제로 발생한 손해는 매우 경미하였고, 단기간 내에 원상회복이 가능했습니다. 사건 이후 즉시 피해 사실을 인지하고, 곧바로 피해 복구를 위해 적극적으로 노력하였습니다. 그로 인해 피해자의 일상생활이나 업무에 지속적인 지장을 초래하지 않았음을 말씀드립니다.

③ 즉시 중단·범행 후 신속한 조치

☞ 범행 도중 잘못을 자각하여 즉시 행위를 멈추었으며, 이후에는 추가적 행동을 하지 않았습니다.

사건이 발생한 직후 피해자에게 직접 연락하여 피해 상황을 확인하고, 곧바로 사과와 복구 조치에 나섰습니다. 이러한 저의 즉각적 태도는 동일한 잘못의 확산을 막고, 피해를 최소화하는 데 기여하였습니다.

④ 자수 및 자발적 범행 시인

☞ 사건 발생 직후 스스로 경찰서를 찾아가 본인의 잘못을 자진 신고하였으며, 수사기관의 조사에도 적극적으로 협조하였습니다. 처음부터 모든 사실을 숨김없이 털어놓았고, 증거 인멸이나 도주를 시도한 사실이 전혀 없습니다. 이러한 저의 행동이 범행의 경중과 별개로 법의 신뢰를 지키려는 최소한의 의지였음을 이해해 주시기 바랍니다.

⑤ 범행 과정에서 타인에 대한 배려 또는 피해 최소화 노력

☞ 범행 과정에서 제 행동이 타인에게 더 큰 피해로 이어지지 않도록 최대한 주의를 기울였습니다. 특히 주변에 미성년자나 취약한 분들이 있었기에 그분들에게 피해가 가지 않도록 각별히 조심하였습니다. 비록 범죄라는 점에서는 변명의 여지가 없지만, 그 과정에서 추가적 피해 확산을 막기 위해 최선을 다했습니다.

⑥ 불특정 다수에게 위험을 확산시키지 않음

☞ 저의 범행은 특정한 상대에게만 국한된 것이며, 사회 전반에 불안이나 공포를 조장하는 행위는 아니었습니다. 사건의 성격상 불특정 다수에게 추가적 피해가 전파되지 않았음을 감안해 주시기 바랍니다. 특히 대중교통, 공공장소 등에서의 집단적 피해와는 거리가 먼 사건이었습니다.

⑦ 범행 결과로 추가 범죄(2차, 3차 피해)가 발생하지 않음

☞ 범행 이후 피해자가 2차적 피해를 입거나, 사건과 관련된 추가 범죄가 일어나지 않도록 각별히 조치하였습니다. 지속적으로 피해자의 상태를 확인하며, 어떤 형태로든 추가 피해가 확산되지 않도록 노력하였습니다. 이로 인해 사회적 파장이나 대외적 물의가 최소한으로 그칠 수 있었습니다.

◆ 공범 또는 연루 상황 ◆

① 가담 정도가 경미

☞ 저는 주범이 아니었고, 단순히 옆에서 일시적으로 관여한 소극적인 참여자였습니다. 범행의 주된

계획이나 실행에는 관여하지 않았으며, 사소한 역할만 담당하였습니다. 이러한 제 가담 정도의 경미성을 감안하여 선처를 부탁드립니다.

② 범행에서의 역할이 미미했음(단순 심부름, 보조적 역할 등)

☞ 저는 범행 과정에서 심부름 등 단순한 역할만 담당하였고, 범죄의 전체적 계획이나 실행에 본질적인 영향을 미치지 않았습니다. 주도적이거나 적극적인 참여가 전혀 없었으며, 다른 공범들의 지시에 따라 수동적으로 움직였습니다. 저의 역할이 매우 제한적이었음을 양형에 참작해 주시기를 간곡히 부탁드립니다.

③ 가담의 시기 및 기간이 짧았음

☞ 저는 사건의 막바지에 우연히 알게 되어, 다른 공범들이 이미 대부분 범행을 마친 후에 잠시 연루된 것입니다. 범행이 전개되는 상황에서 한순간 판단을 제대로 하지 못해 참여하게 되었으나, 실제로 범행 전 과정에 깊이 관여하지 않았습니다. 이와 같은 저의 짧은 가담 사실을 깊이 반성하며 다시는 이런 일이 없도록 하겠습니다.

④ 범행 후 즉시 이탈 또는 중단하였음

☞ 저는 범행 상황이 잘못되었다는 사실을 곧바로 인지하고, 공범들에게 더 이상 관여하지 않겠다고 밝힌 후 현장을 즉시 이탈하였습니다. 이후 어떤 방식으로든 추가로 범행에 가담하지 않았고, 나머지 범행이 이루어지는 과정에도 일절 관여하지 않았습니다. 이러한 점을 선처에 반영해 주시면 감사하겠습니다.

⑤ 범행에 대한 사전 지식이나 계획 없이 연루됨

☞ 저는 사건이 발생하기 전까지 범행이 진행될 것이라는 사실을 전혀 알지 못했고, 그 자리에 함께 있었다는 이유만으로 예상치 못하게 연루되었습니다. 범행의 구체적인 내용이나 결과를 전혀 알지 못한 채 우발적으로 가담하게 된 것을 매우 후회하고 있습니다. 앞으로는 어떤 상황에서도 신중히 행동할 것을 다짐합니다.

⑥ 타인에 의해 이용당함

☞ 저는 오랜 기간 알고 지내던 사람의 지속적인 설득과 압박에 마음이 약해져 범행에 가담하게 되었습니다. 당시 상황을 제대로 판단하지 못하고 타인의 의도에 휘둘린 점을 깊이 후회하고 있습니다. 앞으로는 주변 사람의 말에 휘둘리지 않고, 올바른 판단을 할 수 있도록 항상 경계하겠습니다.

⑦ 사후적으로 적극적으로 수사에 협조함(공범 진술, 범행 사실 고지 등)

☞ 범행이 드러난 이후 저는 곧바로 수사기관에 자진 출석하여, 범행 경위와 공범들의 역할을 성실히 진술하였습니다. 저의 진술이 사건의 실체적 진실 규명에 도움이 되었다고 생각하며, 이 과정에서 숨김이나 거짓 없이 적극적으로 협조하였습니다. 이 점을 양형에 참작해 주시기를 간절히 호소합니다.

◈ 기타 정상참작 사유 ◈

① 사회봉사, 선행

저는 사건 이전부터 매주 복지관에서 무료 급식 봉사를 해왔으며, 명절마다 홀몸 어르신을 방문해 도움을 드렸습니다. 이번 사건을 계기로 더욱 깊이 사회의 소중함을 느끼며, 앞으로도 봉사활동을 계속할 것을 약속드립니다. 주변 이웃분들과 지역사회에서도 저의 이러한 선행을 알고 지지해주고 있습니다.

② 자발적 교정의지, 재활계획

저는 사건 이후 자신의 잘못을 바로잡기 위해 스스로 상담치료를 시작하였고, 관련 기관에서 교육도 이수하였습니다. 사회로 복귀한 뒤에도 유사한 잘못을 저지르지 않도록 스스로를 단속하며, 정기적으로 자문과 상담을 받을 계획입니다. 가족들과도 진솔하게 대화하며 신뢰를 다시 쌓고, 건강한 사회구성원으로 거듭나기 위해 최선을 다하고 있습니다.

③ 가족·이웃 등 주변인의 탄원, 선처 요청

저의 가족과 이웃들은 저의 평소 성실한 생활태도와 반성의 모습을 확인하고, 재판부에 선처를 간곡히 요청하고 있습니다. 특히 아내와 자녀들은 이번 사건 이후 제가 많이 변화했음을 이야기하며, 가족 모두가 함께 더 나은 미래를 약속드리고 있습니다. 지인들 역시 저의 사회 복귀를 응원하며, 실질적인 지원을 아끼지 않겠다는 의사를 탄원서로 제출하였습니다.

④ 피고인의 반성문 및 진술 태도

저는 수사·재판 내내 진솔하게 자신의 잘못을 인정하고, 변명이나 책임 회피 없이 반성의 뜻을 밝혀왔습니다. 여러 차례 반성문을 직접 작성하여 제출하며, 판사님께 저의 진심이 전달되기를 간절히 바라고 있습니다. 앞으로도 거짓 없이 진실을 말하고, 다시는 이런 일이 반복되지 않도록 살아갈 것을 맹세합니다.

⑤ 사건 이후 지속적 자선활동 및 사회기여

이번 사건을 계기로 저의 부족함을 뼈저리게 깨닫고, 지역사회에 환원하고자 자선단체에 정기후원을 시작하였습니다. 노숙인 쉼터와 장애인 복지시설 등에서 봉사활동을 꾸준히 이어가며, 작게나마 사회에 보탬이 되고자 힘쓰고 있습니다. 사회로부터 받은 신뢰를 다시 얻기 위해, 앞으로도 꾸준히 기여하겠습니다.

⑥ 피고인의 경제적 궁핍, 특별한 사정

저는 소득이 불안정한 일용직 근로자로서 가족의 생계를 홀로 책임지고 있습니다. 경제적으로 매우 곤궁한 상황에서도 아이들의 교육비와 생활비를 감당하느라 늘 어려움이 많았습니다. 이러한 현실이 실수로 이어진 점을 다시 한 번 깊이 뉘우치며, 재판부의 넓은 이해와 선처를 간절히 부탁드립니다.

⑦ 사회복귀시 지역사회, 직장 등의 환영 또는 재정착 보장

저의 직장에서는 이번 사건에도 불구하고 복귀를 환영해 줄 뜻을 밝혀주었고, 동료들도 저를 믿어주고 있습니다. 지역사회에서도 저의 복귀를 바라는 이웃분들이 많아, 다시 사회에 기여할 수 있는 환경이 조성되어 있습니다. 이러한 점을 감안하여 저에게 다시 한 번 사회 일원으로 살아갈 기회를 주신다면 반드시 보답하겠습니다.

⑧ 피해자와의 관계 개선, 사후에도 지속적 피해구제 노력

사건 이후 피해자와 여러 차례 만나 진심으로 사과 드렸으며, 현재는 관계가 회복되어 서로 왕래하는 사이가 되었습니다. 피해자의 추가적인 요청이 있을 경우에도 즉시 도움을 드릴 수 있도록 준비하고 있습니다. 앞으로도 피해자의 입장에서 생각하고, 피해 회복과 생활에 실질적 도움이 될 수 있도록 최선을 다하겠습니다.

⑨ 사회적 약자임을 보여주는 자료, 사정

저는 장애를 가지고 있어 일상생활과 취업 모두에 있어 많은 어려움을 겪고 있습니다. 사회적 약자의 입장에서 더 성실하고 정직하게 살기 위해 늘 노력해 왔으나, 한순간의 실수로 이런 일이 발생하였습니다. 이 점을 참작해 주시어 다시 한 번 사회에 적응할 수 있는 기회를 간절히 부탁드립니다.

[유형별]

[양식] 배우자/가족 탄원서 예시

목적: 피고인이 가정에서 차지하는 역할과 책임감을 강조하고, 구금 시 가족이 겪게 될 실질적인 어려움을 호소하며 선처를 구합니다.

탄 원 서

사건번호: [사건번호 입력]
피 고 인: [피고인 이름]
탄 원 인: [탄원인 이름] (피고인과의 관계: [예: 처/남편])
연 락 처: [탄원인 연락처]
주 소: [탄원인 주소]

존경하는 재판장님

 저는 위 사건의 피고인 OOO 의 아내(남편) OOO 입니다. 남편(아내)이 저지른 잘못으로 인해 고통받고 계실 피해자분께 먼저 깊은 사죄의 말씀을 드립니다. 또한, 저희 가족에게 닥친 이 끔찍한 일에 대해 참담한 심정으로 재판장님께 선처를 구하고자 이 글을 올립니다.

 제 남편(아내) OOO 은/는 결코 범죄를 저지를 사람이 아니라고 믿어왔습니다. 평소 누구보다 성실하고 책임감 강한 가장이었고, 자녀들에게는 한없이 자상한 아빠(엄마)였습니다. 매일 땀 흘려 일하며 저희 가족의 생계를 책임졌고, 주말이면 피곤한 몸을 이끌고 아이들과 시간을 보내주던 사람이었습니다. 그런 사람이 한순간의 잘못된 판단으로 이토록 큰 죄를 짓게 되었다는 사실이 아직도 믿기지 않습니다.

 물론, 제 남편(아내)이 저지른 죄는 그 어떤 말로도 변명할 수 없습니다. 자신의 잘못을 뼈저리게 뉘우치며 구치소에서 매일 눈물로 반성하고 있다는 소식을 접할 때마다, 아내(남편)로서 곁에서 힘이 되어주지 못하고 올바른 길로 이끌지 못한 제 자신에 대한 자책감에 가슴이 미어집니다.

존경하는 재판장님,

 만약 남편(아내)이 오랜 기간 사회와 격리된다면, 저희 가족의 생계는 막막해집니다. 아직 어린 저희 아이들(또는 연로하신 부모님)은 아빠(엄마)의 부재를 감당하기 어렵습니다. 남편(아내)은 저희 가정의 기둥이자 전부입니다.

 부디 재판장님의 너그러운 아량으로 제 남편(아내)에게 마지막으로 한 번만 기회를 주시길 간절히 부탁드립니다. 남편(아내)이 사회로 돌아와 피해자분께 평생 속죄하고, 저희 가정에 대한 책임을 다하며 성실하게 살아갈 수 있도록 길을 열어주시길 눈물로 호소합니다. 저 또한 아내(남편)로서 곁에서 그를 올바른 길로 이끌고, 다시는 같은 잘못을 반복하지 않도록 평생 노력하겠습니다.

20   년   월   일

탄원인   성 춘 향 (인)

[양식] 부모님 탄원서 예시

목적: 자식의 잘못을 인정하고 부모로서의 책임을 통감함을 표현하며, 자식의 본래 심성과 성장 과정, 그리고 앞으로 부모가 어떻게 지도할 것인지를 밝혀 선처를 구합니다.

탄 원 서

사건번호: [사건번호 입력]
피 고 인: [피고인 이름]
탄 원 인: [탄원인 이름] (피고인과의 관계: [예: 처/남편])
연 락 처: [탄원인 연락처]
주 소: [탄원인 주소]

존경하는 재판장님

　저는 죄인 OOO 의 어미(아비)입니다. 못난 자식을 제대로 가르치지 못해 사회에 큰 물의를 일으키고, 피해자분께 씻을 수 없는 상처를 드린 점, 부모로서 고개 숙여 사죄드립니다. 모든 것이 자식을 올바르게 이끌지 못한 저의 불찰입니다.

　제 아들(딸) OOO 은/는 본래 마음만은 따뜻하고 심성이 나쁜 아이는 아니었습니다. [피고인의 긍정적인 면모를 보여주는 어린 시절의 구체적인 일화 등을 간략히 서술]. 하지만 사회생활을 시작하고 힘든 일을 겪으며 잘못된 길에 빠진 것 같습니다. 자식의 고통을 미리 헤아리고 보듬어주지 못한 제 자신이 너무나 원망스럽습니다.

　구치소에서 면회를 할 때마다, 자신의 잘못을 절절히 후회하며 눈물 흘리는 자식의 모습을 보며 가슴이 찢어집니다. 이미 저지른 죄의 대가는 반드시 치러야 함을 알고 있습니다. 하지만 부디 제 아들(딸)이 인생을 포기하지 않고, 자신의 잘못을 바로잡아 새로운 사람으로 살아갈 수 있도록 마지막 기회를 주시길 간절히 바랍니다.

존경하는 재판장님,

　이 못난 부모에게 마지막으로 자식을 책임지고 바로잡을 기회를 주십시오. 제 아들(딸)이 사회로 돌아온다면, 저희 부모가 모든 것을 걸고 곁에서 지도하고 보살피겠습니다. 다시는 사회에 해가 되는 어리석은 행동을 하지 않도록 엄하게 가르치고, 피해자분께 평생 속죄하는 마음으로 살아가도록 이끌겠습니다. 부디 재판장님의 넓으신 아량으로 선처를 베풀어 주시길 간절히 탄원합니다.

20   년   월   일

탄원인   성 춘 향 (인)

[양식] 직장 동료/고용주 탄원서 예시

목적: 피고인의 사회적 유대관계와 성실성을 증명하고, 재범 위험이 낮으며 사회 복귀 시 안정적인 생활이 가능함을 보여주어 선처를 구합니다.

탄 원 서

사건번호: [사건번호 입력]
피 고 인: [피고인 이름]
탄 원 인: [탄원인 이름] (피고인과의 관계: [예: 처/남편])
연 락 처: [탄원인 연락처]
주 소: [탄원인 주소]

존경하는 재판장님

저는 OOO 회사에서 피고인 OOO 의 직장 상사(고용주)로 근무하고 있는 OOO 입니다. 먼저 저희 직원이 사회에 물의를 일으킨 점에 대해 깊은 유감을 표하며, 피해자분께도 진심으로 사과의 말씀을 드립니다.

피고인 OOO 은/는 지난 O 년간 저희 회사에서 근무하며 누구보다 성실하고 책임감 있는 직원이었습니다. 궂은일도 마다하지 않았고, 동료들과의 관계도 원만하여 주위의 신망이 두터웠습니다. [피고인의 성실함, 책임감 등을 보여주는 구체적인 업무 사례 등을 간략히 서술]. 그랬기에 저는 OOO 의 소식을 처음 들었을 때 제 귀를 의심할 수밖에 없었습니다.

물론 피고인이 저지른 잘못은 결코 가볍지 않으며, 응당한 처벌을 받아야 함을 알고 있습니다. 하지만 제가 아는 OOO 은/는 자신의 잘못을 회피할 사람이 아니며, 이번 일에 대해 누구보다 깊이 반성하고 괴로워할 것이라 믿습니다.

존경하는 재판장님,

피고인 OOO 에게 사회로 복귀할 기회를 주신다면, 제가 그의 고용주로서 책임지고 올바른 사회 구성원으로 살아갈 수 있도록 돕겠습니다. 저희 회사는 OOO 이 다시 일할 수 있도록 그의 자리를 보전하고, 안정적인 경제 활동을 통해 피해자에게 피해를 배상하고 자신의 삶을 재건할 수 있도록 적극적으로 지원할 것입니다. 부디 한 번의 실수가 한 사람의 인생을 송두리째 무너뜨리지 않도록, 재기를 향한 기회를 허락하여 주시길 간절히 부탁드립니다.

20   년   월   일

탄원인 성 춘 향 (인)

[양식] 친구/지인 탄원서 예시

목적: 객관적인 제3자의 시선으로 피고인의 평소 인품과 선량함을 증언하고, 사건에 대한 안타까움과 피고인의 반성을 전하며 선처를 구합니다.

탄 원 서

사건번호: [사건번호 입력]
피 고 인: [피고인 이름]
탄 원 인: [탄원인 이름] (피고인과의 관계: [예: 처/남편])
연 락 처: [탄원인 연락처]
주 소: [탄원인 주소]

존경하는 재판장님

저는 피고인 OOO 와 O년 동안 우정을 이어온 친구 OOO 입니다. 친구가 저지른 잘못으로 고통받으실 피해자분께 먼저 사죄의 말씀을 드립니다. 친구의 잘못을 미리 막지 못한 것 같아 참담하고 죄송한 마음입니다.

제가 아는 친구 OOO 은/는 불의를 보면 참지 못하고, 어려운 친구를 보면 먼저 손을 내밀 줄 아는 따뜻한 마음을 가진 사람이었습니다. [피고인의 선량한 인품을 보여주는 구체적인 일화 등을 간략히 서술]. 그런 친구가 이토록 큰 잘못을 저질렀다는 사실에 너무나 큰 충격과 안타까움을 느낍니다. 한순간의 잘못된 판단이 얼마나 큰 비극을 낳았는지, 친구 역시 구치소에서 뼈저리게 느끼며 후회하고 있을 것입니다.

친구가 저지른 죄에 대해서는 어떠한 변명의 여지도 없으며, 그에 합당한 벌을 받아야 마땅합니다. 하지만 부디 친구가 자신의 잘못을 진심으로 뉘우치고 있다는 점과, 본래 심성은 결코 악하지 않다는 점을 참작하시어 마지막 관용을 베풀어 주시길 간절히 바랍니다.

존경하는 재판장님,

친구가 다시 사회로 돌아올 기회를 얻는다면, 저를 포함한 친구들이 곁에서 그가 올바른 길을 갈 수 있도록 돕고 지지하겠습니다. 다시는 어리석은 잘못을 반복하지 않도록 쓴소리를 아끼지 않으며, 건강한 사회의 일원으로 살아갈 수 있도록 힘이 되겠습니다. 부디 제 친구 OOO 에게 새 삶의 기회를 허락하여 주시길 바랍니다.

20   년   월   일

탄원인 성 춘 향 (인)

[양식] 피해자 탄원서 예시 (처벌 불원)

목적: 피해자가 피고인과 원만히 합의하였고, 피고인의 처벌을 원하지 않는다는 의사를 재판부에 명확히 전달하여 선처를 구합니다. (피해자의 진정한 용서가 담길 때 가장 큰 효력이 있습니다.)

탄 원 서

사건번호: [사건번호 입력]
피 고 인: [피고인 이름]
탄 원 인: [탄원인 이름] (피고인과의 관계: [예: 처/남편])
연 락 처: [탄원인 연락처]
주 소: [탄원인 주소]

존경하는 재판장님

저는 위 사건의 피해자 OOO 입니다.

사건 초기, 저는 피고인 OOO 에 대한 원망과 분노로 너무나 큰 고통의 시간을 보냈습니다. 하지만 피고인은 사건 이후 수차례 저와 제 가족을 찾아와 진심으로 사죄하였고, 저의 피해를 회복시키기 위해 최선의 노력을 다하는 모습을 보여주었습니다.

피고인의 진심 어린 반성과 사죄의 모습을 보며, 저는 피고인을 용서하기로 마음먹었습니다. 이에 피고인과 원만히 합의하였으며, 현재는 피고인에 대한 어떠한 처벌도 원하지 않습니다.

물론 피고인이 저지른 잘못이 사라지는 것은 아닙니다. 하지만 피고인 역시 자신의 잘못을 깊이 뉘우치고 있으며, 한 가정의 가장으로서 책임져야 할 삶의 무게가 있다는 점을 알게 되었습니다. 피고인이 엄한 처벌을 받기보다는, 사회로 돌아가 자신의 잘못을 평생 반성하며 성실하게 살아갈 기회를 갖는 것이 더 바람직하다고 생각합니다.

존경하는 재판장님,

부디 피고인과 원만히 합의에 이르렀고, 피고인에 대한 처벌을 원치 않는 저의 의사를 참작하시어, 피고인에게 최대한의 관용을 베풀어 주시길 간곡히 부탁드립니다.

20   년   월   일

탄원인   성 춘 향 (인)

형의 집행 및 수용자의 처우에 관한 법률
(인용조문 3단비교)

인용조문 비교표 (법률-시행령-시행규칙)

형의 집행 및 수용자의 처우에 관한 법률 [법률 제19105호, 2022. 12. 27., 일부개정]	형의 집행 및 수용자의 처우에 관한 법률 시행령 [대통령령 제30909호, 2020. 8. 5., 일부개정]	형의 집행 및 수용자의 처우에 관한 법률 시행규칙 [법무부령 제1072호, 2024. 2. 8., 일부개정]
제1편 총칙		
제1조(목적) 이 법은 수형자의 교정교화와 건전한 사회복귀를 도모하고, 수용자의 처우와 권리 및 교정시설의 운영에 관하여 필요한 사항을 규정함을 목적으로 한다.		
제2조(정의) 이 법에서 사용하는 용어의 뜻은 다음과 같다. 1. "수용자"란 수형자·미결수용자·사형확정자 등 법률과 적법한 절차에 따라 교도소·구치소 및 그 지소(이하 "교정시설"이라 한다)에 수용된 사람을 말한다. 2. "수형자"란 징역형·금고형 또는 구류형의 선고를 받아 그 형이 확정되어 교정시설에 수용된 사람과 벌금 또는 과료를 완납하지 아니하여 노역장 유치명령을 받아 교정시설에 수용된 사람을 말한다. 3. "미결수용자"란 형사피의자 또는 형사피고인으로서 체포되거나 구속영장의 집행을 받아 교정시설에 수용된 사람을 말한다. 4. "사형확정자"란 사형의 선고를 받아 그 형이 확정되어 교정시설에 수용된 사람을 말한다.		
제3조(적용범위) 이 법은 교정시설의 구내와 교도관이 수용자를 계호(戒護)하고 있는 그 밖의 장소로서 교도관의 통제가 요구되는 공간에 대하여 적용한다.		
제4조(인권의 존중) 이 법을 집행하는 때에 수용자의 인권은 최대한으로 존중되어야 한다.		

제5조(차별금지) 수용자는 합리적인 이유 없이 성별, 종교, 장애, 나이, 사회적 신분, 출신지역, 출신국가, 출신민족, 용모 등 신체조건, 병력(病歷), 혼인 여부, 정치적 의견 및 성적(性的) 지향 등을 이유로 차별받지 아니한다.			
제5조의2(기본계획의 수립) ① 법무부장관은 이 법의 목적을 효율적으로 달성하기 위하여 5년마다 형의 집행 및 수용자 처우에 관한 기본계획(이하 "기본계획"이라 한다)을 수립하고 추진하여야 한다. ② 기본계획에는 다음 각 호의 사항이 포함되어야 한다. 1. 형의 집행 및 수용자 처우에 관한 기본 방향 2. 인구·범죄의 증감 및 수사 또는 형 집행의 동향 등 교정시설의 수요 증감에 관한 사항 3. 교정시설의 수용 실태 및 적정한 규모의 교정시설 유지 방안 4. 수용자에 대한 처우 및 교정시설의 유지·관리를 위한 적정한 교도관 인력 확충 방안 5. 교도작업과 직업훈련의 현황, 수형자의 건전한 사회복귀를 위한 작업설비 및 프로그램의 확충 방안 6. 수형자의 교육·교화 및 사회적응에 필요한 프로그램의 추진방향 7. 수용자 인권보호 실태와 인권증진 방안 8. 교정사고의 발생 유형 및 방지에 필요한 사항 9. 형의 집행 및 수용자 처우와 관련하여 관계 기관과의 협력에 관한 사항 10. 그 밖에 법무부장관이 필요하다고 인정하는 사항 ③ 법무부장관은 기본계획을 수립 또는 변경하려는 때에는 법원, 검			

찰 및 경찰 등 관계 기관과 협의하여야 한다. ④ 법무부장관은 기본계획을 수립하기 위하여 실태조사와 수요예측조사를 실시할 수 있다. ⑤ 법무부장관은 기본계획을 수립하기 위하여 필요하다고 인정하는 경우에는 관계 기관의 장에게 필요한 자료를 요청할 수 있다. 이 경우 자료를 요청받은 관계 기관의 장은 특별한 사정이 없으면 요청에 따라야 한다. [본조신설 2019. 4. 23.]		
제5조의3(협의체의 설치 및 운영) ① 법무부장관은 형의 집행 및 수용자 처우에 관한 사항을 협의하기 위하여 법원, 검찰 및 경찰 등 관계 기관과 협의체를 설치하여 운영할 수 있다. ② 제1항에 따른 협의체의 설치 및 운영 등에 필요한 사항은 대통령령으로 정한다. [본조신설 2019. 4. 23.]	제1조의2(협의체의 구성 및 운영 등) ① 「형의 집행 및 수용자의 처우에 관한 법률」(이하 "법"이라 한다) 제5조의3에 따른 협의체(이하 "협의체"라 한다)는 위원장을 포함하여 12명의 위원으로 구성한다. ② 협의체의 위원장은 법무부차관이 되고, 협의체의 위원은 다음 각 호의 사람이 된다. 1. 기획재정부, 교육부, 법무부, 국방부, 행정안전부, 보건복지부, 고용노동부, 경찰청 및 해양경찰청 소속 고위공무원단에 속하는 공무원(국방부의 경우에는 고위공무원단에 속하는 공무원 또는 이에 상당하는 장성급 장교를, 경찰청 및 해양경찰청의 경우에는 경무관 이상의 경찰공무원을 말한다) 중에서 해당 소속 기관의 장이 지명하는 사람 각 1명 2. 법원행정처 소속 판사 또는 3급 이상의 법원일반직공무원 중에서 법원행정처장이 지명하는 사람 1명 3. 대검찰청 소속 검사 또는 고위공무원단에 속하는 공무원 중에서 검찰총장이 지명하는 사람 1명 ③ 협의체의 위원장은 협의체 회의를 소집하며, 회의 개최 7일 전까지 회의의 일시·장소 및 안건 등을 각 위원에게 알려야 한다.	

	④ 협의체의 위원장은 협의체의 회의 결과를 위원이 소속된 기관의 장에게 통보해야 한다. [본조신설 2019. 10. 22.]	
제6조(교정시설의 규모 및 설비) ① 신설하는 교정시설은 수용인원이 500명 이내의 규모가 되도록 하여야 한다. 다만, 교정시설의 기능·위치나 그 밖의 사정을 고려하여 그 규모를 늘릴 수 있다.<개정 2020. 2. 4.> ② 교정시설의 거실·작업장·접견실이나 그 밖의 수용생활을 위한 설비는 그 목적과 기능에 맞도록 설치되어야 한다. 특히, 거실은 수용자가 건강하게 생활할 수 있도록 적정한 수준의 공간과 채광·통풍·난방을 위한 시설이 갖추어져야 한다. ③ 법무부장관은 수용자에 대한 처우 및 교정시설의 유지·관리를 위한 적정한 인력을 확보하여야 한다.<신설 2019. 4. 23.>		
제7조(교정시설 설치·운영의 민간위탁) ① 법무부장관은 교정시설의 설치 및 운영에 관한 업무의 일부를 법인 또는 개인에게 위탁할 수 있다. ② 제1항에 따라 위탁을 받을 수 있는 법인 또는 개인의 자격요건, 교정시설의 시설기준, 수용대상자의 선정기준, 수용자 처우의 기준, 위탁절차, 국가의 감독, 그 밖에 필요한 사항은 따로 법률로 정한다.		
제8조(교정시설의 순회점검) 법무부장관은 교정시설의 운영, 교도관의 복무, 수용자의 처우 및 인권실태 등을 파악하기 위하여 매년 1회 이상 교정시설을 순회점검하거나 소속 공무원으로 하여금 순회점검하게 하여야 한다.	**제139조(순회점검공무원에 대한 청원)** ① 소장은 법 제117조제1항에 따라 수용자가 순회점검공무원(법 제8조에 따라 법무부장관으로부터 순회점검의 명을 받은 법무부 또는 그 소속기관에 근무하는 공무원을 말한다. 이하 같다)에게 청원하는 경우에는 그 인적사항을 청원부	

	에 기록하여야 한다. ② 순회점검공무원은 법 제117조제2항 단서에 따라 수용자가 말로 청원하는 경우에는 그 요지를 청원부에 기록하여야 한다. ③ 순회점검공무원은 법 제117조제1항의 청원에 관하여 결정을 한 경우에는 그 요지를 청원부에 기록하여야 한다. ④ 순회점검공무원은 법 제117조제1항의 청원을 스스로 결정하는 것이 부적당하다고 인정하는 경우에는 그 내용을 법무부장관에게 보고하여야 한다. ⑤ 수용자의 청원처리의 기준·절차 등에 관하여 필요한 사항은 법무부장관이 정한다.	
제9조(교정시설의 시찰 및 참관) ① 판사와 검사는 직무상 필요하면 교정시설을 시찰할 수 있다. ② 제1항의 판사와 검사 외의 사람은 교정시설을 참관하려면 학술연구 등 정당한 이유를 명시하여 교정시설의 장(이하 "소장"이라 한다)의 허가를 받아야 한다.	**제2조(판사 등의 시찰)** ① 판사 또는 검사가 법 제9조제1항에 따라 교도소·구치소 및 그 지소(이하 "교정시설"이라 한다)를 시찰할 경우에는 미리 그 신분을 나타내는 증표를 교정시설의 장(이하 "소장"이라 한다)에게 제시해야 한다.<개정 2018. 12. 24., 2019. 10. 22.> ② 소장은 제1항의 경우에 교도관에게 시찰을 요구받은 장소를 안내하게 해야 한다.<개정 2018. 12. 24.> **제3조(참관)** ① 소장은 법 제9조제2항에 따라 판사와 검사 외의 사람이 교정시설의 참관을 신청하는 경우에는 그 성명·직업·주소·나이·성별 및 참관 목적을 확인한 후 허가 여부를 결정하여야 한다. ② 소장은 외국인에게 참관을 허가할 경우에는 미리 관할 지방교정청장의 승인을 받아야 한다. ③ 소장은 제1항 및 제2항에 따라 허가를 받은 사람에게 참관할 때의 주의사항을 알려주어야 한다.	
제10조(교도관의 직무) 이 법에 규정된 사항 외에 교도관의 직		

무에 관하여는 따로 법률로 정한다.		
제2편 수용자의 처우		
제1장 수용		
제11조(구분수용) ① 수용자는 다음 각 호에 따라 구분하여 수용한다.<개정 2008. 12. 11.> 1. 19세 이상 수형자: 교도소 2. 19세 미만 수형자: 소년교도소 3. 미결수용자: 구치소 4. 사형확정자: 교도소 또는 구치소. 이 경우 구체적인 구분 기준은 법무부령으로 정한다. ② 교도소 및 구치소의 각 지소에는 교도소 또는 구치소에 준하여 수용자를 수용한다.		
제12조(구분수용의 예외) ① 다음 각 호의 어느 하나에 해당하는 사유가 있으면 교도소에 미결수용자를 수용할 수 있다. 1. 관할 법원 및 검찰청 소재지에 구치소가 없는 때 2. 구치소의 수용인원이 정원을 훨씬 초과하여 정상적인 운영이 곤란한 때 3. 범죄의 증거인멸을 방지하기 위하여 필요하거나 그 밖에 특별한 사정이 있는 때 ② 취사 등의 작업을 위하여 필요하거나 그 밖에 특별한 사정이 있으면 구치소에 수형자를 수용할 수 있다. ③ 수형자가 소년교도소에 수용 중에 19세가 된 경우에도 교육·교화프로그램, 작업, 직업훈련 등을 실시하기 위하여 특히 필요하다고 인정되면 23세가 되기 전까지는 계속하여 수용할 수 있다.<개정 2008. 12. 11.> ④ 소장은 특별한 사정이 있으면 제11조의 구분수용 기준에 따라 다른 교정시설로 이송하여야 할 수형		

자를 6개월을 초과하지 아니하는 기간 동안 계속하여 수용할 수 있다.		
제13조(분리수용) ① 남성과 여성은 분리하여 수용한다. ② 제12조에 따라 수형자와 미결수용자, 19세 이상의 수형자와 19세 미만의 수형자를 같은 교정시설에 수용하는 경우에는 서로 분리하여 수용한다.<개정 2008. 12. 11.>		
제14조(독거수용) 수용자는 독거수용한다. 다만, 다음 각 호의 어느 하나에 해당하는 사유가 있으면 혼거수용할 수 있다. 1. 독거실 부족 등 시설여건이 충분하지 아니한 때 2. 수용자의 생명 또는 신체의 보호, 정서적 안정을 위하여 필요한 때 3. 수형자의 교화 또는 건전한 사회복귀를 위하여 필요한 때	**제4조(독거실의 비율)** 교정시설을 새로 설치하는 경우에는 법 제14조에 따른 수용자의 거실수용을 위하여 독거실(獨居室)과 혼거실(混居室)의 비율이 적정한 수준이 되도록 한다.	
제15조(수용거실 지정) 소장은 수용자의 거실을 지정하는 경우에는 죄명·형기·죄질·성격·범죄전력·나이·경력 및 수용생활 태도, 그 밖에 수용자의 개인적 특성을 고려하여야 한다.		
제16조(신입자의 수용 등) ① 소장은 법원·검찰청·경찰관서 등으로부터 처음으로 교정시설에 수용되는 사람(이하 "신입자"라 한다)에 대하여는 집행지휘서, 재판서, 그 밖에 수용에 필요한 서류를 조사한 후 수용한다. ② 소장은 신입자에 대하여는 지체 없이 신체·의류 및 휴대품을 검사하고 건강진단을 하여야 한다.<개정 2017. 12. 19.> ③ 신입자는 제2항에 따라 소장이 실시하는 검사 및 건강진단을 받아야 한다.<신설 2015. 3. 27., 2017. 12. 19.>	**제15조(신입자의 건강진단)** 법 제16조제2항에 따른 신입자의 건강진단은 수용된 날부터 3일 이내에 하여야 한다. 다만, 휴무일이 연속되는 등 부득이한 사정이 있는 경우에는 예외로 한다.	

제16조의2(간이입소절차) 다음 각 호의 어느 하나에 해당하는 신입자의 경우에는 법무부장관이 정하는 바에 따라 간이입소절차를 실시한다. 1. 「형사소송법」 제200조의2, 제200조의3 또는 제212조에 따라 체포되어 교정시설에 유치된 피의자 2. 「형사소송법」 제201조의2제10항 및 제71조의2에 따른 구속영장 청구에 따라 피의자 심문을 위하여 교정시설에 유치된 피의자 [본조신설 2017. 12. 19.]		
제17조(고지사항) 신입자 및 다른 교정시설로부터 이송되어 온 사람에게는 말이나 서면으로 다음 각 호의 사항을 알려 주어야 한다. 1. 형기의 기산일 및 종료일 2. 접견·편지, 그 밖의 수용자의 권리에 관한 사항 3. 청원,「국가인권위원회법」에 따른 진정, 그 밖의 권리구제에 관한 사항 4. 징벌·규율, 그 밖의 수용자의 의무에 관한 사항 5. 일과(日課) 그 밖의 수용생활에 필요한 기본적인 사항		
제18조(수용의 거절) ① 소장은 다른 사람의 건강에 위해를 끼칠 우려가 있는 감염병에 걸린 사람의 수용을 거절할 수 있다.<개정 2009. 12. 29.> ② 소장은 제1항에 따라 수용을 거절하였으면 그 사유를 지체 없이 수용지휘기관과 관할 보건소장에게 통보하고 법무부장관에게 보고하여야 한다.	**제52조(감염병의 정의)** 법 제18조제1항, 법 제53조제1항제3호 및 법 제128조제2항에서 "감염병"이란 「감염병의 예방 및 관리에 관한 법률」에 따른 감염병을 말한다.	
제19조(사진촬영 등) ① 소장은 신입자 및 다른 교정시설로부터 이송되어 온 사람에 대하여 다른 사람과의 식별을 위하여 필요한 한도에서 사진촬영, 지문채취, 수용자		

번호지정, 그 밖에 대통령령으로 정하는 조치를 하여야 한다. ② 소장은 수용목적상 필요하면 수용 중인 사람에 대하여도 제1항의 조치를 할 수 있다.		
제20조(수용자의 이송) ① 소장은 수용자의 수용·작업·교화·의료, 그 밖의 처우를 위하여 필요하거나 시설의 안전과 질서유지를 위하여 필요하다고 인정하면 법무부장관의 승인을 받아 수용자를 다른 교정시설로 이송할 수 있다. ② 법무부장관은 제1항의 이송승인에 관한 권한을 대통령령으로 정하는 바에 따라 지방교정청장에게 위임할 수 있다.	제22조(지방교정청장의 이송승인권) ① 지방교정청장은 법 제20조제2항에 따라 다음 각 호의 어느 하나에 해당하는 경우에는 수용자의 이송을 승인할 수 있다. 1. 수용시설의 공사 등으로 수용거실이 일시적으로 부족한 때 2. 교정시설 간 수용인원의 뚜렷한 불균형을 조정하기 위하여 특히 필요하다고 인정되는 때 3. 교정시설의 안전과 질서유지를 위하여 긴급하게 이송할 필요가 있다고 인정되는 때 ② 제1항에 따른 지방교정청장의 이송승인은 관할 내 이송으로 한정한다.	
제21조(수용사실의 알림) 소장은 신입자 또는 다른 교정시설로부터 이송되어 온 사람이 있으면 그 사실을 수용자의 가족(배우자, 직계존속·비속 또는 형제자매를 말한다. 이하 같다)에게 지체 없이 알려야 한다. 다만, 수용자가 알리는 것을 원하지 아니하면 그러하지 아니하다.		
제2장 물품지급		
제22조(의류 및 침구 등의 지급) ① 소장은 수용자에게 건강유지에 적합한 의류·침구, 그 밖의 생활용품을 지급한다. ② 의류·침구, 그 밖의 생활용품의 지급기준 등에 관하여 필요한 사항은 법무부령으로 정한다.	제25조(생활용품 지급 시의 유의사항) ① 소장은 법 제22조제1항에 따라 의류·침구, 그 밖의 생활용품(이하 "의류등"이라 한다)을 지급하는 경우에는 수용자의 건강, 계절 등을 고려하여야 한다. ② 소장은 수용자에게 특히 청결하게 관리할 수 있는 재질의 식기를 지급하여야 하며, 다른 사람이 사용한 의류등을 지급하는 경우에는 세탁하거나 소독하여 지급하여야 한다.	

제23조(음식물의 지급) ① 소장은 수용자에게 건강상태, 나이, 부과된 작업의 종류, 그 밖의 개인적 특성을 고려하여 건강 및 체력을 유지하는 데에 필요한 음식물을 지급한다. ② 음식물의 지급기준 등에 관하여 필요한 사항은 법무부령으로 정한다.	제27조(음식물의 지급) 법 제23조에 따라 수용자에게 지급하는 음식물은 주식·부식·음료, 그 밖의 영양물로 한다.	
제24조(물품의 자비구매) ① 수용자는 소장의 허가를 받아 자신의 비용으로 음식물·의류·침구, 그 밖에 수용생활에 필요한 물품을 구매할 수 있다. ② 물품의 자비구매 허가범위 등에 관하여 필요한 사항은 법무부령으로 정한다.		
제3장 금품관리		
제25조(휴대금품의 보관 등) ① 소장은 수용자의 휴대금품을 교정시설에 보관한다. 다만, 휴대품이 다음 각 호의 어느 하나에 해당하는 것이면 수용자로 하여금 자신이 지정하는 사람에게 보내게 하거나 그 밖에 적당한 방법으로 처분하게 할 수 있다.<개정 2020. 2. 4.> 1. 썩거나 없어질 우려가 있는 것 2. 물품의 종류·크기 등을 고려할 때 보관하기에 적당하지 아니한 것 3. 사람의 생명 또는 신체에 위험을 초래할 우려가 있는 것 4. 시설의 안전 또는 질서를 해칠 우려가 있는 것 5. 그 밖에 보관할 가치가 없는 것 ② 소장은 수용자가 제1항 단서에 따라 처분하여야 할 휴대품을 상당한 기간 내에 처분하지 아니하면 폐기할 수 있다. [제목개정 2020. 2. 4.]	제34조(휴대금품의 정의 등) ① 법 제25조에서 "휴대금품"이란 신입자가 교정시설에 수용될 때에 지니고 있는 현금(자기앞수표를 포함한다. 이하 같다)과 휴대품을 말한다. ② 법 제25조제1항 각 호의 어느 하나에 해당하지 아니한 신입자의 휴대품은 보관한 후 사용하게 할 수 있다.<개정 2020. 8. 5.> ③ 법 제25조제1항 단서에 따라 신입자의 휴대품을 팔 경우에는 그 비용을 제외한 나머지 대금을 보관할 수 있다.<개정 2020. 8. 5.> ④ 소장은 신입자가 법 제25조제1항 각 호의 어느 하나에 해당하는 휴대품을 법무부장관이 정한 기간에 처분하지 않은 경우에는 본인에게 그 사실을 고지한 후 폐기한다.	
제26조(수용자가 지니는 물품	제39조(지닐 수 없는 물품의	

등) ① 수용자는 편지·도서, 그 밖에 수용생활에 필요한 물품을 법무부장관이 정하는 범위에서 지닐 수 있다.<개정 2020. 2. 4.> ② 소장은 제1항에 따라 법무부장관이 정하는 범위를 벗어난 물품으로서 교정시설에 특히 보관할 필요가 있다고 인정하지 아니하는 물품은 수용자로 하여금 자신이 지정하는 사람에게 보내게 하거나 그 밖에 적당한 방법으로 처분하게 할 수 있다.<개정 2020. 2. 4.> ③ 소장은 수용자가 제2항에 따라 처분하여야 할 물품을 상당한 기간 내에 처분하지 아니하면 폐기할 수 있다. [제목개정 2020. 2. 4.]	처리) 법 제26조제2항 및 제3항에 따라 지닐 수 있는 범위를 벗어난 수용자의 물품을 처분하거나 폐기하는 경우에는 제34조제3항 및 제4항을 준용한다.	
제27조(수용자에 대한 금품 전달) ① 수용자 외의 사람이 수용자에게 금품을 건네줄 것을 신청하는 때에는 소장은 다음 각 호의 어느 하나에 해당하지 아니하면 허가하여야 한다.<개정 2020. 2. 4.> 1. 수형자의 교화 또는 건전한 사회복귀를 해칠 우려가 있는 때 2. 시설의 안전 또는 질서를 해칠 우려가 있는 때 ② 소장은 수용자 외의 사람이 수용자에게 주려는 금품이 제1항 각 호의 어느 하나에 해당하거나 수용자가 금품을 받지 아니하려는 경우에는 해당 금품을 보낸 사람에게 되돌려 보내야 한다.<개정 2020. 2. 4.> ③ 소장은 제2항의 경우에 금품을 보낸 사람을 알 수 없거나 보낸 사람의 주소가 불분명한 경우에는 금품을 다시 가지고 갈 것을 공고하여야 하며, 공고한 후 6개월이 지나도 금품을 돌려달라고 청구하는 사람이 없으면 그 금품은 국고에 귀속된다.<개정 2020. 2. 4.> ④ 소장은 제2항 또는 제3항에 따	제41조(금품전달 신청자의 확인) 소장은 수용자가 아닌 사람이 법 제27조제1항에 따라 수용자에게 금품을 건네줄 것을 신청하는 경우에는 그의 성명·주소 및 수용자와의 관계를 확인해야 한다. 제42조(전달 허가금품의 사용 등) ① 소장은 법 제27조제1항에 따라 수용자에 대한 금품의 전달을 허가한 경우에는 그 금품을 보관한 후 해당 수용자가 사용하게 할 수 있다.<개정 2020. 8. 5.> ② 법 제27조제1항에 따라 수용자에게 건네주려고 하는 금품의 허가범위 등에 관하여 필요한 사항은 법무부령으로 정한다.<개정 2020. 8. 5.> [제목개정 2020. 8. 5.] 제43조(전달 허가물품의 검사) 소장은 법 제27조제1항에 따라 건네줄 것을 허가한 물품은 검사할 필요가 없다고 인정되는 경우가 아니면 교도관으로 하여금 검사하게 해야 한다. 이 경우 그 물품이 의약품인	

른 조치를 하였으면 그 사실을 수용자에게 알려 주어야 한다. [제목개정 2020. 2. 4.]	경우에는 의무관으로 하여금 검사하게 해야 한다.	
제28조(유류금품의 처리) ① 소장은 사망자 또는 도주자가 남겨두고 간 금품이 있으면 사망자의 경우에는 그 상속인에게, 도주자의 경우에는 그 가족에게 그 내용 및 청구절차 등을 알려 주어야 한다. 다만, 썩거나 없어질 우려가 있는 것은 폐기할 수 있다.<개정 2020. 2. 4.> ② 소장은 상속인 또는 가족이 제1항의 금품을 내어달라고 청구하면 지체 없이 내어주어야 한다. 다만, 제1항에 따른 알림을 받은 날(알려 줄 수가 없는 경우에는 청구사유가 발생한 날)부터 1년이 지나도 청구하지 아니하면 그 금품은 국고에 귀속된다.<개정 2020. 2. 4.> [제목개정 2020. 2. 4.]	**제45조(유류금품의 처리)** ① 소장은 사망자의 유류품을 건네받을 사람이 원거리에 있는 등 특별한 사정이 있는 경우에는 유류품을 받을 사람의 청구에 따라 유류품을 팔아 그 대금을 보낼 수 있다.<개정 2020. 8. 5.> ② 법 제28조에 따라 사망자의 유류금품을 보내거나 제1항에 따라 유류품을 팔아 대금을 보내는 경우에 드는 비용은 유류금품의 청구인이 부담한다. [제목개정 2020. 8. 5.]	
제29조(보관금품의 반환 등) ① 소장은 수용자가 석방될 때 제25조에 따라 보관하고 있던 수용자의 휴대금품을 본인에게 돌려주어야 한다. 다만, 보관품을 한꺼번에 가져가기 어려운 경우 등 특별한 사정이 있어 수용자가 석방 시 소장에게 일정 기간 동안(1개월 이내의 범위로 한정한다) 보관품을 보관하여 줄 것을 신청하는 경우에는 그러하지 아니하다.<개정 2020. 2. 4.> ② 제1항 단서에 따른 보관 기간이 지난 보관품에 관하여는 제28조를 준용한다. 이 경우 "사망자" 및 "도주자"는 "피석방자"로, "금품"은 "보관품"으로, "상속인" 및 "가족"은 "피석방자 본인 또는 가족"으로 본다.<개정 2020. 2. 4.> [전문개정 2015. 3. 27.] [제목개정 2020. 2. 4.]		
제4장 위생과 의료		

제30조(위생・의료 조치의무) 소장은 수용자가 건강한 생활을 하는 데에 필요한 위생 및 의료상의 적절한 조치를 하여야 한다.		
제31조(청결유지) 소장은 수용자가 사용하는 모든 설비와 기구가 항상 청결하게 유지되도록 하여야 한다.		
제32조(청결의무) ① 수용자는 자신의 신체 및 의류를 청결히 하여야 하며, 자신이 사용하는 거실・작업장, 그 밖의 수용시설의 청결유지에 협력하여야 한다. ② 수용자는 위생을 위하여 머리카락과 수염을 단정하게 유지하여야 한다.<개정 2020. 2. 4.>	**제48조(청결의무)** 수용자는 교도관이 법 제32조제1항에 따라 자신이 사용하는 거실, 작업장, 그 밖의 수용시설의 청결을 유지하기 위하여 필요한 지시를 한 경우에는 이에 따라야 한다.	
제33조(운동 및 목욕) ① 소장은 수용자가 건강유지에 필요한 운동 및 목욕을 정기적으로 할 수 있도록 하여야 한다. ② 운동시간・목욕횟수 등에 관하여 필요한 사항은 대통령령으로 정한다.		
제34조(건강검진) ① 소장은 수용자에 대하여 건강검진을 정기적으로 하여야 한다. ② 건강검진의 횟수 등에 관하여 필요한 사항은 대통령령으로 정한다.		
제35조(감염병 등에 관한 조치) 소장은 감염병이나 그 밖에 감염의 우려가 있는 질병의 발생과 확산을 방지하기 위하여 필요한 경우 수용자에 대하여 예방접종・격리수용・이송, 그 밖에 필요한 조치를 하여야 한다.		
제36조(부상자 등 치료) ① 소장은 수용자가 부상을 당하거나 질병에 걸리면 적절한 치료를 받도록 하여야 한다.<개정 2010. 5. 4.> ② 제1항의 치료를 위하여 교정시	**제54조의2(간호사의 의료행위)** 법 제36조제2항에서 "대통령령으로 정하는 경미한 의료행위"란 다음 각 호의 의료행위를 말한다. 1. 외상 등 흔히 볼 수 있는 상처의	

설에 근무하는 간호사는 야간 또는 공휴일 등에 「의료법」 제27조에도 불구하고 대통령령으로 정하는 경미한 의료행위를 할 수 있다.<신설 2010. 5. 4.>	치료 2. 응급을 요하는 수용자에 대한 응급처치 3. 부상과 질병의 악화방지를 위한 처치 4. 환자의 요양지도 및 관리 5. 제1호부터 제4호까지의 의료행위에 따르는 의약품의 투여 [본조신설 2010. 7. 9.]	
제37조(외부의료시설 진료 등) ① 소장은 수용자에 대한 적절한 치료를 위하여 필요하다고 인정하면 교정시설 밖에 있는 의료시설(이하 "외부의료시설"이라 한다)에서 진료를 받게 할 수 있다. ② 소장은 수용자의 정신질환 치료를 위하여 필요하다고 인정하면 법무부장관의 승인을 받아 치료감호시설로 이송할 수 있다. ③ 제2항에 따라 이송된 사람은 수용자에 준하여 처우한다. ④ 소장은 제1항 또는 제2항에 따라 수용자가 외부의료시설에서 진료받거나 치료감호시설로 이송되면 그 사실을 그 가족(가족이 없는 경우에는 수용자가 지정하는 사람)에게 지체 없이 알려야 한다. 다만, 수용자가 알리는 것을 원하지 아니하면 그러하지 아니하다.<개정 2020. 2. 4.> ⑤ 소장은 수용자가 자신의 고의 또는 중대한 과실로 부상 등이 발생하여 외부의료시설에서 진료를 받은 경우에는 그 진료비의 전부 또는 일부를 그 수용자에게 부담하게 할 수 있다.	**제57조(외부 의료시설 입원 등 보고)** 소장은 법 제37조제1항에 따라 수용자를 외부 의료시설에 입원시키거나 입원 중인 수용자를 교정시설로 데려온 경우에는 그 사실을 법무부장관에게 지체 없이 보고하여야 한다.	
제38조(자비치료) 소장은 수용자가 자신의 비용으로 외부의료시설에서 근무하는 의사(이하 "외부의사"라 한다)에게 치료받기를 원하면 교정시설에 근무하는 의사(공중보건의사를 포함하며, 이하 "의무관"이라 한다)의 의견을 고려하여		

이를 허가할 수 있다.		
제39조(진료환경 등) ① 교정시설에는 수용자의 진료를 위하여 필요한 의료 인력과 설비를 갖추어야 한다. ② 소장은 정신질환이 있다고 의심되는 수용자가 있으면 정신건강의학과 의사의 진료를 받을 수 있도록 하여야 한다.<개정 2011. 8. 4.> ③ 외부의사는 수용자를 진료하는 경우에는 법무부장관이 정하는 사항을 준수하여야 한다. ④ 교정시설에 갖추어야 할 의료설비의 기준에 관하여 필요한 사항은 법무부령으로 정한다.		
제40조(수용자의 의사에 반하는 의료조치) ① 소장은 수용자가 진료 또는 음식물의 섭취를 거부하면 의무관으로 하여금 관찰·조언 또는 설득을 하도록 하여야 한다. ② 소장은 제1항의 조치에도 불구하고 수용자가 진료 또는 음식물의 섭취를 계속 거부하여 그 생명에 위험을 가져올 급박한 우려가 있으면 의무관으로 하여금 적당한 진료 또는 영양보급 등의 조치를 하게 할 수 있다.		
제5장 접견·편지수수(便紙授受) 및 전화통화 <개정 2020.2.4>		
제41조(접견) ① 수용자는 교정시설의 외부에 있는 사람과 접견할 수 있다. 다만, 다음 각 호의 어느 하나에 해당하는 사유가 있으면 그러하지 아니하다. 1. 형사 법령에 저촉되는 행위를 할 우려가 있는 때 2. 「형사소송법」이나 그 밖의 법률에 따른 접견금지의 결정이 있는 때 3. 수형자의 교화 또는 건전한 사	**제59조(접견의 예외)** ① 소장은 제58조제1항 및 제2항에도 불구하고 수형자의 교화 또는 건전한 사회복귀를 위하여 특히 필요하다고 인정하면 접견 시간대 외에도 접견을 하게 할 수 있고 접견시간을 연장할 수 있다. ② 소장은 제58조제3항에도 불구하고 수형자가 다음 각 호의 어느 하나에 해당하면 접견 횟수를 늘릴 수 있다.	

회복귀를 해칠 우려가 있는 때 4. 시설의 안전 또는 질서를 해칠 우려가 있는 때 ② 수용자의 접견은 접촉차단시설이 설치된 장소에서 하게 한다. 다만, 다음 각 호의 어느 하나에 해당하는 경우에는 접촉차단시설이 설치되지 아니한 장소에서 접견하게 한다.<신설 2019. 4. 23., 2022. 12. 27.> 1. 미결수용자(형사사건으로 수사 또는 재판을 받고 있는 수형자와 사형확정자를 포함한다)가 변호인(변호인이 되려는 사람을 포함한다. 이하 같다)과 접견하는 경우 2. 수용자가 소송사건의 대리인인 변호사와 접견하는 경우 등 수용자의 재판청구권 등을 실질적으로 보장하기 위하여 대통령령으로 정하는 경우로서 교정시설의 안전 또는 질서를 해칠 우려가 없는 경우 ③ 제2항에도 불구하고 다음 각 호의 어느 하나에 해당하는 경우에는 접촉차단시설이 설치되지 아니한 장소에서 접견하게 할 수 있다.<신설 2019. 4. 23.> 1. 수용자가 미성년자인 자녀와 접견하는 경우 2. 그 밖에 대통령령으로 정하는 경우 ④ 소장은 다음 각 호의 어느 하나에 해당하는 사유가 있으면 교도관으로 하여금 수용자의 접견내용을 청취·기록·녹음 또는 녹화하게 할 수 있다.<개정 2019. 4. 23.> 1. 범죄의 증거를 인멸하거나 형사 법령에 저촉되는 행위를 할 우려가 있는 때 2. 수형자의 교화 또는 건전한 사회복귀를 위하여 필요한 때 3. 시설의 안전과 질서유지를 위하여 필요한 때 ⑤ 제4항에 따라 녹음·녹화하는	1. 19세 미만인 때 2. 교정성적이 우수한 때 3. 교화 또는 건전한 사회복귀를 위하여 특히 필요하다고 인정되는 때 ③ 법 제41조제3항제2호에서 "대통령령으로 정하는 경우"란 다음 각 호의 어느 하나에 해당하는 경우를 말한다.<개정 2019. 10. 22.> 1. 수형자가 제2항제2호 또는 제3호에 해당하는 경우 2. 미결수용자의 처우를 위하여 소장이 특별히 필요하다고 인정하는 경우 3. 사형확정자의 교화나 심리적 안정을 위하여 소장이 특별히 필요하다고 인정하는 경우 **제60조(접견 시 외국어 사용)** ① 수용자와 교정시설 외부의 사람이 접견하는 경우에 법 제41조제4항에 따라 접견내용이 청취·녹음 또는 녹화될 때에는 외국어를 사용해서는 아니 된다. 다만, 국어로 의사소통하기 곤란한 사정이 있는 경우에는 외국어를 사용할 수 있다.<개정 2019. 10. 22.> ② 소장은 제1항 단서의 경우에 필요하다고 인정하면 교도관 또는 통역인으로 하여금 통역하게 할 수 있다. **제61조(접견 시 유의사항 고지)** 소장은 법 제41조에 따라 접견을 하게 하는 경우에는 수용자와 그 상대방에게 접견 시 유의사항을 방송이나 게시물 부착 등 적절한 방법으로 알려줘야 한다. **제62조(접견내용의 청취·기록·녹음·녹화)** ① 소장은 법 제41조제4항의 청취·기록을 위하여 다음 각 호의 사람을 제외한 수용자의 접견에 교도관을 참여하게 할 수 있다.<개정 2016. 6. 28., 2019. 10. 22.>	

경우에는 사전에 수용자 및 그 상대방에게 그 사실을 알려 주어야 한다.<개정 2019. 4. 23.> ⑥ 접견의 횟수·시간·장소·방법 및 접견내용의 청취·기록·녹음·녹화 등에 관하여 필요한 사항은 대통령령으로 정한다.<개정 2019. 4. 23.>	1. 변호인과 접견하는 미결수용자 2. 소송사건의 대리인인 변호사와 접견하는 수용자 ② 소장은 특별한 사정이 없으면 교도관으로 하여금 법 제41조제5항에 따라 수용자와 그 상대방에게 접견내용의 녹음·녹화 사실을 수용자와 그 상대방이 접견실에 들어가기 전에 미리 말이나 서면 등 적절한 방법으로 알려 주게 하여야 한다.<개정 2019. 10. 22.> ③ 소장은 법 제41조제4항에 따라 청취·녹음·녹화한 경우의 접견기록물에 대한 보호·관리를 위하여 접견정보 취급자를 지정하여야 하고, 접견정보 취급자는 직무상 알게 된 접견정보를 누설하거나 권한 없이 처리하거나 다른 사람이 이용하도록 제공하는 등 부당한 목적을 위하여 사용해서는 아니 된다.<개정 2019. 10. 22.> ④ 소장은 관계기관으로부터 다음 각 호의 어느 하나에 해당하는 사유로 제3항의 접견기록물의 제출을 요청받은 경우에는 기록물을 제공할 수 있다. 1. 법원의 재판업무 수행을 위하여 필요한 때 2. 범죄의 수사와 공소의 제기 및 유지에 필요한 때 ⑤ 소장은 제4항에 따라 녹음·녹화 기록물을 제공할 경우에는 제3항의 접견정보 취급자로 하여금 녹음·녹화기록물을 요청한 기관의 명칭, 제공받는 목적, 제공 근거, 제공을 요청한 범위, 그 밖에 필요한 사항을 녹음·녹화기록물 관리프로그램에 입력하게 하고, 따로 이동식 저장매체에 옮겨 담아 제공한다.	
제42조(접견의 중지 등) 교도관은 접견 중인 수용자 또는 그 상대방이 다음 각 호의 어느 하나에 해당하면 접견을 중지할 수 있다.	**제63조(접견중지 사유의 고지)** 교도관이 법 제42조에 따라 수용자의 접견을 중지한 경우에는 그 사유를 즉시 알려주어야 한다.	

1. 범죄의 증거를 인멸하거나 인멸하려고 하는 때 2. 제92조의 금지물품을 주고받거나 주고받으려고 하는 때 3. 형사 법령에 저촉되는 행위를 하거나 하려고 하는 때 4. 수용자의 처우 또는 교정시설의 운영에 관하여 거짓사실을 유포하는 때 5. 수형자의 교화 또는 건전한 사회복귀를 해칠 우려가 있는 행위를 하거나 하려고 하는 때 6. 시설의 안전 또는 질서를 해하는 행위를 하거나 하려고 하는 때		
제43조(편지수수) ① 수용자는 다른 사람과 편지를 주고받을 수 있다. 다만, 다음 각 호의 어느 하나에 해당하는 사유가 있으면 그러하지 아니하다.<개정 2020. 2. 4.> 1. 「형사소송법」이나 그 밖의 법률에 따른 편지의 수수금지 및 압수의 결정이 있는 때 2. 수형자의 교화 또는 건전한 사회복귀를 해칠 우려가 있는 때 3. 시설의 안전 또는 질서를 해칠 우려가 있는 때 ② 제1항 각 호 외의 부분 본문에도 불구하고 같은 교정시설의 수용자 간에 편지를 주고받으려면 소장의 허가를 받아야 한다.<개정 2020. 2. 4.> ③ 소장은 수용자가 주고받는 편지에 법령에 따라 금지된 물품이 들어 있는지 확인할 수 있다.<개정 2020. 2. 4.> ④ 수용자가 주고받는 편지의 내용은 검열받지 아니한다. 다만, 다음 각 호의 어느 하나에 해당하는 사유가 있으면 그러하지 아니하다.<개정 2020. 2. 4.> 1. 편지의 상대방이 누구인지 확인할 수 없는 때 2. 「형사소송법」이나 그 밖의 법	제65조(편지 내용물의 확인) ① 수용자는 편지를 보내려는 경우 해당 편지를 봉함하여 교정시설에 제출한다. 다만, 소장은 다음 각 호의 어느 하나에 해당하는 경우로서 법 제43조제3항에 따른 금지물품의 확인을 위하여 필요한 경우에는 편지를 봉함하지 않은 상태로 제출하게 할 수 있다.<개정 2013. 2. 5., 2017. 9. 19., 2020. 8. 5.> 1. 다음 각 목의 어느 하나에 해당하는 수용자가 변호인 외의 자에게 편지를 보내려는 경우 가. 법 제104조제1항에 따른 마약류사범·조직폭력사범 등 법무부령으로 정하는 수용자 나. 제84조제2항에 따른 처우등급이 법 제57조제2항제4호의 중(重)경비시설 수용대상인 수형자 2. 수용자가 같은 교정시설에 수용 중인 다른 수용자에게 편지를 보내려는 경우 3. 규율위반으로 조사 중이거나 징벌집행 중인 수용자가 다른 수용자에게 편지를 보내려는 경우 ② 소장은 수용자에게 온 편지에 금지물품이 들어 있는지를 개봉하여 확인할 수 있다.<개정 2020. 8. 5.> [제목개정 2020. 8. 5.]	

률에 따른 편지검열의 결정이 있는 때 3. 제1항제2호 또는 제3호에 해당하는 내용이나 형사 법령에 저촉되는 내용이 기재되어 있다고 의심할 만한 상당한 이유가 있는 때 4. 대통령령으로 정하는 수용자 간의 편지인 때 ⑤ 소장은 제3항 또는 제4항 단서에 따라 확인 또는 검열한 결과 수용자의 편지에 법령으로 금지된 물품이 들어 있거나 편지의 내용이 다음 각 호의 어느 하나에 해당하면 발신 또는 수신을 금지할 수 있다.<개정 2020. 2. 4.> 1. 암호·기호 등 이해할 수 없는 특수문자로 작성되어 있는 때 2. 범죄의 증거를 인멸할 우려가 있는 때 3. 형사 법령에 저촉되는 내용이 기재되어 있는 때 4. 수용자의 처우 또는 교정시설의 운영에 관하여 명백한 거짓사실을 포함하고 있는 때 5. 사생활의 비밀 또는 자유를 침해할 우려가 있는 때 6. 수형자의 교화 또는 건전한 사회복귀를 해칠 우려가 있는 때 7. 시설의 안전 또는 질서를 해칠 우려가 있는 때 ⑥ 소장이 편지를 발송하거나 내어주는 경우에는 신속히 하여야 한다.<개정 2020. 2. 4.> ⑦ 소장은 제1항 단서 또는 제5항에 따라 발신 또는 수신이 금지된 편지는 그 구체적인 사유를 서면으로 작성해 관리하고, 수용자에게 그 사유를 알린 후 교정시설에 보관한다. 다만, 수용자가 동의하면 폐기할 수 있다.<개정 2019. 4. 23., 2020. 2. 4.> ⑧ 편지발송의 횟수, 편지 내용물의 확인방법 및 편지 내용의 검열	[2013. 2. 5. 대통령령 제24348호에 의하여 2012. 2. 23. 헌법재판소에서 위헌 결정된 이 조 제1항을 개정함.] **제66조(편지 내용의 검열)** ① 소장은 법 제43조제4항제4호에 따라 다음 각 호의 어느 하나에 해당하는 수용자가 다른 수용자와 편지를 주고받는 때에는 그 내용을 검열할 수 있다.<개정 2020. 8. 5.> 1. 법 제104조제1항에 따른 마약류사범·조직폭력사범 등 법무부령으로 정하는 수용자인 때 2. 편지를 주고받으려는 수용자와 같은 교정시설에 수용 중인 때 3. 규율위반으로 조사 중이거나 징벌집행 중인 때 4. 범죄의 증거를 인멸할 우려가 있는 때 ② 수용자 간에 오가는 편지에 대한 제1항의 검열은 편지를 보내는 교정시설에서 한다. 다만, 특히 필요하다고 인정되는 경우에는 편지를 받는 교정시설에서도 할 수 있다.<개정 2020. 8. 5.> ③ 소장은 수용자가 주고받는 편지가 법 제43조제4항 각 호의 어느 하나에 해당하면 이를 개봉한 후 검열할 수 있다.<신설 2013. 2. 5., 2020. 8. 5.> ④ 소장은 제3항에 따라 검열한 결과 편지의 내용이 법 제43조제5항의 발신 또는 수신 금지사유에 해당하지 아니하면 발신편지는 봉함한 후 발송하고, 수신편지는 수용자에게 건네준다.<신설 2013. 2. 5., 2020. 8. 5.> ⑤ 소장은 편지의 내용을 검열했을 때에는 그 사실을 해당 수용자에게 지체 없이 알려주어야 한다.<신설 2013. 2. 5., 2020. 8. 5.> [제목개정 2020. 8. 5.] **제76조(문서·도화의 외부 발**

절차 등에 관하여 필요한 사항은 대통령령으로 정한다.<개정 2020. 2. 4.> [제목개정 2020. 2. 4.]	송 등) ① 소장은 수용자 본인이 작성 또는 집필한 문서나 도화(圖畫)를 외부에 보내거나 내가려고 할 때에는 그 내용을 확인하여 법 제43조제5항 각 호의 어느 하나에 해당하지 않으면 허가해야 한다.<개정 2020. 8. 5.> ② 제1항에 따라 문서나 도화를 외부로 보내거나 내갈 때 드는 비용은 수용자가 부담한다. ③ 법 및 이 영에 규정된 사항 외에 수용자의 집필에 필요한 사항은 법무부장관이 정한다.	
제44조(전화통화) ① 수용자는 소장의 허가를 받아 교정시설의 외부에 있는 사람과 전화통화를 할 수 있다. ② 제1항에 따른 허가에는 통화내용의 청취 또는 녹음을 조건으로 붙일 수 있다. ③ 제42조는 수용자의 전화통화에 관하여 준용한다. ④ 제2항에 따라 통화내용을 청취 또는 녹음하려면 사전에 수용자 및 상대방에게 그 사실을 알려 주어야 한다. ⑤ 전화통화의 허가범위, 통화내용의 청취·녹음 등에 관하여 필요한 사항은 법무부령으로 정한다.		
제6장 종교와 문화		
제45조(종교행사의 참석 등) ① 수용자는 교정시설의 안에서 실시하는 종교의식 또는 행사에 참석할 수 있으며, 개별적인 종교상담을 받을 수 있다. ② 수용자는 자신의 신앙생활에 필요한 책이나 물품을 지닐 수 있다.<개정 2020. 2. 4.> ③ 소장은 다음 각 호의 어느 하나에 해당하는 사유가 있으면 제1		제30조(종교행사의 종류) 「형의 집행 및 수용자의 처우에 관한 법률」(이하 "법"이라 한다) 제45조에 따른 종교행사의 종류는 다음 각 호와 같다. 1. 종교집회: 예배·법회·미사 등 2. 종교의식: 세례·수계·영세 등 3. 교리 교육 및 상담 4. 그 밖에 법무부장관이 정하는 종교행사

항 및 제2항에서 규정하고 있는 사항을 제한할 수 있다. 1. 수형자의 교화 또는 건전한 사회복귀를 위하여 필요한 때 2. 시설의 안전과 질서유지를 위하여 필요한 때 ④ 종교행사의 종류·참석대상·방법, 종교상담의 대상·방법 및 종교도서·물품을 지닐 수 있는 범위 등에 관하여 필요한 사항은 법무부령으로 정한다.<개정 2020. 2. 4.>		
제46조(도서비치 및 이용) 소장은 수용자의 지식함양 및 교양습득에 필요한 도서를 비치하고 수용자가 이용할 수 있도록 하여야 한다.		
제47조(신문등의 구독) ① 수용자는 자신의 비용으로 신문·잡지 또는 도서(이하 "신문등"이라 한다)의 구독을 신청할 수 있다. ② 소장은 제1항에 따라 구독을 신청한 신문등이 「출판문화산업 진흥법」에 따른 유해간행물인 경우를 제외하고는 구독을 허가하여야 한다. ③ 제1항에 따라 구독을 신청할 수 있는 신문등의 범위 및 수량은 법무부령으로 정한다.		**제35조(구독신청 수량)** 법 제47조에 따라 수용자가 구독을 신청할 수 있는 신문·잡지 또는 도서(이하 이 절에서 "신문등"이라 한다)는 교정시설의 보관범위 및 수용자가 지닐 수 있는 범위를 벗어나지 않는 범위에서 신문은 월 3종 이내로, 도서(잡지를 포함한다)는 월 10권 이내로 한다. 다만, 소장은 수용자의 지식함양 및 교양습득에 특히 필요하다고 인정하는 경우에는 신문등의 신청 수량을 늘릴 수 있다.
제48조(라디오 청취와 텔레비전 시청) ① 수용자는 정서안정 및 교양습득을 위하여 라디오 청취와 텔레비전 시청을 할 수 있다. ② 소장은 다음 각 호의 어느 하나에 해당하는 사유가 있으면 수용자에 대한 라디오 및 텔레비전의 방송을 일시 중단하거나 개별 수용자에 대하여 라디오 및 텔레비전의 청취 또는 시청을 금지할 수 있다. 1. 수형자의 교화 또는 건전한 사회복귀를 해칠 우려가 있는 때 2. 시설의 안전과 질서유지를 위	**제73조(라디오 청취 등의 방법)** 법 제48조제1항에 따른 수용자의 라디오 청취와 텔레비전 시청은 교정시설에 설치된 방송설비를 통하여 할 수 있다.	

하여 필요한 때 ③ 방송설비·방송프로그램·방송시간 등에 관하여 필요한 사항은 법무부령으로 정한다.		
제49조(집필) ① 수용자는 문서 또는 도화(圖畵)를 작성하거나 문예·학술, 그 밖의 사항에 관하여 집필할 수 있다. 다만, 소장이 시설의 안전 또는 질서를 해칠 명백한 위험이 있다고 인정하는 경우는 예외로 한다.<개정 2020. 2. 4.> ② 제1항에 따라 작성 또는 집필한 문서나 도화를 지니거나 처리하는 것에 관하여는 제26조를 준용한다.<개정 2020. 2. 4.> ③ 제1항에 따라 작성 또는 집필한 문서나 도화가 제43조제5항 각 호의 어느 하나에 해당하면 제43조제7항을 준용한다. ④ 집필용구의 관리, 집필의 시간·장소, 집필한 문서 또는 도화의 외부반출 등에 관하여 필요한 사항은 대통령령으로 정한다.		
제7장 특별한 보호		
제50조(여성수용자의 처우) ① 소장은 여성수용자에 대하여 여성의 신체적·심리적 특성을 고려하여 처우하여야 한다. ② 소장은 여성수용자에 대하여 건강검진을 실시하는 경우에는 나이·건강 등을 고려하여 부인과질환에 관한 검사를 포함시켜야 한다.<개정 2014. 12. 30.> ③ 소장은 생리 중인 여성수용자에 대하여는 위생에 필요한 물품을 지급하여야 한다.<개정 2014. 12. 30.> ④ 삭제<2019. 4. 23.>		
제51조(여성수용자 처우 시의		

유의사항) ① 소장은 여성수용자에 대하여 상담·교육·작업 등(이하 이 조에서 "상담등"이라 한다)을 실시하는 때에는 여성교도관이 담당하도록 하여야 한다. 다만, 여성교도관이 부족하거나 그 밖의 부득이한 사정이 있으면 그러하지 아니하다. ② 제1항 단서에 따라 남성교도관이 1인의 여성수용자에 대하여 실내에서 상담등을 하려면 투명한 창문이 설치된 장소에서 다른 여성을 입회시킨 후 실시하여야 한다.		
제52조(임산부인 수용자의 처우) ① 소장은 수용자가 임신 중이거나 출산(유산·사산을 포함한다)한 경우에는 모성보호 및 건강유지를 위하여 정기적인 검진 등 적절한 조치를 하여야 한다.<개정 2019. 4. 23.> ② 소장은 수용자가 출산하려고 하는 경우에는 외부의료시설에서 진료를 받게 하는 등 적절한 조치를 하여야 한다.	**제78조(출산의 범위)** 법 제52조제1항에서 "출산(유산·사산을 포함한다)한 경우"란 출산(유산·사산한 경우를 포함한다) 후 60일이 지나지 아니한 경우를 말한다.	
제53조(유아의 양육) ① 여성수용자는 자신이 출산한 유아를 교정시설에서 양육할 것을 신청할 수 있다. 이 경우 소장은 다음 각 호의 어느 하나에 해당하는 사유가 없으면, 생후 18개월에 이르기까지 허가하여야 한다.<개정 2009. 12. 29.> 1. 유아가 질병·부상, 그 밖의 사유로 교정시설에서 생활하는 것이 특히 부적당하다고 인정되는 때 2. 수용자가 질병·부상, 그 밖의 사유로 유아를 양육할 능력이 없다고 인정되는 때 3. 교정시설에 감염병이 유행하거나 그 밖의 사정으로 유아양육이 특히 부적당한 때 ② 소장은 제1항에 따라 유아의 양육을 허가한 경우에는 필요한 설	**제52조(감염병의 정의)** 법 제18조제1항, 법 제53조제1항제3호 및 법 제128조제2항에서 "감염병"이란 「감염병의 예방 및 관리에 관한 법률」에 따른 감염병을 말한다. **제79조(유아의 양육)** 소장은 법 제53조제1항에 따라 유아의 양육을 허가한 경우에는 교정시설에 육아거실을 지정·운영하여야 한다. **제80조(유아의 인도)** ① 소장은 유아의 양육을 허가하지 아니하는 경우에는 수용자의 의사를 고려하여 유아보호에 적당하다고 인정하는 법인 또는 개인에게 그 유아를 보낼 수 있다. 다만, 적당한 법인 또는 개인이 없는 경우에는 그 유아를 해당	**제42조(임산부수용자 등에 대한 특칙)** 소장은 임산부인 수용자 및 법 제53조에 따라 유아의 양육을 허가받은 수용자에 대하여 필요하다고 인정하는 경우에는 교정시설에 근무하는 의사(공중보건의사를 포함한다. 이하 "의무관"이라 한다)의 의견을 들어 필요한 양의 죽 등의 주식과 별도로 마련된 부식을 지급할 수 있으며, 양육유아에 대하여는 분유 등의 대체식품을 지급할 수 있다.

비와 물품의 제공, 그 밖에 양육을 위하여 필요한 조치를 하여야 한다.	교정시설의 소재지를 관할하는 시장·군수 또는 구청장에게 보내서 보호하게 하여야 한다. ② 법 제53조제1항에 따라 양육이 허가된 유아가 출생 후 18개월이 지나거나, 유아양육의 허가를 받은 수용자가 허가의 취소를 요청하는 때 또는 법 제53조제1항 각 호의 어느 하나에 해당되는 때에도 제1항과 같다.	
제53조의2(수용자의 미성년 자녀 보호에 대한 지원) ① 소장은 신입자에게 「아동복지법」 제15조에 따른 보호조치를 의뢰할 수 있음을 알려주어야 한다. ② 소장은 수용자가 「아동복지법」 제15조에 따른 보호조치를 의뢰하려는 경우 보호조치 의뢰가 원활하게 이루어질 수 있도록 지원하여야 한다. ③ 제1항에 따른 안내 및 제2항에 따른 보호조치 의뢰 지원의 방법·절차, 그 밖에 필요한 사항은 법무부장관이 정한다. [본조신설 2019. 4. 23.]		
제54조(수용자에 대한 특별한 처우) ① 소장은 노인수용자에 대하여 나이·건강상태 등을 고려하여 그 처우에 있어 적정한 배려를 하여야 한다. ② 소장은 장애인수용자에 대하여 장애의 정도를 고려하여 그 처우에 있어 적정한 배려를 하여야 한다. ③ 소장은 외국인수용자에 대하여 언어·생활문화 등을 고려하여 적정한 처우를 하여야 한다. ④ 소장은 소년수용자에 대하여 나이·적성 등을 고려하여 적정한 처우를 하여야 한다.<신설 2015. 3. 27.> ⑤ 노인수용자·장애인수용자·외국인수용자 및 소년수용자에 대한	**제81조(노인수용자 등의 정의)** ① 법 제54조제1항에서 "노인수용자"란 65세 이상인 수용자를 말한다. ② 법 제54조제2항에서 "장애인수용자"란 시각·청각·언어·지체(肢體) 등의 장애로 통상적인 수용생활이 특히 곤란하다고 인정되는 사람으로서 법무부령으로 정하는 수용자를 말한다. ③ 법 제54조제3항에서 "외국인수용자"란 대한민국의 국적을 가지지 아니한 수용자를 말한다.<신설 2015. 12. 10.> ④ 법 제54조제4항에서 "소년수용자"란 다음 각 호의 사람을 말한다.<신설 2015. 12. 10.> 1. 19세 미만의 수형자 2. 법 제12조제3항에 따라 소년교도	

적정한 배려 또는 처우에 관하여 필요한 사항은 법무부령으로 정한다.<개정 2015. 3. 27.> [제목개정 2015. 3. 27.]	소에 수용 중인 수형자 3. 19세 미만의 미결수용자	
제8장 수형자의 처우		
제1절 통칙		
제55조(수형자 처우의 원칙) 수형자에 대하여는 교육·교화프로그램, 작업, 직업훈련 등을 통하여 교정교화를 도모하고 사회생활에 적응하는 능력을 함양하도록 처우하여야 한다.		
제56조(개별처우계획의 수립 등) ① 소장은 제62조의 분류처우위원회의 의결에 따라 수형자의 개별적 특성에 알맞은 교육·교화프로그램, 작업, 직업훈련 등의 처우에 관한 계획(이하 "개별처우계획"이라 한다)을 수립하여 시행한다. ② 소장은 수형자가 스스로 개선하여 사회에 복귀하려는 의욕이 고취되도록 개별처우계획을 정기적으로 또는 수시로 점검하여야 한다.		**제60조(이송·재수용 수형자의 개별처우계획 등)** ① 소장은 해당 교정시설의 특성 등을 고려하여 필요한 경우에는 다른 교정시설로부터 이송되어 온 수형자의 개별처우계획(법 제56조제1항에 따른 개별처우계획을 말한다. 이하 같다)을 변경할 수 있다. ② 소장은 형집행정지 중에 있는 사람이 기간만료 또는 그 밖의 정지사유가 없어져 재수용된 경우에는 석방 당시와 동일한 처우등급을 부여할 수 있다.<개정 2010. 5. 31., 2020. 8. 5.> ③ 소장은 형집행정지 중에 있는 사람이 「자유형등에 관한 검찰집행사무규칙」 제33조제2항에 따른 형집행정지의 취소로 재수용된 경우에는 석방 당시보다 한 단계 낮은 처우등급(제74조의 경비처우급에만 해당한다)을 부여할 수 있다.<신설 2024. 2. 8.> ④ 소장은 가석방의 취소로 재수용되어 남은 형기가 집행되는 경우에는 석방 당시보다 한 단계 낮은 처우등급(제74조의 경비처우급에만 해당한다)을 부여한다. 다만, 「가석방자관리규정」 제5조 단서를 위반하여 가석방이 취소되는 등 가석방 취소 사유에 특히 고려할 만한 사정이 있

		는 때에는 석방 당시와 동일한 처우등급을 부여할 수 있다.<개정 2010. 5. 31., 2022. 2. 7., 2024. 2. 8.> ⑤ 소장은 형집행정지 중이거나 가석방기간 중에 있는 사람이 형사사건으로 재수용되어 형이 확정된 경우에는 개별처우계획을 새로 수립하여야 한다.<개정 2024. 2. 8.>
제57조(처우) ① 수형자는 제59조의 분류심사의 결과에 따라 그에 적합한 교정시설에 수용되며, 개별처우계획에 따라 그 특성에 알맞은 처우를 받는다. ② 교정시설은 도주방지 등을 위한 수용설비 및 계호의 정도(이하 "경비등급"이라 한다)에 따라 다음 각 호로 구분한다. 다만, 동일한 교정시설이라도 구획을 정하여 경비등급을 달리할 수 있다. 1. 개방시설 : 도주방지를 위한 통상적인 설비의 전부 또는 일부를 갖추지 아니하고 수형자의 자율적 활동이 가능하도록 통상적인 관리·감시의 전부 또는 일부를 하지 아니하는 교정시설 2. 완화경비시설 : 도주방지를 위한 통상적인 설비 및 수형자에 대한 관리·감시를 일반경비시설보다 완화한 교정시설 3. 일반경비시설 : 도주방지를 위한 통상적인 설비를 갖추고 수형자에 대하여 통상적인 관리·감시를 하는 교정시설 4. 중(重)경비시설 : 도주방지 및 수형자 상호 간의 접촉을 차단하는 설비를 강화하고 수형자에 대한 관리·감시를 엄중히 하는 교정시설 ③ 수형자에 대한 처우는 교화 또는 건전한 사회복귀를 위하여 교정성적에 따라 상향 조정될 수 있으며, 특히 그 성적이 우수한 수형자는 개방시설에 수용되어 사회생활에 필요한 적정한 처우를 받을 수	제83조(경비등급별 설비 및 계호) 법 제57조제2항 각 호의 수용설비 및 계호의 정도는 다음 각 호의 규정에 어긋나지 않는 범위에서 법무부장관이 정한다. 1. 수형자의 생명이나 신체, 그 밖의 인권 보호에 적합할 것 2. 교정시설의 안전과 질서유지를 위하여 필요한 최소한의 범위일 것 3. 법 제56조제1항의 개별처우계획의 시행에 적합할 것 제84조(수형자의 처우등급 부여 등) ① 법 제57조제3항에서 "교정성적"이란 수형자의 수용생활 태도, 상벌 유무, 교육 및 작업의 성과 등을 종합적으로 평가한 결과를 말한다. ② 소장은 수형자의 처우수준을 개별처우계획의 시행에 적합하게 정하거나 조정하기 위하여 교정성적에 따라 처우등급을 부여할 수 있다. ③ 수형자에게 부여하는 처우등급에 관하여 필요한 사항은 법무부령으로 정한다. 제98조(미결수용시설의 설비 및 계호의 정도) 미결수용자를 수용하는 시설의 설비 및 계호의 정도는 법 제57조제2항제3호의 일반경비시설에 준한다. 제108조(사형확정자 수용시설의 설비 및 계호의 정도) 사형	제43조(전담교정시설) ① 법 제57조제6항에 따라 법무부장관이 노인수형자의 처우를 전담하도록 정하는 시설(이하 "노인수형자 전담교정시설"이라 한다)에는 「장애인·노인·임산부 등의 편의증진보장에 관한 법률 시행령」 별표 2의 교도소·구치소 편의시설의 종류 및 설치기준에 따른 편의시설을 갖추어야 한다.<개정 2015. 12. 10.> ② 노인수형자 전담교정시설에는 별도의 공동휴게실을 마련하고 노인이 선호하는 오락용품 등을 갖춰두어야 한다. 제50조(전담교정시설) ① 법 제57조제6항에 따라 법무부장관이 장애인수형자의 처우를 전담하도록 정하는 시설(이하 "장애인수형자 전담교정시설"이라 한다)의 장은 장애종류별 특성에 알맞은 재활치료프로그램을 개발하여 시행하여야 한다.<개정 2015. 12. 10.> ② 장애인수형자 전담교정시설 편의시설의 종류 및 설치기준에 관하여는 제43조제1항을 준용한다. 제55조(전담교정시설) 법 제57조제6항에 따라 법무부장관이 외국인수형자의 처우를 전담하도록 정하는 시설의 장은 외국인의 특성에 알맞은 교화프로그램 등을 개발하여 시행하여야 한다. 제59조의2(전담교정시설) ①

있다. ④ 소장은 가석방 또는 형기 종료를 앞둔 수형자 중에서 법무부령으로 정하는 일정한 요건을 갖춘 사람에 대해서는 가석방 또는 형기 종료 전 일정 기간 동안 지역사회 또는 교정시설에 설치된 개방시설에 수용하여 사회적응에 필요한 교육, 취업지원 등의 적정한 처우를 할 수 있다.<신설 2015. 3. 27.> ⑤ 수형자는 교화 또는 건전한 사회복귀를 위하여 교정시설 밖의 적당한 장소에서 봉사활동·견학, 그 밖에 사회적응에 필요한 처우를 받을 수 있다.<개정 2015. 3. 27.> ⑥ 학과교육생·직업훈련생·외국인·여성·장애인·노인·환자·소년(19세 미만인 자를 말한다), 제4항에 따른 처우(이하 "중간처우"라 한다)의 대상자, 그 밖에 별도의 처우가 필요한 수형자는 법무부장관이 특히 그 처우를 전담하도록 정하는 시설(이하 "전담교정시설"이라 한다)에 수용되며, 그 특성에 알맞은 처우를 받는다. 다만, 전담교정시설의 부족이나 그 밖의 부득이한 사정이 있는 경우에는 예외로 할 수 있다.<개정 2015. 3. 27.> ⑦ 제2항 각 호의 시설의 설비 및 계호의 정도에 관하여 필요한 사항은 대통령령으로 정한다.<개정 2015. 3. 27.>	확정자를 수용하는 시설의 설비 및 계호의 정도는 법 제57조제2항제3호의 일반경비시설 또는 같은 항 제4호의 중경비시설에 준한다.	법 제57조제6항에 따라 법무부장관이 19세 미만의 수형자(이하 "소년수형자"라 한다)의 처우를 전담하도록 정하는 시설(이하 "소년수형자 전담교정시설"이라 한다)의 장은 소년의 나이·적성 등 특성에 알맞은 교육·교화프로그램을 개발하여 시행하여야 한다. ② 소년수형자 전담교정시설에는 별도의 공동학습공간을 마련하고 학용품 및 소년의 정서 함양에 필요한 도서, 잡지 등을 갖춰 두어야 한다. [본조신설 2015. 12. 10.]
제58조(외부전문가의 상담 등) 소장은 수형자의 교화 또는 건전한 사회복귀를 위하여 필요하면 교육학·교정학·범죄학·사회학·심리학·의학 등에 관한 학식 또는 교정에 관한 경험이 풍부한 외부전문가로 하여금 수형자에 대한 상담·심리치료 또는 생활지도 등을 하게 할 수 있다.		
제2절 분류심사		

제59조(분류심사) ① 소장은 수형자에 대한 개별처우계획을 합리적으로 수립하고 조정하기 위하여 수형자의 인성, 행동특성 및 자질 등을 과학적으로 조사·측정·평가(이하 "분류심사"라 한다)하여야 한다. 다만, 집행할 형기가 짧거나 그 밖의 특별한 사정이 있는 경우에는 예외로 할 수 있다. ② 수형자의 분류심사는 형이 확정된 경우에 개별처우계획을 수립하기 위하여 하는 심사와 일정한 형기가 지나거나 상벌 또는 그 밖의 사유가 발생한 경우에 개별처우계획을 조정하기 위하여 하는 심사로 구분한다. ③ 소장은 분류심사를 위하여 수형자를 대상으로 상담 등을 통한 신상에 관한 개별사안의 조사, 심리·지능·적성 검사, 그 밖에 필요한 검사를 할 수 있다. ④ 소장은 분류심사를 위하여 외부전문가로부터 필요한 의견을 듣거나 외부전문가에게 조사를 의뢰할 수 있다. ⑤ 이 법에 규정된 사항 외에 분류심사에 관하여 필요한 사항은 법무부령으로 정한다.		**제197조(작업 부과)** 소장은 엄중관리대상자에게 작업을 부과할 때에는 법 제59조제3항에 따른 조사나 검사 등의 결과를 고려하여야 한다.
제60조(관계기관등에 대한 사실조회 등) ① 소장은 분류심사와 그 밖에 수용목적의 달성을 위하여 필요하면 수용자의 가족 등을 면담하거나 법원·경찰관서, 그 밖의 관계 기관 또는 단체(이하 "관계기관등"이라 한다)에 대하여 필요한 사실을 조회할 수 있다. ② 제1항의 조회를 요청받은 관계기관등의 장은 특별한 사정이 없으면 지체 없이 그에 관하여 답하여야 한다.<개정 2020. 2. 4.>		**제138조(사실조회 등)** ① 소장은 수형자의 귀휴심사에 필요한 경우에는 법 제60조제1항에 따라 사실조회를 할 수 있다. ② 소장은 심사대상자의 보호관계 등을 알아보기 위하여 필요하다고 인정하는 경우에는 그의 가족 또는 보호관계에 있는 사람에게 위원회 회의의 참석을 요청할 수 있다.
제61조(분류전담시설) 법무부장관은 수형자를 과학적으로 분류하	**제86조(분류전담시설)** 법무부장관은 법 제61조의 분류심사를 전담	**제96조의2(분류전담시설)** ① 법 제61조 및 영 제86조에 따른 분

기 위하여 분류심사를 전담하는 교정시설을 지정·운영할 수 있다.	하는 교정시설을 지정·운영하는 경우에는 지방교정청별로 1개소 이상이 되도록 하여야 한다.	류심사를 전담하는 교정시설(이하 이 절에서 "분류전담시설"이라 한다)의 장은 범죄의 피해가 중대하고 재범의 위험성이 높은 수형자(이하 이 절에서 "고위험군 수형자"라 한다)의 개별처우계획을 수립·조정하기 위해 고위험군 수형자의 개별적 특성과 재범의 위험성 등을 면밀히 분석·평가하기 위한 분류심사(이하 이 절에서 "정밀분류심사"라 한다)를 실시할 수 있다. ② 분류전담시설의 장은 정밀분류심사를 실시한 고위험군 수형자의 개별처우계획 이행 여부를 지속적으로 평가해야 한다. [본조신설 2024. 2. 8.]
제62조(분류처우위원회) ① 수형자의 개별처우계획, 가석방심사신청 대상자 선정, 그 밖에 수형자의 분류처우에 관한 중요 사항을 심의·의결하기 위하여 교정시설에 분류처우위원회(이하 이 조에서 "위원회"라 한다)를 둔다. ② 위원회는 위원장을 포함한 5명 이상 7명 이하의 위원으로 구성하고, 위원장은 소장이 되며, 위원은 위원장이 소속 기관의 부소장 및 과장(지소의 경우에는 7급 이상의 교도관) 중에서 임명한다.<개정 2020. 2. 4.> ③ 위원회는 그 심의·의결을 위하여 외부전문가로부터 의견을 들을 수 있다. ④ 이 법에 규정된 사항 외에 위원회에 관하여 필요한 사항은 법무부령으로 정한다.		**제97조(심의·의결 대상)** 법 제62조의 분류처우위원회(이하 이 절에서 "위원회"라 한다)는 다음 각 호의 사항을 심의·의결한다. 1. 처우등급 판단 등 분류심사에 관한 사항 2. 소득점수 등의 평가 및 평정에 관한 사항 3. 수형자 처우와 관련하여 소장이 심의를 요구한 사항 4. 가석방 적격심사 신청 대상자 선정 등에 관한 사항 5. 그 밖에 수형자의 수용 및 처우에 관한 사항
제3절 교육과 교화프로그램		
제63조(교육) ① 소장은 수형자가 건전한 사회복귀에 필요한 지식과 소양을 습득하도록 교육할 수 있다. ② 소장은 「교육기본법」 제8조의	**제87조(교육)** ① 소장은 법 제63조에 따른 교육을 효과적으로 시행하기 위하여 교육실을 설치하는 등 교육에 적합한 환경을 조성하여야 한다.	

의무교육을 받지 못한 수형자에 대하여는 본인의 의사·나이·지식정도, 그 밖의 사정을 고려하여 그에 알맞게 교육하여야 한다. ③ 소장은 제1항 및 제2항에 따른 교육을 위하여 필요하면 수형자를 중간처우를 위한 전담교정시설에 수용하여 다음 각 호의 조치를 할 수 있다.<개정 2015. 3. 27.> 1. 외부 교육기관에의 통학 2. 외부 교육기관에서의 위탁교육 ④ 교육과정·외부통학·위탁교육 등에 관하여 필요한 사항은 법무부령으로 정한다.	② 소장은 교육 대상자, 시설 여건 등을 고려하여 교육계획을 수립하여 시행하여야 한다.	
제64조(교화프로그램) ① 소장은 수형자의 교정교화를 위하여 상담·심리치료, 그 밖의 교화프로그램을 실시하여야 한다. ② 소장은 제1항에 따른 교화프로그램의 효과를 높이기 위하여 범죄원인별로 적절한 교화프로그램의 내용, 교육장소 및 전문인력의 확보 등 적합한 환경을 갖추도록 노력하여야 한다.<신설 2019. 4. 23.> ③ 교화프로그램의 종류·내용 등에 관하여 필요한 사항은 법무부령으로 정한다.<개정 2019. 4. 23.>		**제119조의2(전문인력)** ① 법무부장관은 교화프로그램의 효과를 높이기 위해 소속 공무원 중에서 법 제64조제2항에 따른 전문인력을 선발 및 양성할 수 있다. ② 제1항에 따른 전문인력 선발 및 양성의 요건, 방법, 그 밖에 필요한 사항은 법무부장관이 정한다. [본조신설 2024. 2. 8.]
제4절 작업과 직업훈련		
제65조(작업의 부과) ① 수형자에게 부과하는 작업은 건전한 사회복귀를 위하여 기술을 습득하고 근로의욕을 고취하는 데에 적합한 것이어야 한다. ② 소장은 수형자에게 작업을 부과하려면 나이·형기·건강상태·기술·성격·취미·경력·장래생계, 그 밖의 수형자의 사정을 고려하여야 한다.		
제66조(작업의무) 수형자는 자신에게 부과된 작업과 그 밖의 노역을 수행하여야 할 의무가 있다.		
제67조(신청에 따른 작업) 소	**제93조(신청 작업의 취소)** 소장	

장은 금고형 또는 구류형의 집행 중에 있는 사람에 대하여는 신청에 따라 작업을 부과할 수 있다.	은 법 제67조에 따라 작업이 부과된 수형자가 작업의 취소를 요청하는 경우에는 그 수형자의 의사(意思), 건강 및 교도관의 의견 등을 고려하여 작업을 취소할 수 있다.	
제68조(외부 통근 작업 등) ① 소장은 수형자의 건전한 사회복귀와 기술습득을 촉진하기 위하여 필요하면 외부기업체 등에 통근 작업하게 하거나 교정시설의 안에 설치된 외부기업체의 작업장에서 작업하게 할 수 있다. ② 외부 통근 작업 대상자의 선정기준 등에 관하여 필요한 사항은 법무부령으로 정한다.		
제69조(직업능력개발훈련) ① 소장은 수형자의 건전한 사회복귀를 위하여 기술 습득 및 향상을 위한 직업능력개발훈련(이하 "직업훈련"이라 한다)을 실시할 수 있다. ② 소장은 수형자의 직업훈련을 위하여 필요하면 외부의 기관 또는 단체에서 훈련을 받게 할 수 있다. ③ 직업훈련 대상자의 선정기준 등에 관하여 필요한 사항은 법무부령으로 정한다.	**제94조(직업능력개발훈련 설비 등의 구비)** 소장은 법 제69조에 따른 직업능력개발훈련을 하는 경우에는 그에 필요한 설비 및 실습 자재를 갖추어야 한다.	
제70조(집중근로에 따른 처우) ① 소장은 수형자의 신청에 따라 제68조의 작업, 제69조제2항의 훈련, 그 밖에 집중적인 근로가 필요한 작업을 부과하는 경우에는 접견·전화통화·교육·공동행사 참가 등의 처우를 제한할 수 있다. 다만, 접견 또는 전화통화를 제한한 때에는 휴일이나 그 밖에 해당 수용자의 작업이 없는 날에 접견 또는 전화통화를 할 수 있게 하여야 한다. ② 소장은 제1항에 따라 작업을 부과하거나 훈련을 받게 하기 전에 수형자에게 제한되는 처우의 내용을 충분히 설명하여야 한다.	**제95조(집중근로)** 법 제70조제1항에서 "집중적인 근로가 필요한 작업"이란 수형자의 신청에 따라 1일 작업시간 중 접견·전화통화·교육 및 공동행사 참가 등을 하지 아니하고 휴게시간을 제외한 작업시간 내내 하는 작업을 말한다.	

제71조(작업시간 등) ① 1일의 작업시간(휴식·운동·식사·접견 등 실제 작업을 실시하지 않는 시간을 제외한다. 이하 같다)은 8시간을 초과할 수 없다. ② 제1항에도 불구하고 취사·청소·간병 등 교정시설의 운영과 관리에 필요한 작업의 1일 작업시간은 12시간 이내로 한다. ③ 1주의 작업시간은 52시간을 초과할 수 없다. 다만, 수형자가 신청하는 경우에는 1주의 작업시간을 8시간 이내의 범위에서 연장할 수 있다. ④ 제2항 및 제3항에도 불구하고 19세 미만 수형자의 작업시간은 1일에 8시간을, 1주에 40시간을 초과할 수 없다. ⑤ 공휴일·토요일과 대통령령으로 정하는 휴일에는 작업을 부과하지 아니한다. 다만, 다음 각 호의 어느 하나에 해당하는 경우에는 작업을 부과할 수 있다. 1. 제2항에 따른 교정시설의 운영과 관리에 필요한 작업을 하는 경우 2. 작업장의 운영을 위하여 불가피한 경우 3. 공공의 안전이나 공공의 이익을 위하여 긴급히 필요한 경우 4. 수형자가 신청하는 경우 [전문개정 2022. 12. 27.]	제96조(휴업일) 법 제71조에서 "그 밖의 휴일"이란 「각종 기념일 등에 관한 규정」에 따른 교정의 날 및 소장이 특히 지정하는 날을 말한다.	제153조(작업) ① 소장은 사형확정자가 작업을 신청하면 교도관회의의 심의를 거쳐 교정시설 안에서 실시하는 작업을 부과할 수 있다. 이 경우 부과하는 작업은 심리적 안정과 원만한 수용생활을 도모하는 데 적합한 것이어야 한다. ② 소장은 작업이 부과된 사형확정자에 대하여 교도관회의의 심의를 거쳐 제150조제5항을 적용하지 아니할 수 있다.<개정 2024. 2. 8.> ③ 소장은 작업이 부과된 사형확정자가 작업의 취소를 요청하면 사형확정자의 의사(意思)·건강, 담당교도관의 의견 등을 고려하여 작업을 취소할 수 있다. ④ 사형확정자에게 작업을 부과하는 경우에는 법 제71조부터 제76조까지의 규정 및 이 규칙 제200조를 준용한다.
제72조(작업의 면제) ① 소장은 수형자의 가족 또는 배우자의 직계존속이 사망하면 2일간, 부모 또는 배우자의 제삿날에는 1일간 해당 수형자의 작업을 면제한다. 다만, 수형자가 작업을 계속하기를 원하는 경우는 예외로 한다.<개정 2020. 2. 4.> ② 소장은 수형자에게 부상·질병, 그 밖에 작업을 계속하기 어려운 특별한 사정이 있으면 그 사유		

가 해소될 때까지 작업을 면제할 수 있다.		
제73조(작업수입 등) ① 작업수입은 국고수입으로 한다. ② 소장은 수형자의 근로의욕을 고취하고 건전한 사회복귀를 지원하기 위하여 법무부장관이 정하는 바에 따라 작업의 종류, 작업성적, 교정성적, 그 밖의 사정을 고려하여 수형자에게 작업장려금을 지급할 수 있다. ③ 제2항의 작업장려금은 석방할 때에 본인에게 지급한다. 다만, 본인의 가족생활 부조, 교화 또는 건전한 사회복귀를 위하여 특히 필요하면 석방 전이라도 그 전부 또는 일부를 지급할 수 있다.		
제74조(위로금·조위금) ① 소장은 수형자가 다음 각 호의 어느 하나에 해당하면 법무부장관이 정하는 바에 따라 위로금 또는 조위금을 지급한다. 1. 작업 또는 직업훈련으로 인한 부상 또는 질병으로 신체에 장해가 발생한 때 2. 작업 또는 직업훈련 중에 사망하거나 그로 인하여 사망한 때 ② 위로금은 본인에게 지급하고, 조위금은 그 상속인에게 지급한다.<개정 2022. 12. 27.>		
제75조(다른 보상·배상과의 관계) 위로금 또는 조위금을 지급받을 사람이 국가로부터 동일한 사유로 「민법」이나 그 밖의 법령에 따라 제74조의 위로금 또는 조위금에 상당하는 금액을 지급받은 경우에는 그 금액을 위로금 또는 조위금으로 지급하지 아니한다.		
제76조(위로금·조위금을 지급받을 권리의 보호) ① 제74조의 위로금 또는 조위금을 지급받을 권리는 다른 사람 또는 법인에		

게 양도하거나 담보로 제공할 수 없으며, 다른 사람 또는 법인은 이를 압류할 수 없다. ② 제74조에 따라 지급받은 금전을 표준으로 하여 조세와 그 밖의 공과금(公課金)을 부과하여서는 아니 된다.		
제5절 귀휴		
제77조(귀휴) ① 소장은 6개월 이상 형을 집행받은 수형자로서 그 형기의 3분의 1(21년 이상의 유기형 또는 무기형의 경우에는 7년)이 지나고 교정성적이 우수한 사람이 다음 각 호의 어느 하나에 해당하면 1년 중 20일 이내의 귀휴를 허가할 수 있다.<개정 2020. 2. 4.> 1. 가족 또는 배우자의 직계존속이 위독한 때 2. 질병이나 사고로 외부의료시설에의 입원이 필요한 때 3. 천재지변이나 그 밖의 재해로 가족, 배우자의 직계존속 또는 수형자 본인에게 회복할 수 없는 중대한 재산상의 손해가 발생하였거나 발생할 우려가 있는 때 4. 그 밖에 교화 또는 건전한 사회복귀를 위하여 법무부령으로 정하는 사유가 있는 때 ② 소장은 다음 각 호의 어느 하나에 해당하는 사유가 있는 수형자에 대하여는 제1항에도 불구하고 5일 이내의 특별귀휴를 허가할 수 있다. 1. 가족 또는 배우자의 직계존속이 사망한 때 2. 직계비속의 혼례가 있는 때 ③ 소장은 귀휴를 허가하는 경우에 법무부령으로 정하는 바에 따라 거소의 제한이나 그 밖에 필요한 조건을 붙일 수 있다. ④ 제1항 및 제2항의 귀휴기간은 형 집행기간에 포함한다.	**제97조(귀휴자에 대한 조치)** ① 소장은 법 제77조에 따라 2일 이상의 귀휴를 허가한 경우에는 귀휴를 허가받은 사람(이하 "귀휴자"라 한다)의 귀휴지를 관할하는 경찰관서의 장에게 그 사실을 통보하여야 한다. ② 귀휴자는 귀휴 중 천재지변이나 그 밖의 사유로 자신의 신상에 중대한 사고가 발생한 경우에는 가까운 교정시설이나 경찰관서에 신고하여야 하고 필요한 보호를 요청할 수 있다. ③ 제2항의 보호 요청을 받은 교정시설이나 경찰관서의 장은 귀휴를 허가한 소장에게 그 사실을 지체 없이 통보하고 적절한 보호조치를 하여야 한다.	**제129조(귀휴 허가)** ① 소장은 법 제77조에 따른 귀휴를 허가하는 경우에는 제131조의 귀휴심사위원회의 심사를 거쳐야 한다. ② 소장은 개방처우급·완화경비처우급 수형자에게 법 제77조제1항에 따른 귀휴를 허가할 수 있다. 다만, 교화 또는 사회복귀 준비 등을 위하여 특히 필요한 경우에는 일반경비처우급 수형자에게도 이를 허가할 수 있다.<개정 2010. 5. 31.> ③ 법 제77조제1항제4호에 해당하는 귀휴사유는 다음 각 호와 같다.<개정 2013. 4. 16., 2014. 11. 17.> 1. 직계존속, 배우자, 배우자의 직계존속 또는 본인의 회갑일이나 고희일인 때 2. 본인 또는 형제자매의 혼례가 있는 때 3. 직계비속이 입대하거나 해외유학을 위하여 출국하게 된 때 4. 직업훈련을 위하여 필요한 때 5. 「숙련기술장려법」 제20조제2항에 따른 국내기능경기대회의 준비 및 참가를 위하여 필요한 때 6. 출소 전 취업 또는 창업 등 사회복귀 준비를 위하여 필요한 때 7. 입학식·졸업식 또는 시상식에 참석하기 위하여 필요한 때 8. 출석수업을 위하여 필요한 때 9. 각종 시험에 응시하기 위하여 필요한 때 10. 그 밖에 가족과의 유대강화 또는 사회적응능력 향상을 위하여 특

	히 필요한 때

제130조(형기기준 등) ① 법 제77조제1항의 형기를 계산할 때 부정기형은 단기를 기준으로 하고, 2개 이상의 징역 또는 금고의 형을 선고받은 수형자의 경우에는 그 형기를 합산한다.<개정 2014. 11. 17.>
② 법 제77조제1항의 "1년 중 20일 이내의 귀휴" 중 "1년"이란 매년 1월 1일부터 12월 31일까지를 말한다.

제131조(설치 및 구성) ① 법 제77조에 따른 수형자의 귀휴허가에 관한 심사를 하기 위하여 교정시설에 귀휴심사위원회(이하 이 절에서 "위원회"라 한다)를 둔다.
② 위원회는 위원장을 포함한 6명 이상 8명 이하의 위원으로 구성한다.
③ 위원장은 소장이 되며, 위원은 소장이 소속기관의 부소장·과장(지소의 경우에는 7급 이상의 교도관) 및 교정에 관한 학식과 경험이 풍부한 외부인사 중에서 임명 또는 위촉한다. 이 경우 외부위원은 2명 이상으로 한다.

제133조(회의) ① 위원회의 회의는 위원장이 수형자에게 법 제77조제1항 및 제2항에 따른 귀휴사유가 발생하여 귀휴심사가 필요하다고 인정하는 때에 개최한다.
② 위원회의 회의는 재적위원 과반수의 출석으로 개의하고, 출석위원 과반수의 찬성으로 의결한다.

제134조(심사의 특례) ① 소장은 토요일, 공휴일, 그 밖에 위원회의 소집이 매우 곤란한 때에 법 제77조제2항제1호의 사유가 발생한 경우에는 제129조제1항에도 불구하고 위원회의 심사를 거치지 아니하고 귀휴를 허가할 수 있다. 다만, 이 경 |

		우 다음 각 호에 해당하는 부서의 장의 의견을 들어야 한다. 1. 수용관리를 담당하고 있는 부서 2. 귀휴업무를 담당하고 있는 부서 ② 제1항 각 호에 해당하는 부서의 장은 제137조제3항의 서류를 검토하여 그 의견을 지체 없이 소장에게 보고하여야 한다. **제140조(귀휴조건)** 귀휴를 허가하는 경우 법 제77조제3항에 따라 붙일 수 있는 조건(이하 "귀휴조건"이라 한다)은 다음 각 호와 같다. 1. 귀휴지 외의 지역 여행 금지 2. 유흥업소, 도박장, 성매매업소 등 건전한 풍속을 해치거나 재범 우려가 있는 장소 출입 금지 3. 피해자 또는 공범·동종범죄자 등과의 접촉금지 4. 귀휴지에서 매일 1회 이상 소장에게 전화보고(제141조제1항에 따른 귀휴는 제외한다) 5. 그 밖에 귀휴 중 탈선 방지 또는 귀휴 목적 달성을 위하여 필요한 사항
제78조(귀휴의 취소) 소장은 귀휴 중인 수형자가 다음 각 호의 어느 하나에 해당하면 그 귀휴를 취소할 수 있다. 1. 귀휴의 허가사유가 존재하지 아니함이 밝혀진 때 2. 거소의 제한이나 그 밖에 귀휴 허가에 붙인 조건을 위반한 때		**제143조(귀휴조건 위반에 대한 조치)** 소장은 귀휴자가 귀휴조건을 위반한 경우에는 법 제78조에 따라 귀휴를 취소하거나 이의 시정을 위하여 필요한 조치를 하여야 한다.
제9장 미결수용자의 처우		
제79조(미결수용자 처우의 원칙) 미결수용자는 무죄의 추정을 받으며 그에 합당한 처우를 받는다.		
제80조(참관금지) 미결수용자가 수용된 거실은 참관할 수 없다.		
제81조(분리수용) 소장은 미결		

수용자로서 사건에 서로 관련이 있는 사람은 분리수용하고 서로 간의 접촉을 금지하여야 한다.		
제82조(사복착용) 미결수용자는 수사·재판·국정감사 또는 법률로 정하는 조사에 참석할 때에는 사복을 착용할 수 있다. 다만, 소장은 도주우려가 크거나 특히 부적당한 사유가 있다고 인정하면 교정시설에서 지급하는 의류를 입게 할 수 있다.		
제83조(이발) 미결수용자의 머리카락과 수염은 특히 필요한 경우가 아니면 본인의 의사에 반하여 짧게 깎지 못한다.		
제84조(변호인과의 접견 및 편지수수) ① 제41조제4항에도 불구하고 미결수용자와 변호인과의 접견에는 교도관이 참여하지 못하며 그 내용을 청취 또는 녹취하지 못한다. 다만, 보이는 거리에서 미결수용자를 관찰할 수 있다.<개정 2019. 4. 23., 2022. 12. 27.> ② 미결수용자와 변호인 간의 접견은 시간과 횟수를 제한하지 아니한다. ③ 제43조제4항 단서에도 불구하고 미결수용자와 변호인 간의 편지는 교정시설에서 상대방이 변호인임을 확인할 수 없는 경우를 제외하고는 검열할 수 없다.<개정 2020. 2. 4.> [제목개정 2020. 2. 4.]		
제85조(조사 등에서의 특칙) 소장은 미결수용자가 징벌대상자로서 조사받고 있거나 징벌집행 중인 경우에도 소송서류의 작성, 변호인과의 접견·편지수수, 그 밖의 수사 및 재판 과정에서의 권리행사를 보장하여야 한다.		
제86조(작업과 교화) ① 소장은 미결수용자에 대하여는 신청에	**제103조(교육·교화와 작업)** ① 법 제86조제1항의 미결수용자에 대	

따라 교육 또는 교화프로그램을 실시하거나 작업을 부과할 수 있다. ② 제1항에 따라 미결수용자에게 교육 또는 교화프로그램을 실시하거나 작업을 부과하는 경우에는 제63조부터 제65조까지 및 제70조부터 제76조까지의 규정을 준용한다.	한 교육·교화프로그램 또는 작업은 교정시설 밖에서 행하는 것은 포함하지 아니한다. ② 소장은 법 제86조제1항에 따라 작업이 부과된 미결수용자가 작업의 취소를 요청하는 경우에는 그 미결수용자의 의사, 건강 및 교도관의 의견 등을 고려하여 작업을 취소할 수 있다.	
제87조(유치장) 경찰관서에 설치된 유치장은 교정시설의 미결수용실로 보아 이 법을 준용한다.		
제88조(준용규정) 형사사건으로 수사 또는 재판을 받고 있는 수형자와 사형확정자에 대하여는 제82조, 제84조 및 제85조를 준용한다.		
제10장 사형확정자		
제89조(사형확정자의 수용) ① 사형확정자는 독거수용한다. 다만, 자살방지, 교육·교화프로그램, 작업, 그 밖의 적절한 처우를 위하여 필요한 경우에는 법무부령으로 정하는 바에 따라 혼거수용할 수 있다. ② 사형확정자가 수용된 거실은 참관할 수 없다. [전문개정 2008. 12. 11.]		
제90조(개인상담 등) ① 소장은 사형확정자의 심리적 안정 및 원만한 수용생활을 위하여 교육 또는 교화프로그램을 실시하거나 신청에 따라 작업을 부과할 수 있다.<개정 2008. 12. 11.> ② 사형확정자에 대한 교육·교화프로그램, 작업, 그 밖의 처우에 필요한 사항은 법무부령으로 정한다.<개정 2008. 12. 11.>		
제91조(사형의 집행) ① 사형은 교정시설의 사형장에서 집행한다. ② 공휴일과 토요일에는 사형을		

집행하지 아니한다.		
제11장 안전과 질서		
제92조(금지물품) ① 수용자는 다음 각 호의 물품을 지녀서는 아니 된다.<개정 2019. 4. 23., 2020. 2. 4.> 1. 마약·총기·도검·폭발물·흉기·독극물, 그 밖에 범죄의 도구로 이용될 우려가 있는 물품 2. 무인비행장치, 전자·통신기기, 그 밖에 도주나 다른 사람과의 연락에 이용될 우려가 있는 물품 3. 주류·담배·화기·현금·수표, 그 밖에 시설의 안전 또는 질서를 해칠 우려가 있는 물품 4. 음란물, 사행행위에 사용되는 물품, 그 밖에 수형자의 교화 또는 건전한 사회복귀를 해칠 우려가 있는 물품 ② 제1항에도 불구하고 소장이 수용자의 처우를 위하여 허가하는 경우에는 제1항제2호의 물품을 지닐 수 있다.<신설 2019. 4. 23., 2020. 2. 4.>	**제112조(거실 등에 대한 검사)** 소장은 교도관에게 수용자의 거실, 작업장, 그 밖에 수용자가 생활하는 장소(이하 이 조에서 "거실등"이라 한다)를 정기적으로 검사하게 하여야 한다. 다만, 법 제92조의 금지물품을 숨기고 있다고 의심되는 수용자와 법 제104조제1항의 마약류사범·조직폭력사범 등 법무부령으로 정하는 수용자의 거실등은 수시로 검사하게 할 수 있다.	
제93조(신체검사 등) ① 교도관은 시설의 안전과 질서유지를 위하여 필요하면 수용자의 신체·의류·휴대품·거실 및 작업장 등을 검사할 수 있다. ② 수용자의 신체를 검사하는 경우에는 불필요한 고통이나 수치심을 느끼지 아니하도록 유의하여야 하며, 특히 신체를 면밀하게 검사할 필요가 있으면 다른 수용자가 볼 수 없는 차단된 장소에서 하여야 한다. ③ 교도관은 시설의 안전과 질서 유지를 위하여 필요하면 교정시설을 출입하는 수용자 외의 사람에 대하여 의류와 휴대품을 검사할 수 있다. 이 경우 출입자가 제92조의 금지물품을 지니고 있으면 교정시설에 맡기도록 하여야 하며, 이에	**제114조(검사장비의 이용)** 교도관은 법 제93조에 따른 검사를 위하여 탐지견, 금속탐지기, 그 밖의 장비를 이용할 수 있다.	**제166조(물품검색기 설치 및 사용)** ① 고정식 물품검색기는 정문, 수용동 입구, 작업장 입구, 그 밖에 수용자 또는 교정시설을 출입하는 수용자 외의 사람에 대한 신체·의류·휴대품의 검사가 필요한 장소에 설치한다.<개정 2013. 4. 16.> ② 교도관이 법 제93조제1항에 따라 수용자의 신체·의류·휴대품을 검사하는 경우에는 특별한 사정이 없으면 고정식 물품검색기를 통과하게 한 후 휴대식 금속탐지기 또는 손으로 이를 확인한다. ③ 교도관이 법 제93조제3항에 따라 교정시설을 출입하는 수용자 외의 사람의 의류와 휴대품을 검사하는 경우에는 고정식 물품검색기를 통과하게 하거나 휴대식 금속탐지기로 이를 확인한다.

따르지 아니하면 출입을 금지할 수 있다.<개정 2020. 2. 4.> ④ 여성의 신체·의류 및 휴대품에 대한 검사는 여성교도관이 하여야 한다. ⑤ 소장은 제1항에 따라 검사한 결과 제92조의 금지물품이 발견되면 형사 법령으로 정하는 절차에 따라 처리할 물품을 제외하고는 수용자에게 알린 후 폐기한다. 다만, 폐기하는 것이 부적당한 물품은 교정시설에 보관하거나 수용자로 하여금 자신이 지정하는 사람에게 보내게 할 수 있다.<개정 2020. 2. 4.>		
제94조(전자장비를 이용한 계호) ① 교도관은 자살·자해·도주·폭행·손괴, 그 밖에 수용자의 생명·신체를 해하거나 시설의 안전 또는 질서를 해하는 행위(이하 "자살등"이라 한다)를 방지하기 위하여 필요한 범위에서 전자장비를 이용하여 수용자 또는 시설을 계호할 수 있다. 다만, 전자영상장비로 거실에 있는 수용자를 계호하는 것은 자살등의 우려가 큰 때에만 할 수 있다. ② 제1항 단서에 따라 거실에 있는 수용자를 전자영상장비로 계호하는 경우에는 계호직원·계호시간 및 계호대상 등을 기록하여야 한다. 이 경우 수용자가 여성이면 여성교도관이 계호하여야 한다. ③ 제1항 및 제2항에 따라 계호하는 경우에는 피계호자의 인권이 침해되지 아니하도록 유의하여야 한다. ④ 전자장비의 종류·설치장소·사용방법 및 녹화기록물의 관리 등에 관하여 필요한 사항은 법무부령으로 정한다.		**제160조(전자장비의 종류)** 교도관이 법 제94조에 따라 수용자 또는 시설을 계호하는 경우 사용할 수 있는 전자장비는 다음 각 호와 같다. 1. 영상정보처리기기: 일정한 공간에 지속적으로 설치되어 사람 또는 사물의 영상 및 이에 따르는 음성·음향 등을 수신하거나 이를 유·무선망을 통하여 전송하는 장치 2. 전자감지기: 일정한 공간에 지속적으로 설치되어 사람 또는 사물의 움직임을 빛·온도·소리·압력 등을 이용하여 감지하고 전송하는 장치 3. 전자경보기: 전자파를 발신하고 추적하는 원리를 이용하여 사람의 위치를 확인하거나 이동경로를 탐지하는 일련의 기계적 장치 4. 물품검색기(고정식 물품검색기와 휴대식 금속탐지기로 구분한다) 5. 증거수집장비: 디지털카메라, 녹음기, 비디오카메라, 음주측정기 등 증거수집에 필요한 장비 6. 그 밖에 법무부장관이 정하는 전자장비 **제162조(영상정보처리기기 설치)** ① 영상정보처리기기 카메라는

	교정시설의 주벽(周壁)·감시대·울타리·운동장·거실·작업장·접견실·전화실·조사실·진료실·복도·중문, 그 밖에 법 제94조제1항에 따라 전자장비를 이용하여 계호하여야 할 필요가 있는 장소에 설치한다.<개정 2013. 4. 16.> ② 영상정보처리기기 모니터는 중앙통제실, 수용관리팀의 사무실, 그 밖에 교도관이 계호하기에 적정한 장소에 설치한다.<개정 2024. 2. 8.> ③ 거실에 영상정보처리기기 카메라를 설치하는 경우에는 용변을 보는 하반신의 모습이 촬영되지 아니하도록 카메라의 각도를 한정하거나 화장실 차폐시설을 설치하여야 한다. **제163조(거실수용자 계호)** ① 교도관이 법 제94조제1항에 따라 거실에 있는 수용자를 계호하는 경우에는 별지 제9호서식의 거실수용자 영상계호부에 피계호자의 인적사항 및 주요 계호내용을 개별적으로 기록하여야 한다. 다만, 중경비시설의 거실에 있는 수용자를 전자장비를 이용하여 계호하는 경우에는 중앙통제실 등에 비치된 현황표에 피계호인원 등 전체 현황만을 기록할 수 있다.<개정 2010. 5. 31.> ② 교도관이 법 제94조제1항에 따라 계호하는 과정에서 수용자의 처우 및 관리에 특히 참고할만한 사항을 알게 된 경우에는 그 요지를 수용기록부에 기록하여 소장에게 지체없이 보고하여야 한다. **제185조(보호장비 착용 수용자의 관찰 등)** 소장은 제169조제5호부터 제7호까지의 규정에 따른 보호장비를 사용하거나 같은 조 제8호의 보호장비를 별표 19의 방법으로 사용하게 하는 경우에는 교도관으로 하여금 수시로 해당 수용자의 상태

		를 확인하고 매 시간마다 별지 제11호서식의 보호장비 착용자 관찰부에 기록하게 하여야 한다. 다만, 소장은 보호장비 착용자를 법 제94조에 따라 전자영상장비로 계호할 때에는 별지 제9호서식의 거실수용자 영상계호부에 기록하게 할 수 있다.
제95조(보호실 수용) ① 소장은 수용자가 다음 각 호의 어느 하나에 해당하면 의무관의 의견을 고려하여 보호실(자살 및 자해 방지 등의 설비를 갖춘 거실을 말한다. 이하 같다)에 수용할 수 있다. 1. 자살 또는 자해의 우려가 있는 때 2. 신체적·정신적 질병으로 인하여 특별한 보호가 필요한 때 ② 수용자의 보호실 수용기간은 15일 이내로 한다. 다만, 소장은 특히 계속하여 수용할 필요가 있으면 의무관의 의견을 고려하여 1회당 7일의 범위에서 기간을 연장할 수 있다.<개정 2019. 4. 23.> ③ 제2항에 따라 수용자를 보호실에 수용할 수 있는 기간은 계속하여 3개월을 초과할 수 없다.<개정 2019. 4. 23.> ④ 소장은 수용자를 보호실에 수용하거나 수용기간을 연장하는 경우에는 그 사유를 본인에게 알려주어야 한다. ⑤ 의무관은 보호실 수용자의 건강상태를 수시로 확인하여야 한다. ⑥ 소장은 보호실 수용사유가 소멸한 경우에는 보호실 수용을 즉시 중단하여야 한다.	**제119조(보호실 등 수용중지)** ① 법 제95조제5항 및 법 제96조제4항에 따라 의무관이 보호실이나 진정실 수용자의 건강을 확인한 결과 보호실 또는 진정실에 계속 수용하는 것이 부적당하다고 인정하는 경우에는 소장에게 즉시 보고하여야 한다. 이 경우 소장은 특별한 사유가 없으면 보호실 또는 진정실 수용을 즉시 중지하여야 한다. ② 소장은 의무관이 출장·휴가, 그 밖의 부득이한 사유로 법 제95조제5항 및 법 제96조제4항의 직무를 수행할 수 없을 때에는 그 교정시설에 근무하는 의료관계 직원에게 대행하게 할 수 있다.	
제96조(진정실 수용) ① 소장은 수용자가 다음 각 호의 어느 하나에 해당하는 경우로서 강제력을 행사하거나 제98조의 보호장비를 사용하여도 그 목적을 달성할 수 없는 경우에만 진정실(일반 수용거실로부터 격리되어 있고 방음설비	**제119조(보호실 등 수용중지)** ① 법 제95조제5항 및 법 제96조제4항에 따라 의무관이 보호실이나 진정실 수용자의 건강을 확인한 결과 보호실 또는 진정실에 계속 수용하는 것이 부적당하다고 인정하는 경우에는 소장에게 즉시 보고하여야	

등을 갖춘 거실을 말한다. 이하 같다)에 수용할 수 있다.<개정 2016. 5. 29.> 1. 교정시설의 설비 또는 기구 등을 손괴하거나 손괴하려고 하는 때 2. 교도관의 제지에도 불구하고 소란행위를 계속하여 다른 수용자의 평온한 수용생활을 방해하는 때 ② 수용자의 진정실 수용기간은 24시간 이내로 한다. 다만, 소장은 특히 계속하여 수용할 필요가 있으면 의무관의 의견을 고려하여 1회당 12시간의 범위에서 기간을 연장할 수 있다.<개정 2019. 4. 23.> ③ 제2항에 따라 수용자를 진정실에 수용할 수 있는 기간은 계속하여 3일을 초과할 수 없다.<개정 2019. 4. 23.> ④ 진정실 수용자에 대하여는 제95조제4항부터 제6항까지의 규정을 준용한다.	한다. 이 경우 소장은 특별한 사유가 없으면 보호실 또는 진정실 수용을 즉시 중지하여야 한다. ② 소장은 의무관이 출장·휴가, 그 밖의 부득이한 사유로 법 제95조제5항 및 법 제96조제4항의 직무를 수행할 수 없을 때에는 그 교정시설에 근무하는 의료관계 직원에게 대행하게 할 수 있다.	
제97조(보호장비의 사용) ① 교도관은 수용자가 다음 각 호의 어느 하나에 해당하면 보호장비를 사용할 수 있다.<개정 2016. 5. 29.> 1. 이송·출정, 그 밖에 교정시설 밖의 장소로 수용자를 호송하는 때 2. 도주·자살·자해 또는 다른 사람에 대한 위해의 우려가 큰 때 3. 위력으로 교도관의 정당한 직무집행을 방해하는 때 4. 교정시설의 설비·기구 등을 손괴하거나 그 밖에 시설의 안전 또는 질서를 해칠 우려가 큰 때 ② 보호장비를 사용하는 경우에는 수용자의 나이, 건강상태 및 수용생활 태도 등을 고려하여야 한다. ③ 교도관이 교정시설의 안에서 수용자에 대하여 보호장비를 사용한 경우 의무관은 그 수용자의 건강상태를 수시로 확인하여야 한다.	**제121조(보호장비 사용중지 등)** ① 의무관은 수용자에게 보호장비를 계속 사용하는 것이 건강상 부적당하다고 인정하는 경우에는 소장에게 즉시 보고하여야 한다. 이 경우 소장은 특별한 사유가 없으면 보호장비 사용을 즉시 중지하여야 한다. ② 의무관이 출장·휴가, 그 밖의 부득이한 사유로 법 제97조제3항의 직무를 수행할 수 없을 때에는 제119조제2항을 준용한다.	**제176조(보호의자의 사용방법)** ① 보호의자는 별표 14의 방법으로 사용하며, 다른 보호장비로는 법 제97조제1항제2호부터 제4호까지의 규정의 어느 하나에 해당하는 행위를 방지하기 어려운 특별한 사정이 있는 경우에만 사용하여야 한다. ② 보호의자는 제184조제2항에 따라 그 사용을 일시 중지하거나 완화하는 경우를 포함하여 8시간을 초과하여 사용할 수 없으며, 사용 중지 후 4시간이 경과하지 아니하면 다시 사용할 수 없다.<개정 2013. 4. 16.> **제181조(보호장비 사용의 기록)** 교도관은 법 제97조제1항에 따라 보호장비를 사용하는 경우에는 별지 제10호서식의 보호장비 사용 심사부에 기록해야 한다. 다만, 법 제97조제1항제1호에 따라 보호장비를 사용하거나 같은 항 제2호부터 제4호까지의 규정에 따라 양손수갑

		을 사용하는 경우에는 호송계획서나 수용기록부의 내용 등으로 그 기록을 갈음할 수 있다. **제182조(의무관의 건강확인)** 의무관은 법 제97조제3항에 따라 보호장비 착용 수용자의 건강상태를 확인한 결과 특이사항을 발견한 경우에는 별지 제10호 서식의 보호장비 사용 심사부에 기록하여야 한다. **제184조(보호장비 사용의 중단)** ① 교도관은 법 제97조제1항 각 호에 따른 보호장비 사용 사유가 소멸한 경우에는 소장의 허가를 받아 지체 없이 보호장비 사용을 중단하여야 한다. 다만, 소장의 허가를 받을 시간적 여유가 없을 때에는 보호장비 사용을 중단한 후 지체 없이 소장의 승인을 받아야 한다.<개정 2013. 4. 16.> ② 교도관은 보호장비 착용 수용자의 목욕, 식사, 용변, 치료 등을 위하여 필요한 경우에는 보호장비 사용을 일시 중지하거나 완화할 수 있다.<개정 2013. 4. 16.> [제목개정 2014. 11. 17.]
제98조(보호장비의 종류 및 사용요건) ① 보호장비의 종류는 다음 각 호와 같다. 1. 수갑 2. 머리보호장비 3. 발목보호장비 4. 보호대(帶) 5. 보호의자 6. 보호침대 7. 보호복 8. 포승 ② 보호장비의 종류별 사용요건은 다음 각 호와 같다. 1. 수갑·포승 : 제97조제1항제1호부터 제4호까지의 어느 하나에 해당하는 때		**제169조(보호장비의 종류)** 교도관이 법 제98조제1항에 따라 사용할 수 있는 보호장비는 다음 각 호로 구분한다. 1. 수갑: 양손수갑, 일회용수갑, 한손수갑 2. 머리보호장비 3. 발목보호장비: 양발목보호장비, 한발목보호장비 4. 보호대: 금속보호대, 벨트보호대 5. 보호의자 6. 보호침대 7. 보호복 8. 포승: 일반포승, 벨트형포승, 조끼형포승

2. 머리보호장비 : 머리부분을 자해할 우려가 큰 때 3. 발목보호장비·보호대·보호의자 : 제97조제1항제2호부터 제4호까지의 어느 하나에 해당하는 때 4. 보호침대·보호복 : 자살·자해의 우려가 큰 때 ③ 보호장비의 사용절차 등에 관하여 필요한 사항은 대통령령으로 정한다.		
제99조(보호장비 남용 금지) ① 교도관은 필요한 최소한의 범위에서 보호장비를 사용하여야 하며, 그 사유가 없어지면 사용을 지체 없이 중단하여야 한다.<개정 2020. 2. 4.> ② 보호장비는 징벌의 수단으로 사용되어서는 아니 된다.		
제100조(강제력의 행사) ① 교도관은 수용자가 다음 각 호의 어느 하나에 해당하면 강제력을 행사할 수 있다.<개정 2016. 5. 29.> 1. 도주하거나 도주하려고 하는 때 2. 자살하려고 하는 때 3. 자해하거나 자해하려고 하는 때 4. 다른 사람에게 위해를 끼치거나 끼치려고 하는 때 5. 위력으로 교도관의 정당한 직무집행을 방해하는 때 6. 교정시설의 설비·기구 등을 손괴하거나 손괴하려고 하는 때 7. 그 밖에 시설의 안전 또는 질서를 크게 해치는 행위를 하거나 하려고 하는 때 ② 교도관은 수용자 외의 사람이 다음 각 호의 어느 하나에 해당하면 강제력을 행사할 수 있다.<개정 2016. 5. 29., 2020. 2. 4.> 1. 수용자를 도주하게 하려고 하는 때 2. 교도관 또는 수용자에게 위해	**제125조(강제력의 행사)** 교도관은 소장의 명령 없이 법 제100조에 따른 강제력을 행사해서는 아니 된다. 다만, 그 명령을 받을 시간적 여유가 없는 경우에는 강제력을 행사한 후 소장에게 즉시 보고하여야 한다.	**제186조(보안장비의 종류)** 교도관이 법 제100조에 따라 강제력을 행사하는 경우 사용할 수 있는 보안장비는 다음 각 호와 같다. 1. 교도봉(접이식을 포함한다. 이하 같다) 2. 전기교도봉 3. 가스분사기 4. 가스총(고무탄 발사겸용을 포함한다. 이하 같다) 5. 최루탄: 투척용, 발사용(그 발사장치를 포함한다. 이하 같다) 6. 전자충격기 7. 그 밖에 법무부장관이 정하는 보안장비

를 끼치거나 끼치려고 하는 때 3. 위력으로 교도관의 정당한 직무집행을 방해하는 때 4. 교정시설의 설비·기구 등을 손괴하거나 하려고 하는 때 5. 교정시설에 침입하거나 하려고 하는 때 6. 교정시설의 안(교도관이 교정시설의 밖에서 수용자를 계호하고 있는 경우 그 장소를 포함한다)에서 교도관의 퇴거요구를 받고도 이에 따르지 아니하는 때 ③ 제1항 및 제2항에 따라 강제력을 행사하는 경우에는 보안장비를 사용할 수 있다. ④ 제3항에서 "보안장비"란 교도봉·가스분사기·가스총·최루탄 등 사람의 생명과 신체의 보호, 도주의 방지 및 시설의 안전과 질서 유지를 위하여 교도관이 사용하는 장비와 기구를 말한다.<개정 2016. 5. 29.> ⑤ 제1항 및 제2항에 따라 강제력을 행사하려면 사전에 상대방에게 이를 경고하여야 한다. 다만, 상황이 급박하여 경고할 시간적인 여유가 없는 때에는 그러하지 아니하다. ⑥ 강제력의 행사는 필요한 최소한도에 그쳐야 한다. ⑦ 보안장비의 종류, 종류별 사용요건 및 사용절차 등에 관하여 필요한 사항은 법무부령으로 정한다.		
제101조(무기의 사용) ① 교도관은 다음 각 호의 어느 하나에 해당하는 사유가 있으면 수용자에 대하여 무기를 사용할 수 있다.<개정 2016. 5. 29., 2020. 2. 4.> 1. 수용자가 다른 사람에게 중대한 위해를 끼치거나 끼치려고 하여 그 사태가 위급한 때 2. 수용자가 폭행 또는 협박에 사용할 위험물을 지니고 있어 교도관	**제126조(무기사용 보고)** 교도관은 법 제101조에 따라 무기를 사용한 경우에는 소장에게 즉시 보고하고, 보고를 받은 소장은 그 사실을 법무부장관에게 즉시 보고하여야 한다.	**제189조(무기의 종류)** 교도관이 법 제101조에 따라 사용할 수 있는 무기의 종류는 다음 각 호와 같다. 1. 권총 2. 소총 3. 기관총 4. 그 밖에 법무부장관이 정하는 무기

이 버릴 것을 명령하였음에도 이에 따르지 아니하는 때 3. 수용자가 폭동을 일으키거나 일으키려고 하여 신속하게 제지하지 아니하면 그 확산을 방지하기 어렵다고 인정되는 때 4. 도주하는 수용자에게 교도관이 정지할 것을 명령하였음에도 계속하여 도주하는 때 5. 수용자가 교도관의 무기를 탈취하거나 탈취하려고 하는 때 6. 그 밖에 사람의 생명·신체 및 설비에 대한 중대하고도 뚜렷한 위험을 방지하기 위하여 무기의 사용을 피할 수 없는 때 ② 교도관은 교정시설의 안(교도관이 교정시설의 밖에서 수용자를 계호하고 있는 경우 그 장소를 포함한다)에서 자기 또는 타인의 생명·신체를 보호하거나 수용자의 탈취를 저지하거나 건물 또는 그 밖의 시설과 무기에 대한 위험을 방지하기 위하여 급박하다고 인정되는 상당한 이유가 있으면 수용자 외의 사람에 대하여도 무기를 사용할 수 있다.<개정 2016. 5. 29.> ③ 교도관은 소장 또는 그 직무를 대행하는 사람의 명령을 받아 무기를 사용한다. 다만, 그 명령을 받을 시간적 여유가 없으면 그러하지 아니하다.<개정 2016. 5. 29.> ④ 제1항 및 제2항에 따라 무기를 사용하려면 공포탄을 발사하거나 그 밖에 적당한 방법으로 사전에 상대방에 대하여 이를 경고하여야 한다. ⑤ 무기의 사용은 필요한 최소한도에 그쳐야 하며, 최후의 수단이어야 한다. ⑥ 사용할 수 있는 무기의 종류, 무기의 종류별 사용요건 및 사용절차 등에 관하여 필요한 사항은 법무부령으로 정한다.		

제102조(재난 시의 조치) ① 천재지변이나 그 밖의 재해가 발생하여 시설의 안전과 질서유지를 위하여 긴급한 조치가 필요하면 소장은 수용자로 하여금 피해의 복구나 그 밖의 응급용무를 보조하게 할 수 있다. ② 소장은 교정시설의 안에서 천재지변이나 그 밖의 사변에 대한 피난의 방법이 없는 경우에는 수용자를 다른 장소로 이송할 수 있다. ③ 소장은 제2항에 따른 이송이 불가능하면 수용자를 일시 석방할 수 있다. ④ 제3항에 따라 석방된 사람은 석방 후 24시간 이내에 교정시설 또는 경찰관서에 출석하여야 한다.<개정 2020. 2. 4.>	**제127조(재난 시의 조치)** ① 소장은 법 제102조제1항에 따른 응급용무의 보조를 위하여 교정성적이 우수한 수형자를 선정하여 필요한 훈련을 시킬 수 있다. ② 소장은 법 제102조제3항에 따라 수용자를 일시석방하는 경우에는 같은 조 제4항의 출석 시한과 장소를 알려주어야 한다.	
제103조(수용을 위한 체포) ① 교도관은 수용자가 도주 또는 제134조 각 호의 어느 하나에 해당하는 행위(이하 "도주등"이라 한다)를 한 경우에는 도주 후 또는 출석기한이 지난 후 72시간 이내에만 그를 체포할 수 있다.<개정 2019. 4. 23.> ② 교도관은 제1항에 따른 체포를 위하여 긴급히 필요하면 도주등을 하였다고 의심할 만한 상당한 이유가 있는 사람 또는 도주등을 한 사람의 이동경로나 소재를 안다고 인정되는 사람을 정지시켜 질문할 수 있다. ③ 교도관은 제2항에 따라 질문을 할 때에는 그 신분을 표시하는 증표를 제시하고 질문의 목적과 이유를 설명하여야 한다. ④ 교도관은 제1항에 따른 체포를 위하여 영업시간 내에 공연장·여관·음식점·역, 그 밖에 다수인이 출입하는 장소의 관리자 또는 관계인에게 그 장소의 출입이나 그 밖에 특히 필요한 사항에 관하여 협		

조를 요구할 수 있다.<개정 2020. 2. 4.> ⑤ 교도관은 제4항에 따라 필요한 장소에 출입하는 경우에는 그 신분을 표시하는 증표를 제시하여야 하며, 그 장소의 관리자 또는 관계인의 정당한 업무를 방해하여서는 아니 된다.		
제104조(마약류사범 등의 관리) ① 소장은 마약류사범·조직폭력사범 등 법무부령으로 정하는 수용자에 대하여는 시설의 안전과 질서유지를 위하여 필요한 범위에서 다른 수용자와의 접촉을 차단하거나 계호를 엄중히 하는 등 법무부령으로 정하는 바에 따라 다른 수용자와 달리 관리할 수 있다. ② 소장은 제1항에 따라 관리하는 경우에도 기본적인 처우를 제한하여서는 아니 된다.	**제112조(거실 등에 대한 검사)** 소장은 교도관에게 수용자의 거실, 작업장, 그 밖에 수용자가 생활하는 장소(이하 이 조에서 "거실등"이라 한다)를 정기적으로 검사하게 하여야 한다. 다만, 법 제92조의 금지물품을 숨기고 있다고 의심되는 수용자와 법 제104조제1항의 마약류사범·조직폭력사범 등 법무부령으로 정하는 수용자의 거실등은 수시로 검사하게 할 수 있다.	**제194조(엄중관리대상자의 구분)** 법 제104조에 따라 교정시설의 안전과 질서유지를 위하여 다른 수용자와의 접촉을 차단하거나 계호를 엄중히 하여야 하는 수용자(이하 이 장에서 "엄중관리대상자"라 한다)는 다음 각 호와 같이 구분한다. 1. 조직폭력수용자(제199조제1항에 따라 지정된 수용자를 말한다. 이하 같다) 2. 마약류수용자(제205조제1항에 따라 지정된 수용자를 말한다. 이하 같다) 3. 관심대상수용자(제211조제1항에 따라 지정된 수용자를 말한다. 이하 같다)
제12장 규율과 상벌		
제105조(규율 등) ① 수용자는 교정시설의 안전과 질서유지를 위하여 법무부장관이 정하는 규율을 지켜야 한다.<개정 2020. 2. 4.> ② 수용자는 소장이 정하는 일과시간표를 지켜야 한다.<개정 2020. 2. 4.> ③ 수용자는 교도관의 직무상 지시에 따라야 한다.<개정 2020. 2. 4.>		
제106조(포상) 소장은 수용자가 다음 각 호의 어느 하나에 해당하면 법무부령으로 정하는 바에 따라 포상할 수 있다. 1. 사람의 생명을 구조하거나 도주를 방지한 때 2. 제102조제1항에 따른 응급용무에 공로가 있는 때		**제214조의2(포상)** 법 제106조에 따른 포상기준은 다음 각 호와 같다. 1. 법 제106조제1호 및 제2호에 해당하는 경우 소장표창 및 제89조에 따른 가족만남의 집 이용 대상자 선정 2. 법 제106조제3호 및 제4호에 해당하는 경우 소장표창 및 제89조에

3. 시설의 안전과 질서유지에 뚜렷한 공이 인정되는 때 4. 수용생활에 모범을 보이거나 건설적이고 창의적인 제안을 하는 등 특히 포상할 필요가 있다고 인정되는 때		따른 가족만남의 날 행사 참여 대상자 선정 [본조신설 2013. 4. 16.]
제107조(징벌) 소장은 수용자가 다음 각 호의 어느 하나에 해당하는 행위를 하면 제111조의 징벌위원회의 의결에 따라 징벌을 부과할 수 있다. 1. 「형법」, 「폭력행위 등 처벌에 관한 법률」, 그 밖의 형사 법률에 저촉되는 행위 2. 수용생활의 편의 등 자신의 요구를 관철할 목적으로 자해하는 행위 3. 정당한 사유 없이 작업·교육·교화프로그램 등을 거부하거나 태만히 하는 행위 4. 제92조의 금지물품을 지니거나 반입·제작·사용·수수·교환·은닉하는 행위 5. 다른 사람을 처벌받게 하거나 교도관의 직무집행을 방해할 목적으로 거짓 사실을 신고하는 행위 6. 그 밖에 시설의 안전과 질서유지를 위하여 법무부령으로 정하는 규율을 위반하는 행위		
제108조(징벌의 종류) 징벌의 종류는 다음 각 호와 같다. 1. 경고 2. 50시간 이내의 근로봉사 3. 3개월 이내의 작업장려금 삭감 4. 30일 이내의 공동행사 참가 정지 5. 30일 이내의 신문열람 제한 6. 30일 이내의 텔레비전 시청 제한 7. 30일 이내의 자비구매물품(의사가 치료를 위하여 처방한 의약품을 제외한다) 사용 제한	**제133조(징벌의 집행)** ① 소장은 제132조의 통고를 받은 경우에는 징벌을 지체 없이 집행하여야 한다. ② 소장은 수용자가 징벌처분을 받아 접견, 편지수수 또는 전화통화가 제한된 경우에는 그의 가족에게 그 사실을 알려야 한다. 다만, 수용자가 알리는 것을 원하지 않으면 알리지 않는다.<개정 2014. 6. 25., 2020. 8. 5.> ③ 삭제<2017. 9. 19.> ④ 소장은 법 제108조제13호 및 제14호의 징벌집행을 마친 경우에는 의무관에게 해당 수용자의 건강을	

8. 30일 이내의 작업 정지(신청에 따른 작업에 한정한다) 9. 30일 이내의 전화통화 제한 10. 30일 이내의 집필 제한 11. 30일 이내의 편지수수 제한 12. 30일 이내의 접견 제한 13. 30일 이내의 실외운동 정지 14. 30일 이내의 금치(禁置)	지체 없이 확인하게 하여야 한다. ⑤ 의무관이 출장, 휴가, 그 밖의 부득이한 사유로 법 제112조제5항 및 이 조 제4항의 직무를 수행할 수 없는 경우에는 제119조제2항을 준용한다.<개정 2019. 10. 22.> **제134조(징벌집행의 계속)** 법 제108조제4호부터 제14호까지의 징벌 집행 중인 수용자가 다른 교정시설로 이송되거나 법원 또는 검찰청 등에 출석하는 경우에는 징벌집행이 계속되는 것으로 본다.	
제109조(징벌의 부과) ① 제108조제4호부터 제13호까지의 처분은 함께 부과할 수 있다. ② 수용자가 다음 각 호의 어느 하나에 해당하면 제108조제2호부터 제14호까지의 규정에서 정한 징벌의 장기의 2분의 1까지 가중할 수 있다. 1. 2 이상의 징벌사유가 경합하는 때 2. 징벌이 집행 중에 있거나 징벌의 집행이 끝난 후 또는 집행이 면제된 후 6개월 내에 다시 징벌사유에 해당하는 행위를 한 때 ③ 징벌은 동일한 행위에 관하여 거듭하여 부과할 수 없으며, 행위의 동기 및 경중, 행위 후의 정황, 그 밖의 사정을 고려하여 수용목적을 달성하는 데에 필요한 최소한도에 그쳐야 한다. ④ 징벌사유가 발생한 날부터 2년이 지나면 이를 이유로 징벌을 부과하지 못한다.		
제110조(징벌대상자의 조사) ① 소장은 징벌사유에 해당하는 행위를 하였다고 의심할 만한 상당한 이유가 있는 수용자(이하 "징벌대상자"라 한다)가 다음 각 호의 어느 하나에 해당하면 조사기간 중		**제220조(조사기간)** ① 수용자의 징벌대상행위에 대한 조사기간(조사를 시작한 날부터 법 제111조제1항의 징벌위원회의 의결이 있는 날까지를 말한다. 이하 같다)은 10일 이내로 한다. 다만, 특히 필요하다고

분리하여 수용할 수 있다. 1. 증거를 인멸할 우려가 있는 때 2. 다른 사람에게 위해를 끼칠 우려가 있거나 다른 수용자의 위해로부터 보호할 필요가 있는 때 ② 소장은 징벌대상자가 제1항 각 호의 어느 하나에 해당하면 접견·편지수수·전화통화·실외운동·작업·교육훈련, 공동행사 참가, 중간처우 등 다른 사람과의 접촉이 가능한 처우의 전부 또는 일부를 제한할 수 있다.<개정 2015. 3. 27., 2020. 2. 4.>		인정하는 경우에는 1회에 한하여 7일을 초과하지 아니하는 범위에서 그 기간을 연장할 수 있다. ② 소장은 제1항의 조사기간 중 조사결과에 따라 다음 각 호의 어느 하나에 해당하는 조치를 할 수 있다.<개정 2013. 4. 16.> 1. 법 제111조제1항의 징벌위원회(이하 "징벌위원회"라 한다)로의 회부 2. 징벌대상자에 대한 무혐의 통고 3. 징벌대상자에 대한 훈계 4. 징벌위원회 회부 보류 5. 조사 종결 ③ 제1항의 조사기간 중 법 제110조제2항에 따라 징벌대상자에 대하여 처우를 제한하는 경우에는 징벌위원회의 의결을 거쳐 처우를 제한한 기간의 전부 또는 일부를 징벌기간에 포함할 수 있다. ④ 소장은 징벌대상행위가 징벌대상자의 정신병적인 원인에 따른 것으로 의심할 만한 충분한 사유가 있는 경우에는 징벌절차를 진행하기 전에 의사의 진료, 전문가 상담 등 필요한 조치를 하여야 한다. ⑤ 소장은 징벌대상행위에 대한 조사 결과 그 행위가 징벌대상자의 정신병적인 원인에 따른 것이라고 인정하는 경우에는 그 행위를 이유로 징벌위원회에 징벌을 요구할 수 없다. ⑥ 제1항의 조사기간 중 징벌대상자의 생활용품 등의 보관에 대해서는 제232조를 준용한다.<신설 2010. 5. 31.> **제222조(징벌대상자 처우제한의 알림)** 소장은 법 제110조제2항에 따라 접견·편지수수 또는 전화통화를 제한하는 경우에는 징벌대상자의 가족 등에게 그 사실을 알려야 한다. 다만, 징벌대상자가 알리기를

| 제111조(징벌위원회) ① 징벌대상자의 징벌을 결정하기 위하여 교정시설에 징벌위원회(이하 이 조에서 "위원회"라 한다)를 둔다.
② 위원회는 위원장을 포함한 5명 이상 7명 이하의 위원으로 구성하고, 위원장은 소장의 바로 다음 순위자가 되며, 위원은 소장이 소속기관의 과장(지소의 경우에는 7급 이상의 교도관) 및 교정에 관한 학식과 경험이 풍부한 외부인사 중에서 임명 또는 위촉한다. 이 경우 외부위원은 3명 이상으로 한다.<개정 2020. 2. 4.>
③ 위원회는 소장의 징벌요구에 따라 개회하며, 징벌은 그 의결로써 정한다.
④ 위원이 징벌대상자의 친족이거나 그 밖에 공정한 심의·의결을 기대할 수 없는 특별한 사유가 있는 경우에는 위원회에 참석할 수 없다.
⑤ 징벌대상자는 위원에 대하여 기피신청을 할 수 있다. 이 경우 위원회의 의결로 기피 여부를 결정하여야 한다.
⑥ 위원회는 징벌대상자가 위원회에 출석하여 충분한 진술을 할 수 있는 기회를 부여하여야 하며, 징벌대상자는 서면 또는 말로써 자기에게 유리한 사실을 진술하거나 증거를 제출할 수 있다.
⑦ 위원회의 위원 중 공무원이 아닌 사람은 「형법」 제127조 및 제129조부터 제132조까지의 규정을 적용할 때에는 공무원으로 본다.<신설 2016. 1. 6.> | 제129조(징벌위원회의 소집) 법 제111조에 따른 징벌위원회(이하 이 장에서 "위원회"라 한다)의 위원장은 소장의 징벌요구에 따라 위원회를 소집한다. | 원하지 않는 경우에는 그렇지 않다.
제220조(조사기간) ① 수용자의 징벌대상행위에 대한 조사기간(조사를 시작한 날부터 법 제111조제1항의 징벌위원회의 의결이 있는 날까지를 말한다. 이하 같다)은 10일 이내로 한다. 다만, 특히 필요하다고 인정하는 경우에는 1회에 한하여 7일을 초과하지 아니하는 범위에서 그 기간을 연장할 수 있다.
② 소장은 제1항의 조사기간 중 조사결과에 따라 다음 각 호의 어느 하나에 해당하는 조치를 할 수 있다.<개정 2013. 4. 16.>
1. 법 제111조제1항의 징벌위원회(이하 "징벌위원회"라 한다)로의 회부
2. 징벌대상자에 대한 무혐의 통고
3. 징벌대상자에 대한 훈계
4. 징벌위원회 회부 보류
5. 조사 종결
③ 제1항의 조사기간 중 법 제110조제2항에 따라 징벌대상자에 대하여 처우를 제한하는 경우에는 징벌위원회의 의결을 거쳐 처우를 제한한 기간의 전부 또는 일부를 징벌기간에 포함할 수 있다.
④ 소장은 징벌대상행위가 징벌대상자의 정신병적인 원인에 따른 것으로 의심할 만한 충분한 사유가 있는 경우에는 징벌절차를 진행하기 전에 의사의 진료, 전문가 상담 등 필요한 조치를 하여야 한다.
⑤ 소장은 징벌대상행위에 대한 조사 결과 그 행위가 징벌대상자의 정신병적인 원인에 따른 것이라고 인정하는 경우에는 그 행위를 이유로 징벌위원회에 징벌을 요구할 수 없다.
⑥ 제1항의 조사기간 중 징벌대상자의 생활용품 등의 보관에 대해서는 제232조를 준용한다.<신설 2010. 5. 31.> |

		제223조(징벌위원회 외부위원) ① 소장은 법 제111조제2항에 따른 징벌위원회의 외부위원을 다음 각 호의 사람 중에서 위촉한다.<개정 2014. 11. 17., 2019. 10. 22.> 1. 변호사 2. 대학에서 법률학을 가르치는 조교수 이상의 직에 있는 사람 3. 교정협의회(교정위원 전원으로 구성된 협의체를 말한다)에서 추천한 사람 4. 그 밖에 교정에 관한 학식과 경험이 풍부한 사람 ② 제1항에 따라 위촉된 위원의 임기는 2년으로 하며, 연임할 수 있다. ③ 소장은 외부위원이 다음 각 호의 어느 하나에 해당하는 경우에는 해당 위원을 해촉할 수 있다.<개정 2016. 6. 28.> 1. 심신장애로 직무수행이 불가능하거나 현저히 곤란하다고 인정되는 경우 2. 직무와 관련된 비위사실이 있는 경우 3. 직무태만, 품위 손상, 그 밖의 사유로 인하여 위원으로서 직무를 수행하기 적합하지 아니하다고 인정되는 경우 4. 위원 스스로 직무를 수행하는 것이 곤란하다고 의사를 밝히는 경우 5. 특정 종파나 특정 사상에 편향되어 징벌의 공정성을 해칠 우려가 있는 경우 ④ 제1항에 따라 위촉된 위원이 징벌위원회에 참석한 경우에는 예산의 범위에서 수당, 여비, 그 밖에 필요한 경비를 지급할 수 있다. **제224조(징벌위원회 위원장)** 법 제111조제2항에서 "소장의 바로 다음 순위자"는 「법무부와 그 소속기관 직제 시행규칙」의 직제순위에 따른다.

제111조의2(징벌대상행위에 관한 양형 참고자료 통보) 소장은 미결수용자에게 징벌을 부과한 경우에는 그 징벌대상행위를 양형(量刑) 참고자료로 작성하여 관할 검찰청 검사 또는 관할 법원에 통보할 수 있다.		
제112조(징벌의 집행) ① 징벌은 소장이 집행한다. ② 소장은 징벌집행을 위하여 필요하다고 인정하면 수용자를 분리하여 수용할 수 있다. ③ 제108조제14호의 처분을 받은 사람에게는 그 기간 중 같은 조 제4호부터 제12호까지의 처우제한이 함께 부과된다. 다만, 소장은 수용자의 권리구제, 수형자의 교화 또는 건전한 사회복귀를 위하여 특히 필요하다고 인정하면 집필·편지수수 또는 접견을 허가할 수 있다.<개정 2016. 12. 2., 2020. 2. 4.> ④ 소장은 제108조제14호의 처분을 받은 사람에게 다음 각 호의 어느 하나에 해당하는 사유가 있어 필요하다고 인정하는 경우에는 건강유지에 지장을 초래하지 아니하는 범위에서 실외운동을 제한할 수 있다.<신설 2016. 12. 2., 2020. 2. 4.> 1. 도주의 우려가 있는 경우 2. 자해의 우려가 있는 경우 3. 다른 사람에게 위해를 끼칠 우려가 있는 경우 4. 그 밖에 시설의 안전 또는 질서를 크게 해칠 우려가 있는 경우로서 법무부령으로 정하는 경우 ⑤ 소장은 제108조제13호에 따른 실외운동 정지를 부과하는 경우 또는 제4항에 따라 실외운동을 제한하는 경우라도 수용자가 매주 1회 이상 실외운동을 할 수 있도록 하여야 한다.<신설 2020. 2. 4.> ⑥ 소장은 제108조제13호 또는 제	제133조(징벌의 집행) ① 소장은 제132조의 통고를 받은 경우에는 징벌을 지체 없이 집행하여야 한다. ② 소장은 수용자가 징벌처분을 받아 접견, 편지수수 또는 전화통화가 제한된 경우에는 그의 가족에게 그 사실을 알려야 한다. 다만, 수용자가 알리는 것을 원하지 않으면 알리지 않는다.<개정 2014. 6. 25., 2020. 8. 5.> ③ 삭제<2017. 9. 19.> ④ 소장은 법 제108조제13호 및 제14호의 징벌집행을 마친 경우에는 의무관에게 해당 수용자의 건강을 지체 없이 확인하게 하여야 한다. ⑤ 의무관이 출장, 휴가, 그 밖의 부득이한 사유로 법 제112조제5항 및 이 조 제4항의 직무를 수행할 수 없는 경우에는 제119조제2항을 준용한다.<개정 2019. 10. 22.>	제215조의2(금치 집행 중 실외운동의 제한) 법 제112조제4항제4호에서 "법무부령으로 정하는 경우"란 다음 각 호와 같다. 1. 다른 사람으로부터 위해를 받을 우려가 있는 경우 2. 위력으로 교도관의 정당한 직무집행을 방해할 우려가 있는 경우 3. 소란행위를 계속하여 다른 수용자의 평온한 수용생활을 방해할 우려가 있는 경우 4. 교정시설의 설비·기구 등을 손괴할 우려가 있는 경우 [본조신설 2017. 8. 22.]

14호의 처분을 집행하는 경우에는 의무관으로 하여금 사전에 수용자의 건강을 확인하도록 하여야 하며, 집행 중인 경우에도 수시로 건강상태를 확인하여야 한다.<개정 2016. 12. 2., 2020. 2. 4.> [2016. 12. 2. 법률 제14281호에 의하여 2016. 5. 26. 헌법재판소에서 위헌결정된 이 조 제3항 본문 중 제108조제13호에 관한 부분을 개정함.]		
제113조(징벌집행의 정지·면제) ① 소장은 질병이나 그 밖의 사유로 징벌집행이 곤란하면 그 사유가 해소될 때까지 그 집행을 일시 정지할 수 있다. ② 소장은 징벌집행 중인 사람이 뉘우치는 빛이 뚜렷한 경우에는 그 징벌을 감경하거나 남은 기간의 징벌집행을 면제할 수 있다.	**제135조(징벌기간의 계산)** 소장은 법 제113조제1항에 따라 징벌집행을 일시 정지한 경우 그 정지사유가 해소되었을 때에는 지체 없이 징벌집행을 재개하여야 한다. 이 경우 집행을 정지한 다음날부터 집행을 재개한 전날까지의 일수는 징벌기간으로 계산하지 아니한다.	
제114조(징벌집행의 유예) ① 징벌위원회는 징벌을 의결하는 때에 행위의 동기 및 정황, 교정성적, 뉘우치는 정도 등 그 사정을 고려할 만한 사유가 있는 수용자에 대하여 2개월 이상 6개월 이하의 기간 내에서 징벌의 집행을 유예할 것을 의결할 수 있다. ② 소장은 징벌집행의 유예기간 중에 있는 수용자가 다시 제107조의 징벌대상행위를 하여 징벌이 결정되면 그 유예한 징벌을 집행한다. ③ 수용자가 징벌집행을 유예받은 후 징벌을 받음이 없이 유예기간이 지나면 그 징벌의 집행은 종료된 것으로 본다.		
제115조(징벌의 실효 등) ① 소장은 징벌의 집행이 종료되거나 집행이 면제된 수용자가 교정성적이 양호하고 법무부령으로 정하는 기간 동안 징벌을 받지 아니하면 법무부장관의 승인을 받아 징벌을		**제234조(징벌의 실효)** ① 법 제115조제1항에서 "법무부령으로 정하는 기간"이란 다음 각 호와 같다.<개정 2013. 4. 16.> 1. 제215조제1호부터 제4호까지의 징벌 중 금치의 경우에는 다음 각

실효시킬 수 있다. ② 제1항에도 불구하고 소장은 수용자가 교정사고 방지에 뚜렷한 공로가 있다고 인정되면 분류처우위원회의 의결을 거친 후 법무부장관의 승인을 받아 징벌을 실효시킬 수 있다. ③ 이 법에 규정된 사항 외에 징벌에 관하여 필요한 사항은 법무부령으로 정한다.		목의 기간 가. 21일 이상 30일 이하의 금치: 2년 6개월 나. 16일 이상 20일 이하의 금치: 2년 다. 10일 이상 15일 이하의 금치: 1년 6개월 라. 9일 이하의 금치: 1년 2. 제215조제2호에 해당하는 금치 외의 징벌: 2년 3. 제215조제3호에 해당하는 금치 외의 징벌: 1년 6개월 4. 제215조제4호에 해당하는 금치 외의 징벌: 1년 5. 제215조제5호에 해당하는 징벌: 6개월 ② 소장은 법 제115조제1항·제2항에 따라 징벌을 실효시킬 필요가 있으면 징벌실효기간이 지나거나 분류처우위원회의 의결을 거친 후에 지체 없이 법무부장관에게 그 승인을 신청하여야 한다. ③ 소장은 법 제115조에 따라 실효된 징벌을 이유로 그 수용자에게 처우상 불이익을 주어서는 아니 된다.
제13장 권리구제		
제116조(소장 면담) ① 수용자는 그 처우에 관하여 소장에게 면담을 신청할 수 있다. ② 소장은 수용자의 면담신청이 있으면 다음 각 호의 어느 하나에 해당하는 사유가 있는 경우를 제외하고는 면담을 하여야 한다.<개정 2020. 2. 4.> 1. 정당한 사유 없이 면담사유를 밝히지 아니하는 때 2. 면담목적이 법령에 명백히 위배되는 사항을 요구하는 것인 때 3. 동일한 사유로 면담한 사실이 있음에도 불구하고 정당한 사유 없이 반복하여 면담을 신청하는 때 4. 교도관의 직무집행을 방해할 목적이라고 인정되는 상당한 이유	**제138조(소장 면담)** ① 소장은 법 제116조제1항에 따라 수용자가 면담을 신청한 경우에는 그 인적사항을 면담부에 기록하고 특별한 사정이 없으면 신청한 순서에 따라 면담하여야 한다. ② 소장은 제1항에 따라 수용자를 면담한 경우에는 그 요지를 면담부에 기록하여야 한다. ③ 소장은 법 제116조제2항 각 호의 어느 하나에 해당하여 수용자의 면담 신청을 받아들이지 아니하는 경우에는 그 사유를 해당 수용자에게 알려주어야 한다.	

가 있는 때 ③ 소장은 특별한 사정이 있으면 소속 교도관으로 하여금 그 면담을 대리하게 할 수 있다. 이 경우 면담을 대리한 사람은 그 결과를 소장에게 지체 없이 보고하여야 한다. ④ 소장은 면담한 결과 처리가 필요한 사항이 있으면 그 처리결과를 수용자에게 알려야 한다.<개정 2020. 2. 4.>		
제117조(청원) ① 수용자는 그 처우에 관하여 불복하는 경우 법무부장관·순회점검공무원 또는 관할 지방교정청장에게 청원할 수 있다. ② 제1항에 따라 청원하려는 수용자는 청원서를 작성하여 봉한 후 소장에게 제출하여야 한다. 다만, 순회점검공무원에 대한 청원은 말로도 할 수 있다. ③ 소장은 청원서를 개봉하여서는 아니 되며, 이를 지체 없이 법무부장관·순회점검공무원 또는 관할 지방교정청장에게 보내거나 순회점검공무원에게 전달하여야 한다. ④ 제2항 단서에 따라 순회점검공무원이 청원을 청취하는 경우에는 해당 교정시설의 교도관이 참여하여서는 아니 된다.<개정 2016. 5. 29.> ⑤ 청원에 관한 결정은 문서로 하여야 한다.<개정 2020. 2. 4.> ⑥ 소장은 청원에 관한 결정서를 접수하면 청원인에게 지체 없이 전달하여야 한다.	제139조(순회점검공무원에 대한 청원) ① 소장은 법 제117조제1항에 따라 수용자가 순회점검공무원(법 제8조에 따라 법무부장관으로부터 순회점검의 명을 받은 법무부 또는 그 소속기관에 근무하는 공무원을 말한다. 이하 같다)에게 청원하는 경우에는 그 인적사항을 청원부에 기록하여야 한다. ② 순회점검공무원은 법 제117조제2항 단서에 따라 수용자가 말로 청원하는 경우에는 그 요지를 청원부에 기록하여야 한다. ③ 순회점검공무원은 법 제117조제1항의 청원에 관하여 결정을 한 경우에는 그 요지를 청원부에 기록하여야 한다. ④ 순회점검공무원은 법 제117조제1항의 청원을 스스로 결정하는 것이 부적당하다고 인정하는 경우에는 그 내용을 법무부장관에게 보고하여야 한다. ⑤ 수용자의 청원처리의 기준·절차 등에 관하여 필요한 사항은 법무부장관이 정한다.	
제117조의2(정보공개청구) ① 수용자는 「공공기관의 정보공개에 관한 법률」에 따라 법무부장관, 지방교정청장 또는 소장에게 정보의 공개를 청구할 수 있다. ② 현재의 수용기간 동안 법무부장관, 지방교정청장 또는 소장에게	제139조의2(정보공개의 예상비용 등) ① 법 제117조의2제2항에 따른 예상비용은 「공공기관의 정보공개에 관한 법률 시행령」 제17조에 따른 수수료와 우편요금(공개되는 정보의 사본·출력물·복제물 또는 인	

제1항에 따른 정보공개청구를 한 후 정당한 사유 없이 그 청구를 취하하거나 「공공기관의 정보공개에 관한 법률」 제17조에 따른 비용을 납부하지 아니한 사실이 2회 이상 있는 수용자가 제1항에 따른 정보공개청구를 한 경우에 법무부장관, 지방교정청장 또는 소장은 그 수용자에게 정보의 공개 및 우송 등에 들 것으로 예상되는 비용을 미리 납부하게 할 수 있다. ③ 제2항에 따라 정보의 공개 및 우송 등에 들 것으로 예상되는 비용을 미리 납부하여야 하는 수용자가 비용을 납부하지 아니한 경우 법무부장관, 지방교정청장 또는 소장은 그 비용을 납부할 때까지 「공공기관의 정보공개에 관한 법률」 제11조에 따른 정보공개 여부의 결정을 유예할 수 있다. ④ 제2항에 따른 예상비용의 산정방법, 납부방법, 납부기간, 그 밖에 비용납부에 관하여 필요한 사항은 대통령령으로 정한다. [본조신설 2010. 5. 4.]	화물을 우편으로 송부하는 경우로 한정한다)을 기준으로 공개를 청구한 정보가 모두 공개되었을 경우에 예상되는 비용으로 한다. ② 법무부장관, 지방교정청장 또는 소장은 법 제117조의2제2항에 해당하는 수용자가 정보공개의 청구를 한 경우에는 청구를 한 날부터 7일 이내에 제1항에 따른 비용을 산정하여 해당 수용자에게 미리 납부할 것을 통지할 수 있다. ③ 제2항에 따라 비용납부의 통지를 받은 수용자는 그 통지를 받은 날부터 7일 이내에 현금 또는 수입인지로 법무부장관, 지방교정청장 또는 소장에게 납부하여야 한다. ④ 법무부장관, 지방교정청장 또는 소장은 수용자가 제1항에 따른 비용을 제3항에 따른 납부기한까지 납부하지 아니한 경우에는 해당 수용자에게 정보공개 여부 결정의 유예를 통지할 수 있다. ⑤ 법무부장관, 지방교정청장 또는 소장은 제1항에 따른 비용이 납부되면 신속하게 정보공개 여부의 결정을 하여야 한다. ⑥ 법무부장관, 지방교정청장 또는 소장은 비공개 결정을 한 경우에는 제3항에 따라 납부된 비용의 전부를 반환하고 부분공개 결정을 한 경우에는 공개 결정한 부분에 대하여 드는 비용을 제외한 금액을 반환하여야 한다. ⑦ 제2항부터 제5항까지의 규정에도 불구하고 법무부장관, 지방교정청장 또는 소장은 제1항에 따른 비용이 납부되기 전에 정보공개 여부의 결정을 할 수 있다. ⑧ 제1항에 따른 비용의 세부적인 납부방법 및 반환방법 등에 관하여 필요한 사항은 법무부장관이 정한다. [본조신설 2010. 7. 9.]	
제118조(불이익처우 금지) 수		

용자는 청원, 진정, 소장과의 면담, 그 밖의 권리구제를 위한 행위를 하였다는 이유로 불이익한 처우를 받지 아니한다.		
제3편 수용의 종료		
제1장 가석방		
제119조(가석방심사위원회) 「형법」제72조에 따른 가석방의 적격 여부를 심사하기 위하여 법무부장관 소속으로 가석방심사위원회(이하 이 장에서 "위원회"라 한다)를 둔다.		**제236조(심사대상)** 법 제119조의 가석방심사위원회(이하 이 편에서 "위원회"라 한다)는 법 제121조에 따른 가석방 적격 여부 및 이 규칙 제262조에 따른 가석방 취소 등에 관한 사항을 심사한다.
제120조(위원회의 구성) ① 위원회는 위원장을 포함한 5명 이상 9명 이하의 위원으로 구성한다.<개정 2020. 2. 4.> ② 위원장은 법무부차관이 되고, 위원은 판사, 검사, 변호사, 법무부 소속 공무원, 교정에 관한 학식과 경험이 풍부한 사람 중에서 법무부장관이 임명 또는 위촉한다. ③ 위원회의 심사과정 및 심사내용의 공개범위와 공개시기는 다음 각 호와 같다. 다만, 제2호 및 제3호의 내용 중 개인의 신상을 특정할 수 있는 부분은 삭제하고 공개하되, 국민의 알권리를 충족할 필요가 있는 등의 사유가 있는 경우에는 위원회가 달리 의결할 수 있다.<개정 2011. 7. 18., 2020. 2. 4.> 1. 위원의 명단과 경력사항은 임명 또는 위촉한 즉시 2. 심의서는 해당 가석방 결정 등을 한 후부터 즉시 3. 회의록은 해당 가석방 결정 등을 한 후 5년이 경과한 때부터 ④ 위원회의 위원 중 공무원이 아닌 사람은 「형법」제127조 및 제129조부터 제132조까지의 규정을 적용할 때에는 공무원으로 본다.<신설 2016. 1. 6.> ⑤ 그 밖에 위원회에 관하여 필요		

한 사항은 법무부령으로 정한다.<신설 2011. 7. 18., 2016. 1. 6.>		
제121조(가석방 적격심사) ① 소장은 「형법」 제72조제1항의 기간이 지난 수형자에 대하여는 법무부령으로 정하는 바에 따라 위원회에 가석방 적격심사를 신청하여야 한다. ② 위원회는 수형자의 나이, 범죄 동기, 죄명, 형기, 교정성적, 건강상태, 가석방 후의 생계능력, 생활환경, 재범의 위험성, 그 밖에 필요한 사정을 고려하여 가석방의 적격 여부를 결정한다.		**제236조(심사대상)** 법 제119조의 가석방심사위원회(이하 이 편에서 "위원회"라 한다)는 법 제121조에 따른 가석방 적격 여부 및 이 규칙 제262조에 따른 가석방 취소 등에 관한 사항을 심사한다. **제250조(적격심사신청)** ① 소장은 법 제121조제1항에 따라 가석방 적격심사를 신청할 때에는 별지 제21호서식의 가석방 적격심사신청서에 별지 제22호서식의 가석방 적격심사 및 신상조사표를 첨부하여야 한다.<개정 2010. 5. 31.> ② 소장은 가석방 적격심사신청 대상자를 선정한 경우 선정된 날부터 5일 이내에 위원회에 가석방 적격심사신청을 하여야 한다.<개정 2010. 5. 31.> ③ 소장은 위원회에 적격심사신청한 사실을 수형자의 동의를 받아 보호자 등에게 알릴 수 있다.<개정 2010. 5. 31.> [제목개정 2010. 5. 31.] **제258조(가석방 결정)** 위원회가 법 제121조제2항에 따라 가석방의 적격 여부에 대한 결정을 한 경우에는 별지 제23호서식의 결정서를 작성하여야 한다.
제122조(가석방 허가) ① 위원회는 가석방 적격결정을 하였으면 5일 이내에 법무부장관에게 가석방 허가를 신청하여야 한다. ② 법무부장관은 제1항에 따른 위원회의 가석방 허가신청이 적정하다고 인정하면 허가할 수 있다.	**제140조(가석방자가 지켜야 할 사항의 알림 등)** 소장은 법 제122조제2항의 가석방 허가에 따라 수형자를 가석방하는 경우에는 가석방자 교육을 하고, 지켜야 할 사항을 알려준 후 증서를 발급해야 한다.	
제2장 석방		
제123조(석방) 소장은 사면·형기종료 또는 권한이 있는 사람의 명령에 따라 수용자를 석방한다.		

제124조(석방시기) ① 사면, 가석방, 형의 집행면제, 감형에 따른 석방은 그 서류가 교정시설에 도달한 후 12시간 이내에 하여야 한다. 다만, 그 서류에서 석방일시를 지정하고 있으면 그 일시에 한다.<개정 2020. 2. 4.> ② 형기종료에 따른 석방은 형기종료일에 하여야 한다.<개정 2020. 2. 4.> ③ 권한이 있는 사람의 명령에 따른 석방은 서류가 도달한 후 5시간 이내에 하여야 한다.<개정 2020. 2. 4.>		
제125조(피석방자의 일시수용) 소장은 피석방자가 질병이나 그 밖에 피할 수 없는 사정으로 귀가하기 곤란한 경우에 본인의 신청이 있으면 일시적으로 교정시설에 수용할 수 있다.		
제126조(귀가여비의 지급 등) 소장은 피석방자에게 귀가에 필요한 여비 또는 의류가 없으면 법무부장관이 정하는 범위에서 이를 지급하거나 빌려 줄 수 있다.	제145조(귀가여비 등의 회수) 소장은 법 제126조에 따라 피석방자에게 귀가 여비 또는 의류를 빌려준 경우에는 특별한 사유가 없으면 이를 회수한다.	
제126조의2(석방예정자의 수용이력 등 통보) ① 소장은 석방될 수형자의 재범방지, 자립지원 및 피해자 보호를 위하여 필요하다고 인정하면 해당 수형자의 수용이력 또는 사회복귀에 관한 의견을 그의 거주지를 관할하는 경찰관서나 자립을 지원할 법인 또는 개인에게 통보할 수 있다. 다만, 법인 또는 개인에게 통보하는 경우에는 해당 수형자의 동의를 받아야 한다. ② 제1항에 따라 통보하는 수용이력 또는 사회복귀에 관한 의견의 구체적인 사항은 대통령령으로 정한다. [본조신설 2020. 2. 4.]	제143조(석방예정자의 수용이력 등 통보) ① 법 제126조의2제1항 본문에 따라 통보하는 수용이력에는 다음 각 호의 사항이 포함되어야 한다. 1. 성명 2. 주민등록번호 또는 외국인등록번호 3. 주민등록 상 주소 및 석방 후 거주지 주소 4. 죄명 5. 범죄횟수 6. 형명 7. 형기 8. 석방종류 9. 최초입소일 10. 형기종료일	

다시, 삶의 이름으로

	11. 출소일 12. 범죄개요 13. 그 밖에 수용 중 특이사항으로서 석방될 수형자의 재범방지나 관련된 피해자 보호를 위해 특히 알릴 필요가 있는 사항 ② 법 제126조의2제1항 본문에 따라 통보하는 사회복귀에 관한 의견에는 다음 각 호의 사항이 포함되어야 한다. 1. 성명 2. 생년월일 3. 주민등록 상 주소 및 석방 후 거주지 주소 4. 수용기간 중 받은 직업훈련에 관한 사항 5. 수용기간 중 수상이력 6. 수용기간 중 학력변동사항 7. 수용기간 중 자격증 취득에 관한 사항 8. 그 밖에 석방될 수형자의 자립지원을 위해 특히 알릴 필요가 있는 사항 ③ 법 제126조의2제1항 본문에 따른 통보를 위한 수용이력 통보서와 사회복귀에 관한 의견 통보서의 서식은 법무부령으로 정한다. ④ 법 제126조의2제1항 본문에 따라 석방될 수형자의 수용이력 또는 사회복귀에 관한 의견을 그의 거주지를 관할하는 경찰관서에 통보하는 경우에는 「형사사법절차 전자화 촉진법」 제2조제4호에 따른 형사사법정보시스템을 통해 통보할 수 있다. [전문개정 2020. 8. 5.]	
제3장 사망		
제127조(사망 알림) 소장은 수용자가 사망한 경우에는 그 사실을 즉시 그 가족(가족이 없는 경우에는 다른 친족)에게 알려야 한다.	**제146조(사망 알림)** 소장은 법 제127조에 따라 수용자의 사망 사실을 알리는 경우에는 사망 일시·장소 및 사유도 같이 알려야 한다.	
제128조(시신의 인도 등) ① 소장은 사망한 수용자의 친족 또는	**제52조(감염병의 정의)** 법 제18조제1항, 법 제53조제1항제3호 및 법	

특별한 연고가 있는 사람이 그 시신 또는 유골의 인도를 청구하는 경우에는 인도하여야 한다. 다만, 제3항에 따라 자연장(自然葬)을 하거나 집단으로 매장을 한 후에는 그러하지 아니하다.<개정 2015. 3. 27.> ② 소장은 제127조에 따라 수용자가 사망한 사실을 알게 된 사람이 다음 각 호의 어느 하나에 해당하는 기간 이내에 그 시신을 인수하지 아니하거나 시신을 인수할 사람이 없으면 임시로 매장하거나 화장(火葬) 후 봉안하여야 한다. 다만, 감염병 예방 등을 위하여 필요하면 즉시 화장하여야 하며, 그 밖에 필요한 조치를 할 수 있다.<개정 2015. 3. 27., 2020. 2. 4.> 1. 임시로 매장하려는 경우: 사망한 사실을 알게 된 날부터 3일 2. 화장하여 봉안하려는 경우: 사망한 사실을 알게 된 날부터 60일 ③ 소장은 제2항에 따라 시신을 임시로 매장하거나 화장하여 봉안한 후 2년이 지나도록 시신의 인도를 청구하는 사람이 없을 때에는 다음 각 호의 구분에 따른 방법으로 처리할 수 있다.<개정 2015. 3. 27.> 1. 임시로 매장한 경우: 화장 후 자연장을 하거나 일정한 장소에 집단으로 매장 2. 화장하여 봉안한 경우: 자연장 ④ 소장은 병원이나 그 밖의 연구기관이 학술연구상의 필요에 따라 수용자의 시신인도를 신청하면 본인의 유언 또는 상속인의 승낙이 있는 경우에 한하여 인도할 수 있다. ⑤ 소장은 수용자가 사망하면 법무부장관이 정하는 범위에서 화장·시신인도 등에 필요한 비용을 인수자에게 지급할 수 있다.	제128조제2항에서 "감염병"이란 「감염병의 예방 및 관리에 관한 법률」에 따른 감염병을 말한다. **제148조(사망 등 기록)** ① 의무관은 수용자가 질병으로 사망한 경우에는 사망장에 그 병명·병력(病歷)·사인 및 사망일시를 기록하고 서명하여야 한다. ② 소장은 수용자가 자살이나 그 밖에 변사한 경우에는 그 사실을 검사에게 통보하고, 기소된 상태인 경우에는 법원에도 통보하여야 하며 검시가 끝난 후에는 검시자·참여자의 신분·성명과 검시 결과를 사망장에 기록하여야 한다. ③ 소장은 법 제128조에 따라 시신을 인도, 화장(火葬), 임시 매장, 집단 매장 또는 자연장(自然葬)을 한 경우에는 그 사실을 사망장에 기록하여야 한다.<개정 2015. 12. 10.>	
제4편 교정자문위원회 등		

제129조(교정자문위원회) ① 수용자의 관리·교정교화 등 사무에 관한 지방교정청장의 자문에 응하기 위하여 지방교정청에 교정자문위원회(이하 이 조에서 "위원회"라 한다)를 둔다.<개정 2019. 4. 23.> ② 위원회는 10명 이상 15명 이하의 위원으로 성별을 고려하여 구성하고, 위원장은 위원 중에서 호선하며, 위원은 교정에 관한 학식과 경험이 풍부한 외부인사 중에서 지방교정청장의 추천을 받아 법무부장관이 위촉한다.<개정 2019. 4. 23.> ③ 이 법에 규정된 사항 외에 위원회에 관하여 필요한 사항은 법무부령으로 정한다.		제264조(기능) 법 제129조제1항의 교정자문위원회(이하 이 편에서 "위원회"라 한다)의 기능은 다음 각 호와 같다. 1. 교정시설의 운영에 관한 자문에 대한 응답 및 조언 2. 수용자의 음식·의복·의료·교육 등 처우에 관한 자문에 대한 응답 및 조언 3. 노인·장애인수용자 등의 보호, 성차별 및 성폭력 예방정책에 관한 자문에 대한 응답 및 조언 4. 그 밖에 지방교정청장이 자문하는 사항에 대한 응답 및 조언
제130조(교정위원) ① 수용자의 교육·교화·의료, 그 밖에 수용자의 처우를 후원하기 위하여 교정시설에 교정위원을 둘 수 있다. ② 교정위원은 명예직으로 하며 소장의 추천을 받아 법무부장관이 위촉한다.	제151조(교정위원) ① 소장은 법 제130조에 따라 교정위원을 두는 경우 수용자의 개선을 촉구하고 안정된 수용생활을 하게 하기 위하여 교정위원에게 수용자를 교화상담하게 할 수 있다. ② 교정위원은 수용자의 고충 해소 및 교정·교화를 위하여 필요한 의견을 소장에게 건의할 수 있다. ③ 교정위원의 임기, 위촉 및 해촉, 지켜야 할 사항 등에 관하여 필요한 사항은 법무부장관이 정한다.<개정 2020. 8. 5.>	
제131조(기부금품의 접수) 소장은 기관·단체 또는 개인이 수용자의 교화 등을 위하여 교정시설에 자발적으로 기탁하는 금품을 받을 수 있다.	제153조(기부금품의 접수 등) ① 소장은 법 제131조의 기부금품을 접수하는 경우에는 기부한 기관·단체 또는 개인(이하 이 장에서 "기부자"라 한다)에게 영수증을 발급하여야 한다. 다만, 익명으로 기부하거나 기부자를 알 수 없는 경우에는 그러하지 아니하다. ② 소장은 기부자가 용도를 지정하여 금품을 기부한 경우에는 기부금품을 그 용도에 사용하여야 한다. 다만, 지정한 용도로 사용하기 어려운 특별한 사유가 있는 경우에는 기부자의 동의를 받아 다른 용도로 사용	

	할 수 있다. ③ 교정시설의 기부금품 접수·사용 등에 관하여 필요한 사항은 법무부장관이 정한다.	
제5편 벌칙		
제132조(금지물품을 지닌 경우) ① 수용자가 제92조제2항을 위반하여 소장의 허가 없이 무인비행장치, 전자·통신기기를 지닌 경우 2년 이하의 징역 또는 2천만원 이하의 벌금에 처한다.<개정 2020. 2. 4.> ② 수용자가 제92조제1항제3호를 위반하여 주류·담배·화기·현금·수표를 지닌 경우 1년 이하의 징역 또는 1천만원 이하의 벌금에 처한다.<개정 2020. 2. 4.> [전문개정 2019. 4. 23.] [제목개정 2020. 2. 4.]		
제133조(금지물품의 반입) ① 소장의 허가 없이 무인비행장치, 전자·통신기기를 교정시설에 반입한 사람은 3년 이하의 징역 또는 3천만원 이하의 벌금에 처한다. ② 주류·담배·화기·현금·수표·음란물·사행행위에 사용되는 물품을 수용자에게 전달할 목적으로 교정시설에 반입한 사람은 1년 이하의 징역 또는 1천만원 이하의 벌금에 처한다. ③ 상습적으로 제2항의 죄를 범한 사람은 2년 이하의 징역 또는 2천만원 이하의 벌금에 처한다. [본조신설 2019. 4. 23.] [종전 제133조는 제134조로 이동 <2019. 4. 23.>]		
제134조(출석의무 위반 등) 다음 각 호의 어느 하나에 해당하는 행위를 한 수용자는 1년 이하의 징역에 처한다. 1. 정당한 사유 없이 제102조제4항을 위반하여 일시석방 후 24시간	**제128조(도주 등에 따른 조치)** ① 소장은 수용자가 도주하거나 법 제134조 각 호의 어느 하나에 해당하는 행위(이하 이 조에서 "도주등"이라 한다)를 한 경우에는 교정시설의 소재지 및 인접지역 또는 도주등	

이내에 교정시설 또는 경찰관서에 출석하지 아니하는 행위 2. 귀휴·외부통근, 그 밖의 사유로 소장의 허가를 받아 교도관의 계호 없이 교정시설 밖으로 나간 후에 정당한 사유 없이 기한까지 돌아오지 아니하는 행위 [제133조에서 이동 <2019. 4. 23.>]	을 한 사람(이하 이 조에서 "도주자"라 한다)이 숨을 만한 지역의 경찰관서에 도주자의 사진이나 인상착의를 기록한 서면을 첨부하여 그 사실을 지체 없이 통보하여야 한다.<개정 2019. 10. 22.> ② 소장은 수용자가 도주등을 하거나 도주자를 체포한 경우에는 법무부장관에게 지체 없이 보고하여야 한다. **제128조의2(포상금 지급)** ① 법무부장관은 「형법」 제145조·제146조 또는 법 제134조 각 호에 규정된 죄를 지은 수용자를 체포하거나 행정기관 또는 수사기관에 정보를 제공하여 체포하게 한 사람에게 예산의 범위에서 포상금을 지급할 수 있다.<개정 2019. 10. 22.> ② 포상금의 지급기준·지급방법, 그 밖에 필요한 사항은 법무부장관이 정한다. [본조신설 2015. 12. 10.]	
제135조(녹화 등의 금지) 소장의 허가 없이 교정시설 내부를 녹화·촬영한 사람은 1년 이하의 징역 또는 1천만원 이하의 벌금에 처한다.		
제136조(미수범) 제133조 및 제135조의 미수범은 처벌한다.		
제137조(몰수) 제132조 및 제133조에 해당하는 금지물품은 몰수한다.		

교정시설 외부 지원기관 목록 및 연락처

❶ 법률 지원

기관명	주요 지원 내용	연락처	홈페이지	비고
대한법률 구조공단	• 법률상담, 변호사 소송 대리 및 형사변호 • 출소 후 민사소송, 채무 문제 법률상담 및 소송지원	☎ 132	-	경제적 어려움이나 법 지식 부족 국민 대상
대한 변호사협회	• "나의 변호사" 서비스 • 전국 변호사 검색, 법률상담 예약 • 전문분야별 변호사 검색	☎ 02) 2087-7714	www. koreanbar. or.kr	변호사 선임 시 전문성, 소통능력, 정직성, 헌신 고려
온라인 법률 플랫폼 (예: 로톡)	• 사건분야별, 지역별 변호사 검색 • 변호사 경력, 취급분야, 수임료 정보 • 과거 해결사례, 의뢰인 후기 확인	-	www. lawtalk. co.kr	참고자료로 활용, 직접 상담을 통한 자질 검증 필요

❷ 경제 및 취업 지원

기관명	주요 지원 내용	연락처	홈페이지	비고
한국 법무보호 복지공단	• 취업 알선, 직업훈련 (허그일자리 프로그램) • 창업 지원(상담, 교육, 창업자금 대출 최대 5천만원 또는 2천만원) • 긴급 생계비 지원 (월 최대 약 20만원) • 의료비 지원 (약 30만원 수준)	☎ 1670-7004	www. koreha. or.kr	출소 전 교정시설 사회복지사나 분류심사관 통해 연계 가능
고용노동부 고용센터	• 국민취업지원제도 (구직촉진수당 월 50만원 최대 6개월, 취업성공수당 최대 100만원) • 1:1 취업상담, 직업심리검사, 취업특강 • 국민내일배움카드 (훈련비 최대 300~500만원, 훈련장려금 월 최대 40만원)	☎ 1350	www. workplus. go.kr	출소예정자는 법무부 장관이나 법무보호복지공단 추천으로 참여 가능

기관명	주요 지원 내용	연락처	홈페이지	비고
소상공인 시장진흥공단	• 예비 창업자 대상 무료 교육 및 상담 • 창업 절차, 상권 분석, 자금 조달 조언 • 멘토링 지원	-	www.semas.or.kr	소상공인 지식배움터 운영
중소벤처 기업부	• 창업지원센터 운영 • 예비 창업자 대상 컨설팅, 자금 지원, 멘토링 • 소상공인 정책자금 지원	☎ 1357	mss.go.kr	중소기업 통합콜센터
지방자치 단체	• 지역별 창업 교육, 멘토 연결, 창업 공간 지원 • 지방자금 지원 • 일자리센터, 복지관 통한 취업상담, 직업훈련	-	-	거주 지역 주민센터 및 시청 문의

❸ 주거 지원

기관명	주요 지원 내용	연락처	홈페이지	비고
한국 법무보호 복지공단	• 무주택 출소자 대상 숙식 제공 (생활관, 희망의 집) • 여성 출소자와 자녀를 위한 '여성지원센터' • LH 연계 '중장기 주거지원 사업'	☎ 1670-7004	www.koreha.or.kr	최대 6개월, 특별시 1년까지, 무료 또는 월 5~10만원
LH (한국토지 주택공사)	• 공공임대주택 (영구임대, 매입임대) • 전세임대주택 공급 • 주거취약계층 주거지원 사업	☎ 1600-1004	-	LH청약센터
보건복지부	• 긴급복지지원제도(긴급 주거지원, 임시주거비) • 주거급여(저소득 가구 임대료 및 주택 수리비 지원)	☎ 129	www.bokjiro.go.kr	보건복지상담센터
지방자치단체	• 노숙인 일시보호시설 운영 • 자활주택, 자활근로주택 공급 • 자체 주거 지원 사업	-	-	거주지 주민센터나 일자리센터 문의
종교 단체 및 기타 쉼터	• 출소자 임시보호시설 (쉼터) 운영 • 숙식 및 상담, 자활 지원	-	-	종교 활동 참여 권장 또는 필수일 수 있음

❹ 심리 및 가족 지원, 인권 보호

기관명	주요 지원 내용	연락처	홈페이지	비고
아동복지 실천회 세움	• 수용자 자녀 전문 지원 • 심리·정서 지원, 교육 지원, 경제적 지원 • 법률 및 정책 개선 활동 • 아동친화적 가족접견실 운영 지원	☎ 02) 6929-0936	iseum.or.kr	자녀 양육 지침서, 메타버스 접견 체험 제공
한국 법무보호 복지공단	• 가족 심리 상담 • 가족관계 향상 프로그램 • 심리 상담 제공	☎ 1670-7004	www.koreha.or.kr	가족캠프, 가족 나들이, 가족만남의 날 행사 등
정신건강 복지센터	• 지역사회 기반 심리 상담 • 정신과 진료 연계 • 사례 관리	☎ 1577-0199	-	정신건강 상담전화
국가인권 위원회	• 교정시설 내 인권침해 진정 접수 • 조사 및 구제 조치	☎ 02) 2125-9700	www.humanrights.go.kr	교정공무원에 의한 폭행, 가혹행위, 부당한 차별 등
법무부 인권국	• 교정시설 내 인권침해 사안 진정 접수	-	-	-

❺ 신용 회복 및 채무 조정

기관명	주요 지원 내용	연락처	홈페이지	비고
신용회복 위원회	• 과다 채무자 대상 채무조정 • 채무 감면, 이자율 조정, 장기 분할상환 지원	☎ 1600-5500	-	신속채무조정, 프리워크아웃, 개인워크아웃
서민금융 통합지원센터	• 미소금융 (무담보·무보증 생활자금 및 창업자금 대출) • 서민금융 지원	☎ 1397	-	저신용자 대상
법원	• 개인회생 및 개인파산 절차 진행	-	-	신용회복위원회 지원이 어렵거나 채무액 과도한 경우 최후 수단

❻ 기타 (자조 모임, 일반 정보)

기관명	주요 지원 내용	연락처	홈페이지	비고
자조 모임	• 비슷한 경험자들과의 교류 • 고립감 해소, 지지 및 정보 교환 • 재범 방지 전략 학습	-	-	AA(단주), NA(마약중독자), GA(도박중독자) 등
교정민원 콜센터	• 스마트접견, 전화 통화 관련 문의 • 지인 등록 절차 안내	☎ 1363	-	-
인터넷 우체국	• e-그린우편 서비스 • 인터넷으로 편지 작성 시 우체국에서 출력하여 배달	-	epost.go.kr	PC 환경에서만 이용 가능, 유료 서비스
국민건강 보험공단	• 건강보험 자격 확인 • 보험료 납부 확인 • 건강보험료 경감 신청	☎ 1577-1000	www.nhis.or.kr	출소 후 재정 어려움 시 최대 50% 감면
국민연금 공단	• 국민연금 가입증명서 발급 • 연금 납부 이력 및 가입 기간 확인	☎ 1355	www.nps.or.kr	-

※ 참고사항

- 위에 언급된 기관 외에도 지역별로 다양한 민간단체나 종교기관에서 출소자 지원 활동을 하고 있습니다.
- 적극적으로 정보를 찾아보고 도움을 요청하시기 바랍니다.
- 혼자 해결하기 어려운 문제는 주변의 도움을 받아 함께 해결하는 것이 중요합니다.

| 저자 소개 |

'법'의 이름으로, 벼랑 끝 '삶'을 붙드는 사람들

이홍주 변호사 - '냉정한 판결 속에서도 회복을 꿈꾸다'

이홍주 변호사는 20년 넘게 소송과 자문 업무를 중심으로 실무를 이어온 법률가다. 고려대학교를 졸업하고 제43회 사법시험에 합격(2001), 사법연수원 33기를 수료한 후 법무법인 덕수에서 민사, 형사, 금융, 보험 등 폭넓은 사건을 다뤄왔다. 보험사기 등 형사사건에서 무죄판결의 안도감과 법정구속의 참담함을 모두 경험하며, '법이 인간에게 남길 수 있는 마지막 기회는 무엇인가'에 대해 오랜 시간 고민해왔다. 국가인권위원회 전문상담위원, 서울지방변호사회 인권위원으로 활동하며 사회의 경계에 선 이들에게 법의 언어가 닿도록 애썼다. 이 책은 그가 실무 현장에서 써온 '회복의 법'을 향한 기록이자, 절망을 마주한 사람에게 법이 어떤 가능성이 될 수 있는지 묻는 담담한 응답이다.

(이홍주, 법무법인 덕수, hongjoo.lee@duksu.co.kr).

황준협 변호사 - '형사절차 한가운데서 존엄을 지키다'

황준협 변호사는 서울중앙지방법원과 서울서부지방법원에서 국선전담 변호인으로 활동하며 1년에 100건에 달하는 구속 사건을 맡아 구치소와 법정을 오갔다. 연세대학교 법학과를 졸업하고 인하대학교 법학전문대학원에 입학, 제3회 변호사시험에 합격한 후 법무법인 덕수에서 경력을 시작해 현재는 파트너 변호사로 일하고 있다. 그는 형사, 기업법무, 이혼·상속, 민사 등 다양한 분야에서 송무와 자문을 수행하고 있으며, 여러 형사사건에서 영장기각, 무죄, 불송치, 혐의없음 처분 등을 이끌어냈다. 이러한 성과는 의뢰인의 절박함을 진심으로 이해하고자 한 태도에서 비롯되었으며, 현재 대한변호사협회 형사전문변호사로도 활동 중이다. 자신의 경험은 개인 블로그를 통해 공유하고 있으며, 이 책을 통해 인생의 어두운 밤을 지나고 있는 이들에게 따뜻하고 현실적인 조언을 건네고자 한다.

(황준협, 법무법인 덕수, junhyup.hwang@duksu.co.kr).

조영관 변호사 - '법의 이면에 인권의 온기를 불어넣다'

조영관 변호사는 '인권'이라는 단어를 삶의 중심에 두고 살아온 사람이다. 4.16 세월호 참사 특별조사위원회, 대검찰청 진상조사단, 법무부 인권정책 자문위원 등으로 활동했고, 사단법인 이주민센터 친구 센터장으로도 일했다. 고려대학교 정치외교학과를 졸업하고 인하대학교 법학전문대학원을 거쳐 제3회 변호사시험에 합격했으며, 서울대학교 법학전문대학원 전문박사(행정법) 과정을 수료했다. 법무법인 덕수의 파트너 변호사로 외국인·이주민 관련 공익 사건을 주로 맡아왔다. '교정시설 수용자 인권 및 처우 개선방안' 연구 책임자로 활동하며 수용자의 삶에 주목했고, 〈동부구치소 코로나19 사망 사건〉과 〈과밀수용 집단소송〉을 통해 변화의 단초를 만들고자 했다. 이 책은 수용자의 존엄성과 인간의 권리를 위한 그의 오랜 사유와 실천을 담고 있다.

(조영관, 법무법인 덕수, youngkwan.cho@duksu.co.kr).

임애리 변호사 - '이야기'로 법과 세상의 경계를 허물다'

임애리 변호사는 어려운 법률 이야기를 누구나 이해할 수 있는 언어로 풀어내는 특별한 재능을 가졌다. 『웹툰 작가에게 변호사 친구가 생겼다』, 『고소의 정석』 등 그녀의 책들은 법의 높은 문턱을 낮추고, 법률이라는 낯선 영역을 대중과 연결하는 다리 역할을 해왔다.

대법원 국선변호인으로서 수많은 사건을 다루면서도, 그녀의 시선은 사회적 약자에게 더 깊이 머물렀다. 친족 성폭력 피해, 존속살해 등 가장 비극적인 사건의 변호를 맡으며 인간의 고통을 끌어안았고, 과거 긴급조치 위반 사건의 재심을 이끌며 국가 폭력의 상처를 치유하는 데 힘을 보탰다. 예술인 성폭력 피해 지원, 여성 및 사회적 약자 인권 관련 활동에도 꾸준히 참여해왔다. 다방면의 경험을 통해 다져진 그녀의 공감 능력과 섬세한 시선은 이 책의 문장마다 따뜻한 숨결을 불어넣는다. 임 변호사는 이 책을 통해 법과 사람 사이의 거리를 좁히고, 상처 입은 이들이 다시 '삶'의 이름으로 자신을 되찾는 여정을 함께 걷고자 한다.

(임애리, 법무법인 대세 서울지사, aeri.yim@daeselaw.com).

이형준 변호사 - '경제범죄의 최전선에서 전문성으로 답하다'

이형준 변호사는 특히 숫자와 계약, 수법과 정황이 복잡하게 얽힌 경제범죄 변론을 통해 무너진 삶의 기반을 다시 세우는 법률가다. 충북대학교에서 철학, 영문학, 경영학을 복수전공한 그는, 사유의 깊이와 언어의 감각, 그리고 비즈니스 현실에 대한 이해를 함께 갖춘 드문 이력을 지녔다. 이후 충북대학교 법학전문대학원을 졸업하고 제3회 변호사시험에 합격하며 법조인의 길에 들어섰다. 대법원과 서울남부지방법원에서 국선변호인으로 활동하며 형사사건의 경험을 쌓았고, 경찰서 수사민원 상담변호사, 정보공개심의위원회 위원으로도 일했다. 그는 사기, 횡령, 배임 등 복잡한 경제범죄 속에서 의뢰인의 위기를 정면으로 마주하며, 치밀한 사실 분석과 날카로운 법리 해석으로 해결의 실마리를 찾아왔다. 이 책은 실무 현장에서 얻은 통찰과 책임의 기록이며, 삶이 다시 시작될 수 있음을 증명하고자 하는 노력의 결과다.

(이형준, 법무법인 덕수, hyeongjun.lee@duksu.co.kr).